新中国著名大学校长评传

新中国

程斯辉 刘立德／主编

上卷

中国教育出版传媒集团

人民教育出版社

·北京·

图书在版编目（CIP）数据

新中国著名大学校长评传.上卷/程斯辉，刘立德主编.—北京：人民教育出版社，2023.6
ISBN 978-7-107-37313-8

Ⅰ.①新… Ⅱ.①程… ②刘… Ⅲ.①高等学校—校长—评传—中国—现代 Ⅳ.① K825.46

中国国家版本馆 CIP 数据核字（2023）第 109839 号

新中国著名大学校长评传　上卷

出版发行　人民教育出版社
　　　　　（北京市海淀区中关村南大街 17 号院 1 号楼　邮编：100081）
网　　址　http://www.pep.com.cn
经　　销　全国新华书店
印　　刷　北京盛通印刷股份有限公司
版　　次　2023 年 6 月第 1 版
印　　次　2023 年 10 月第 1 次印刷
开　　本　787 毫米 ×1 092 毫米　1/16
印　　张　31.75
字　　数　356 千字
印　　数　0 001~1 500 册
定　　价　83.00 元

马寅初

李 达

吴玉章

刘伯承

王亚南

侯外庐

屈伯川

许崇清

潘菽

华岗

陈垣

陈望道

陈鹤琴

孟宪承

编委会

丛书责编　　韩华球　　杨　燕

本卷责编　　杨　燕

　　历史是最好的教科书。新时代开展党史、新中国史、改革开放史、社会主义发展史教育，要注重把握历史规律，领悟历史智慧，形成历史共识。办出中国特色、世界一流大学，不仅需要研究外国大学教育的历史和现状，吸取外国大学教育的经验，还需要不断增强中华民族的大学教育自信，全面探讨我国特别是新中国大学教育的历史与现状，系统总结我国大学教育的思想智慧，发扬光大我国大学教育的优良传统。

　　习近平总书记强调："我国有独特的历史、独特的文化、独特的国情，决定了我国必须走自己的高等教育发展道路，扎实办好中国特色社会主义高校。"新中国著名大学校长研究是新中国大学教育史和中国共产党大学教育思想史研究的重要组成部分。我们必须了解在党的领导下新中国大学教育波澜壮阔、与时俱进的发展历程、光荣传统、宝贵经验和伟大成就，做到知史爱党、知史爱国，进一步明晰中国特色社会主义大学的初心和使命。我们必须探索中国特色社会主义大学教育的发展道路和规律，从新中国著名大学校长身上汲取营养，获得资源，坚定教育自信，为从高等教育大国向高等教育强国迈进而不懈奋斗。

　　人民教育出版社对大学校长和高等教育的研究历来十分重视，

所出图书涉及大学教育实践、大学教育思想和大学教育精神等各个方面，不仅编辑出版了《蔡元培教育论著选》《蒋梦麟教育论著选》《张伯苓教育论著选》《蔡元培年谱长编》《张伯苓年谱长编》等一系列大学校长的文选、年谱，还编辑出版了新中国第一部高等教育学著作《高等教育学讲座》及《高等教育研究丛书》《中国近代著名大学校长研究》《中国近代大学精神史》《大学校长的教育理念与治校》《论大学》等一系列重点学术图书，为人们研究和学习著名大学校长办学治校的先进事迹、光辉思想和高尚品德提供了重要文献。

为了庆祝中国共产党成立100周年，学习总结中国共产党大学教育思想特别是新中国社会主义大学教育发展规律和大学管理经验，深切缅怀新中国著名大学校长的丰功伟绩，以及发扬光大新中国著名大学校长的精神财富，我们特组织编写出版三卷本《新中国著名大学校长评传》。敬请读者对本书的编辑出版工作提出宝贵意见。

人民教育出版社

2020年12月1日

新中国成立伊始，百废待兴，最重要的是要有人才。但是新中国成立前夕，我国的高等教育很不发达，全国只有高等学校205所，其中公立学校124所，私立学校81所，大学生总共才11.7万余人。新中国成立以前的高等学校以文科为主，培养工农业专家的高校很少，分布也不均衡，不能适应新中国经济社会建设的要求。同时，新中国成立后改造旧教育的任务非常繁重。《中国人民政治协商会议共同纲领》指出："中华人民共和国的文化教育为新民主主义的，即民族的、科学的、大众的文化教育。人民政府的文化教育工作，应以提高人民文化水平，培养国家建设人才，肃清封建的、买办的、法西斯主义的思想，发展为人民服务的思想为主要任务。"因此，新中国成立以后的一段时间，高等教育变革的任务，一是改造旧的高等学校，二是建立新的高等学校。1952年开始的高等学校院系调整，就是为了加强理工科及农林院校，调整高等学校在全国的布局，使高等学校更好地为新中国的经济社会建设服务。在这个过程中涌现了一批著名的大学校长，如清华大学的蒋南翔、北京大学的陆平，分别为清华大学和北京大学的改造和发展做出了重要贡献；新高校中国人民大学的建立，第一任校长吴玉章贡献了他的杰出思想和领导力；华中工学院（后发展为华中理工大学并又发展为华中科技大学）的建设，是朱九思校长主持规划的。可以说，新中国高等教育体系是在老一辈著名校长的积极引领特别是他们的非凡智慧和辛勤劳动下建成的。同时，新中国成立70多年来，特别是改革开放40多年来，在高等教育的改革发展过程中，也培养了一批著名大学校长。

根据最新的统计，我国2020年有普通高等学校2 738所，在校学生4 183万人，高等教育毛入学率达54.4%。当前，我国高等学校正在建设一流学科和一流大学，向教育现代化和高等教育强国迈进。在我国高等教育进一步改革发展的过程中，我们不能忘记一大批著名校长对新中国高等教育建设做出的贡献，以及他们创造的高等教育理论的宝贵财富。在贯彻落实《中国教育现代化2035》的实践进程中，我们需要继承和发展新中国著名大学校长的办学理念和实践经验。同时，在构建和完善中国特色社会主义高等教育理论体系的进程中，我们也需要总结和发扬他们的办学理念和实践经验。

程斯辉同志和刘立德同志本着学习、总结和研究新中国社会主义大学教育发展规律和大学行政管理经验，深切缅怀新中国著名大学校长的丰功伟绩，以及发扬光大新中国著名大学校长精神财富的宗旨，组织编写《新中国著名大学校长评传》，可谓正当其时。书中选择了大家比较熟悉的、在各自校长任上为其执掌的大学建设做出贡献的、已经过世的47位著名大学校长，详细地介绍了这些校长的人生经历、大学教育工作业绩，特别介绍了他们的办学理念、治学态度和工作作风，以及其他在大学建设上所做的种种创造性工作。本书既有事实的介绍，又有理论的分析。我们现在提倡向世界讲好中国故事，这部《新中国著名大学校长评传》就是在讲述中国高等教育改革发展的故事。它不仅可以使我们了解新中国高等学校与时俱进的历程，而且能够使我们领略和学习著名大学校长的理想信念，以及他们为发展中国高等教育而不懈追求的情怀，还有感悟学习他们坚持党的教育方针、立德树人的使命感和改造旧大学、创造新大学的奋斗精神，以及学习他们高尚的品德和实事求是的工作作风。本书对当前高等学校的管理者们来说，无疑是弥足珍贵的精神食粮。

新中国成立 70 多年了，我国高等教育不仅在规模上有了很大的发展，质量上也有了很大的提升，服务中国特色社会主义建设的能力在不断提高，已有多所大学跻身世界百强的行列。这是许多优秀的大学校长和众多大学教师长期努力的结果。本书介绍的著名大学校长，是新中国著名大学校长的代表和榜样，大多数是我国老一辈的教育家，他们为新一代著名大学校长的成长打好了基础。我们要认真学习他们为高等教育事业献身的精神，弘扬他们的优良传统，为建设教育强国而努力奋斗。

2021 年 3 月 20 日

（本序作者顾明远先生系北京师范大学资深教授、原副校长，国家教育咨询委员会委员，中国教育学会名誉会长）

1.《新中国著名大学校长评传》分上、中、下三卷。

2. 本书收录了47位新中国著名大学校长的评传，按照出任校长年份的先后排列，同年出任校长的则按照其出生时间的先后排列。

3. 本书上卷收录马寅初、李达、吴玉章、刘伯承、王亚南、侯外庐、屈伯川、许崇清、潘菽、华岗、陈垣、陈望道、陈鹤琴、孟宪承等14位著名大学校长的评传。

4. 本书中卷收录成仿吾、彭康、陈赓、蒋南翔、林迪生、钟师统、匡亚明、杨石先、郭影秋、郭沫若、戴伯行、周荣鑫、江隆基、刘介愚、王季愚、朱九思等16位著名大学校长的评传。

5. 本书下卷收录李国豪、周培源、苏步青、刘佛年、唐敖庆、严济慈、李秉德、叶培大、钱令希、史绍熙、钱伟长、谢希德、丁石孙、袁宝华、吴咏诗、母国光、潘承洞等17位著名大学校长的评传。

6. 本书包括出版说明、凡例、序、绪论、评传正文、后记；绪论排在上卷，后记排在下卷；上、中、下三卷均包括出版说明、凡例和序；正文各篇评传附录主要参考文献，有的还附录了相应大学的校训、校训精神或大学精神等。

7. 本书收录的新中国著名大学校长均为2019年12月前逝世者。

8. 因新中国成立70多年来部分大学的名称有变化，在记述有关校长时，以当时的学校名称为准。

9. 本书力争所收录的著名大学校长具有一定的代表性，注意兼顾新中国成立以来各个历史时期、不同学科领域的著名大学校长。

10. 新中国成立70多年来，在大学教育改革发展史上涌现了众多优秀的大学校长。由于篇幅、时间和编者研究水平所限，本书没能收录所有著名大学校长，还有不少著名大学校长有待我们探讨和研究。

编　者

2021年2月26日

目录

绪论：新中国著名大学校长的治校办学之道

新中国高等教育已走过70多年的风雨历程。在这70多年里，我国高等教育从精英教育发展阶段到大众化阶段，现在又进入高等教育普及化阶段。同时，我国高等教育的质量也不断提升，高校的创新型人才和创新性成果不断涌现，我国正在从高等教育大国向高等教育强国迈进。

一、大学校长的定位及给新中国著名大学校长立传的重要意义

事实证明，新中国成立以来尤其是改革开放以来，我国大学教育的改革与发展取得了巨大的成绩，大学校长们为新中国高等教育的发展做出了巨大的贡献。

（一）大学校长的定位

大学校长在高校管理活动中居于主导地位，是学校管理活动的领导者、组织者、指挥者和自觉调控者。大学校长承担制定学校决策、组织执行学校决策、监督学校决策执行、修正学校决策等职责。王铁军在其《校长学》中将校长的角色定位在以下四个方面：校长是学校行政的负责人，校长是学校集体的组织者，校

长是学校的法人代表，校长是言传身教的教育者。由此可见，大学校长之角色决定了大学校长在学校的发展中具有举足轻重的作用。这是从一般意义上讲的，但是，就具体的大学校长而言，他在校长任上能不能发挥关键的作用，能不能做出经得起历史考验的成绩，在生前身后、在台上台下是否都留下好名声，是否是一所大学发展历史上的关键人物，则需要进行具体的考察才能做出判断。通过考察我们发现，在新中国大学教育发展史上，有一些大学校长能够筚路蓝缕，终身为高校事业奋斗，也有一些大学校长的治校办学之道为人们念念不忘、津津乐道，无论是在校长岗位上还是离开校长岗位后都如此。为什么这些校长能够成为成功的校长？他们留下了哪些治校办学的经验？他们的治校办学之道有什么现实借鉴意义？为了回答这些问题，我们决定对新中国成立以来的大学校长进行考察和分析。

新中国成立 70 多年来，出任过大学校长的人物已形成一个不小的群体，《新中国著名大学校长评传》选取其中的代表人物，即新中国著名大学的著名校长。因此，这里首先要回答两个问题：第一个问题是"什么是新中国著名大学"。关于"新中国著名大学"，一般认为是在新中国高等教育发展过程中由国家认定进行重点建设的大学，比如"211工程""985工程"建设的大学，或进入"双一流"建设的大学等。当然，还有少数历史悠久、在人们心中也被认可为著名大学的学校，如山西大学、西北师范大学，还有属于特殊性质的著名大学如中国人民解放军军事学院等。第二个问题是"什么是新中国著名大学校长"。我们所指的"新中国著名大学校长"是新中国著名大学之著名校长，即在新中国著名大学中为学校发展乃至为新中国高等教育事业发展做出了不可磨灭的积极

新中国著名大学校长评传　上卷

贡献的校长，是教育家型校长。

教育家型校长既是教育家中的一种类型，又是校长群体中的优秀代表，是校长办学达到较高境界的一种标志。就校长的成长与发展而言，达到教育家型校长境界其实很不容易，但教育家型校长对学校乃至教育事业的发展又意义重大。故《国家中长期教育改革和发展规划纲要（2010—2020年）》提出，要"创造有利条件，鼓励教师和校长在实践中大胆探索，创新教育思想、教育模式和教育方法，形成教学特色和办学风格，造就一批教育家，倡导教育家办学"。2018年1月印发的《中共中央国务院关于全面深化新时代教师队伍建设改革的意见》则进一步强调："高等学校高层次人才遴选和培育中要突出教书育人，让科学家同时成为教育家。"这些都表明了对教育家型校长的渴望与期待。其实，新中国教育发展历史中涌现了不少教育家型校长，只是由于多种原因，如在世不立传的传统等，对他们办学治校的总结、研究和宣传不够。

（二）给新中国著名大学校长立传的重要意义

著名大学校长既是著名的教育人物，也是著名的学术人物；既是政治人物，也是社会人物。对他们进行考察研究，不仅具有重要的学术意义，而且对理解和把握新中国高等教育与新中国的政治、经济、文化、学术、科技乃至社会的关系具有重要价值；对他们管理高等学校的实践经验与办学思想进行总结，不仅对大学管理者有重要的指导意义，而且可为相关的研究提供具有工具性价值的历史资料。

1. 丰富的学术意义

一方面，研究新中国大学校长，有着丰富和充实中国高等教育史的意义。已有的研究对于新中国高等教育发展过程中重要的、有影响的人物，对于新中国高等教育发展进程中一些大学校长的业绩与思想的反映是不够的。与人们对中国近代大学校长的研究相比，对新中国大学校长的研究无论是在研究对象的数量上还是在研究的深度上，都存在明显的不足。因此，争取较全面和深入地研究新中国的大学校长，对于充实中国高等教育史具有重要的价值。

另一方面，研究新中国大学校长，可为高等教育学、高等教育管理学提供历史研究支撑。潘懋元曾指出："高等教育历史是高等教育理论的重要源泉之一。例如，高等教育管理理论研究，离开了大学校长们丰富的、具体的办学经验，只是从一般管理原则推论出高等教育管理理论，或从一时的得失论述管理的成败，就很难写出内容丰富、科学性强的专著。尤其是涉及高等教育一些规律性的根本问题，往往非一时所能看清楚，也不是靠有局限性的实验或实践所能解决，必须从历史的角度加以考察研究才能有深度、有远见。"[①]科学发展的历史表明，任何一门成熟的学科都是建立在自己的学科历史基础之上的。换言之，没有本学科的历史作为基础，这门学科是很难成熟的。高等教育学、高等教育管理学近些年来有了很快的发展，但学科的成熟度还不令人满意，依然存在着是"学科"还是"研究领域"之争。究其原因，重要的一点是，对高等教育和高等教育管理的发展历史的研究还不够，尤其是对新中国成立后高等院校的校长治校办学的成就与教训的研究不够。而高等教育发展的历史规律、高等教育管理发展的历

---

① 潘懋元著：《高等教育：历史、现实与未来》，人民教育出版社2004年版，第525页。

史规律、大学校长管理学校的规律，是构建高等教育学、高等教育管理学的重要基础。显然，研究新中国成立以来大学校长的办学思想与治校经验，能够为高等教育学、高等教育管理学提供重要的支撑。

2. 重要的现实意义

在中国高等教育迅速发展的时候，在我们庆祝高等教育从大众化到普及化取得巨大成就的时候，我们对我国大学教育发展面临的挑战、存在的问题要有清醒的和客观的认识。在开启社会主义现代化国家建设新征程、实现第二个百年目标的全局中，在百年未有之大变局中，我国的大学教育与党和国家的要求、与人民的需要和时代的呼唤还有一定的差距，存在着许多值得深入分析与反思的问题。这些是我们总结新中国成立以来著名大学校长之治校办学成就与教训的一个重要原因。

我国当代大学教育在发展过程中存在的问题，是多种因素造成的结果。随着人们对管理科学重要性认识的不断提高，加强高校管理者的培训与管理水平越来越受到有关主管部门的重视。研究新中国著名大学校长管理学校的成就与教训，揭示新中国著名大学校长管理学校的规律性，可为新时代的大学管理者提供借鉴与启示。

二、新中国著名大学校长的人口学特征

本书收录的新中国著名大学校长，是基于教育家型校长的标准而选出的。我们认为教育家型校长的标准包含六个方面：一是有成效卓著的教育教学实践与办学实践，二是有独到且符合规律

性的教育教学思想与治校办学主张，三是有深厚的教育情怀，四是有高尚的人格，五是有较广泛的社会影响。我们还确定了一条时间原则：只选择新中国成立以后在中国著名高校出任校长、在2019年12月前离世的代表人物。基于上述思考，我们选择了47位有代表性的新中国著名大学校长作为研究对象。

对新中国著名大学校长的人口学特征进行考察，是研究新中国著名大学校长的基础性工作。从自然变量、社会变量、经济变量、教育变量、政治变量五个方面对47位新中国著名大学校长进行考察，研究发现：新中国著名大学校长95.7%为男性；85.1%为中共党员；80.9%的校长生于19世纪90年代至20世纪初，78.7%的校长出生在江浙、川湘、豫粤等地的小城里；有留学经历的校长占72.4%；校长学术专长涉及的领域较多，大都文理兼通，27.7%的校长获得博士学位，55.3%的校长拥有教授职称，46.8%的校长是院士；校长任职的平均年龄约为60岁，任职的平均年限约为9年；多数校长的出任方式为任命和升任，少部分为调任、转任或兼任；大部分校长担任过重要的社会职务，他们在任职前积累了丰富的教育教学、学校管理或革命教育经验。

（一）新中国著名大学校长的基本情况

基本情况包括性别、生卒年、籍贯和政治面貌等，能直观地反映出新中国著名大学校长的个人特征，具体如表1所示。

表1 47位新中国著名大学校长的基本情况

序号	姓名	任职学校	性别	生卒年	籍贯	政治面貌
1	马寅初	浙江大学、北京大学	男	1882—1982	浙江嵊县（今嵊州市）	无党派

序号	姓名	任职学校	性别	生卒年	籍贯	政治面貌
2	李达	湖南大学、武汉大学	男	1890—1966	湖南零陵（今永州市零陵区）	中共党员
3	吴玉章	中国人民大学	男	1878—1966	四川荣县	中共党员
4	刘伯承	中国人民解放军军事学院	男	1892—1986	四川开县（今重庆市开州区）	中共党员
5	王亚南	厦门大学	男	1901—1969	湖北黄冈	中共党员
6	侯外庐	西北大学	男	1903—1987	山西平遥	中共党员
7	屈伯川	大连工学院（大连理工大学前身）	男	1909—1997	四川泸县	中共党员
8	许崇清	中山大学	男	1888—1969	广东番禺（今广州市番禺区）	民进[1]会员、民盟[2]盟员
9	潘菽	南京大学	男	1897—1988	江苏宜兴	九三学社社员、中共党员
10	华岗	山东大学	男	1903—1972	浙江龙游	中共党员
11	陈垣	北京师范大学	男	1880—1971	广东新会（今江门市新会区）	中共党员
12	陈望道	复旦大学	男	1891—1977	浙江义乌	中共党员、民盟盟员
13	陈鹤琴	南京师范学院（南京师范大学前身）	男	1892—1982	浙江上虞（今绍兴市上虞区）	九三学社社员
14	孟宪承	华东师范大学	男	1894—1967	江苏武进（今常州市武进区）	无党派
15	成仿吾	东北师范大学、山东大学、中国人民大学	男	1897—1984	湖南新化	中共党员
16	彭康	交通大学[3]、西安交通大学	男	1901—1968	江西萍乡	中共党员
17	陈赓	中国人民解放军军事工程学院	男	1903—1961	湖南湘乡	中共党员
18	蒋南翔	清华大学	男	1913—1988	江苏宜兴	中共党员

序号	姓名	任职学校	性别	生卒年	籍贯	政治面貌
19	林迪生	兰州大学	男	1903—1997	浙江三门	中共党员
20	钟师统	北京体育学院（北京体育大学前身）	男	1913—2001	陕西华县（今渭南市华州区）	中共党员
21	匡亚明	吉林大学[4]、南京大学	男	1906—1996	江苏丹阳（今丹阳市）	中共党员
22	杨石先	南开大学	男	1897—1985	安徽怀宁	民进会员、中共党员
23	郭影秋	南京大学	男	1909—1985	江苏铜山（今徐州市铜山区）	中共党员
24	郭沫若	中国科学技术大学	男	1892—1978	四川乐山	中共党员
25	戴伯行	四川大学	男	1905—1962	河南光山（出生地今属新县）	中共党员
26	周荣鑫	浙江大学	男	1917—1976	山东蓬莱（今烟台市蓬莱区）	中共党员
27	江隆基	兰州大学	男	1905—1966	陕西西乡	中共党员
28	刘介愚	华中师范学院（华中师范大学前身）	男	1909—1991	重庆	中共党员
29	王季愚	上海外国语学院（上海外国语大学前身）	女	1908—1981	四川安岳	中共党员
30	朱九思	华中工学院（华中科技大学前身）	男	1916—2015	江苏扬州	中共党员
31	李国豪	同济大学	男	1913—2005	广东梅县（今梅州市梅县区）	民盟盟员、中共党员
32	周培源	北京大学	男	1902—1993	江苏宜兴	九三学社社员、中共党员
33	苏步青	复旦大学	男	1902—2003	浙江平阳	中共党员
34	刘佛年	华东师范大学	男	1914—2001	湖南醴陵	中共党员
35	唐敖庆	吉林大学	男	1915—2008	江苏宜兴	中共党员
36	严济慈	中国科学技术大学	男	1901—1996	浙江东阳	九三学社社员、中共党员
37	李秉德	西北师范学院（西北师范大学前身）	男	1912—2005	河南洛阳	民盟盟员

序号	姓名	任职学校	性别	生卒年	籍贯	政治面貌
38	叶培大	北京邮电学院 （北京邮电大学前身）	男	1915—2011	江苏南汇（今属 上海市浦东新区）	民盟盟员
39	钱令希	大连工学院 （大连理工大学前身）	男	1916—2009	江苏无锡	中共党员
40	史绍熙	天津大学	男	1916—2000	江苏宜兴	中共党员
41	钱伟长	上海工业大学、 上海大学	男	1912—2010	江苏无锡	民盟盟员
42	谢希德	复旦大学	女	1921—2000	福建泉州	中共党员
43	丁石孙	北京大学	男	1927—2019	江苏镇江	民盟盟员、 中共党员
44	袁宝华	中国人民大学	男	1916—2019	河南南召	中共党员
45	吴咏诗	天津大学	男	1927—2016	安徽安庆	中共党员
46	母国光	南开大学	男	1931—2012	辽宁锦西（今葫 芦岛市）	中共党员
47	潘承洞	山东大学	男	1934—1997	江苏苏州	中共党员

注：［1］中国民主促进会。

［2］中国民主同盟。

［3］1956年交通大学内迁西安；1957年国务院决定交通大学分设西安、上海两部分，实行统一领导；1959年7月，国务院决定将交通大学西安、上海两部分改为两所学校，其中西安交通大学校长由原交通大学校长彭康担任。

［4］1950年3月东北行政学院更名为东北人民大学，1958年东北人民大学更名为吉林大学。

1. 性别

从性别来看，在47位新中国著名大学校长中，除上海外国语学院院长王季愚和复旦大学校长谢希德为女性外，其他45位校长均为男性，男性大学校长占95.7%。由于传统价值观对两性的定位的不同，女性接受高等教育的时间较男性短，女性校长的职业发展也更为艰难。但以王季愚、谢希德为代表的著名女性大学校长的出现，从一个侧面显示出女性校长群体正以女性独特的人格魅力与治校风格影响着任职学校乃至中国高等教育事业的发展。

2. 出生时间与籍贯

从出生时间来看，有13位大学校长生于19世纪，分别为19世纪70年代1人、80年代3人、90年代9人；有34位大学校长生在20世纪，分别为20世纪第一个10年16人、10年代13人、20年代3人、30年代2人。80.9%的大学校长出生时间集中在19世纪90年代至20世纪初，他们都经历了从旧中国到新中国的变化，在旧中国的社会背景下成长起来，在中青年时期参与新中国高等教育建设。

从籍贯来看，47位新中国著名大学校长共涉及15个省级行政区。其中属江苏籍与浙江籍的校长较多，分别有13人与8人，这说明江浙一带风气开放，教育氛围浓厚，为新中国输送了一大批优秀人才。此外，四川籍校长有6人，湖南籍、河南籍与广东籍校长分别有4人、3人与3人。78.7%的校长生长在江浙、川湘、豫粤等地小城，早年的成长环境磨炼了他们的意志与信念，这对他们在校长任上克服困难、建功立业无疑有着积极的影响。

3. 政治面貌

从政治面貌来看，在47位大学校长中，马寅初和孟宪承两位校长属无党派人士，钱伟长、叶培大、李秉德3位校长为中国民盟盟员，蒋南翔、吴玉章、成仿吾等40位校长为中国共产党党员[①]，中共党员校长占比85.1%。有的校长在新中国成立之前因各种原因未能加入中国共产党，新中国成立后虽然已至古稀之年但仍然加入中国共产党。例如，北京师范大学校长陈垣，他青年时代就投

---

① 此统计包括早年曾加入九三学社、中国民主同盟或中国民主促进会的7位党员校长。

身于反清斗争，一生与时俱进，1959年以79岁的高龄加入中国共产党。中国科学技术大学校长严济慈1980年加入中国共产党时也已79岁高龄。还有周培源、丁石孙、陈望道等，他们早年曾分别加入了九三学社、中国民主同盟、中国民主促进会，后来又陆续加入中国共产党。少部分校长是无党派民主人士，也与中国共产党保持着良好的关系与密切的联系。例如先后出任浙江大学与北京大学校长的马寅初曾说，自己从1939年开始"无时无刻不与共产党在一起"。

（二）新中国著名大学校长的学术背景

学术背景包括就读学校与留学经历、学术专长、最高学位与职称等，能反映出校长所受的教育程度与学术水平。

1. 教育经历

从教育经历来看，新中国著名大学校长中在国内学习与生活、没有出国留学经历的，以北京师范大学校长陈垣、清华大学校长蒋南翔、南京大学校长郭影秋、浙江大学校长周荣鑫、山东大学校长华岗、四川大学校长戴伯行等13位校长最为典型，占比27.6%。

17位大学校长在国内接受基础教育后，进入国外著名高校学习，占比36.2%，如马寅初、周培源、谢希德、潘菽等8位校长分别毕业于美国的哥伦比亚大学、加州理工学院、麻省理工学院、芝加哥大学等，陈望道、苏步青、许崇清、彭康4位校长分别毕业于日本的中央大学、东北帝国大学、东京帝国大学，李国豪、钱伟长、屈伯川等5位校长分别毕业于英国、德国、法国、加拿大的高校。还有北京大学校长丁石孙、中国人民大学校长吴玉章、厦门大学校长王亚南、中国科学技术大学校长郭沫若、中国人民解放军军事学院院长刘伯承、天津大学校长吴咏诗等17位校长虽毕业于国内高校，但有过一段时间的国外学习经历，占比36.2%，他们或进修，或访学，或考察。

2. 学术专长

从学术专长来看，新中国著名大学校长涉及的领域较多，有经济学、物理学、数学、文学、史学、法学、教育学、哲学、心理学、化学等。他们是知识渊博的学术大师或著名的科学家。

此外，很多新中国著名大学校长文理兼通。任职东北师范大学、山东大学、中国人民大学的成仿吾习读兵科，又精通马克思主义理论与文学，是著名的无产阶级教育家、社会科学家、文学家和翻译家；任职北京师范大学的陈垣习医出身，又精通历史，是杰出的历史学家。一些新中国著名大学校长的学术专长未局限在单一领域，而是在多个领域都有所建树，这也使得他们就任校长后眼光能够更长远、更全面，并非囿于某一学科治校，而是对学校全盘谋划，以学校的整体发展为上。

校长的学术专长与任职学校有一定的内在关系。清华大学、北京大学、浙江大学、南京大学、复旦大学等综合性大学的校长专业较广泛。例如，复旦大学著名校长中既有专攻法学的陈望道与精通数学的苏步青，也有研究物理学的谢希德，南京大学著名校长中既有主攻心理学的潘菽，也有精通文史的匡亚明。而对于专业性强、特色突出的大学，校长的学术专长与任职学校的办学特色的关系更紧密，如中国人民解放军军事学院、中国人民解放军军事工程学院的院长分别由有军事学背景的刘伯承、陈赓担任，华东师范大学、南京师范学院、西北师范学院的校长或院长分别由有教育学背景的孟宪承、刘佛年、陈鹤琴、李秉德等人担任，上海外国语学院的院长由有外语背景的王季愚担任。

3. 最高学位与职称

从最高学位与职称来看，马寅初、周培源、苏步青等13位校长获得了博士学位，占比27.7%，丁石孙、谢希德、潘菽等26位校长有教授职称，占比55.3%。另外，在47位大学校长中，22位校长是院士，占比46.8%。其中，马寅初、苏步青、陈垣、郭沫若、严济慈5位校长曾当选1948年第一届中央研究院院士，周培源、潘菽、史绍熙、潘承洞、杨石先等14位[①]校长为中国科学院学部委员[②]，吴玉章、陈望道、李达、王亚南、侯外庐5位校长为中国科学院哲学社会科学学部委员[③]。还有谢希德、唐敖庆、母国光、钱伟长等6位校长同时拥有国内与国外科研院所颁发的院士称号，如复旦大学校长谢希德于1980年当选中国科学院学部委员，1988年当选第三世界科学院院士，1990年当选美国文理科学院外籍院士。可见，新中国著名大学校长是各自领域的学术精英，不仅受到师生、学校的认可，也在国际上获得了肯定。

（三）新中国著名大学校长的任职经历

任职经历包括任职时间、出任方式与社会兼职，以及任职前的工作经历等，能反映校长任职的基本情况，具体如表2所示。

---

① 此统计也包括苏步青、严济慈两位曾在1948年当选过第一届中央研究院院士的校长。

② 1993年10月，国务院将中国科学院学部委员改称中国科学院院士。

③ 当时中国科学院哲学社会科学学部委员是中国哲学社会科学研究的最高学术称号，为终身荣誉，地位相当于当今中国科学院院士。

表2　47位新中国著名大学校长的任职情况

序号	姓名	任职学校	就职年龄/岁	任职时段[1]	任职年限/年	出任方式
1	马寅初	浙江大学	67	1949—1951	2	任命
		北京大学	69	1951—1960	9	调任
2	李达	湖南大学	59	1949—1953	4	任命
		武汉大学	63	1953—1966	13	调任
3	吴玉章	中国人民大学	72	1950—1966	16	任命
4	刘伯承	中国人民解放军军事学院	58	1950—1958	8	任命
5	王亚南	厦门大学	49	1950—1969	19	任命
6	侯外庐	西北大学	47	1950—1958	8	任命
7	屈伯川[2]	大连工学院	41	1950—1967	17	任命
		大连工学院	70	1979—1981	2	任命
8	许崇清	中山大学	63	1951—1969	18	任命
9	潘菽	南京大学	54	1951—1956	5	任命
10	华岗	山东大学	48	1951—1955	4	任命
11	陈垣	北京师范大学	72	1952—1971	19	任命
12	陈望道	复旦大学	61	1952—1977	25	任命
13	陈鹤琴	南京师范学院	60	1952—1958	6	任命
14	孟宪承	华东师范大学	58	1952—1966	14	转任
15	成仿吾[3]	东北师范大学	55	1952—1958	6	任命
		山东大学	61	1958—1974	16	调任
		中国人民大学	81	1978—1983	5	任命
16	彭康	交通大学	51	1952—1959	7	任命
		西安交通大学	58	1959—1968	9	任命
17	陈赓	中国人民解放军军事工程学院	49	1952—1961	9	任命
18	蒋南翔	清华大学	39	1952—1966	14	任命
19	林迪生	兰州大学	50	1953—1959	6	任命
20	钟师统[4]	北京体育学院	40	1953—1982	29	转任
21	匡亚明	吉林大学	49	1955—1963	8	任命
		南京大学	57	1963—1966	3	调任
		南京大学	72	1978—1982	4	任命
22	杨石先[5]	南开大学	60	1957—1969	12	升任
		南开大学	82	1979—1981	2	任命
23	郭影秋	南京大学	48	1957—1963	6	转任
24	郭沫若	中国科学技术大学	66	1958—1978	20	兼任
25	戴伯行	四川大学	53	1958—1962	4	转任

序号	姓名	任职学校	就职年龄/岁	任职时段[1]	任职年限/年	出任方式
26	周荣鑫	浙江大学	41	1958—1962	4	转任
27	江隆基	兰州大学	54	1959—1966	7	转任
28	刘介愚	华中师范学院	54	1963—1966	3	转任
29	王季愚	上海外国语学院	56	1964—1981	17	调任
30	朱九思	华中工学院	59	1975—1984	9	转任
31	李国豪	同济大学	64	1977—1984	7	升任
32	周培源	北京大学	76	1978—1981	3	升任
33	苏步青	复旦大学	76	1978—1983	5	升任
34	刘佛年[6]	华东师范大学	64	1978—1984	6	升任
35	唐敖庆	吉林大学	63	1978—1986	8	升任
36	严济慈	中国科学技术大学	79	1980—1985	5	升任
37	李秉德	西北师范学院	69	1981—1983	2	任命
38	叶培大[7]	北京邮电学院	66	1981—1985	4	升任
39	钱令希	大连工学院	65	1981—1985	4	升任
40	史绍熙	天津大学	66	1982—1986	4	升任
41	钱伟长	上海工业大学	71	1983—1994	11	任命
		上海大学	82	1994—2010	16	调任
42	谢希德	复旦大学	62	1983—1988	5	升任
43	丁石孙	北京大学	57	1984—1989	5	升任
44	袁宝华	中国人民大学	69	1985—1991	6	兼任
45	吴咏诗	天津大学	59	1986—1993	7	升任
46	母国光	南开大学	55	1986—1995	9	升任
47	潘承洞	山东大学	52	1986—1997	11	升任

注：[1]任职时段的起始时间以正式任命的时间为准，终止时间参考各校官网上历任领导栏标示的具体时间。

[2]1981年后担任大连工学院名誉院长。

[3]1983年6月—1984年5月任中国人民大学名誉校长。

[4]1982年8月—1993年12月担任北京体育学院名誉院长。

[5]1981年后担任南开大学名誉校长。

[6]1984年后担任华东师范大学名誉校长。

[7]1985—1993年担任北京邮电学院名誉院长。

1. 就职年龄与任职年限

以就职年龄而言，47位校长就职时的年龄偏高，在47位大学校长的56次[1]就职经历中，校长就职时的平均年龄约为60岁，62.5%的校长就职时的年龄在50到69岁。其中就职时的年龄在40岁以下的校长有1位，在40到49岁的有9位，在50到59岁的有18位，在60到69岁的有17位，在70到79岁的有8位，在80岁及以上的有3位。1949—1966年，有些人出任大学校长时已年过六十，马寅初于1951年出任北京大学校长时69岁，陈垣于1952年出任北京师范大学校长时72岁，吴玉章也在72岁时出任中国人民大学校长，许崇清出任中山大学校长时63岁。粉碎"四人帮"后，在高等教育的拨乱反正过程中，也有一些德高望重、学识渊博的科学家临危受命出任大学校长，如苏步青于1978年出任复旦大学校长时76岁，周培源于1978年出任北京大学校长时也是76岁。当然，新中国著名大学校长群体中不乏部分得力的中青年校长，如蒋南翔在39岁时就入主清华大学肩挑校长重担，周荣鑫就任浙江大学校长时、屈伯川就任大连工学院院长时，都是41岁。

就任职年限而言，大多数的新中国著名大学校长的任期较长，在47位大学校长的56次任职经历中，校长的平均任职年限约为9年，64.3%的校长任职年限在6年及以上。任职年限1—5年的有20人，任职6—10年的有19人，任职11—15年的有6人，任职16—20年的有9人，任职21—25年、26—30年的分别有1人。其中任职年限最长的是钟师统，他于1953—1982年担任北京体育学院院长，长达29年；其次为陈望道，他于1952—1977年担任复旦大学校长，长达25年；郭沫若担任中国科学技术大学校长也长达20年；还有中国人民大学校长吴玉章、北京师范大学校长陈垣、华东师范大学校长孟宪承、上海外国语学院院长王季愚、厦门大学

---

① 其中有些校长在不同时期多次出任同一学校校长或不同学校校长。

校长王亚南、大连工学院院长屈伯川、武汉大学校长李达、山东大学校长潘承洞、中山大学校长许崇清等，他们的校长（院长）任期都在10年以上。

新中国著名大学校长就职时的年龄普遍较高，任职年限普遍较长，这与新中国高等教育事业的发展状况密切相关。新中国高等教育事业需要德高望重的校长主持学校发展大业。例如，作为新中国的第一所新型正规大学，中国人民大学担负着培养社会主义建设干部的重要任务，建校伊始，政府就任命72岁的吴玉章为第一任校长，领导学校的创建与发展工作。1977年底，在中国人民大学急需复校之际，党中央又任命81岁的成仿吾为校长，任命69岁的郭影秋为党委第二书记兼副校长。两人携手主持中国人民大学繁重的复校任务。需要指出的是，有的新中国著名大学校长任职时间较长，与"文化大革命"时期有的校长受到冲击，或赋闲在家或被停止工作但其校长之职并未免除有关，如北京体育学院院长钟师统、上海外国语学院院长王季愚等。

2. 出任方式与社会兼职

出任方式包括任命、调任、转任、升任、兼任等形式。任命为政府直接指派，调任为校长在校际的流动与调整，转任主要有学校党委书记转任校长和省长、副部长等政府官员转任校长两类，升任指副校长晋升为校长，兼任指担任政府或社会重要职务的政要名流同时出任某校校长。在47位大学校长的56次任职经历中，其中25次属政府直接任命，6次为调任，15次为升任，8次为转任，2次为兼任。由此可见，多数校长的出任方式为任命或升任，少部分为调任、转任或兼任。

在新中国成立初期高等教育起步、"文化大革命"结束后高等教育重振等关键时期，一般都采取政府直接任命的形式，选派学识渊博、经验丰富、资历深厚的校长担当建校或复校大任。而在社会较为稳定的时期，大学校长的出任方式则呈现多样化的特点。例如，郭影秋、周荣鑫、孟宪承、钟师统从政府官员转任校长，朱九思、戴伯行、江隆基、刘介愚从党委书记转任校长，马寅初、成仿吾、匡亚明、李达、王季愚等校长从一所高校调任到其他高校，袁宝华、郭沫若等兼任校长。特别是实施改革开放政策后，周培源、苏步青、谢希德、唐敖庆、叶培大等多位校长从本校副校长升任校长，成为一批在本校土壤中成长起来的著名大学校长。

大部分校长都曾在任职期间或卸任后兼任重要的社会职务，具有较高的社会声誉。例如，北京大学校长丁石孙曾任中国民主同盟中央委员会主席、全国人大常委会副委员长，中国人民大学校长袁宝华曾任国家经济委员会主任、全国职工教育管理委员会主任、中国物资经济学会名誉会长、中国企业管理学会会长、中国劳动保护科学技术学会名誉理事长，北京大学校长周培源曾任中国科学院副院长、九三学社中央主席、中国科学技术协会主席、全国政协副主席，复旦大学校长苏步青曾任全国政协副主席、民盟中央副主席，中国科学技术大学校长严济慈曾任中国科协副主席、九三学社中央副主席、中国科学院主席团执行主席、全国人大常委会副委员长，复旦大学校长陈望道曾任上海市哲学社会科学联合会主席、上海市政协副主席、民盟中央副主席等职。新中国著名大学校长不仅与政府保持着良好的关系，也具有很高的社会声誉与地位。因而，在新中国成立初期的艰苦条件下和在"文化大革命"结束后高等教育拨乱反正任务艰巨的情况下，他们尽己所能，争取政府和社会的支持与资助，促进学校的发展。

3. 任职前的工作经历

从任职前的工作经历来看，47位校长在出任前，多数有丰富的教育教学和学校管理经验，曾担任过一校之系主任、教务长、副校长或校长。如周培源出任北京大学校长之前曾任清华大学教务长、校务委员会副主任及北京大学教务长、副校长，丁石孙出任北京大学校长之前曾任北京大学数学系主任，陈望道出任复旦大学校长之前曾任复旦大学新闻系主任、文学院院长、校务委员会主任。他们对学校的发展情况更为熟悉，就任后更容易适应校长角色，更能有所作为。

还有部分校长在任职之前，有着丰富的革命或革命教育经历，他们掌校后也不负众望，成为办学治校的管理专家。如华中工学院院长朱九思，大连工学院院长屈伯川，在吉林大学、南京大学担任过校长的匡亚明，华中师范学院院长刘介愚，兰州大学校长林迪生等，在大学管理上都给人们留下了深刻的印象，同时也给学校留下了注重管理的好传统。正如曾任华中工学院院长的黄树槐所言："朱九思同志把学校建设与发展的框架搭好了，基础奠定了，方向明确了，我们没搞什么新的，只是添砖加瓦、调整巩固、充实提高而已。"[1]

三、新中国著名大学校长的整体形象

新中国著名大学校长的整体形象，可以从他们的人生经历中去发现，可以从他们的求学与工作经历中去审视，也可以从他们

---

[1]《〈纪念黄树槐教授画册〉序》，杨叔子著：《杨叔子散文序函类文选》下，华中科技大学出版社2012年版，第277页。

出任校长后的所作所为中去判断。通过考察新中国47位著名大学校长的情况，发现他们呈现出如下六种形象。

（一）新中国著名大学校长是与时俱进的革命者、革命家

中国人民大学校长吴玉章，南京大学校长郭影秋，曾在多所大学出任校长的成仿吾，清华大学校长蒋南翔，复旦大学校长陈望道，兰州大学校长林迪生、江隆基，浙江大学校长周荣鑫，山东大学校长华岗，四川大学校长戴伯行，华中师范学院院长刘介愚，中国人民解放军军事学院院长刘伯承，中国人民解放军军事工程学院院长陈赓，等等，都是坚定的革命者、革命家。他们的坚定品质、丰富的革命经历与从事革命教育的经历、对时代发展趋势的把握，对他们办学治校有着深刻的影响。这类校长的办学目的非常明确，办学的目标高远，他们把革命性渗透在办学过程中，在办学治校中注意继承和发扬革命传统，发扬艰苦奋斗的精神，坚持办学为人民服务，认真贯彻培养社会主义建设者与接班人的方针。因此，他们在新中国成立之初条件艰苦的情况下能够很快地打开局面，办出了体现新中国特色的社会主义新大学。

（二）新中国著名大学校长是学识渊博的学术大师或著名的科学家

新中国著名大学校长中有一批著名的学术大师。例如，北京大学校长马寅初、厦门大学校长王亚南是著名的经济学家，复旦大学校长陈望道、上海外国语学院院长王季愚是著名的语言学家，北京师范大学校长陈垣是著名的历史学家，武汉大学校长李达、西北大学校长侯外庐是著名的哲学家，华东师范大学校长孟宪承、

刘佛年和南京师范学院院长陈鹤琴、西北师范学院院长李秉德是著名的教育学家，南京大学校长潘菽是著名的心理学家。新中国著名大学校长中还有一批著名的科学家。例如，复旦大学校长苏步青、北京大学校长丁石孙、山东大学校长潘承洞是著名的数学家，北京大学校长周培源、上海大学校长钱伟长、复旦大学校长谢希德、大连工学院院长钱令希、天津大学校长史绍熙、中国科技大学校长严济慈、南开大学校长母国光是著名的物理学家，南开大学校长杨石先、吉林大学校长唐敖庆是著名的化学家，同济大学校长李国豪是著名的桥梁工程与力学专家，北京邮电学院院长叶培大是著名的光通信专家，等等。这些在国内外有影响力的学术大师和科学家主持校政，以他们对学术和对教育的精深认识和独到理解，在新中国大学受反右派斗争严重扩大化和"大跃进"冲击的时候，还能坚持大学要以教学质量提高、人才培养为根本，坚持大学应有的学术研究与知识创造，坚持大学培养人才与科学研究的结合，还尽可能地坚持办学治校应遵循的规律。这也正是这些著名人物成为著名校长的重要原因。

（三）新中国著名大学校长是为师生所敬佩的道德楷模

　　新中国著名大学校长之所以著名，一个很重要的原因是他们在办学治校过程中能够切实地为师生着想，平易近人，严格要求自己。因此，他们在治校办学的过程中得到了师生衷心的支持。他们在工作与生活中、在教育教学与管理中、在与师生的交往中、在与外部关系的协调中，都能克己奉公，将国家利益、学校利益、师生利益置于中心位置并为之奋斗。高尚的道德情操是他们在岗位上履职尽责、正确决策、建功立业、敢于管理、勇于负责的基础。

（四）新中国著名大学校长是擅长办学治校的管理专家

新中国著名大学校长在治校办学的过程中把制度管理与民主管理、教师管理与学生管理、教学管理与科研管理、校内管理与对外开放、对师生的政治要求与业务要求、改善办学条件与提倡艰苦办学都结合起来，因此，在他们担任校长期间，学校的发展稳定有序而又充满活力。

（五）新中国著名大学校长是坚定的爱国者

在新中国成立之初出任著名大学校长的革命者、革命家、学术大师、著名科学家，他们有着挽救民族危机、振兴国家的浓烈情怀，他们怀抱科学救国、教育救国、革命救国的理想。他们对中华民族的复兴充满期望，对中国共产党领导的救国与建设事业充满信心。有些大学校长即使后来被误解，甚至蒙受不白之冤，也从来没有丧失对中国共产党和国家的信心。他们高尚的爱国情操是他们孜孜于办学治校、献身于教育事业的巨大动力。

（六）新中国著名大学校长是新中国的教育家

新中国著名大学校长是新中国教育发展史上的教育家，他们为新中国高等教育事业的发展做出了重要的贡献，他们为解决时代提出的教育问题和为完成当时社会发展需要的人才培养任务进行了实实在在的、有成效的探索，同时为我们留下了许多符合教育教学规律和符合办学规律的主张。新中国著名大学校长仅是新中国教育家群体中的一部分，新中国教育发展取得的巨大成绩，与像新中国著名大学校长一样的教育家们的努力与奉献是分不开的。

四、新中国著名大学校长治校办学的基本经验

正是新中国著名大学校长具有上述形象特征，他们在办学治校过程中才能坚持党的教育方针，坚持社会主义方向，坚持为社会主义建设服务、为人民服务，为后世积累了很有价值的办学治校经验。这些经验概而言之，主要有以下十条。

（一）重视民主管理，注意发挥教职员工和学生的积极性

重视民主管理，与师生员工平等相处，注意征求和尊重他们的意见，注意发挥教职工和学生的积极性，学校管理中不专权，是新中国著名大学校长治校办学的一个共性特征。

周培源主持北京大学时，明确提出"民主办校"主张，并认为"民主办校"的提法比"教授治校"的主张更恰当些。丁石孙回忆说，在北京大学当校长，他觉得他最得意的一点就是，他当了多少年校长，学校里没有人认为他是校长，谁都不怕他，他们都敢说、敢批评。他所追求的理想的校长状态是不要管太多，不要高人一等，要创造条件，让大家自由发展。[①]

同济大学校长李国豪对学校民主管理和校长民主作风的意义有深刻的认识。他说："在学术上一定要贯彻'百家争鸣'的方针……学术上不能搞帮派，不要排斥各种学术观点中的积极成分。例如同济大学在吸收国外先进科学技术、开展国际学术交流方面，以联邦德国为重点同时面向美日等国家，博取各家之长，而且我自己也这样做，就是基于这样的考虑。""校长的民主作风是表现在多方面的。一个人的见识和能力毕竟有限，作为大学校长一定

---

① 本刊特约记者：《精神的魅力——教育家丁石孙访谈录》，《百年潮》2006年第9期。

要广听博闻、虚怀若谷，遇事要和大家商量，特别要听取不同的（包括反对的）意见。只有集思广益，反复研究，才能做出正确的判断。我是赞成校长负责制的，要给校长自主权；同时，校长也要用好权，绝不能简单地一个人说了算。当然，民主也要集中，校长的决策，应当集中大家的正确意见。校长的权越大，用权越要慎重。民主作风还包括平等待人，不要以为自己是一校之长，是专家，就看不起人。……中央领导同志很重视发扬民主。要建设具有高度民主的社会主义国家，大学应该做出榜样，大学校长理应是民主作风的表率。"①

（二）重视科学决策，面对错综复杂的情况能保持头脑冷静

新中国著名大学校长在治校办学过程中，面对复杂的外部情形与矛盾交织的校内环境，在对关涉学校发展的重大问题进行重大决策时，能保持冷静的头脑，遵循实事求是的原则，注重科学决策。例如，蒋南翔、郭影秋对复杂情况的决策堪为典范。

在担任清华大学校长期间，蒋南翔始终从国情与校情出发，实事求是地制定政策、推动工作，不唯上、不唯书、只唯实。例如，在学习苏联问题上，他强调要学习苏联培养人的原则，但不能照搬，同时还要吸收英美大学理工结合的经验。"我们学习苏联，绝不是说就要完全拒绝学习英美有用的东西，相反，我们是要采取批判的态度吸取一切国家有用的东西。"②中苏关系恶化后，他又指出，学苏还是必要的，不能全盘否定。20世纪50年代，他

---

① 王一鸣：《校长要有自己的理想——访同济大学名誉校长李国豪》，《上海高教研究》1988年第1期。

② 中国高等教育学会、清华大学编：《蒋南翔文集》，清华大学出版社1998年版，第622页。

还提出清华大学学生劳动时间不要过多，清华尽量不要停课，以避免学校教育质量的滑坡。同时，他强调要从本单位的实际情况出发，落实上级指示要结合学校的实际，坚决反对各种形式主义、本本主义、教条主义，他经常引用毛泽东的《反对本本主义》。即便在20世纪60年代初期"唯成分论"的大背景下，他仍反复讲："唯成分论在理论上是错误的，在实践上是有害的。"他强调家庭出身不能选择，政治上的前途可以选择，由此调动了师生的积极性。

郭影秋于1957年秋季到南京大学任职时，正值反右斗争扩大化期间。在那样的历史条件下，他仍坚持全面贯彻党的教育方针，始终认为学校的中心任务是教学、科学研究和培养人才，而培养人才主要依靠教师。因此，他把主要精力倾注在教学、科研工作上。无论在什么情况下，教学和科研工作总是学校党政会议的主要议题。即使在"大跃进"进入高潮时，生产劳动多，学校动辄就要停课，他依然清醒地认为，学校还得上课，学校毕竟要以教学为主，假如不上课，还要学校干什么？因此，他在安排工作时划定了三条防线，确定教学是主线，规定教学、科学研究和生产劳动各占一定时间，三者不得相互侵占。

（三）重视思想领导，对大学教育有独到理解

新中国著名大学校长在治校办学过程中对学校的思想领导，主要表现为坚守大学使命和大学责任，重视学生的学习与修养。简而言之，新中国著名大学校长的大学观、人才观等基本思想发挥了指导作用。

在办什么样的大学上，吴玉章主持中国人民大学时非常鲜明

地提出要把中国人民大学办成学习和宣传马克思列宁主义、毛泽东思想的坚强阵地。吴玉章认真分析了当时高等学校的形势，他认为，任何一个社会都有与它的社会制度相适应的教育内容，而无产阶级的教育自然应当把共产主义的思想即马克思列宁主义、毛泽东思想作为教育内容。因此，中国人民大学要用这一思想来指导办学，指导大学讲坛，重视对马克思列宁主义、毛泽东思想的教学和研究。

关于大学的责任，陈望道主持复旦大学时鲜明地提出："综合性大学应负有教学和科学研究两项任务。"[①]他认为，综合性大学，除对国家负有教学任务，要为国家大量地培养从事基础科学的研究工作和教学工作的专门人才外，还有另一个重要任务，也就是对于国家负有发展基础科学以提高文化科学水平的责任。王亚南校长明确提出要把厦门大学办成人民的大学。他认为："在人民当家做主的社会，一个大学的发展前途，就是取决于它能否为人民为工农大众服务。"[②]

南开大学校长母国光认为学校是为学生办的。他说，在市场经济条件下，在大学有基础产业性的今天，学生与学校的关系一定程度上有顾客与商家的关系。有学生要上学，才办学校，并不是为办学校和养教师，才招学生。学生交费受教育，教师教学获得收入。师生关系又是交换关系，教育者有义务为受教育者服务。大学应该是大学生的大学。大学是培养人的，而人是有主观能动性的。学生知识水平和能力的提高、身心的发展，归根结底要依

① 余立主编：《校长——教育家》，同济大学出版社1988年版，第314页。
②《王亚南文集》编委会编：《王亚南文集》第五卷，福建教育出版社1989年版，第246页。

赖他们个人的努力，个人是内因，学校和教师不能包办代替。学生作为求学的主体，他们有思想，有个人的意志和自己的主观能动性，没有学生积极主动的学习，教育就不能成功。[①]因此，学校要为学生服务，培养高质量的人才是大学一切工作的中心任务。为了把这一中心任务落实到具体行动上，母国光在南开大学从评价方面、学生选择方面进行改革，以调动学生学的积极性与教师教的积极性。

关于新中国高水平的大学要培养什么样的人，郭沫若非常鲜明地提出了要培养"红透专深"高素质人才。1957年在中国科技大学尚未创办之时，教育界展开了一场关于无产阶级教育方针的大讨论，红与专的关系问题是这次大讨论的核心。郭沫若旗帜鲜明地主张红专并进，他认为："红与专的问题，在今天应该是不成问题的问题。……今天我们的国家已经基本上完成了社会主义革命，我们是在为社会主义建设服务，因此我们每一个人都应该成为社会主义的建设人才。社会主义的建设人才就是红色专家，也就是又红又专的人。"[②]针对什么才算红，他提出："应该以忠于社会主义事业、忠于祖国、忠于党为标志。我们每一个人都应该做一个好的公民，做一个毛主席的好学生，树立无产阶级的人生观，全心全意地在党的领导下献出自己的一切，为社会主义建设服务，为人民服务。这可以算作红的标志。"[③]他明确指出："知识分子一定要又红又专。为了建成社会主义社会我们需要大量的社

---

① 方志良等编：《庆祝母国光从教六十周年暨八十寿辰》，南开大学现代光学研究所2010年印，第83—84页。

②③ 郭沫若：《讨论红与专——答青年同学们的一封公开信》，郭沫若著作编辑出版委员会编：《郭沫若全集·文学编》第十七卷，人民文学出版社1989年版，第259、262页。

会主义建设人才，知识分子应该成为工人阶级的知识分子，所以党号召全国知识分子又红又专而且要'红透专深'。红，是思想立场问题；专，是业务技术问题。"[1] "红、专是不可分的，必须又红又专；但红是第一，专是第二。"[2] 在这一人才观指引下，郭沫若期望把中国科技大学办成尖端科学加共产主义的大学，也就是又红又专、"红透专深"的大学。尽管郭沫若提出的"红透专深"的办学指导思想带有明显的时代印记，但红与专问题讨论背后所反映的德与才的关系是教育学关于教育目的和人的素质问题的永恒课题，因而具有重要的现实意义。

（四）重视目标引领，注意给教职员工和学生树立目标、愿景

新中国著名大学校长对学校的发展，一般都有愿景的设置或描绘。他们重视目标的引领和激励作用。

1961年，李达校长提出"武汉大学要在十年之内赶上国内先进水平，进而向国际先进水平迈进"的奋斗目标。他讲道："武汉大学在国家（重点）大学中占第几位？我很注重这事，有人说我们是第五位，要努力迎头赶上去。"李达对武汉大学办学目标的定位，体现了他对武汉大学的历史传统、武汉大学在中国高等教育布局中肩负的重大历史使命及武大人历史情愫的深刻理解，也体现了他对学校未来发展的远见卓识和雄心壮志。在他的带领下，武大人励精图治，使武汉大学成为新中国首批重点大学之一。

20世纪80年代初，谢希德接任复旦大学校长。复旦大学虽是一所综合性大学，但由于受苏联办学模式的影响，只有文理科。

①② 郭沫若：《关于红专问题及其他》，郭沫若著作编辑出版委员会编：《郭沫若全集·文学编》第十七卷，人民文学出版社1989年版，第263、265页。

随着国民经济建设的加快和科学技术的迅速发展，人才市场急需理工结合的具有科技开发能力的综合性大学毕业生。因此，把复旦大学建设成为一个包括人文学科、社会科学、自然科学、技术科学、管理科学等多学科性社会主义综合大学，便成为改革的首要目标。谢希德主持制订了复旦大学1985—1990年发展规划，实施多方面的举措，推进复旦大学的发展。

对于华中工学院的办学目标，朱九思主张"面向世界，进入世界"，推进开放办学，向建设世界一流高校目标迈进。1977年暑假，朱九思带领华中工学院领导班子，组织700余名教师和管理干部，对世界科学技术和高等教育发展进行了一次系统的调查研究。在扎实的调查研究的基础上，通过对比分析华中工学院自身的特点，以朱九思为首的学校领导班子提出"要把华中工学院办成中国的麻省理工"，由此确立了华中工学院赶超世界一流的对标高校。1978年4月，在朱九思的领导下，华中工学院党委向全校各单位印发了《我院同世界著名理工科大学的差距和赶超的主要措施》，并同时上报教育部。这份材料指出，世界著名的理工科大学有一些共同的特点：它们都有一些学术水平较高的科学家和先进的实验手段与教学手段，都很重视基础理论的教学和研究并建设了一批在科学的某些领域形成了特色的研究机构，这些机构既是教育的中心，又是科学的中心，等等。同时，这份材料还提出了华中工学院赶超世界范围内著名理工科大学的设想和举措。此后，朱九思开始引领华中工学院向建设综合性大学的目标迈进。

（五）重视制度建设，做到按规章制度办事

重视制度建设，保障依规办事，是新中国著名大学校长治理

学校的共性特征之一。由于重视学校的制度建设，并坚持依章办事，他们主持的学校做到了运转有序。

潘菽出任南京大学校长后，首先抓的是学校制度建设。1951年10月，在他的主持下，南京大学颁布了《南京大学暂行组织规程》[①]，该规程包括总则、组织、会议三个部分。总则部分明确了学校定名、办学宗旨、具体任务、学校管理制度、教师配置、学生资格、院系设置；组织部分就校长、副校长职责，教务长、副教务长职责，总务长职责，各学院院长职责、各学系系主任职责等做出了明确规定；会议部分则对大学的校务委员会、常务委员会、教务会议、处务会议、院务会议、系务会议等会议的职权以及开会次数、主持、程序等进行了规定，形成了南京大学管理的依据。与此同时，潘菽与校委会成员达成共识："建立并健全行政组织制度，克服学校忙乱现象，改进工作方法，是保证完成教学任务的基本关键。"[②]因此，学校于1951年颁布了《关于建立并健全学校制度的决定》。该决定将建立制度的原则定为四条：一是制度要简化，不宜繁杂，层次不宜多，采取逐步建立的原则。二是各级组织、各种机构的职权与领导关系必须明确，一切工作规则目的也必须明确。三是各级机构要真正做到分层负责，确立必要的请示和汇报制度，各级负责人也必须加强和群众的联系，多方面听取群众的意见，对工作要随时检查，务使上下通气。四是行政与群众团体（如工会、学生会）的工作要密切配合，但也要严格区分。[③]基于这四条原则，该决定就校务委员会的职责和工作规则，系组织职责、系主任及系务会议任务，院组织之院长职责和

---

①②③《南大百年实录》编辑组编：《南大百年实录》下卷，南京大学出版社2002年版，第25、21、21—22页。

工作规则、院教学研究委员会、院务工作会议，学校秘书室、教务处的职责与工作规则进行了规定。可以说在潘菽领导下，学校颁布的《关于建立并健全学校制度的决定》和《南京大学暂行组织规程》，构成了南京大学运行的制度基础，为南京大学的平稳运行提供了保障。

武汉大学校长李达于1959年主持制定的《武汉大学校务委员会暂行条例》规定：武汉大学实行党委领导下的校务委员会负责制；校务委员会是学校行政领导机构，实行集体领导、分工负责，设常务委员会负责学校日常工作。1959年2月16日，第一次校务委员会会议举行。经过讨论，当日成立了以李达为主席的校务委员会常务委员会，并在校务委员会之下设立科学研究委员会、生活福利委员会、图书资料委员会。委员会的人员组成、职责、议事规则都非常明确。

重视大学制度建设使学校运转更加有保障，并且使校长们从繁杂的具体管理事务中解脱出来，有时间去从事研究工作或者参与学校社会服务活动。

（六）重视人格影响，注重以身作则

大学校长管理学校，如果只靠权力与制度，是很难在知识分子云集的大学中赢得信任与尊重的。新中国著名大学校长以高尚的人格本质影响人，注重以身作则，从而形成了真正的学校校长的权威。

厦门大学校长王亚南坚持以身作则，在繁忙的学校行政领导工作中，还亲自给全校师生上政治课，做报告，并积极带头参加各种社会活动。1950年，他和师生们一起，参加支前活动。在土

改运动中，他亲自率领一个代表团，到闽南的惠安、安溪等地慰问参加土改的师生。在学术研究上，王亚南坚持正确的立场、观点、方法，强调马克思主义对各门学科的指导作用。为了起示范作用，他经常在校内举办专题研究报告会，对如何把马克思列宁主义的观点方法贯彻到各学科中给以指导。

中国人民解放军军事学院院长刘伯承向来以治军严肃、治校严格、治学严谨而著称。在领导学院的建设和发展过程中，他始终坚持事事以身作则，处处为人师表。每次开会，刘伯承总是坐在那里一个姿势，威武端庄。刘伯承还亲自给高级速成系讲授"集团军进攻战役"，他查阅了大量的文献资料，广泛征求教授们的意见，编写了3万多字的授课提纲。榜样的力量是无穷的，刘伯承以身作则、严于律己的高尚人格，在教员和学员中自然就产生了无形的威严，大家从内心敬佩和服从，自觉以老院长为榜样，校园里严谨治学蔚然成风。

四川大学校长戴伯行在工作之余，不仅常到教职工家中嘘寒问暖，还常深入课堂调研、听课，并与授课教师切磋教艺，交流思想。化学系一教授去世后，他主动关心、周济其遗孀和子女。在反右派斗争中，他坚持实事求是的原则，顶住压力，在力所能及的范围内保护了一批知识分子。为此，他曾被划为"右派"。虽受到委屈，但他毫不计较。戴伯行恪守"求是"精神，对于学术或政治问题都有自己的是非观，做到不附和、不盲从。戴伯行在工作上严于律己，清正廉洁，勤恳踏实，处处以"工作第一，他人第一"为座右铭；生活节俭朴实，穿布衣，吃粗饭，在住房、用车、家属安置上从不提特殊要求。戴伯行以身作则、关爱师生，为四川大学的师风、学风和校风的建设起到了表率作用。

（七）重视管理效能，强调大学管理的分工协作

注重学校管理实效，将各项管理举措落到实处，不走过场，不摆形式，是新中国著名大学校长特别在意的。他们在制定决策之后，都会走出办公室，深入一线看一看、问一问、查一查，督促落实，对于发现的问题及时协调处理。为提高管理效能，他们特别强调学校教学队伍、政工队伍、后勤队伍的建设，强调学校管理部门之间的分工协作。

郭影秋在领导学校工作中经常强调，没有政治思想工作队伍和总务后勤工作队伍的密切配合，办好学校是不可能的。他到中国人民大学后，在第一次开学典礼上就指出：办好人民大学必须依靠教学、政工、后勤这三支队伍。他还深刻阐明在以教学为中心的前提下，这三个方面工作的辩证关系：政工干部和后勤干部都是办学不可缺少的力量，从领导到师生都要尊重和爱护他们，而他们也应严格要求自己，积极为教学工作和科研工作服务。

周培源认为学校领导工作要从重大问题入手，注重分工协作。他指出，一般来说，校内工作有政治思想工作、科学研究工作、教学工作和行政工作四种。在这四种工作中，他认为方针政策、培养目标是学校领导的工作内容，学校领导根据方针政策决定重大的问题，学校管理要有分工，只有在分工的基础上协作，学校管理才会有序推进。

刘介愚认为搞好学校的科学管理，应以教学为中心，把权下放到系，学校内部建立精简、统一、效能、承包、竞争等机制。他指出学校的中心工作是教学，学校内部的机制要适应于服务教学才是科学的管理。学校教学工作要建立有目的、有要求、有比例、有承包、有竞争的机制。一方面，学校应该实行统一领导、

分层负责、分工负责、各尽其责，建立聘任承包制，建立岗位责任制。要因事设人，不能因人设事。学校体制是校、系、室三级，系处于学校管理工作的第一线。要精简上层，充实下层，能放的权要下放或包干到系。他强调校处领导都要多到基层开展现场办公，直接接收来自下面的反馈。另一方面，学校要用计划、方案、表格把这个管理体制固定下来，学校每学年应有工作总结和教学工作计划，要体现以教学为中心，先提出教学工作计划，然后后勤和思想政治工作紧紧围绕服务于教学来安排；各处室也要做出本单位的分月计划，个人应有每周的执行计划。全校还要有一个全学年和分学期的会议安排表，并将其贴在各级办公室，作为安民布告；用计划、方案、表格的方式检查个人的承包任务，表彰先进，把工资、提职与实绩挂起钩来。

管理态度认真细致，管理对象和任务具体清晰，管理机制务实有效，管理方法灵活多样，这些都是新中国著名大学校长在治校办学过程中强调的。因而，在他们主持学校工作期间，学校的管理效能得到了很好的提升。

（八）重视质量控制，把提高教育教学质量和科研质量放在核心位置

新中国著名大学校长非常重视学校的教育教学质量与科研质量，采取了许多管理措施来保障质量，尤其是保障教育教学质量不断提升。

为了提高教育教学质量，马寅初提出"面向教学"的口号，要求一切部门的工作都要服务于教学，并提出了"提高教学质量，注意面向教学效果"的具体要求。他指出：学生要及时巩固学习

成果，避免"学得快，忘得快"；教师要注意培养学生独立思考和工作的能力；教学过程中各种教学形式要相互配合，教师要注意研究教学内容的思想性。同时，他积极提倡集体教学，同一门课程由几位教员采取分头准备、集中备课、共同讨论、分班讲授的办法确定讲稿或提纲，只有一位主讲教员的课，也要采取由主讲教师写出讲稿交教研组讨论并加以补充修正的办法。[①]这就很好地保证了教学质量。马寅初还在北京大学加强学生管理，整饬学生的学习纪律，引导学生订立学习计划。经过调查他发现，当时的北大学生在学习纪律上存在涣散现象。马寅初针对这些情况对学生进行学习纪律的教育，并制定学生学籍条例、请假规则、考勤办法、学习守则和奖惩办法，使学习秩序明显改善。为保证教学质量，周培源在北京大学倡导"三严""三基"，"三严"即严密的教学计划、严格的教学训练和严谨的科学作风，"三基"即基础知识、基本训练和基本技能。"三严"和"三基"至今仍然是北京大学人才培养与学术研究的主要特点，对后代学人产生了深远的影响。

郭影秋就任南京大学校长后第一次参加开学典礼就明确指出："学校的中心工作是继续贯彻党和政府关于高等教育的方针政策，把一切工作都转到以教学为中心的轨道上来，进一步提高教学质量。"他主持校务委员会统一大家的思想，又兼任教务部主任以贯彻落实各项措施。他要求各专业各学科根据学校的发展方向制订或修订教学计划，强调要加强基础知识、基本理论和基本技能的训练。他认为：基础课学得好不好，不只关系到专业课能否学好

---

① 马寅初著：《马寅初全集》第十四卷，浙江人民出版社1999年版，第306页。

的问题，而且还关系到学生毕业以后在业务上能否继续前进的问题，关系到今后若干年内在科学、学术领域继续前进的问题，攀登科学高峰的问题。因此，他不拘泥于本科学生前三年学完专业基础课的传统做法，要求专业基础课学得不好、不扎实的，要在后两年补课，务使学生把专业基础课学得深一些，厚一些，掌握得牢固一些，把知识面拓宽一些。

在如何提高学校的教育教学质量上，复旦大学校长苏步青非常重视教学与科研的结合，强调要正确处理两者之间的关系。他指出，把科学研究搞上去首先要保证教学，任何轻视教学的思想都是错误的，作为一位教师，首先要把书教好。[1]苏步青认为：在教学工作中，要想做到有创造性和有独立见解，必须积极参加科学研究，不断充实新知识；要使自己的教学取得好的效果，除积累教学经验之外，还要依靠科学研究加强对新学科发展的了解。[2]教师科研成果越多，教学内容就越丰富，而且富有新意，学生愿意听讲，培养出来的学生才能适应今后工作的需要。因此，高等院校的教育必须抓住教学与科研的密切结合。只有强调教学与科研相结合，才能有效地提高质量。高等教育工作必须抓住这个关键。[3]

（九）重视柔性管理，注意为教职员工和学生创造宽松的工作与学习环境

大学是传授知识的人、学习知识的人、创造知识的人与人类

---

[1] 忻福良主编：《当代中国高等教育家》，上海交通大学出版社1995年版，第189页。
[2] 王增藩：《苏步青高等教育思想略论》，《复旦教育论坛》2003年第3期。
[3] 王增藩：《苏步青高等教育的理论与实践》，《中国高教研究》2001年第6期。

文明成果的汇聚地，大学以人才培养为根本任务，以知识创新为主要使命。因此，大学管理有其特殊性。大学不能像企业管理那样为追求经济效益而实行严格的量化管理，也不能像政府机关那样实行严格的层级划分且一切行为只能在制度体系内运行。大学的教学工作与科研工作具有很大的个体性，它依赖于作为个体的人的创造性，这就在很大程度上使大学管理面临挑战。只有给予教师教育教学与研究的相对自由和给予学生学习的相对自由，才能调动他们的积极性、主动性和创造性。因此，大学管理应保持一定的弹性，让教师员工和学生有一定的自主空间。新中国著名大学校长对此有清醒的认识，注意为教职员工和学生创造宽松的工作与学习环境。

马寅初在执掌北京大学时，为了保证科学家和学者的精力和科研工作时间，他采取了一些具体措施：减少集中在少数知名科学家身上的社会活动，减少他们不必要的兼职；精简会议，会议必须事先充分准备；改进工作制度，尽可能减少系主任、教研组主任的事务工作。他还为有特长而成就卓著的科学家配备助手；在新中国成立初期困难的外交形势下，为科学家能更好地开展科研，他帮助有需要的科学家订购国外期刊，以及建立与国外科学机构、科学家的学术联系；对科学家的住房、交通工具、医疗、膳食、文化娱乐、儿童保育、理发及缝衣等生活需求，他都尽可能地设法优先照顾。[①]

武汉大学校长李达在全校大力倡导和贯彻执行"双百"方针。他认为："学术问题必须采取自由讨论的方式，容许坚持和保留不

---

① 马寅初著：《马寅初全集》第十四卷，浙江人民出版社1999年版，第437页。

同的意见，不能要求服从多数，只能要求服从真理。"[1]只有这样，才能促进认识向前发展，使科学工作者逐步掌握客观真理。他鼓励教师各抒己见，自由平等地讨论学术问题。在他的带动下，武汉大学形成了一种浓厚的追求真理、不尚权威的风气。

学校的未来发展主要依靠年轻人，而促进年轻人迅速成长的关键是为他们提供一个好的学术环境。从中国科学技术大学创建起，作为校长的郭沫若就提倡学校应具有浓厚的学术气氛，要让年轻人有施展才能的机会。"学校是搞学问的场所，学术活动的特色是其独创与革新，要有追求真理的大无畏精神，要有尊重实际的科学态度，更要有对祖国、对民族的忠贞不渝，要满腔热忱地扶植新秀。"[2]郭沫若在论及民主与科学时说，两者本质上并不是两种对立的东西，科学的思维与方法用之于实际生活的处理便成为民主。"科学是始于人民忠于人民的，故科学精神实质上也就是民主精神。"[3]他提倡发扬学术民主，兼容不同学派，允许各种学术观点自由争鸣，尤其对于学术批评，他主张："明辨是非，分清敌友，与人为善，言之有物。"[4]中国科技大学在他的倡导下，坚持以"双百"方针指导科学研究，校内学术空气浓厚而活跃，学校形成了学术思想开阔、学术研讨气氛浓厚、学术流派纷呈、科学思想活跃、青年人才辈出的局面。

① 武汉大学百年校庆办公室编：《百年树人　百年辉煌——武汉大学百年校庆记盛》，武汉大学出版社1994年版，第35页。
② 郭沫若：《继承抗大的优秀传统前进》，1958年9月20日郭沫若在中国科学技术大学开学典礼上的致辞。
③ 郭沫若：《学术工作展望》，郭沫若著作编辑出版委员会编：《郭沫若全集·文学编》第二十卷，人民文学出版社1989年版，第68页。
④ 郭沫若：《三点建议——在中国文学艺术界联合会主席团、中国作家协会主席团扩大联席会上的讲话》，《光明日报》1954年12月9日。

（十）重视开放沟通，具有国际视野

新中国著名大学校长都具有开阔的胸怀与视野，尤其是那些有过发达国家留学经历的校长，对于开放办学以及跟踪与赶超世界高水平大学有着积极的追求。由于"文化大革命"的影响，新中国大学出现了较严重的封闭办学现象，甚至大学内部出现了学科与学科之间、单位与单位之间的隔绝状况，这对于人才培养与科学研究极为不利。因此，"文化大革命"结束后，这些著名的大学校长都采取了一系列打破封闭的措施，实行开放办学。

复旦大学校长谢希德在治校过程中非常重视办学的"内联"与"外联"。她提出要发挥综合性大学多学科的优势，走学科"内联"之路。为此，她进行了改革与调整，在复旦大学原有院系基础上，先后成立了技术科学学院、经济学院、管理学院，实现了学科之间的交叉融合。为了面向经济建设，复旦大学还实行"外联"，除同江苏的常州、无锡结成了科研生产联合体外，还与湖北、浙江等省份的城市建立了外联协作关系。[①] 在加强国际交流方面，谢希德鼓励教师走出去。在谢希德接任校长的20世纪80年代初，由于受"文化大革命"的影响，人们的思想刚刚解放，对海外关系或海外学术很敏感，很多人的思维、知识、学术很封闭。为提高教师的学术水平，她积极鼓励教师出国进修，并通过个人关系为教师联系海外大学。她不仅鼓励教师走出去，还约请国外知名专家学者走进来为教师介绍新的知识和信息，以加强师资的国际交流和开阔教师的眼界。她任校长期间，还代表复旦大学积极走出国门，多次参加国际上有影响力的学术会议，并做高水平

---

① 谢希德：《迎接新技术革命的挑战》，《上海高教研究》1984年第1期。

的学术报告，发表和出版有国际影响力的学术论文与著作，为复旦大学赢得了国际声誉。

中国科学技术大学校长严济慈，提出了"育天下英才，创寰宇学府"的办学目标。他认为，要成为高水平的重点大学，必须面向世界，开放办学。因此，他积极致力于拓展我国科技领域和高教领域在国际上的交流与合作。他认为，国际人才交流是以彼之长补己之短，日本就是靠汲取国外先进科学技术起家的。为了提高研究生院的教学水平和在读研究生的素质，尽快与世界高科技的发展水平靠拢，严济慈邀请诺贝尔奖获得者李政道、波特和桑格等世界级大师到中国科学技术大学研究生院讲学。他与李政道一起倡导推动了中美联合招考物理学研究生赴美国大学攻读博士学位的项目，即中美联合培养物理类研究生计划（CUSPEA，China-U. S. Physics Examination and Application）。该项目争取到美国70多所大学的全额资助，历经9届，共选拔915人。其中，中国科学技术大学的学生共考取237人，占录取总数的25.9%，为全国之冠。该项目成为我国改革开放后大规模、有计划地选派硕士研究生赴美攻读博士学位的开端，架起了中国优秀学子赴美留学的桥梁。在严济慈的领导和牵线之下，中国科学技术大学在全国大学中率先实行对外开放，先后与30多个国家和地区的近百所大学、科研机构签订了合作交流协议，建立了稳定的合作关系，如邀请外籍专家学者来校讲学或开展合作研究，选派教师赴国外访问学习或合作研究，聘请名誉教授和客座教授，举办大型国际学术会议，等等。在严济慈的领导下，中国科学技术大学走出国门，面向世界，开启了国际化开放办学的新征程。

五、新中国著名大学校长治校办学的个性特征

新中国著名大学校长治校办学表现出的共性特征是鲜明的。但是，他们的成长经历、受教育经历、工作经历存在差异，他们主持的大学在发展历史、学科专业设置和所在区域等方面存在差别，在办学定位、发展目标和办学条件等方面也有不同，此外，学校内部要解决的问题与外部要应对的挑战不同。新中国著名大学校长在治校办学过程中，在实事求是的基础上治校办学，展示出了个性，给新中国高等教育发展史留下了许多鲜活的、令人深思的故事。

（一）从省长到大学校长的郭影秋

新中国成立之后，郭影秋任云南省省长兼省委书记，为复兴云南经济文化建设做出了重要的贡献。新中国成立初期，我国的教育事业严重缺乏领导干部，20世纪50年代中期，党中央提出向科学文化进军，加强对高等学校的领导。1957年，中央有意从党政高层领导中选派一批优秀骨干到大专院校，以充实教育战线。对此，当时社会上一些人则议论"共产党领导不了高校"，甚至有人公然要共产党"退出高校"。针对这一情况，郭影秋主动向中央"请缨"，要求到教育部门工作。1957年7月，时任中央组织部部长安子文找郭影秋谈话，传达了中央政治局的意见，决定调他担任南京大学校长兼党委书记。有人问郭影秋为什么要去，他回答道：省长、校长并没有大小、高低之分，只是在职务分工上不同罢了。无论干什么事，都同样是为人民服务，而且，我对教育工作很感兴趣，也有感情。特别是到高等院校，与高级知识分子交朋友，同他们打成一片，既能提高自己的知识水平，又可为国

家培养有用人才，创造科研成果，岂非"一举两得"？省长不当当校长，南京大学师生闻讯而喜，又觉新奇，不免还有人颇有疑惑："他是来当省长的，还是来当校长的？"他刚到南京大学时，正是"大跃进"热潮冲击全国之际。他千方百计地使学校的教学、科研正常运行。尤其在中央提出"调整、巩固、充实、提高"八字方针后，他更加积极地贯彻执行，结合学校工作实际，倡导"坐下来，钻进去"，把教学和科研作为压倒一切的中心任务。这对于恢复教学和科研的秩序，提高教学的质量，以及确保"多出人才、多出成果"，起到了决定性的作用。短短几年，他便把南京大学治理得井井有条，教学和科研的质量都有显著的提高，南京大学很快跨入全国重点高等学校行列。他本人也成为一位深孚众望的大学校长。

（二）倡导"治校一定要严"的军事学院院长刘伯承

刘伯承在军事学院院长任上提出"建立正规制度"和"学习新兵种学术"两项中心工作。他认为："建立正规制度"就是学"礼"，学习一个革命军人应遵守的礼仪、礼节和礼貌；"学习新兵种学术"即是学"法"，学习各兵种的新技术、战术知识和协同作战的法规法则。针对一些学员身上的不良习性和自满情绪，以及由此而出现的种种自由散漫、无组织无纪律的现象，刘伯承始终坚持管理从严，始终把作风纪律建设、生活秩序建设作为学院正规化建设的重要抓手。刘伯承治校有"三严"。一是政治思想严，把政治方向放在首位。他对教员要求"教书必须教人，教书要同教人相结合"，对学员要求加强"党性教育，统一集中教育，时事政策教育"，对高级干部学员的组织领导与思想领导一时一刻不能放松。二是教学训练严，强调抓好专业技术教学。他要求全院干部懂业务，做到又红又专；教授会主任、副主任都要能讲课，不能当不懂业务的甩手干部；业务干部要钻研业务，精通一门技术，向"专门家"方向发展。三是行政管理严，作风纪律建设过得硬。他在全院进行作风纪律大整顿，要求大家对照《内务条令》《队列条令》《纪律条令》三个条令，制定整改措施，并完善了军事学院的队列生活、行政工作和训练工作等制度，推动了军事院校的正规化建设。

（三）为学员"端盘子"的哈尔滨军事工程学院院长陈赓

陈赓作为一院之长，其服务思想和服务精神为学院干部和学员树立了榜样，并深刻地影响了干部和学员。"教师是炒菜的，干部是端盘子的"这一著名的"端盘子"思想①在陈赓的倡导下发扬光大。"一切为了学员"是学院办学的宗旨。陈赓形象地说：端盘子和炒菜的都是为了学生"吃"好，学校的宗旨是培养人，一切为了学员的学习成长。他指出："学员是我们的宝贝，是我们事业的希望，我们所有的工作部门，都要为学员服务。"每期新学员入学，陈赓都要到新学员大队去看望，引导他们端正入学动机，鼓励他们攀登科学高峰。他要求学员第一要变老百姓为军人，克服自由散漫的习气，遵守三大纪律、八项注意。第二要去掉"好铁不打钉，好男不当兵"的错误思想，树立好男要当兵的思想，学习现代化的科学技术，把我国的国防事业不断地巩固和发展起来。平时，陈赓总要腾出尽可能多的时间，深入教室、宿舍看望学员，

---

① 该思想由哈尔滨军事工程学院第一任副政委刘有光首先提出。

询问他们的学习和生活情况，对学员关怀备至。

陈赓把关爱学员成长和治校从严统一于办学实践当中，坚持严爱合一，真正把学员当作祖国的人才来培养。学员事无小事，陈赓要求全院一切工作要从"让学员学好"着眼，要求向全院一切人（包括家属）灌输关心学员的思想。[1]陈赓要求基层干部对学员开展教育要符合青年学生的特点，采取科学的领导方法；教师要关心爱护学员。在政治活动频繁的时期，他要求保证学员的学习和自由活动时间，社会活动和工作不要给学习造成太大的负担；保证学员的健康，让他们吃好、玩好，生动活泼地搞好学习。他特别关心食堂问题，强调食堂改善学员伙食，提高后勤服务工作质量。与此同时，陈赓多次对青年学生提出期望，他以老一辈打江山、建立新中国的奋斗经历激励他们快快长大，当好接班人。他认为，建设共产主义的伟大任务需要青年来担负，青年不要忘记过去，要继承革命先烈的遗志，实现共产主义的伟大理想。陈赓还通过请党、政、军著名人物做报告，树立榜样等方式，激励学员成长成才。通过这些举措，学员的学习积极性、教师教学的积极性、干部服务的积极性不断提高，学校充满了生机与活力。

（四）重视"共建"的校长潘承洞

山东大学校长潘承洞认为，一所学校如果固守旧有的模式，关门办学，拒绝与社会的联系，就违背了自身的发展规律，是毫无前途可言的。他认为学校应该确立"共建"的思想，充分发挥改革的主动性和积极性，自觉地按照教育规律去调整自我，融入

---

① 张衍：《常胜将军办大学》，《解放军报》1983年4月5日。

社会整体中去。在潘承洞的倡议下，山东大学提出了"面向山东，立足山东，服务山东"的口号，参与国家和地方的经济建设。具体而言，潘承洞的"共建"思想主要表现在以下四个方面。

一是校地联合，共建共管。在潘承洞的大力推动下，山东大学的共建活动开展得比较早，形式也比较灵活，并取得了阶段性的成果。"校地联合，共建共管"是以国家教委或学校与地方政府签订正式协议的方式形成的一种全面合作、共同管理的共建形式。山东大学通过与山东省人民政府、济南市人民政府、威海市人民政府等签署一系列协议，获得了地方政府的全面支持。

二是二级共建，对口扶持。潘承洞的共建思想不仅停留在大学与地方政府的共建框架内，还大力提倡并积极推行校内各院系与地方开展二级共建，即各院系根据自己的专业设置、研究方向和技术力量等实际情况，有针对性地与地方政府部门或大型企业进行协作。这种协作的形式多种多样，内容简繁不一，时间跨度也没有统一的要求。这种协作针对性强，见效快，所以深受协议双方的欢迎。

三是校际联合，优势互补。潘承洞在挖掘山东大学自身特点的同时，还拓展性地挖掘其他高校的优点，鼓励开展体现优势互补的校级联合，进而助力学校的发展。校际联合的主要形式是以合作培养、联合攻关的阶段性项目为主。例如，山东大学与山东工业大学签订了合作办学的协议，筹备建立"山东材料科学与工程研究中心"，综合山东大学的功能材料和山东工业大学的结构材料的优势，建成我国材料科学方面具有一流水平的人才培养和科学研究基地。山东大学与山东医科大学签订联合培养七年制高等临床医学专业人才的协议之后，培养的首届毕业生深受社会欢迎，形成了一种培养高级医学专门人才的新模式。

四是校内联合，形成整体优势。潘承洞认为在学校的内部管理上，原有的管理模式里相对独立的块块模式，不利于优势互补，妨碍了整体优势的发挥。针对这一情况，同时也为了适应开放办学、共建共管的要求，他对校内进行了全面的管理模式创新，完善了校、院、系三级管理，建立了以院为基础的管理体制，按照专业互补、学科互补、优势互补的原则，先后合并组建了13个学院。例如，技术工程学院，由电子系、光学系、计算机科学系等系科组成，形成了光、机、电一体化的集团优势，在人才培养和科学研究方面产生了较高的效益。

通过全方位的与地方政府、高校、企业及学校内部的共建活动，潘承洞为山东大学探索了一条互惠互利、共同发展的新模式。学校为地方政府和企业培养人才、提供技术、承接科研项目、提供咨询服务等，而地方政府和企业则为学校注入资金，为学校的发展建设创造良好的环境条件。时任国务院常务副总理的李岚清视察山东大学时，充分肯定了共建活动取得的成就。通过共建，山东大学缓解了财政困难，办学经济实力得到了增强，也获得了很多优惠的政策。例如，山东省拨专款为学校建设博导楼，济南市为学校建设院士楼，城建部门免除学校的工程配套费等。通过加强与地方政府和企业的联系，山东大学充分发挥了人才和科技优势，将学校的发展真正地纳入社会发展中。而学校内部的联合，也培育了一批新的具有旺盛的生命力、发展潜力和竞争实力的学科群。

（五）专心致志做校长的吴咏诗

1986年，吴咏诗担任天津大学校长。担任校长之初，吴咏诗就制订了学校"七五"发展规划，提出要将天津大学办成综合性、研究型、开放式的现代化大学。为了实现这一办学目标，吴咏诗在治校过程中特别重视教师工作。他曾说，他本人就是教师出身，有什么事情他都跟教师们商量，从来没有认为自己是校长就可以命令他们，而且他非常深切地感觉到教师们非常支持自己的工作。他特别重视教师对学校工作的不同看法和建议，要求校长办公室的同志及时搜集和了解教职工（尤其是教师）面见校长的情况，如果有，要及时汇报，尽快安排。

"潜心治校"贯穿于吴咏诗担任校长工作的始终，而且他个人为此忍痛割爱，做出了牺牲。当校长前，吴咏诗在电子信息领域的研究非常出色，他曾作为新中国第一代访问学者去美国访学，但直到退休，他还不是博导。在吴咏诗的女儿吴玫看来，父亲当校长的时候全身心地投入天津大学建设，几乎放弃了自己的专业研究。"这是一种选择，他不是为他自己。"吴咏诗亲身示范了在治学与治校之间的选择：他热爱自己的专业，但当更迫切的需要、更重要的使命到来时，他选择了专心当校长。

（六）特别重视听课的校长江隆基

江隆基于1959年初调到兰州大学任党委书记兼校长，这个时期的兰州大学面临着混乱的局面。反右派斗争严重扩大化，而且大炼钢铁，大办工厂，给兰州大学造成了严重的破坏，正常的教育教学秩序受到了严重的冲击。为了全面提高教学质量，他提出了老教师和有教学经验的教师要走上教学第一线的要求。到1961年，就当时全校教师的职称结构来看，几乎所有老教师和有经验的教师都走上了教学第一线。[1]同时，针对教师授课中的排课、调课及补课，教职工的请假考勤，教材的供应和管理，学生的考试、考查及评分、成绩登记，学生的助学金管理，学生的奖励和惩罚，学生的实习、生产劳动的考核，学生的宿舍管理等都相继订立了管理制度和规约。

为了提高教学质量，江隆基特别强调听课。他说，听课是了解教学、检查教学、督促教学、提高教学质量的一个基本方法。在学校的教学秩序基本稳定后，他带头深入课堂听课。无论工作多忙，他都坚持每周至少听一次课，并提出了许多宝贵的意见。至今，校园内还流传着江隆基校长听课的故事。当年还是年轻助教的林家英回忆："一天，上午第三节上课铃声一响，我跨进（旧）文科楼三楼靠北的一间教室，准备给中文系同学讲授'中国古代文学作品'，按平日习惯首先环视课堂秩序时，突然发现江隆基校长正安静地坐在教室的最后一排。真没想到，作为一校之长能在百忙中深入教学第一线，来听一位青年教师讲课。紧张、感动的情绪一时交织于心。幸而那时我已有几年的教学实践，能够及时控制住紧张的情绪，按计划从容地讲完两个课时的内容。更让我想不到的是，当第四节下课铃声响起后，我收拾好讲稿准备回家时，江校长已从教室最后一排向我走来，含着微微的笑意对我说：'谢谢你讲的课！'这始料不及的一声'谢谢'，不但让我再次感到紧张、感动，同时也增加了一份惊喜和温馨！"[2]

在江隆基的倡议下，学校的党政领导，各系的总支书记和系、

---

① 李欣瑶：《江隆基带领兰州大学进入"黄金时代"》，《甘肃日报》2019年3月18日。

② 刘言、吴振荣：《江隆基——缔造兰州大学"黄金时代"的教育家》，《兰州大学报》2015年12月24日。

教研组主任等都深入教学第一线听课。有的系还组织安排了集体听课、召开教学经验讨论会，总结和推广好的教学经验，很快全校教学面貌焕然一新。

（七）重视教学示范的校长唐敖庆

从教学科研第一线走上校长岗位的唐敖庆，依然承担着教学任务。唐敖庆讲课非常严谨认真。他的视力不好，所以在备课时，他就把讲稿全部背下来。每备完一节课，他都要在脑中重新过一次，用脑力度非常大。他的妻子说，每次他备完课后都会出一身汗，她总是要给他洗衣服。上课时他从来不用稿子，思路清晰，表达流畅，他的大脑仿佛是精密机器，令人赞叹。

唐敖庆无论是在给学生制订学习计划还是讲课，总是遵循着循序渐进的原则，时刻考虑着学生的接受程度和课程进度。1963年，唐敖庆在吉林大学创办了"物质结构讨论班"。他在给讨论班上"量子力学"这门课时，考虑到学员的基础参差不齐，第一节课他并没有直接上课而是讲授了量子力学的实验基础，第二节课他介绍了量子力学的发展过程，并针对不同基础的学生开列了三个层次的参考书。这样使所有学生都能得到不同程度的进步和发展。唐敖庆授课条理性、逻辑性、系统性都非常强。上课时他总是先介绍要讲的内容，有时候还将这节课与下节课的关系点出来，使学员明白知识间的联系。当学生基础参差不齐而课程又很难时，他一开始讲课速度会放得很慢，用一些浅显的例子使学生比较容易地进入这一领域，深入浅出，然后慢慢提升难度让大多数学生可以跟上进度。对于基础好的学生，他还会将内容提升一些高度，画龙点睛，使基础好的学生豁然开朗，清楚了知识的内在联系。

唐敖庆授课重点突出，总是能让学生听了如醍醐灌顶，体会到问题的精髓。唐敖庆认为讲课不要念讲稿，只有脱离讲稿，才能观察学生对讲课的反应，才能有的放矢、深入浅出地给学生讲好课。他认为讲课最重要的是对课程的理解，只有真正懂得了才能讲明白，至于教学方法可以慢慢地积累和提高，讲出自己的风格。

唐敖庆平时对学生非常和蔼，对学生讲话总是心平气和，非常亲切，但对待学业要求却非常严格。他认为要培养高水平人才，必须把基础打扎实。年轻人总是有惰性，因此不能纵容学生，要督促他们趁着年轻多学知识。唐敖庆所具备的卓越教师品质，从学校管理的角度讲，使他履行校长之职更具专业精神和人格魅力。

（八）倡导放宽政策的校长钱令希

钱令希任职期间，对于学校的管理有自己的见解。他认为教育事业要改革，要前进，必须靠放宽政策来突破。[1]

第一，要放宽职称评定。面对烦琐的评审流程、严格的评审要求，教师无法集中精力去建设教学与科研两个中心，有突出贡献的教师往往因发表的论文数量不足而不得晋升职称。钱令希认为在这件事上，可以放手来规定一些原则，如教授一级的晋升，由国家从严掌控，而副教授及以下的教学、科研人员的职称评定可以把权力由国家下放到学校，各校结合自己的情况去评审。对于那些条件不完全具备的学校，也可以以一所或几所学校联合的方式进行评审。还可以试行聘任合同制，根据工作需要，按照科

---

[1] 钱令希：《解放思想 放宽政策 开创高等教育的新局面》，《高等工程教育研究》1983年第1期。

学合理、精干效能的原则，充分调动教师的积极性。钱令希不仅关心教师的职称评定，还关注学校党政管理、图书资料管理、实验技术、翻译、学报编审等人员的职称问题。钱令希认为，他们对于学校管理也做出了巨大的贡献，也应放宽评定限制，提高待遇，以保障他们的利益。

第二，要放宽招收博士研究生的点和招收硕士研究生的人数。当时，我国正面临人才稀缺的情况，但招收政策过于严格，一些毕业于一般院校的人才被拒之于门外。钱令希认为招收名额应灵活设置，各大学在招生时应有更大的自主权。但凡有积极上进、愿做贡献者，可以相应地为他们提供机会，让他们在实践中创造条件，提高水平，积累经验，以免过于保守造成名额空缺，人才流失。

第三，要放宽人才的合理交流制度，尤其是留校教师的流动政策。他列举了留校教师的两点弊病：其一，学术上的"近亲繁殖"不利于学科发展；其二，人才压制、论资排辈的现象不利于拔尖之才脱颖而出。同时，针对学术界的老化现象，他提出要重视有作为的中年教师，让六七十岁的教师把有限的精力放在学术工作和人才培养上。钱令希本人也是这么做的，1985年，69岁的他不再担任院长，而是担任大连理工学院终身顾问。

第四，要放宽学校的后勤管理。随着学校的不断发展，师生对后勤保障服务提出了更新、更高的要求，钱令希提出将后勤工作进行社会化改革：整个后勤部门组织起来，成立一个后勤服务公司，与学校签署合同，分权独立。学校每年将部拨的经费交给后勤服务公司，把有关后勤的人权、物权也下放给它，由党政组织对后勤服务公司布置任务，提出要求。后勤工作的社会化改革加大了后勤的自主权和自由度，后勤服务保障能力得到了提升。

钱令希在学校管理中推行的政策适度放宽措施，营造了良好的氛围，保障了师生的日常生活，也使得人才有用武之地而无后顾之忧，全心全意地施展才华，从而为我国的科技、教育事业多做贡献。

（九）爱生如子的校长林迪生

林迪生对待青年与学生，始终如父母对待孩子那样，既使人感到和蔼可亲，平易近人，又严格要求，决不放任。这是他的许多学生的共同感受。

兰州大学生物系52级是林迪生抓的教学点。他对这个年级的每个学生都很熟悉。每到周末，他必定到学生宿舍看望住校学生，数年如一日，从不移易。毕业分配时，林迪生差不多找班上每个学生谈心，勉励学生毕业分配后刻苦工作，为祖国做贡献。

为了培养更多的人才，林迪生长期从自己工资里拿出钱来，资助家境贫困的学生，他长期予以经济资助的学生有五六人。有人问他为什么自己那样节俭，却慷慨送钱给学生，他回答道："我不图任何回报，只想让国家多出几个人才。"

在兰州大学，林迪生全方位地关心学生，特别注意从思想上、政治上帮助他们。他与一些学生保持着密切的联系，例如，20世纪50年代后期物理系的优秀学生张敬业、20世纪50年代中期化学系学生胡之德和生物系学生岳德超等，他们无论在校学习期间还是毕业后在工作的岗位上，都经常受到林迪生的教导。他们都由衷地说，他们的成长过程充满着林迪生校长的心血。

20世纪50年代初，兰州大学学生中有一个老红军的女儿，名

叫傅竟秋。她的父亲在一次军事演习的指挥中，由于司机误把汽车开进射击场，不幸牺牲了。当时傅竟秋家中没有别的亲人，父亲牺牲后，她痛不欲生。林迪生把她当作自己女儿一样地关心，还让女同学陪伴她，让学生干部安慰她、开导她。他还有相当长的一段时间跟她一起吃饭，就像慈父般地关怀她，使傅竟秋慢慢经受住了巨大的悲痛，学习也跟上了。傅竟秋后来在位于陕西武功的中国科学院西北农业生物植物研究所工作，她深深感激林迪生校长，对这一段经历铭记不忘。

1952年，兰州大学校园中一下子来了1 000多名四川学生。初到北方，吃粗粮、少蔬菜，学生们很不习惯，有的想家、哭鼻子、发牢骚，个别学生竟不辞而别，溜回了四川。林迪生得知这一情况后，一方面，与教师们一起加强思想工作，讲艰苦朴素的传统；另一方面，亲自抓学生食堂，改善学生的伙食，做到中午一律吃米饭，还开设小卖部专卖四川人爱吃的辣椒、腊肉等食品。此后每逢年节，学生食堂吃什么菜、做什么饭，林校长都要亲自安排、过问。学生的情绪很快稳定下来了，逃学的学生又返回学校。学生情绪安定后，学习积极性随之提高，许多学生中午也不休息，坚持看书学习。林迪生知道后，既赞赏大家的学习劲头，又要求大家注意身体健康，他中午到学生宿舍巡视，"强迫"大家中午休息一会儿。

（十）重视校园绿化美化的院长朱九思

现在的华中科技大学（前身华中工学院）被誉为"森林中的大学"，朱九思老院长功不可没。他发动学生周末义务植树，引进和培育优良树种，加强绿化管理……在朱九思身体力行的影响下，

"维护树，爱护树"成了华中工学院师生员工的共识。"盖一栋房就要种一片树""谁砍学校的树，我就追究谁的责任"。朱九思在学校立下规矩：在学校砍一棵树，必须报院长签字批准。朱九思爱树的名言和故事，在校内外广为流传。2016年6月14日，在朱九思院长不幸离世后的第二天，两篇"树与他不分离"的微信文章《朱九思先生：喻家山下森林大学的缔造者》《今天，我们用树与文字纪念朱九思先生》在全校师生、广大校友中和社会上迅速传播。这是在校的大学生们用最纯真的心灵感悟出的对朱院长的悼念。十年树木与百年树人同行，在科技、人文和绿色相融的华中科技大学，继续推进着朱九思未竟的事业。

（十一）热爱学校并为学校的事业竭尽全力的校长李国豪

同济大学校长李国豪的言辞朴实无华，他在《学校领导要德才兼备——我任校长的体会》中提出的六条箴言可谓是肺腑之言，这也是他终生秉持的为学、为人和治校之道。"校长作为一个单位的领导者要具有领导者的德和才，而作为培养德、智、体、美人才的领导者，此外还应是全校德、智、体、美的典范。这两方面的要求很多，我体会最主要的可以综合为如下几点：一、大公无私，胸怀宽广；二、尊重人，平等待人；三、严格治校；四、有远见，抓大事；五、当业务内行、高手；六、热爱教育事业，热爱学校。"[1]李国豪学在同济大学，教在同济大学，管在同济大学，对母校有着深厚的情感，本着"同舟共济，自强不息"的同济精神，带着同济走上复兴之路。

---

① 李国豪：《学校领导要德才兼备——我任校长的体会》，《上海教育》2001年第3期。

李国豪认为："一个校长热爱教育事业，才会为教育事业献身；热爱这个学校，才会为这个学校的事业竭尽全力。我大学毕业后，本想当一个桥梁工程师，可是机遇使我在学校当了助教。1946年留学德国回国后，又是如此。仅仅做了短时间桥梁工程师，最终还是当了教师。我感到做教师不仅意义重大，而且很有乐趣。一年一年看到新的学生进来，学成的学生毕业，令人高兴。从此，教育岗位成了我的终身事业。"[1]李国豪讲："我的命运和同济大学联系在一起，同济大学成了我的家。我熟悉这个家的家史，关切它的传统和发展。所以我当校长时，积极提出恢复同济大学传统的'两个转变'，并且极力试图恢复50年代调整到武汉去的医科，可惜没有成功。现在学校又有了医科，并且大大发展了，这是国家发展兴旺的缩影，十分令人高兴。"[2]话语朴素，体现了他对同济大学的殷殷期望和深深热爱。

李国豪热爱教育事业和热爱学校，具体体现在热爱学生上。"在众多同济人的记忆里，参加同济大学每年的新生入学典礼是李国豪的'必修课'。……李国豪关心爱护莘莘学子，不是蜻蜓点水，不是浮光掠影，而是只要可能，随叫随到，热情参与。"[3]近70年的教学生涯，他桃李满天下，其中许多人已经成为我国桥梁和结构领域的领军人物。他的学生中有项海帆、范立础等院士，还有几十位知名教授。中国工程院院士范立础评价李国豪说："李校长一生不仅是大家科学事业上的导师，更是我们每一个学生的

①② 李国豪：《学校领导要德才兼备——我任校长的体会》，《上海教育》2001年第3期。

③ 程国政编著：《李国豪》，同济大学出版社2013年版，第150—151页。

走向世界、迅速发展的。"[1]

（十二）拆"墙"办学的校长钱伟长

从1983年被任命为上海工业大学校长，到1994年上海工业大学等四校合并组成上海大学后继续留任校长直至2010年逝世，钱伟长执掌校政达28年之久。其间，他大胆提出并果断实施了一系列改革举措，带领新上海大学成功跻身于国家"211工程"重点建设高校行列。

钱伟长指出，教育涉及面极广，是一项复杂的系统工程。改革重点是拆四堵"墙"，它们是学校与社会之间的"墙"、教学与科研之间的"墙"、各系和各专业之间的"墙"、教学思想上的"墙"。[2]他认为大学在培养人才和创新科技的同时要适应科学技术的迅速发展和人类社会的快速进步，要直接为经济建设和社会发展服务。钱伟长认为要拆的第一堵"墙"就是学校与社会之间的"墙"，以密切学校与社会和工厂企业的联系，进一步加强教育为社会服务的办学方针。学校如何在党的教育方针指导下，直接为改革开放中的上海市的经济建设服务，怎样开拓办学路子，怎样进一步加强教育和生产的联系，怎样消除学校和社会的隔阂，需要深入研究。

与此同时，钱伟长还提出：要夯实基础，淡化专业，注重科学素质教育与人文素质教育的交融，立足于培养复合型人才；要文理渗透，提高学生的人文素质，这会对他们的世界观、人生观、

---

① 王一鸣：《校长要有自己的理想——访同济大学名誉校长李国豪》，《上海高教研究》1988年第1期。
② 李晓溪：《钱伟长教育思想对高等艺术教育的启示》，《美术大观》2012年第3期。

价值观产生重大影响。钱伟长主张理工科大学生应该具有文学、历史、哲学和其他社会科学知识，他认为全面发展的人就是科学精神与人文精神相结合的人，这符合培养全面发展的新一代人才的需要。"理工科学生也必须懂人文科学，必须具备一定的文学艺术方面的素养，否则他们有可能给四化建设造成不应有的损失。"[1]为此，钱伟长建议成立了人文社会科学部和文化艺术中心等机构，给学生提供人文选修课，帮助学生更好地完善知识结构，提高理解能力，优化表达方式，增加在科学技术上创造的潜能和突破的可能。

六、新中国著名大学校长的积极影响

新中国著名大学校长的积极影响是多方面的。从影响空间上看，他们的积极影响首先是对学校的，但不止于学校，他们对新中国的整个教育事业尤其是高等教育事业也产生了积极的影响，他们中有的还在国际上产生过积极的影响，为新中国的科教事业赢得了国际声誉。从影响时间上看，新中国著名大学校长的积极影响，不仅表现在他们的治校办学主张与举措为世人瞩目，为同行学习传播，也表现在他们离职后乃至离世后依然被人怀念与学习。从影响的具体方面上看，新中国著名大学校长不仅在教育事业方面有积极的影响，而且在科技事业、社会事业和政治建设方面都发挥过重要的作用。

---

[1] 钱伟长：《谈全面培养合格的社会主义建设人才》，《文汇报》1985年6月10日。

（一）对学校的影响

1. 对学校发展战略的影响

学校发展战略是关涉学校全局性、根本性、方向性发展的大问题。新中国著名大学校长为学校的发展选择了正确的定位、方向、目标与道路，因而他们为历史称颂。

在苏步青的带领下，复旦大学制订了1980—1985年的发展规划，提出总的奋斗目标是："要把复旦大学办成能反映我们科学文化最先进水平的国内第一流大学，为国家培养更多优秀的专门人才。"[①]他的办学思路为后几任校长继承，一流大学的战略成为复旦大学发展的基本战略。

作为北京师范大学校长，陈垣对高等师范教育的重视、对教学与科研理念的践行、对历史研究教学的真知灼见，都对后世产生了深远的影响。20世纪50年代，北京师范大学为教学改革编写的教材，成为全国师范院校学习的样板，1953年学生教育实习的经验也通过全国第二次教育工作会议推广到全国，有力地推动了全国师范教育的发展。陈垣以"教学"会通"研究"、以"研究"促进"教学"的理念在北京师范大学得以推广，有力地扭转了20世纪50年代早期仅以教学为中心的办学思路，明确了大学教学与科研的双功能。

厦门大学地处东南沿海，区位优势得天独厚，同时还形成了自己的传统办学特色。1950年，王亚南根据学校的区位优势和传统办学特色，向中央高教部呈报了厦门大学发展计划，明确提出了厦门大学"面向海洋，面向华侨，面向本省经济建设"的办学

---

① 王增藩：《苏步青高等教育思想略论》，《复旦教育论坛》2003年第3期。

定位和重点建设优势学科的发展战略，并加强了与南洋问题、我国台湾问题、海洋问题及与本区域特点有关的问题的研究，设置了海洋物理、海洋化学和海洋生物等专业。1955年，厦门大学正式确定了"面向东南亚华侨，面向海洋"的发展方向，取得了累累硕果。

新中国成立初期，天津大学的理科在院校调整中被调入河北工学院的工科专业，天津大学成了工科院校，成为一所多科性工业大学。到改革开放初期，国家和社会发展对高等教育提出了新的要求，全国各重点工科高校已普遍感到，理工分家、单办工科难以培养出高质量的人才，也难以获得高水平的科研成果。针对这一问题，天津大学校长史绍熙从人才的知识结构切入进行了系统的思考。他在天津大学率先进行了学科设置的改革。在工科各学系之外，史绍熙先后建立了数学、物理学、力学、化学等理科学系和外语、人文与社会科学等文科学系，并使管理工程学系发展成管理学院。史绍熙认为，把一批重点大学办成综合性大学，既是高等教育发展规律性的反映，也是社会主义建设的客观要求。史绍熙把天津大学建设成重点综合性大学的战略目标，对天津大学的发展产生了重要的影响。

2. 对学科建设的影响

新中国著名大学校长对学校学科发展的影响是显著的，也是持久的。这具体表现在两个方面：一方面是整体上对学校学科建设布局的影响，另一方面是对学校具体学科建设的影响。例如，周培源重视北京大学的理科建设，强调学校发展的重点是建设文理为主的研究型大学，复旦大学的校长苏步青、谢希德都主张文理并重。粉碎"四人帮"之后，在改革开放初期出现了对新中国成立之初院系调整中设置单科性大学的反思。例如，华中工学院院长朱九思、大连工学院院长屈伯川、北京邮电学院院长叶培大，以及同济大学校长李国豪、天津大学校长史绍熙等，都不约而同地认为大学要向多科性发展，要重视理工结合，甚至要发展文科以提升人才的人文素养。

新中国著名大学校长对学校具体学科发展的影响更是显著。由于他们中的大多数在出任校长之前已经是某一学术领域的学术大师，是某一学科领域的著名科学家，出任校长之后多数校长并未放弃自己的学术探索与科学研究，因而他们在不知不觉中或在有知有觉中会对自己所在的学科给予更多的资源配置，使自己所在的学科成为学校的重点学科或优势学科。例如，潘承洞对山东大学数学学科的影响，唐敖庆对吉林大学量子化学学科的影响，王亚南对厦门大学经济学学科的影响，李达对武汉大学哲学学科的影响，谢希德对复旦大学物理学学科的影响，钱令希对大连工学院力学学科的影响，史绍熙对天津大学工程热物理学及动力工程专业的影响，杨石先对南开大学有机化学与药物化学学科的影响，母国光对南开大学光学学科的影响，叶培大对北京邮电学院通信学科的影响，陈垣对北京师范大学历史学学科的影响，刘佛年对华东师范大学教育学学科的影响，李秉德对西北师范学院教育学学科的影响，等等。可以看出，校长是学科带头人，是学科发展的旗帜。校长所在学科或学术领域的发展与学校的发展之间实现了良性循环。

3. 对学校学风的影响

学校学风是学校师生员工在治学精神、治学态度、治学方法等方面表现出的风格，也是学校全体师生员工之知、情、意、行等在学习、工作等问题上的综合表现。学风一般凝聚在教与学的过程中，凝聚在管理与服务的过程中，而表现出一种精神动力、态度作风乃至方法措施运用的状态。这种状态又会依不同学校的不同特点而表现出独有的特色，进而逐步形成一种传统和风格，对学校的发展和建设产生深远的影响，对教师的教学与研究、对学生的培养和成长起到潜移默化的作用。新中国著名大学校长一般都重视学校的学风建设，并采取切实的措施抓学风建设，为学校形成良好的学风奠定坚实的基础。

陈望道在办学过程中十分关注学风问题，注意发扬革命传统，他认为这对培养社会主义建设的专门人才的重点大学来说，是至关重要和不容忽视的。为了在复旦大学营造和树立良好的学风，陈望道在许多重要场合都不厌其烦地、大张旗鼓地谈学风问题。他认为："学风问题是一个综合性的问题"①，"理论与实践相统一，高度革命性和严格科学性相结合的学风归根到底是个红专统一的问题"②。他又说："培养学风要做的事很多，但主要应从以下两方面去努力：一要思想先行，也就是要以马克思列宁主义和毛泽东思想指导我们的教学、科学研究工作。思想不先行，不以正确的思想来启发、指导，就会有迷失方向的危险，也就不可能形成优良的学风。二要行动上实践，也就是要以正确的思想为指导，专心致志向科学技术做精益求精、坚持不懈的努力，通过实践使好的思想成为力量。"③他强调："学风问题是学校工作中十分广泛又是十分繁复的问题之一……发扬新学风不是一朝一夕之事，也不是一人两人之事，首先要大家重视，大家来做长期的、坚持不

---

①②③ 余立主编：《校长——教育家》，同济大学出版社1988年版，第24、315、24页。

懈的努力，这样才会逐步发展，最后成为一致奉行的风气。"[1]在他的倡导下，复旦大学在全校范围内广泛动员、持续发动，开展了一场史无前例的关于学风问题的大讨论，有力地促进了优良学风的建设和发扬。

匡亚明一贯重视并致力于校风、学风的建设。他说："建设良好的校风，是提高教育质量的一个重要方面，也是高等教育现代化的一个标志。"他根据学校的革命传统和建设新型社会主义大学的要求，提出要形成和发扬"五种空气"：高度的政治空气、高度的学术空气、高度的生产劳动空气、高度的社会主义团结与文明空气、高度的文娱体育空气。他指出，空气流动而成为风，这"五种空气"就是我们的校风。每逢新学年开学典礼，匡亚明都讲树立优良校风问题，反复强调树立良好校风是长期的事情。匡亚明不仅大力倡导"五种空气"，而且带头树立优良校风。他提出的这"五种空气"主张为吉林大学形成具有自己特点的优良校风起到了至关重要的作用。

新中国成立初期，侯外庐面对西北大学由国民党遗留下来的百废待举的烂摊子，在党组织的信任和支持下，决心克服种种困难，革旧翻新，大刀阔斧而又踏踏实实地解决问题，改造旧西大，建设新西大。当时，侯外庐47岁，正值年富力强。很快，他就有了具体的思路。他审时度势，提出发扬"新三风"——师生互助、教学相长的新校风，实事求是、严肃认真的新学风，理论与实际结合的新研究风。新校风要求学生德、智、体全面发展，成为高素质、高质量的祖国栋梁之材。为保证"新三风"的贯彻执

---

① 邓明以著：《陈望道传》，复旦大学出版社2005年版，第286页。

行，侯外庐具体、切实地提出"三三制"：学习8小时，睡眠8小时，运动、娱乐和其他集体活动8小时。学习则不只是自学、听课，还包括讨论、实验、辅导等。侯外庐在西北大学校长任上倡导的"新三风"建设，使学校焕发出新气象。

（二）对高等教育事业发展的影响

新中国著名大学校长不仅对其主持的学校影响深远，而且对新中国高等教育事业的改革发展起到了积极推动的作用。

我国对高校办学自主权的探索，发端于1979年12月。复旦大学校长苏步青与同济大学校长李国豪、华东师范大学校长刘佛年、上海交通大学党委书记邓旭初联名在《人民日报》上发表署名文章，呼吁给高等学校一点自主权。[1]他们的呼吁推动了高等教育体制改革的浪潮。苏步青等人的意见，可视为新中国成立后关于我国高等学校办学自主权的先声。其后，在有关报刊和各种会议上，"高等学校办学自主权"的讨论与呼吁不绝于耳，批评"上面"管得太多、太死，要求"松绑"，希望改变高等学校直接附属于行政部门的关系，把高等学校办成"独立的实体"等。最终，1985年出台的《中共中央关于教育体制改革的决定》，提出要赋予高校六个方面的自主权。

大连工学院院长屈伯川是建设国家重点大学的倡导者之一。1983年5月15日，粉碎"四人帮"后在武汉召开的第一次全国高等教育会议上，屈伯川与南京大学名誉校长匡亚明、浙江大学名誉校长刘丹、天津大学名誉校长李曙森联名向中央提出了《关于

---

[1] 萧关根：《上海四位大学负责人呼吁：给高等学校一点自主权》，《人民日报》1979年12月6日。

将50所左右高等学校列为国家重大建设项目的建议》（又称"835建言"）。此建议由屈伯川起草，提议国家选出50所基础较好的高等学校列为国家重点项目，以培养高质量的人才。建议言辞恳切，字里行间流露出老一辈教育家对高等教育事业发展的殷切希望。1983年6月，屈伯川又联合张维、董纯才、毕德显、唐敖庆等教育界人士，在全国政协六届一次会议上提交了《关于建议政府建立重点大学项目案》，再一次指出，实现"四个现代化"，科学技术现代化是关键，教育是基础，人才培养必须先行。并进一步提出建设50所重点院校和重点大学建设的主要任务与要求。"835建言"很快被国务院采纳。

中国科学技术大学开办的少年班在全国产生重要影响并成为办学的一张名片，正是在严济慈全面主持工作并担任校长时期。1978年3月，经中国科学院和教育部批准，学校经过考试选拔智力超常的少年进校学习，探索在少年中培养合格大学生的经验。1979年开始，少年班招收的学生也开始通过高考进行选拔，从那以后，少年班每期招生都在三四十人。少年班实行学业导师制和班主任制，实施因材施教、不分学科的教学，成为中国科学技术大学教学改革的试验田。严济慈对少年班非常关心，多次利用回校的机会专门去看望少年大学生，并亲笔为他们题词："你们是初升的太阳，希望寄托在你们的身上。"创办少年班的影响不断扩大，也得到了邓小平的肯定。1984年8月，邓小平对少年班建设做出较高的评价："少年班很见效，也是破格提拔，其他几个大学都应该办少年班。"[1]此后，国内多所院校也相继开办少年班。少年

---

① 方黑虎、丁毅信、丁兆君编著：《永恒的东风：中国科大故事》，中国科学技术大学出版社2018年版，第10页。

班在国内高校较早实行不分专业的宽口径培养、高年级在全校范围实行自由选择专业等一系列试验和探索，不仅成为中国科学技术大学教育教学的试验田，也对中国高等教育的改革和完善起到了促进的作用。

（三）对科技事业的影响

新中国著名大学校长有着浓烈的家国情怀，他们不仅推进了自己从事的某一学科的创新发展，而且从全局上和战略上为国家科学事业的发展进行了谋划，推进了国家科技事业水平的整体提升。

1972年，周恩来总理指示"要搞好基础理论研究"。在此背景下，钱令希在1973年中国科学院力学规划座谈会上做了《结构力学中最优化设计理论与方法的近代发展》学术报告。他倡导应大力发展计算力学，主张力学要以综合研究结构优化设计的理论与方法，为工程提供优化设计的理论和方法，以突破仅做分析的老传统。这篇文章随后在《力学情报》上发表，引起了力学界和工程界的广泛关注与共鸣，促进了工程结构设计和数学理论与方法之间的融合。1978年，在制订全国力学学科发展规划时，钱令希极力主张把"计算力学"列为力学发展的重要方向之一。他以具有前瞻性的讲话、独到的见解说服了参会者。随后，他的主张被采纳，他被指定主持全国力学发展规划中"计算力学分支学科规划"的调研与制订工作。之后，他亲自组织队伍，进行研究与实践，并于1978年组织了教育部计算力学大会，还会同多个工业部门共同组织了在蚌埠召开的全国计算力学大会。经过钱令希的苦心经营，中国的计算力学不断向前发展。

为做一流的学问，严济慈促成了国家重大科研项目落户中国科技大学，落户合肥。1991年12月，中国科学技术大学国家同步辐射实验室建成。同步辐射实验室项目是"七五"期间学校科学研究的重大项目，是我国高校中第一个大科学工程，也是国家重中之重的重点工程。1985年，由于经济方面的原因，工程建设面临着下马的危险，严济慈将此事报告给邓小平。在邓小平的支持下，工程不仅没有下马，反而加快了进度。可见，中国科技大学建设同步辐射实验室工程的成功，与严济慈的积极争取是分不开的。

周培源倡导科学与技术、科技与经济的结合，实现"科技产业化，产业科技化"，走富民强国之路。他认为，随着科学技术的不断发展，"科学—技术—生产"已形成了统一的整体，这意味着基础科学将通过技术科学、工程科学转化为生产力，也意味着基础科学必须先行于技术科学、工程科学，必须走在生产的前面，生产也将越来越依赖于科学进步。[①]中国要振兴自己的经济，赶上发达国家的水平，尤其需要重视科学技术的发展，重视科学技术与经济的结合。既要重视以未来市场为导向的科学技术研究工作，更要重视科学技术向生产的转化。这是振兴中华之本，富民强国之道。周培源指出，推进科技产业化和产业科技化是大家的事，全民族都来关心和促进科技产业化和产业科技化事业的发展，则中国将会以强盛的综合国力屹立在世界民族之林。周培源全力推动激光照排技术的研制，正是他"科技产业化，产业科技化"思想付诸实践的最好诠释。我国印刷业从铅字印刷方法向激光汉字编辑排版这一划时代的转变，得益于北京大学王选激光汉字编排

---

① 盛森芝、武际可、陈佳洱、王义道：《怀念周培源教授》，纪念周培源诞辰100周年活动办公室编：《宗师巨匠　表率楷模——纪念周培源文集》，学苑出版社2002年版，第112页。

系统（也称"748工程"）的研制成功。而这背后也凝结了周培源的心血。在研制出现困难时，周培源不仅给予了实际的支持，而且利用一切机会为产品做宣传，呼吁支持国产系统的发展。激光汉字编排系统的成功，不仅改造了整个汉字印刷行业，为学校带来了经济效益，也为高校发展生产技术探索出一条新路，为科研成果转化为生产力提供了成功的范例。①

　　钱伟长为我国科学、教育事业的发展做出了两项影响深远的贡献。"十二年科技规划"是新中国成立后由党中央、国务院制订的第一个科技发展规划。规划工作由周恩来直接领导，召集了来自全国各行各业600多位专家学者，费时近半年，确定了57项任务。在规划过程中，当规划工作领导小组向国务院汇报时，周恩来提出要从这57项任务中找出特别紧迫的、需要国务院支持的项目。于是规划工作领导小组又另外组织了一个"紧急措施小组"，这个小组成员包括钱学森、钱三强、钱伟长等人。他们都是中国科技界精英中的精英，建议紧急研究原子能、导弹、电子计算机、半导体、无线电通信和自动化技术6个项目。1956年，在"十二年科技规划"工作结束时，周恩来特别提到了钱学森、钱三强和钱伟长的贡献，称他们为"三钱"。当时，力学人才非常少，力学知识非常浅，与航空、航天的需求有巨大差距。钱学森、钱伟长紧急筹办力学研究班，希望在短期内培养有工科背景的复合型力学人才。在"十二年科技规划"以后，第一个力学班于1957年2月开课，钱伟长、郭永怀亲自执教，第一批学生达120人。

　　① 盛森芝、武际可、陈佳洱、王义道：《怀念周培源教授》，纪念周培源诞辰100周年活动办公室编：《宗师巨匠　表率楷模——纪念周培源文集》，学苑出版社2002年版，第236—237页。

叶培大是我国通信领域的先驱学者，他时刻关注着我国电信业的发展动态。他认为，在国际通信业蓬勃发展的大气候下，我国通信业的发展虽然已有成绩，但仍有待进一步推进，要形成独立自主开发研究的能力。叶培大提出，中国电信的出路在于解决四个方面的问题，即服务、体制、基础科学的研究开发和人才的使用机制。[①]在提高服务水平方面，要以竞争机制促进企业的提升，在体制上，则要向市场经济转轨，以竞争带动从业者观念的转变。叶培大为我国通信科学、通信产业及其人才的培养做出了重要的贡献。

七、新中国著名大学校长取得治校办学成就的原因探析

新中国著名大学校长取得治校办学成就的原因是多方面的，但概而言之主要集中在三个方面：一是社会变化的促成，二是所在大学内部发展需求的推动，三是著名大学校长觉悟担当的内因使然。

（一）社会的变化

新中国著名大学校长经历的变化是显著的，一是新中国除旧布新的变化，二是经历了从"文化大革命"到拨乱反正和改革开放的变化。这种大的时代变迁，对教育发展尤其是高等学校的人才培养提出了新的要求。比如，新中国成立之后，如何建设与旧时代不同的高等教育体系，如何将从旧中国延续而来的大学建设成坚持中国共产党领导、为人民群众服务的社会主义大学，如何

---

① 郝立东、赵青：《叶培大此生无悔》，《商业时代》2000年第6期。

培养为社会主义建设服务的劳动者与接班人，等等，都是新中国亟待解决的新课题。同样，经历"文化大革命"之后，如何尽快恢复大学正常的教育教学秩序，如何使大学尽快走上人才培养与科学研究的正轨，如何发挥大学为社会主义现代化建设、为经济建设服务的作用，等等，都是教育工作者必须面对的问题。新中国著名大学校长很好地把握了时代社会发展提出的新要求、新问题，并从办学治校的思想认识上、实际举措上回应了这些新要求、新问题，对新中国著名大学除旧布新和拨乱反正的转变做出了重要的贡献。换言之，新中国的建立，特别是社会主义制度的建立，给新中国的教育事业和新中国大学的人才培养注入了新活力；同样，改革开放更为教育事业的发展尤其是大学的发展注入了新活力。这种新的外力的推进，成了新中国著名大学校长建功立业不可或缺的外在动因。

（二）大学内部的发展需求

新中国著名大学校长主持的大学的内在发展需求，同样是他们能够建功立业的重要动因。一般而言，大学自建立起，都有着不断向好、不断向上跃升的内在发展需求，诸如在学科建设上追求多学科发展、综合性发展和优势发展，在办学层次上追求从专科人才培养到本科人才培养、研究生人才培养，在学校声誉上追求从良好到卓越、从区域影响到全国影响乃至国际影响，等等。这些都是大学发展的内在需求。新中国著名大学校长同样很好地把握并顺应了发展需求，审时度势地为学校发展制定出比较恰当的发展目标、确定比较正确的发展战略与发展方向，因而，其治校办学能够赢得学校师生的认可与支持。

（三）著名大学校长的觉悟担当

新中国著名大学校长将个人命运与民族命运联系在一起，对于教育价值的坚定信念，对于人才培养事业的热爱情怀，对于困难问题的责任担当，对于办出好大学、教育出好学生、搞好科学研究的理想追求与奉献精神等，是他们建功立业的内在动力。正如李国豪校长所言："要培养有理想的学生，校长自己先要有理想，有献身于教育事业的精神。只有有理想、有献身精神的校长，才能凝聚一批有事业心的教师，才能培养出有理想、有作为的学生。"[1]事实证明，新中国著名大学校长能够建功立业，不仅与他们具有的对教育事业的热爱及奉献精神密切相关，而且与他们具有的愈挫愈奋的精神、不甘平庸追求卓越的精神、放眼世界与时俱进的精神、勇于探索不断创新的精神有着紧密的关系。习近平指出："人无精神则不立，国无精神则不强。精神是一个民族赖以长久生存的灵魂，唯有精神上达到一定的高度，这个民族才能在历史的洪流中屹立不倒、奋勇向前。"[2]精神既是包含着人的情感、意志等的心理状态，也是人之生命状态的一种反映。新中国著名大学校长所具有的精神，是他们积极的心理状态和积极的生命状态的体现，是他们治校办学能够建功立业的关键力量之一。

八、对"双一流"建设的历史启示

20世纪末，我国开始实施高等学校建设的"211工程""985

---

[1] 王一鸣：《校长要有自己的理想——访同济大学名誉校长李国豪》，《上海高教研究》1988年第1期。

[2] 习近平著：《习近平谈治国理政》第二卷，外文出版社2017年版，第47—48页。

工程"，开启了建设世界一流学科、一流大学的历程。2015年10月，国务院印发了《统筹推进世界一流大学和一流学科建设总体方案》，要求在党中央、国务院统筹部署下，坚持以中国特色、世界一流为核心，以立德树人为根本，以支撑创新驱动发展战略、服务经济社会发展为导向，加快建成一批世界一流大学和一流学科（简称"双一流"建设），以提升我国高等教育综合实力和国际竞争力，为实现中华民族伟大复兴的中国梦提供有力的支撑。"双一流"建设项目是我国继"211工程""985工程"后，国家出台的又一项目标更明确的战略性重点高校建设项目，项目的实施将大力提升我国大学的国际竞争力和影响力。建设世界一流大学和一流学科是一项长期战略任务，同时对高等学校的领导者、管理者，尤其是对大学党委书记、校长提出了更高的要求：在"双一流"建设的过程中，如何既立足于世界发展全球化的大潮中，又坚持中国特色、坚持社会主义办学方向，如何既把握高等教育发展的国际化趋势，又能够扎根中国大地，创造性地传承中华优秀传统文化，如何在培养具有国际视野之人才的同时，又能培养中国特色社会主义事业的建设者和接班人，更好地为社会主义现代化建设服务、为人民服务，等等。要解决这些新问题，没有一流的高校管理者对高校进行一流的治理是难以想象的。我们认为新中国著名大学校长就是新中国高等教育发展史上一流的管理者，他们在其所处的时代主持的大学里实施了一流的管理，他们身上具有的高素养、高品质，拥有的高能力、高见识，具有的高理想、高追求，能够做出的高奉献、高付出乃至高牺牲，正是当下高校管理者需要学习的，更是推进"双一流"建设所需要的。

其实，随着时代的发展，我国今天的大学与新中国成立初期和改革开放初期的大学相比，规模要大得多，结构要复杂得多，职能也更为繁杂，其有效治理的任务也变得更繁重，因而也就自然地对大学校长提出了更高的要求。曾任加州大学伯克利分校校长、加州大学总校校长克拉克·科尔在总结美国人对大学校长的期望时指出："在美国，人们期望大学校长成为学生的朋友，教职员的同事，校友会的可靠伙伴，站在校董们一边的明智稳健的管理者，能干的公众演说家，同基金会和联邦机构打交道的精明的谈判人，同州议会交往的政治家，工业、劳动及农业界的朋友，同捐款人进行交涉富有辩才的外交家，教育的优胜者，各专门行业（尤其是法律和医学）的支持者，新闻发言人，地道的学者，州和国家的公仆……"[1]事实上，我国对大学校长的要求也是甚高的，有人提出大学校长要能够集"八大家"于一身，或具有"八大家"的特征，即要成为政治家、教育家、企业家、军事家、管理专家、演说家、心理学家、社会活动家。尽管有校长抱怨没有人能够胜任这么多的角色要求，但是，"大学内外的人们都希望大学校长是洞察力强、学识渊博、气魄大、砥柱中流式的思想家、教育家，是博学首脑和勇敢的拓荒者"[2]。

新中国著名大学校长留下的办学治校经验，拥有的建功立业之宝贵品质，具有的教育家境界的精神状态，值得当代高校管理者，尤其是大学校长借鉴。并且，继承他们的优秀品质与崇高精神具有现实的紧迫性。

---

① [美] 克拉克·科尔著，陈学飞等译：《大学的功用》，江西教育出版社1993年版，第19页。

② 眭依凡著：《大学校长的教育理念与治校》，人民教育出版社2001年版，第30页。

（一）继承新中国著名大学校长优良的工作作风

新中国著名大学校长的优良工作作风，概而言之就是深入一线、平易近人、实事求是，及时解决实际问题。这方面以郭影秋、江隆基、周荣鑫、刘介愚、匡亚明等校长最为突出，他们虽为校长，但在教室、学生宿舍、食堂里以及操场上，人们可以随时见到他们与师生交流的身影。他们及时而真切地了解师生的所思所想，了解教学、学习、工作、生活中存在的问题，并及时解决。他们特别重视到基层调查研究，不仅自己经常去征求意见，还教育干部要深入基层。刘介愚讲："上面千条线，下面一根针。"不要坐在办公室里等着别人来汇报。他要机关工作人员常下基层去帮助基层的同志解决实际问题，不要总让基层的人找上门来。

（二）继承新中国著名大学校长的无私奉献精神

新中国著名大学校长的无私奉献精神主要表现在一心为公、以身作则、严于律己、奉献师生等方面。如前所述的四川大学校长戴伯行处处以"工作第一，他人第一"为座右铭，生活俭朴，穿布衣，吃粗饭，在住房、用车、家属安置上从不提特殊要求。兰州大学校长林迪生长期从自己的工资中拿出一部分资助贫困学生，自己过着非常简朴的生活。1962年，国家经济困难要精简机构下放干部时，作为学校"一把手"的刘介愚将病休在家的妻子董新列入华中师范学院第一附属中学的裁减名单，而他的妻子全然不知，直到妻子三个月后恢复健康，刘介愚才将实情告诉她。从此，董新24年没有工资，没有公费医疗，刘介愚独自一人承担了家中的日常开支及女儿上学的经济负担。在华中师范学院工作的几十年里，刘介愚从来没有为私事向组织上提出过要求。离休以后，由于年事已高，他的支气管哮喘病经常复发。但是，为了减轻学校的负担，他尽量减少去医院看病治疗。按级别他可以配专车或用车随叫随到，他选择需要时才用车；有时他为了节约汽油，年近八旬还去挤公共汽车外出办事。刘介愚的住房条件很差，当得知学校准备为他们几位老领导建几套住房时，刘介愚马上说："你们千万不要考虑我们的住房问题，还是多为教职工着想。"

（三）继承新中国著名大学校长热爱教育事业的情怀

我们需要由大批有真知灼见的教育家来办大学，这些教育家应该树立终身办学的志向，全身心地投入党的教育事业，为办好人民满意的大学教育不懈奋斗。在新中国著名大学校长群体中，许多人就是这样的教育家，都曾有着从教之外的许多选择，但大多数都选择了一辈子从教为师，为党育人，为国育才。吉林大学校长唐敖庆做教师时，努力成为好教师，出任大学校长后一边治校一边授课，担任国家自然科学基金委员会主任后依然挤时间给研究生授课。郭影秋辞掉省长当校长，展示了一名优秀的共产党人、优秀的校长对教育的情怀。郭影秋认为省长、校长并没有大小、高低之分，只是职务的分工不同，无论干什么事，都同样是为人民服务，而且，他对教育工作很感兴趣，也有感情。他认为，到高等院校，与高级知识分子交朋友，既能提高知识水平，又可为国家培养有用人才，创造科研成果，一举两得！

（四）继承新中国著名大学校长的崇高办学理想

办社会主义的新大学，办为人民服务的大学，办与世界知名大学齐名的、有世界影响力的大学是新中国著名大学校长办学的崇高理想。这种理想追求是发自他们内心的使命责任意识，不是为外力所迫做出的选择。朱九思把华中工学院办成理工结合、文理结合的综合性大学的理想，史绍熙把天津大学办成综合性大学的理想，李国豪把同济大学办成综合性大学的理想，叶培大要把北京邮电学院办成理工结合的多科性大学的理想，在当时的时代背景下都面临着争论，甚至有关部门的不理解与不支持，但这些校长坚守高等教育的发展趋势，义无反顾地执着于自己的办学理想追求。

（五）继承新中国著名大学校长尊重教育规律的精神

大学校长们在处理人才培养、科学研究与服务社会的关系时，既要遵循教育与政治之关系的要求，又要遵循高等教育自身的规律。教育是一定社会的政治的反映，又为一定社会的政治服务。对此，新中国著名大学校长一般都有清醒的认识，他们努力使学校适应社会发展的需要，竭力维持大学的教育教学秩序与学术研究、科学研究活动，坚守大学培养人才、发展科学、服务社会的根本使命，坚守大学以教学和人才培养为中心的基本要求，坚守大学管理以教师学生为本的基本理念，坚守大学教学与科研相结合的基本原则，最大可能地实现了他们主政时大学的正常运转、教育教学质量的保持，最大可能地实现了学术研究的创新与服务社会的突破。

（六）继承新中国著名大学校长的管理智慧

新中国著名大学校长在担任校长期间面临许多矛盾与棘手问题。对此，他们一方面以高尚的人格感召力来化解矛盾，另一方面以高超的管理智慧来解决问题。周荣鑫当时从中央人民政府建筑工程部副部长的岗位调任浙江大学校长，浙江大学师生认为他到浙江大学来是外行领导内行。如何赢得大学高级知识分子的信任就成为他就任大学校长后要解决的问题。周荣鑫做了一个在校园引起轰动的决定，他要在大教室开大课，讲建筑学。一名只是在乡村简易师范班学习过的大学校长居然敢在高级知识分子云集的大学里开大课，不讲政治而是讲建筑学，这在当时闻所未闻。公开课吸引了许多教授和教师去听课，连走廊里都挤满了人。让大家没想到的是，周荣鑫讲授的建筑学既有理论又有丰富的实践经验，其中包括他任中央人民政府建筑工程部副部长时在"一五"计划工程现场积累下来的深入的思考和精辟的见解，其他教授从此刮目相看。如何保护大学的教师，这是新中国著名大学校长面临的一个棘手问题，需要用管理智慧去处理。任职哈尔滨军事工程学院时，为了不让知识分子受到非教学科研活动过多的冲击，陈赓院长让副院长带领在校的教授们去长春参观第一汽车制造厂和长春电影制片厂，并要他们好好学习，座谈讨论，再参观，再座谈，持续了20多天，直到院里运动快结束时才准许他们返院。大家开始还迷惑不解，有的甚至埋怨他不珍惜时间，后来才知道陈赓院长的真实用意。[①]

（七）继承新中国著名大学校长直面困难敢于担当的勇气

新中国高等教育在发展过程中遇到了不少挫折，20世纪50年代末开始的反右派斗争、60年代中期开始的"文化大革命"对高等学校的冲击最大。在反右派斗争及随后到来的三年困难时期，

①《陈赓传》编写组著：《陈赓传》，当代中国出版社2003年版，第751页。

大学正常的教育教学、科研活动受到很大的影响，中国人民大学更是元气大伤。1963年郭影秋应中央之命到中国人民大学出任党委书记兼副校长，协助年事已高的吴玉章校长主持学校的全面工作，使学校出现了新气象，实现了新发展。"文化大革命"期间中国人民大学被迫停办，粉碎"四人帮"之后，郭影秋忍着病痛的煎熬为中国人民大学的复校和重新走上正轨而呕心沥血。1959年1月，江隆基由北京大学党委书记调任兰州大学党委书记兼校长。当时反右派斗争扩大化给兰州大学造成了严重损害。面对这样的困局，江隆基辛勤耕耘，苦心经营了兰州大学7年，使兰州大学出现了生机勃勃、蒸蒸日上的局面。特别要指出的是，在"文化大革命"结束后，面对被破坏的高等教育秩序，临危受命出任校长的周培源、苏步青、匡亚明、严济慈、杨石先、成仿吾、刘佛年、唐敖庆、屈伯川、李国豪等大都年事已高，但他们在困难面前没有退缩，而是以高度的责任感、使命感，勇挑重担，竭尽所能为大学的拨乱反正和为大学教育教学、科研的复兴奉献精力与智慧，体现了敢于担当的勇气与精神。正是因为有了一批敢于担当的校长，新中国著名大学才能够不断克服困难，不断向前。

就社会环境而言，随着时代的发展，社会赋予了大学越来越多的任务，提出了越来越多的要求，因而大学校长也扮演着越来越复杂的角色，承受着越来越大的压力。要指出的是，尽管不同的时代都会产生著名的大学校长，但是在一个可以发挥人的主动性、积极性、创造性的时代，在一个重视人才、重视教育的时代，校长可以发挥更大的作用。当今时代，是一个重视教育、重视人才、重视创新的时代，是一个有助于更多的大学校长建功立业的时代。但愿校长们把握时代发展的脉搏，把兴学育才与国家民族的命运、人类的命运连在一起，把学校管理与学校的命运、学生的命运、教师的命运以及自己的命运连在一起，使自己作为校长取得成功的同时促进学生的发展、教师的发展、学校的发展和社会的发展。

马寅初

MA YINCHU

浙江大学校长（1949—1951）
北京大学校长（1951—1960）

（图片由北京大学校史馆提供）

马寅初（1882—1982），浙江嵊县（今嵊州市）人，中国著名的经济学家、教育家、人口学家。他曾担任浙江大学和北京大学两所著名大学的校长，为新中国的高等教育事业做出了卓越的贡献。

一、传奇的一生

马寅初于1882年6月24日出生在物华天宝、人杰地灵的浙江绍兴，与蔡元培、秋瑾、鲁迅、竺可桢、陶行知、陈鹤琴、范文澜等都是绍兴的文化巨匠。马寅初的一生跨越了一个世纪，经历了晚清、民国和新中国三个时期，他是一位具有浓厚的传奇色彩的人物，一生跌宕起伏，可歌可泣。

马寅初出生在绍兴一个祖业为酿酒的普通家庭，家中排行第五，初名尹初，字符善，后改名寅初。马寅初在碧水蓝天的绍兴嵊县浦口镇度过了童年和少年时期。他自幼聪颖，勤勉好学，但保守又严厉的父亲想让他继承祖业，于是请邻村的塾师教授旧式学问，而不允许他上新式小学。青年时代的马寅初，在维新思潮的影响下，随着学识的增长，继续求学的愿望越来越强烈，他与父亲关于学业的矛盾激化。1898年，17岁的马寅初，与父亲在关于读书还是做生意的问题上发生激烈争执后愤然投江以死相争。他获救后，父亲无奈同意他随义父——上海瑞伦丝厂经理张江声到上海求学。在义父的支持下，马寅初进入"沪上有名书院"教会学校英华书馆读中学。由于家境日渐衰落，马寅初在上海求学期间的生活十分艰苦。为了省钱，他不用明亮的煤油灯，而是自己买菜油，且只点燃一根灯芯。他克服种种困难，经过3年的寒窗苦读，不仅打下了坚实的英文和数学基础，而且养成了坚强的意志和孜孜不倦的钻研精神。

1901年，马寅初抱着"实业救国"的理想，以优异的成绩考进了当时驰名中外的工科大学北洋大学（天津大学前身），攻读四年制矿冶专业。北洋大学是中国第一所自己培养高级工程技术人才的高等学府，聘请的师资多属国内外优秀人才。北洋大学对学生要求严格，淘汰率高达60%。北洋大学的毕业生到美国留学，可以不经考试直接进入美国各大学的研究院。1905年，马寅初以优异成绩从北洋大学毕业，并获得了公费赴美国耶鲁大学的留学资格。

1906年秋，马寅初来到耶鲁大学，继续研习矿冶。一年后，他深感所学的机械采矿与国内土法采矿现状不合，而且他认识到要改变中国的落后面貌，不能单靠矿业，更重要的是必须从改革经济结构和管理制度入手，促进工、农、商业的全面发展，因而决定改学文法科的经济学。在取得经济学学士学位后，又考入美国著名的哥伦比亚大学，攻读经济学硕士学位、博士学位。[1] 1911年，以《中国的公共财政》（*Public Revenues in China*）为题，完成硕士论文，获得经济学硕士学位。辛亥革命爆发后，国内陷入军阀混战之中，北洋政府提供的留学经费不久被取消，许多留学生迫于生计，纷纷萌生辍学或另觅他途的想法。马寅初矢志读书，依靠去纽约唐人街和货运码头做苦工赚钱维持学业。这种简朴、顽强的生活作风，刻苦努力的学习精神，深深地感动了他的指导老师——著名财政专家塞利格曼教授。塞利格曼教授向马寅初伸出了援助之手。1914年，在塞利格曼教授的关怀和指导下，马寅

---

① 嵊州市人民政府编：《马寅初》，浙江人民出版社1999年版，第10页。

马
寅
初

MA YINCHU

初完成了用英文撰写的博士论文《纽约市的财政》(*The Finances of the City of New York*)，获得哲学博士学位。不久，论文由哥伦比亚大学政治学院出版，并被列为经济系本科一年级新生的教材。1916年，马寅初为了实现强国之志，毅然放弃在哥伦比亚大学任教的机会，回到动荡贫弱的祖国。

回国后，马寅初目睹军阀混战、生灵涂炭的严酷现实，做出声明：一不做官，二不发财。他毅然选择了"教育救国"的道路，应聘担任北京大学经济系教授。不久，出任北京大学经济系主任、北京大学第一任教务长，成为校长蔡元培实施教育改革的得力助手。当时，中国经济研究领域的人才很少，马寅初一方面在北京大学的讲坛上长期讲授财政金融理论，注重引导学生用理论联系中国的经济实务，并开设了"经济哲学"新课程等，加强北京大学经济学课程建设，另一方面，采取演讲和在报刊上发表短文的方式，介绍西方经济学的各种流派，评论中国经济问题。他的近200篇演讲和文章，1923年由商务印书馆结集出版，引起了读者对经济学的关注。[1] 1924年，他加入刘大钧等发起成立的中国经济学社，并长期担任副社长、社长。中国经济学社倡导关注实际，研究现实的经济问题，组织年会，编印书刊，是几乎囊括全国财政、经济、金融专家的重要学术团体。马寅初回国后的第一个10年在北京大学耕耘，培养了中国首批经济人才，开创了中国经济学的科学事业。

1927年，马寅初离开北京大学，回到杭州。在沪宁杭这一全国政治经济中心，马寅初先后出任浙江省政府委员、省财政委员

---

[1] 杨建业著：《马寅初传》，中国青年出版社1986年版，第2页。

会主席、浙江兴业银行顾问，以财政经济专家的身份参与国民政府工作，并兼任中央大学、交通大学、东吴大学教授。结合工作和教学的实际，他继续开展对中国经济问题的研究，撰写了《中华银行论》《中国经济改造》《中国之新金融政策》《经济学概论》《通货新论》《财政学与中国财政》等著作。

全面抗日战争爆发后，马寅初辗转到重庆，任重庆大学商学院院长、经济学教授。他以经济学家的理性和睿智，在民族存亡之际，提出了一系列的战时经济对策。在陪都，马寅初逐渐看清了国民党反动派的贪婪与腐朽，他通过教学、演讲、参加民主进步活动等，深刻地揭露了国民党反动派财阀敛财、假民主真独裁、破坏抗日统一战线的种种恶行。在重庆，马寅初成为一名坚定的民主卫士，成为与中国共产党人并肩战斗的朋友。1939年，对马寅初来说是具有人生转折意义的一年。这一年他在重庆见到了周恩来和王若飞，对中国共产党有了真切的认识，并从此和共产党走在了一起。马寅初痛恨国民党财阀大发战争横财，他因通过发表文章、演讲等形式犀利地揭露了四大家族无耻敛财、将财产转移到国外、在国家危难之际损害民族利益的恶行，被蒋介石下令囚禁在贵州息烽集中营、江西上饶集中营达1年8个月。在中国共产党的帮助下，以及多方面共同营救，最终蒋介石迫于压力不得不释放马寅初。被释放后，马寅初回到重庆歌乐山的家里，但仍受到监视和软禁。直到1944年冬，由于国统区抗日民主运动不断高涨，国民政府迫于压力，才恢复马寅初的人身自由。1945年秋天，马寅初结束了5年的铁窗生活和软禁岁月，重回重庆大学任教。在风起云涌的抗日民主运动和抗战胜利后的争取和平民主的运动中，马寅初为人民解放事业积极奔走，口诛笔伐，义无反顾地跟着共产党走向光明。1946年2月，李公朴、郭沫若、马寅初等主要在渝民主人士，在校场口举行了庆祝政协会议成功大会，并借此抗议蒋介石撕毁"停战协定"，呼吁反对内战。大会遭到了大批国民党特务的破坏，马寅初等民主人士被肆意殴打。这就是闻名中外的校场口事件。此后马寅初被蒋介石禁止出任公职、禁止演讲和禁止发表文章，处境也越来越危险。在周恩来的关心下，重庆地下党组织安排马寅初和家人离开重庆，前往上海。

由于蒋介石的禁令，马寅初回到上海后，没有大学敢聘请他。在好友黄炎培的帮助下，他到中华工商专科学校担任经济学教授。"他一面在学校教学，结合实际研究当时中国的经济问题；同时在蒋管区的上海、杭州、南京等地，积极参加反蒋爱国的学生运动和反对内战、争取和平和民主的伟大斗争。"[1]回到上海的两年，马寅初的学术专著《货币新论》出版了，他还结合中国经济的实际问题发表论文10多篇。1948年12月，在周恩来的安排下，马寅初与陈叔通、柳亚子等著名民主人士一起，由中共上海地下组织派专人辗转香港护送到北平，参加新中国的筹备工作。

来到北平，马寅初参加了迎接毛泽东、周恩来等中共领导人和中国人民解放军进入北平的隆重入城仪式，参加了中华人民共和国国名、国旗、国徽、国歌的征集和评选工作，出席了举世瞩目的开国大典，参加了《中华人民共和国宪法》的起草和审订工作，出席了最高国务会议，参与了共和国一系列大政方针的研究制定。马寅初成为新中国中央人民政府财经和教育文化领域的重要领导人、无党派爱国民主人士的领袖，先后担任中央人民政府

① 杨建业著：《马寅初传》，中国青年出版社1986年版，第102页。

委员、浙江大学校长、中央人民政府政务院财政经济委员会副主任、华东军政委员会副主席、北京大学校长等要职，并被推选为全国政协常委、全国人大常委会委员。作为经济学家和政务院财政经济委员会副主任，马寅初积极建言，为抑制通货膨胀，促进国家财政经济状况的根本好转做出了不懈努力和杰出贡献。在繁重的政务之余，马寅初始终保持学者本色，密切关注中国社会经济发展，深入基层调查研究，先后发表了《我国资本主义工业的社会主义改造》《我的经济理论、哲学思想和政治立场》《联系中国实际来谈谈综合平衡和按比例发展规律》等论文，提出了计划经济中的综合平衡和协调发展的"团团转"理论。

20世纪50年代中后期，国民经济的恢复发展取得辉煌成就，人口盲目增长与国民经济、物质生产不相适应的矛盾已经凸显出来。党和国家已经开始探索调整人口政策，由鼓励生育向节制生育转变。[①] 作为经济学专家和参政议政的著名民主人士，在深入调查研究的基础上，马寅初倡导节制生育、控制人口数量、提高人口质量，并于1957年7月公开发表了《新人口论》。这在当时具有振聋发聩的作用。然而随着反右派斗争的开展，1958年和1959年两次掀起了针对马寅初的经济理论、哲学思想、政治立场和人口学说的全国规模的大批判，全国性的重要报刊累计发表批判文章200余篇[②]，北京大学贴出批判马校长的大字报9 000余张[③]。马寅初毅然发表《附带声明》和《重申我的请求》进行辩驳，不向专以力压服而不以理说服的批判者们投降。这种捍卫科学尊严的坚

① 梁中堂著：《马寅初考》，中国发展出版社2015年版，第98页。
② 杨建业著：《马寅初传》，中国青年出版社1986年版，第227页。
③ 嵊州市人民政府编：《马寅初》，浙江人民出版社1999年版，第85页。

强意志，深刻地展现了其无畏的学术力量和崇高的人格魅力。在压力之下，马寅初被迫向教育部呈递辞去北京大学校长职务的报告。1960年3月28日，马寅初去职北京大学[①]，之后仍以全国人大常委会委员身份参加政治活动。1979年7月，对马寅初的批判终于得到改正，他的关于人口问题的文章得以重见天日，这对我国计划生育政策的推行具有重要意义。

1982年5月22日，马寅初在北京逝世。按照他的遗愿，他的骨灰一部分安放在北京八宝山革命公墓，另一部分被送回家乡，葬于他母亲的墓旁。

二、出任浙江大学校长和北京大学校长

马寅初不仅是一位享誉国内外的经济学家、人口学家，而且是一位杰出的教育家，他曾担任浙江大学和北京大学两所著名大学的校长，为新中国的高等教育事业做出了卓越的贡献。

1949年8月，在新中国成立前夕，受中国共产党的委派，马寅初就任浙江大学校长。马寅初与浙江大学素有渊源。早在1936年，在竺可桢任浙江大学校长时，马寅初就先后两次来浙江大学演讲。他演讲"中国金融问题"和"非常时期中国之财政问题"，对当时国民党政府中贪官污吏的假公济私和受贿舞弊等行为，进行了深刻的揭露和有力的鞭挞。抗日战争期间，在马寅初被蒋介石软禁在重庆歌乐山的家中时，竺可桢校长曾代表浙江大学师生到他的家里看望。1946年4月22日，马寅初又受浙江大学学生自

---

①《国务院任免名单》，《人民日报》1960年4月17日。

治会的邀请，来到浙江大学发表"中国目前经济之危机"演讲。同年5月，他还率领浙江大学等杭州高校学生，冒雨示威游行。[①]马寅初曾几度应竺可桢校长之邀欲来浙江大学任教，均因遭到国民党特务阻拦而终未成行。1949年8月26日，马寅初对自己能够出任浙江大学校长，欣喜不已。在浙江省人民政府主席谭震林的陪同下，马寅初在浙江大学发表校长就职演说，他指出：今后的浙大，要在人民民主的总方针下，学习新思想，确定为人民服务的立场，要与新中国建设相结合，培养切合实际要求的专门技术人才。在人民政府领导下，协力加速建设新浙江。全校师生职工，同心协力建设人民的新浙大。[②]

马寅初的到任，给浙江大学带来了新的思想和新的方向。他提倡民主办校，注重基层调研，聆听师生建设新浙江大学的呼声。他广泛发动师生员工以主人翁的态度共同努力建造新浙江大学，号召师生"人人提提案，个个想办法"，对学校的组织、行政、学制、课程内容、教学方法、师生关系、职工生活等方面，多提意见，献计献策。全校师生员工对如何尽快办好新浙江大学提出了近千条提案。马寅初还开创了浙江大学职工代表大会制度，带领教师职工讨论、研究办好学校的建议，维护教职工的权益。虽然马寅初的工作非常繁忙，但仍然关心学生的健康成长。他不仅抽时间亲自为学生上课，教导学生正确的学习方法，而且特别注意对他们进行形势教育和思想教育。在对浙江大学1949年后首届毕业学生的致辞中，他勉励学生"要多学习政治，学习党的方针政策。通过政治学习，建立起新的为人民服务的观点"。为了使学生

---

① 杨建业著：《马寅初传》，中国青年出版社1986年版，第119页。
② 马寅初著：《马寅初全集》第十四卷，浙江人民出版社1999年版，第50页。

提高思想觉悟，每逢节日，他总要发表热情洋溢的关于国家大好形势的演说。为了使学生增强学习的动力，树立崇高的革命理想，他曾先后五上西湖之滨的凤凰山，祭扫在"反内战、反饥饿、反迫害"运动中被国民党特务杀害的浙江大学学生自治会主席于子三烈士。他在烈士墓前号召全校师生员工向于子三烈士学习，向坚贞不屈追求真理的浙江大学革命传统致敬。

马寅初不仅获得了广大学生的爱戴，而且获得了浙江大学专家、学者的肯定，他使素有"东方剑桥"之称的浙江大学顺利完成了划时代的过渡，让浙江大学焕发了新的生机。1951年4月，马寅初将奉命调任北京大学校长的消息传出后，浙江大学校务委员会专门召开紧急会议，商议请求中央准许马寅初留任。

1951年5月，马寅初被中央人民政府委员会正式任命为北京大学校长。马寅初对北京大学怀有深厚的感情，他刚从美国留学归来时，就把报效祖国的满腔热情倾注在北京大学的讲台上，他在经济系任教10年，还曾担任过北京大学第一任教务长。1951年6月，马寅初执掌北京大学，此时中央人民政府正在酝酿全国范围的高校院系调整，而北京大学正是这次高校改革的排头兵。

1949年前的北京大学是一所综合性大学，包括文、理、法、工、农、医六个学院。1949年后为了明确大学间的分工，集中优势力量培养高精尖专门人才，满足新中国建设对人才的需要，全国高校于1952年进行了院系调整。北京大学的医学院改成独立的北京医学院，工学院并入清华大学，农学院与其他大学农学院合成北京农业大学，法学院的一部分并入中国人民大学与北京政法学院，而北京大学、清华大学与燕京大学的文、理学院及法学院的一部分合并成一个新型的综合性的北京大学，并迁至北京西郊燕京大学旧址。马寅初对新北京大学的定位是为祖国培养科学研究人才和为高等学校培养师资人才。

马寅初在北京大学院系调整联欢会上讲话："我们为了适应国家建设的迫切需要，实行中央人民政府政务院《关于改革学制的决定》，在中央人民政府教育部的领导下，对旧的教育制度、教学组织采取了重大的改革，进行了院系调整，使我们的教育能适合祖国需要，能更有效地培养国家建设人才。同志们，院系调整工作是新中国教育史上具有革命意义的大事。"[①]

北京大学根据国家赋予的任务，设置了13个系，即数学力学系、物理系、化学系、生物系、地质地理系、历史系、哲学系、经济系、法律系、中国语言文学系、东方语言学系、俄罗斯语言文学系和西方语言文学系。另外，设有图书馆专修科，以培养高水平档案管理人才；设有外国留学生中国语言专修班，便于外国留学生迅速掌握中国语言，作为进一步学习中国文化的准备；设有文学研究所，对中国与外国文学的发展及其主要作家、主要作品进行有步骤有重点的介绍、整理和研究。

在各系调整之后，北京大学又进行了专业设置、课程和教学规范等改革。例如，在化学系设置无机化学、有机化学、分析化学、物理化学4个专业，在历史系设置历史、考古2个专业，全校共设置35个专业。每名学生必须选择1个专业方向，高年级的学生在修完一定专业知识的基础上还必须学习比较高深的专门课程。此外，为了提高教学质量和教师的科学水平，北京大学又设置了79个教研室。组织在教研室的教师对课程内容进行严肃的讨

① 马寅初著：《马寅初全集》第十四卷，浙江人民出版社1999年版，第243页。

论，力求正确，并提高其思想性。为了明确教学的目的性和加强教学的计划性，每个专业都制订了教学计划，大部分课程也都制订了教学大纲。保证教学计划的完成，成为师生的努力目标。[①]

三、办学的思想主张

马寅初在执掌北京大学的就职典礼上，称自己是来北京大学学习的，没有治校方针，因为教育方针是由国家制定的，他只是执行工作任务。但是在他执掌北京大学十年期间，他的民主、包容的办学思想深刻地影响了北京大学的发展。

马寅初早年在北京大学任教，正值蔡元培任北大校长。他对蔡元培提出"思想自由，兼容并包"的办学方针及其治校方略非常认同，并给予很高的评价："孑民先生道德文章，万流宗仰，而吾所最钦企者，为先生主持北大时对于思想言论力主自由。……故各派对于学术，均能自由研究，而鲜摩擦，学风丕变，蔚成巨观。北大师生，此后于国家于学术而能有所贡献者，胥先生培养涵盖之功；则先生办学之精神，宁不足为吾辈从事教育事业者所当效法乎？"[②]马寅初担任北京大学校长在治校思想上以蔡元培为楷模，但又极富时代和个人特色。他生活在中华民族为独立和解放而奋起抗争的时代，以挽救民族危亡、建设来之不易的新国家为己任。"浓烈的爱国主义情感，激发了马寅初用教育改良社会的想法，中西结合、融会贯通的理论基础让马寅初的教育思想体系更

---

① 马寅初著：《马寅初全集》第十四卷，浙江人民出版社1999年版，第430页。
② 马寅初著：《马寅初全集》第十一卷，浙江人民出版社1999年版，第175页。

加完整、全面。"①

　　大学以培养学生为目标，马寅初对培养什么样的北大学生有着明确系统的规划。他提出，北京大学的主要任务是为新中国培养自然科学与人文科学方面从事研究工作或教学工作的专门人才。北京大学的毕业生应该是具有马克思列宁主义的思想水平和广泛的科学基础、能解决国家建设中的理论和实际问题且忠实于祖国和共产主义的人。为此，北京大学为每个专业都制订了具体的培养目标并根据这些培养目标拟订教学计划。北京大学是为各经济和文化部门输送研究和教学干部的，具体地说，是为培养科学研究工作者和高等学校的师资以及中等学校的师资的。为了达到这个目标，大学教育要使学生能通晓一般自然科学或一般社会科学的各种基本规律并具有较高深的理论水平与较广阔的科学知识，再对学生逐步进行专业训练，逐渐培养他们成为能独立地、创造性地进行研究工作的人。大学教育还要给学生以系统的马克思列宁主义的理论教育，包括中国革命史、马克思列宁主义基础、政治经济学、辩证唯物论与历史唯物论，使学生能在马克思列宁主义方法论的基础上解决自己专业方面的某些理论和实际问题。而且还要通过课堂作业、教学实习、生产实习、专门化训练、学年论文和毕业论文等教学形式，有计划、有系统、有步骤地培养他们的独立工作能力和进行科学研究工作的能力兴趣。②这个目标并不是刚毕业的学生能做到的，而是要经过相当时期的锻炼才可达到的。大学教育程度比较深，方面也比较宽，学生毕业后所能担任的工作也是多方面的，但上述的培养目标并不因学生的就业不

　　① 于博译：《马寅初教育思想研究》，东北师范大学硕士学位论文，2017年。
　　② 马寅初著：《马寅初全集》第十四卷，浙江人民出版社1999年版，第430页。

同而有所影响。①

马寅初多次要求学生应该德、智、体全面发展，不但要掌握丰富的、先进的科学知识，而且要有高尚的思想道德、强健的体魄和独立工作的能力，这样才能更好地为社会服务，为国家和民族发展贡献力量。"身体好，学习好，工作好"，不仅应是学生努力的目标，而且也应是教师教育学生的准则。

马寅初把思想政治教育和高尚品德作为学生培养的重要内容。他要求教师和工作人员不封闭在自己狭隘的业务中，关心世界的局势和祖国的发展前途，确立科学的世界观和革命的人生观，明了崇高共产主义事业的真理性，并以身作则地去教育学生，使学生忠于祖国、忠于人民。在个人道德方面，他提出道德的两个层次，即律己的消极道德与为人的积极道德。"勿尚奢侈，不嫖，不赌，不吸鸦片，是做一个人应该如此的，并且是一定要做到的，这不过是消极的道德。我们要多做好事，为地方国家服务，才是积极的道德。"②

马寅初特别重视师生的身体健康。他领导制订北京大学师生健康工作计划，把师生的身体健康作为一项重要的工作来抓。他说："今日的青年人，必须是要具有科学技能、革命热情和坚强体魄的人。我们应该……把自己的身体看作是人民的公共财物，热爱它，保护它，锻炼它，使它变得坚强无比，耐苦耐劳，能长时期（七十年、八十年）地为人民工作。"③他还常提醒师生要养成体育锻炼的习惯，选择适合自己的运动项目，培养运动兴趣，还要

① 孙大权、马大成编注：《马寅初全集补编》，上海三联书店2007年版，第345页。
② 马寅初著：《马寅初全集》第九卷，浙江人民出版社1999年版，第197—198页。
③ 马寅初著：《马寅初全集》第十四卷，浙江人民出版社1999年版，第325页。

不怕辛苦、持之以恒。马寅初还向师生传授自己多年强身健体的体会。

他认为保持健康的秘诀是规律的生活和坚持不懈的锻炼。他说："我在幼年，身体并不太好，二十岁以前还是'文质彬彬'的。二十多岁出国，进美国耶鲁大学学习，这时候才开始体育锻炼。因为耶鲁大学很注重体育，照常例，每个学生必须学会游泳，才能毕业。而且，我看到同学们一个个都是很健壮的，于是下定决心要学游泳，订定了自己的锻炼计划。耶鲁的游泳池是温泉，但入池前必先行冷水浴。我洗冷水浴就从这时开始。耶鲁校区附近有东、西两山，风景很好，有如杭州的南北高峰。我在课余常常去爬山，渐渐地，爬山就成了我喜好的运动了。此后的40余年，不论我的生活环境如何变迁，工作如何繁忙，我没有间断过爬山和洗冷水浴。"①

马寅初青年时期在美国留学期间，养成了每天洗冷水浴的习惯。他平时非常注重体育锻炼，每星期爬山两三次，习与性成，坚持了几十年。他认为，在锻炼身体、强健筋骨方面，太极拳、太极剑等中国传统武术的作用明显。而且传统武术不仅含有体育的意义，还兼有德育的价值。他认为，体育锻炼从幼年时即开始培养兴趣，养成习惯是最好的，但如果没有那样做，到二三十岁，趁身体还未衰败时开始锻炼也还不迟。而且，无论选取哪一种体育运动，爬山还是游泳，在开始锻炼时，需要强制自己克服惰性，下决心去学，从实践过程中培养兴趣，养成习惯。但养成习惯，也不是太容易的，这需要有恒心，有坚强的意志。有决心和恒心，

马
寅
初

MA YINCHU

---

① 马寅初著：《马寅初全集》第十四卷，浙江人民出版社1999年版，第323页。

是马寅初以40余年来锻炼经验告诉青年学生的"秘诀",而且他认为保持身体健康如学习一样,切忌一个"骄"字,身体好了也不可松懈,还要继续锻炼下去。①

马寅初在美留学期间,亲身体验到美国大学对学生的体育锻炼非常重视,使学生受益终身。马寅初把这一好经验引入北大,他把师生体育锻炼当成极重要的工作来抓。他还向学生倡议养成早起、定时睡觉和饮食不过度的生活规律。在马寅初的督促下,北大学子以最大的力量争取在学习和体育锻炼方面都取得好成绩。全体学生均参加体育活动,每天课后操场和体育馆的人都是满满的,学生们兴致勃勃地参加个人喜爱的体育项目。

马寅初不仅要求学生学习好、身体好,而且要求学生培养多方面的兴趣。北京大学的学生社团有很多,社团活动在大学生的生活中占有重要地位。在社团中,大学生们从事研究工作和文娱活动。影响较大的社团组织有合唱队、话剧队、舞蹈队、摄影小组、天文学社、交响乐队、民乐队等,参加社团活动的大学生达半数以上。并且有各种球队,他们经常切磋球技,开展友谊比赛。北京大学的篮球队、排球队、体操运动员和田径运动员享誉首都体育界,北京大学的排球队是北京高校的排球冠军。通过这些组织,学生们的校园生活丰富了。学生们的假期生活也是丰富多彩的,例如:组织文娱晚会,参加社会公益劳动,与人民解放军联欢,参加义务劳动等。②

---

①② 马寅初著:《马寅初全集》第十四卷,浙江人民出版社1999年版,第324、417页。

四、治校的主要举措

马寅初从1951年6月担任北京大学校长，到1960年3月辞去校长职务，在北京大学校长的职位上殚精竭虑耕耘近10年。在他的带领下，北京大学努力发扬光荣的革命传统，保持了北京大学的权威的学术地位，为国家造就了大批优秀人才，使北京大学在新中国焕发了生机与活力，同时也促进了新中国文化教育事业的发展。

（一）关心时局，延续北大政治先锋传统

马寅初是新中国成立后任命的第一任北京大学校长，就任之初就以建设人民的北京大学为己任。他对北京大学的革命传统有高度的评价，北京大学的历史是与中国人民的革命事业分不开的。北京大学在五四运动中有极重要的地位，中国最早的一个马克思学说研究会是在北京大学成立的。中国先进的共产主义者、中国共产党的创立人之一李大钊当时是北京大学图书馆主任，他领导了许多北京大学青年在这里研究和传播马克思列宁主义。中国人民伟大的领袖毛泽东当时也在北京大学研究马克思列宁主义，开始革命工作。北京大学和中国革命历史的关系如此密切，不但在中国，就是在世界各大学的历史上也是少有的。[①]这是北京大学最大的光荣和骄傲，马寅初号召师生将北京大学的革命传统继续传承发扬，为国家建设培养德才兼备、体魄健全、具有高度共产主义理想的高水平人才。

---

① 马寅初著：《马寅初全集》第十四卷，浙江人民出版社1999年版，第210页。

马寅初对加强政治工作一再提出要求，将政治教育、思想改造放在学校工作的重要位置，开展教师政治学习运动，领导教师提高政治思想水平，增强建设新国家、建设新北京大学的自觉性，树立为人民服务的理想。他先后邀请周恩来、安子文、南汉宸、薄一波、李富春、粟裕等领导同志为师生做学习报告。他亲自带领师生听报告、学文件，开展批评与自我批评，带领师生学习研究马克思列宁主义。

马寅初在北京大学担任校长的近10年期间，北京大学的文化思想、政治思想一直活跃，这既是北京大学光辉革命传统的延续，也是时代发展对北京大学的要求。

（二）发展学术，打造中国最高学术阵地

马寅初对科学研究工作非常重视，他本人在繁忙的校务工作之余对新中国经济问题的研究取得了丰富的成果，而且他一再强调，北大师生要配合国家的需要做研究工作。在执掌校务期间，他每年都制订科学研究计划，有条不紊、逐渐深入地开展科学研究工作。北京大学科研领域广泛，研究视野开阔，保持了一流的学术研究地位。马寅初任校长时期，北京大学有数学家许宝騄，力学家周培源，光学家饶毓泰，理论物理学家胡宁，热力学家王竹溪，化学家傅鹰、黄子卿，植物学家李继侗、汤佩松，动物学家陈桢，历史学家翦伯赞，语言学家王力、魏建功，还有东方学大师季羡林，等等。

在各领域权威专家的带领下，北京大学执行的科研项目的数量是惊人的。仅1954年科学研究计划中就列有近300个研究项目，1955年有480个研究项目。这些项目中有高深的科学问题，如数

学教授江泽涵研究几何学的特殊流形的同调性质，物理学教授王竹溪研究高级相变等；也有对中国文化的研究，如哲学教授冯友兰研究先秦名家思想，中国文学教授游国恩研究陶渊明等；还有关于西欧文学的专题研究，如西方语言文学系冯至教授研究歌德，朱光潜教授研究18世纪英国散文风格等。1954年的研究项目在1年内完成229个，其余也在2—3年完成。[①]

教师的初步研究成果要先在系内或教研室中报告，同仁充分讨论。在科学讨论时，各种不同见解都可以展开论争，只要是真理就被教师接受，体现了北京大学提倡学术思想自由的传统。北京大学的科学研究，在当时全面学习苏联的历史背景下，也注意吸收欧美进步文化科学，对中国过去的文化遗产更不遗余力地整理传授。中文系的文学研究不仅包括中国古典文学，而且包括苏联文学和西方文学。生物系不仅研究米丘林和巴甫洛夫学说，而且必须学习达尔文的学说。[②]

北京大学在组织与领导科学研究工作中十分重视新生力量的成长。在1956年的科学研究工作计划中，参加的教师总人数达400余人，其中一半以上是年龄不到30岁的讲师、助教与研究生。这些年轻的研究人员大多在教授和外国专家的指导下进行独立的科学研究工作，其中不少研究者取得了创造性的科研成果，如气象学专业的助教赵柏林在一年内对气象学方面7个科学问题进行了研究。"这些年轻的科学工作者都虚心地向老科学家们学习，而老科学家们也都以最大的热情来扶植这样一股方兴未艾的新生力量，因为他们知道，为了使祖国的科学事业不断地进展与发扬光大，

①② 马寅初著：《马寅初全集》第十四卷，浙江人民出版社1999年版，第424、304页。

马
寅
初

MA YINCHU

他们必须把手中的科学火把传递到这些青年的手中，他们都为自己有这么多的优秀的继承者而感到欣慰。"①

北京大学的科学研究工作绝不是关起门进行的学究式研究，而是尽可能地与政府各部门以及其他研究单位配合，彼此合作。例如，在胶体化学家傅鹰教授领导下进行的中国斑土岩泥浆的研究是与地质部合作进行的，有机化学教研室邢其毅教授进行的麦角碱的研究和冯新德教授进行的纯化糖液的研究是与轻工业部合作进行的，在分析化学女教师高小霞领导下进行的对钨、钼、钛、铟等金属分析方法的研究是与重工业部有色金属管理局合作进行的。北京大学与中国科学院有着密切的合作关系，有的科学院研究员在北京大学兼课或指导研究生，北京大学有的教师也兼任科学院的研究人员。另外，北京大学有的教研室与科学院的有关研究所订立了合同，进行长期的合作。例如，北京大学生物系无脊椎动物—昆虫学教研室与中国科学院昆虫研究所合作进行防治蝗虫、蚜虫等害虫的研究。与其他单位合作，解决了北京大学在科学研究工作中人力与物力的困难，更重要的意义在于，使北京大学的研究工作联系实际并为国家建设发展服务。

北京大学的科学研究工作还对大的科学问题进行分工研究，或者开展跨研究室、跨系的综合性研究。例如，生物系人体及动物生理教研室的教师们分别进行某一方面的专题研究，最后综合起来解决巴甫洛夫高级神经活动的一个科学问题。中国近代史教研室也以同样的方式来研究中国近代史的分期问题。这种分工合作集体攻关的科研方式，提高科研工作效率，并能更好地展开不

① 马寅初著：《马寅初全集》第十四卷，浙江人民出版社1999年版，第426页。

同意见的讨论与争辩，有助于北京大学学术的高水平发展。

马寅初还非常重视培养学生独立工作的能力与科学研究的兴趣，除研究生独立开展或广泛参与教师的研究项目外，他鼓励本科学生成立各种科学研究小组。全校约有60个科学研究小组，小组活动的方式是多样化的，或者举行专题报告会与讨论会，或者开展实习、实验、参观等活动。这些小组都得到教师的经常关心与指导，例如，地质地理系主任侯仁之教授亲自指导了自然地理科学小组的活动，帮助学生制订计划，并带领他们到校外去测量水道。这种科学小组对学生有极大益处，学生的科研能力和工作能力得到了很好的锻炼。[①]

马寅初重视北京大学的科研工作，还体现在为科研工作创造条件和环境。为了解决北京大学的教学科研场地不足、设施设备陈旧等问题，他上任之初就开始筹划。1956年开始大规模的校园建设，包括建造一个物理楼、一个化学楼、一个力学实验室以及一个面积有3万平方米的大图书馆，建筑总面积达87 370平方米，超过了燕京大学30年校舍建筑面积的总和。图书期刊从新中国成立时的100万册增至170万册，实验室从20个增至69个，大批仪器设备购置更新，为科研工作创造了有利的条件。[②]

为了使科学家和学者有更多的科研工作的精力和时间，马寅初采取了一些具体措施。例如，减少集中在少数知名科学家身上的社会活动，并根据教师本人的意见，减少他们不必要的兼职；精简会议，规定校、系、教研组会议的次数，规定召开超额会议的批准手续，会议必须事先充分准备；改进工作制度，尽可能减

①② 马寅初著:《马寅初全集》第十四卷，浙江人民出版社1999年版，第428、428页。

马寅初

MA YINCHU

少系主任、教研组主任的事务工作，把他们的办公时间减少到最低限度，并把办公时间固定下来，避免低效率的忙乱现象。

马寅初关心学者和科学家的工作和生活，为他们尽可能地创造有利的物质和生活条件。例如，马寅初为有特长且成就卓著的科学家配备助手；在新中国成立初期困难的外交形势下，为了使科学家能更好地开展科研，帮助有需要的科学家订购国外期刊，以及与国外科学机构、科学家建立学术联系。对科学家的住房、交通工具、医疗、膳食、文化娱乐、儿童保育以及理发、缝衣等生活各方面，尽可能地设法优先照顾。[1]

（三）引领教学改革，打造人文学科最高学府

马寅初执掌北京大学后，在广泛调研和听取师生意见的基础上，他认为北京大学在教学方面存在诸多问题，改革势在必行。比如，大多数教师过于依赖讲义。有的教师不上课时大多时间用于写讲义，没时间做研究工作，还有的教师，上课时只是念讲义，不能生动地发挥，学生只忙着写笔记，根本顾不上理解体会。因此，形成了学生上课抄笔记、下课对笔记、考试前背笔记的现象。这种呆板的教课方式不但忽视了学生的接受能力，而且伤害了学生独立思考的能力，与北京大学的学生培养目标背道而驰。究其原因，部分在于个别教师不负责任，但主要在于教学制度不够科学。教师的负担太重，他们的工作主要是编写教学大纲和整理教材。加以很多专业的课程是新开课程，一切都要教师从头做起。有的教师花20个小时准备的教学内容还不够讲授2个小时。若每

---

① 马寅初著：《马寅初全集》第十四卷，浙江人民出版社1999年版，第437页。

门课程要有生动的发挥，不知还要读多少书，还要加上多少工作量。况且教学之外，校内校外的其他任务也大量地挤占了教师的备课和科研时间。[①]

马寅初在北京大学院系调整结束之后，实行了一系列的教学改革措施，围绕着培养优秀科学工作者和教育工作者、办世界一流大学目标，从教学制度、教学内容、教学方法、教材使用、考核方式、学习纪律和学习计划等着手，从教师教到学生学全方面进行了教学改革。

教学改革从修订教学计划开始。依据北京大学每个专业的教学目标去安排课程的配备。对教学目标支持度不大的课程适当精简，为本专业所必需的课程积极准备条件，争取充分开课。已经开设的重要课程，即使教学效果不好，困难很多，也要积极设法改进，不应轻易取消。严格注意各门课程之间的联系配合及每门课程的科学体系，对重复课程、同类课程进行合并。合理地安排教学时间，遵循理科的课堂教学时间多于文科、文科的课外自修时间多于理科的原则。上课与自修时间的分配，理科大体规定为3∶2，文科为1∶1。课堂教学全部集中于上午，下午为社会活动、会议、文娱活动、教职员政治理论学习、时事学习及自由活动时间，晚间为学生自学、教师备课及进修时间。每门课程的时间分配，按课程的性质、地位及难易而定，各专业具体制订本专业教学计划。[②]根据专业教学计划，北京大学修订了每门课程教学大纲，增强了教学内容的计划性。为了保证教学计划有高质量地有序完成，学校领导、各系科及各教研组都加强工作的计划性，制

---

①② 马寅初著:《马寅初全集》第十四卷，浙江人民出版社1999年版，第447、303页。

订学年工作计划、学期工作计划。各系科制订每月的工作计划和每周活动日程表，以保障各项工作按部就班地向前推动。科学的教学计划的制订解决了北京大学课程多、分量重、课堂效率不高、师生负担重等问题。文科如历史、中文等系缩减课程门数，增加自学时间。理科课程优化教学大纲，统合了教材，拓展了教学深度，提高了课堂讲授效率，解决了学生听不懂、精神负担过重、健康水平下降的问题。

改进教学内容主要围绕教材、教学大纲和集体备课来实现。翻译与整编教材，提高教学内容的科学性。教材是办好大学、提高教学质量的关键性因素之一。院系调整之后，我国高校主要从苏联引进教材。理科方面引进的教材较多，教师们努力学习俄语，翻译与整编了一批高质量的教材。文科及语文科各系由于课程性质，引进教材较少，马寅初提倡教师集体编写教材，以保证教材的系统性、连贯性和课程之间的配合。提倡钻研教学大纲和教材，以求真正掌握其内容，体会其精神。个人钻研之外，北京大学还组织集体备课，让教师交流钻研教学大纲与教材的体会，互相启发，加深对课程的认识。

同一门课程由几位教师分班讲授，采取分头准备、集中备课、共同讨论的办法确定讲稿或提纲。只有一位主讲教师的课，则采取由助理教师帮助搜集资料、由主讲教师写出讲稿交教研组讨论并加以补充修正的办法。①

在改进教学方法上，系统地引进凯洛夫主编的《教育学》中的教学方法，逐步改进教学方法。教师在课堂上讲授时注意交

①　马寅初著：《马寅初全集》第十四卷，浙江人民出版社1999年版，第306页。

代教学目的，明确重点，最后做简单的总结。在教学中注意直观性、自觉性、积极性、巩固性、系统性、连贯性、可接受性等教学方法原则的应用。还采取试教、公开课、互相听课等办法，发扬集体互助的精神，研究教学方法，取得了明显的效果。另外，采取教学效果检查的措施，这一方法在改进教学内容和教学方法方面效果明显。课堂教学从学生的实际水平出发，了解学生的接受能力，及时发现教学中的缺点和问题，以提高教学质量。检查教学效果的方式主要有课堂讨论、习题课、实验、课堂练习等，还采用了平时测验、检查作业、召开小型座谈会等办法。

1953年，马寅初（右二）和江隆基（左一）、汤用彤（右一）
与苏联专家在未名湖畔合影
（图片由兰州大学档案馆提供）

马寅初在教学会议中多次倡导"以教学为中心，学校一切工作均应以保证教学为目的"的思想，因此提出"面向教学"的口号。并进一步提出"提高教学质量，注意面向教学效果"的要求。具体方面，他指出，学生要及时地巩固学习成果，避免"学得快，忘得快"，教师要注意培养学生独立思考和工作的能力，教学过程中各种教学形式相互配合，并要注意教学内容的思想性的研究。

改革教学内容与教学方法，提高教学质量，是一项长期的工作。但有些专业的师资缺乏，是教学改革的瓶颈。马寅初认为，师资的培养与提高是改进教学质量的主要环节之一，师资培养的主要方式是鼓励教师参加业务进修，并且进修与教学工作相结合，做到二者相互促进。各系根据教师的业务基础和开课情况，采取各种不同的进修办法：已开课且较能胜任的教师向高级课程或专门化方向发展，已担任课程但还感到吃力的教师围绕所开课程参加进修，已具备一定基础尚未开课的教师向将来可能担任课程的方向进修，基础不好的教师应先打好基础，以便将来在教学和科研方面进一步发展。关心年轻教师的发展，鼓励教授帮助讲师、助教研究他们的专业发展方向、进修方向，而讲师、助教个人的进修计划也要经教研组与系科主任批准，系科主任、教研主任检查和监督讲师和助教进修计划的执行。

马寅初在北京大学的教学改革，对学生如何学好也提出了具体的要求，如整饬学生的学习纪律，引导学生制订学习计划等。经过调查，马寅初发现北大学生在学习纪律上存在涣散现象。他对学生以思想教育为主，使学生明了遵守纪律是优良品质。明确学习纪律的巩固是长期教育的结果，要用好学生中的典型带动学生整体改进，不能用简单的方式，不能要求过急，要给学生成长的机会，对违反纪律的学生以教育帮助为主，只有对严重破坏纪律的学生才给予处分。经过这次教育之后，学习秩序有了极大的改善。上课时学生破坏秩序、对教师不礼貌等现象大为减少了，师生关系也获得了明显的改善，对教学质量和学习效果的提高起了一定的作用。

在学习秩序转变之后，为了进一步提高学生的学习效率，马寅初提出，在保证学生独立思考和自觉钻研的前提下，制订学习计划。由各系负责统一掌握一周内各门课程的分量，合理地安排学习任务，避免不均或过轻过重的现象。学生了解学习要求之后，根据自己的程度、能力和其他特点，分配自己一周的学习时间，在教师的指导下发挥自己独立钻研的能力，学好功课。制订科学的学习计划，有效地提高了学习效率，使学生重视各门功课，防止片面发展和兴趣主义。并且在执行计划的过程中养成了严肃的学习态度、有条不紊的工作习惯、循序渐进的学习精神，防止产生好高骛远、急功近利的思想，提高了学生学习的自觉性和计划性。[1]

马寅初非常关心学生的学业和生活，还经常结合自己的学习经验，介绍一些可行的学习方法，以帮助他们提高学习效率。例如，合理安排作息时间，每日定时读书与运动，而非终日埋头书案，废寝忘食专注于读书。读书过勤，不但无益，且足损害身体，留存相当时间从事运动，于身心，俱能得健全之发展；[2]读书要摘取精华，还要随时留心学习，尤其是实业界成功人士、专家学者的经验之谈，可以补己所不足；学习做事不堆积，今日事今日毕，

---

① 马寅初著：《马寅初全集》第十四卷，浙江人民出版社1999年版，第315页。
② 马寅初著：《马寅初全集》第九卷，浙江人民出版社1999年版，第53页。

马寅初

MA YINCHU

此事做成再做他事，不拖沓不激进，持之以恒，方得始终。

1960年1月，马寅初被迫辞去北京大学校长职务。之后，他仍然时常怀念北京大学师生，关心学校的情况。1979年9月15日，教育部正式任命马寅初为北京大学名誉校长。马寅初三进北京大学，都受到师生的热烈欢迎，他是北京大学校史上唯一的名誉校长。

主要参考文献

1. 杨建业著：《马寅初传》，中国青年出版社1986年版。

2. 杨勋等著：《马寅初传》，北京出版社1986年版。

3. 王学珍等编：《北京大学纪事（1898—1997）》，北京大学出版社1998年版。

4. 马寅初著：《马寅初全集》，浙江人民出版社1999年版。

5. 彭华著：《马寅初的最后33年》，中国文史出版社2005年版。

6. 李正宏、黄团元著：《民族瑰宝马寅初》，湖北人民出版社2006年版。

7. 孙大权、马大成编注：《马寅初全集补编》，上海三联书店2007年版。

8. 彭华著：《马寅初全传》，当代中国出版社2008年版。

9. 徐斌、马大成编著：《马寅初年谱长编》，商务印书馆2012年版。

10. 邓荫柯：《回忆马寅初和江隆基校长》，《群言》1998年第7期。

11. 张厚余：《铁骨铮铮正气存——记马寅初校长》，《民主》2003年第5期。

求是创新

浙江大学校训

爱国　进步　民主　科学

北京大学光荣传统

勤奋　严谨　求实　创新

北京大学优良学风

思想　自由　兼容　并包

北京大学学术精神*

马寅初

MA YINCHU

撰稿人：秦俊巧，教育学博士，河北廊坊师范学院副教授，主要从事中国教育史研究。

---

* 北京大学光荣传统、北京大学优良学风和北京大学学术精神引自《北京大学章程》。

李 达

LI DA

湖南大学校长（1949—1953）
武汉大学校长（1953—1966）

（图片由武汉大学档案馆提供）

李达（1890—1966），名庭芳，字永锡，号鹤鸣，笔名有名鹤、胡炎、江春、立达、李特等。湖南零陵（今永州市零陵区）人。中国共产党主要创始人之一，中国著名的马克思主义理论家、马克思主义在中国早期的传播者之一。他也是卓越的哲学家、经济学家、教育家和法学家。曾任中共一大、二大和八大代表，一届中共中央局宣传主任。历任湖南大学校长、武汉大学校长和中国科学院哲学社会科学部委员、第一任中国哲学学会会长。"文化大革命"初期受到攻击、诬陷，被迫害致死。"文化大革命"结束后，李达的冤案得以昭雪，1980年被彻底改正。

一、从中共一大代表到新中国大学校长

李达生于1890年10月2日。早年，他在长沙、北京等地读书，1909年入京师优级师范学堂（北京师范大学前身），1913年后留学日本。1918年5月，参与组织中华留日学生救国团，并参与罢课和回国请愿。1919年五四运动后，开始撰写介绍科学社会主义与欧洲工人运动的文章。他在《觉悟》副刊上连续发表文章，介绍欧洲各社会主义政党的情况，并翻译《唯物史观解说》《马克思经济学说》《社会问题总览》等著作，积极宣传马克思主义。

1920年8月，李达回国，与陈独秀、李汉俊等人在上海共同发起并筹建了共产党早期组织，同年11月担任《共产党》月刊主编。1921年7月，出席中国共产党第一次全国代表大会，被选为中国共产党第一届中央局宣传主任；同年9月，创办了党的第一个出版社——人民出版社，出版马克思列宁主义的著作和革命丛书。1922年7月中共二大之后，李达与陈独秀的矛盾日益尖锐，遂辞

去中共中央局宣传主任的职务。之后，转道长沙，任毛泽东创办的湖南自修大学校长。1923年4月，与毛泽东一起创办《新时代》月刊，任主编。因不满时任中共主要负责人陈独秀的专断作风，以及与之在国共合作问题上有分歧，1923年李达离开了共产党组织，中断了与中共的联系。大革命失败后，在国民党反动统治的险恶环境中，他始终坚守马克思列宁主义的理论阵地，成为卓有建树的马克思主义理论家。

此后，他长期从事理论研究和教育工作。1923年11月，李达应湖南公立法政专门学校校长李希贤的邀请，出任学监兼教授，讲授社会学，内容包括唯物史观和科学社会主义原理。1926年2月，湖南公立法政专门学校与湖南公立商业专门学校、湖南公立工业专门学校合并成立省立湖南大学后，李达转任省立湖南大学学监兼法科教授，每次讲课都密切联系革命斗争，巧妙地把唯物史观融入社会学课程。1926年编著出版《现代社会学》，系统论述了唯物史观和科学社会主义，这是李达在大革命时期从事马克思主义理论研究的科学结晶，也是他在省立湖南大学组建后全校教师中最早出版的学术专著之一。1927年1月，他任中央军事政治学校武汉分校政治教官、代理政治总教官，兼任国民革命军总政治部编审委员会主席。3月，回长沙筹办国民党湖南省党校，任教育长。9月，任中山大学文学院教授。1928年，到上海创办昆仑书店，出版进步的哲学社会科学图书。1930年至1931年，任上海法政学院及暨南大学教授。1932年至1937年，先后任北平大学法商学院教授兼经济系主任、暨南大学教授、中国大学教授兼经济系主任、朝阳大学教授。由于他长期参加进步活动，抗战中期以后，长期困居家乡并受到国民党当局的监视。1941年7月，他被国民政府教育部解聘，失业居家，坚持著述。直至1947年2月，再次回到后来组建的国立湖南大学任法学教授，于1947年写成《法理学大纲》。这是一部用马克思主义观点阐明法律问题的优秀著作，是李达对我国法学研究的重大贡献。

1949年5月，他前往北京，后参加中国人民政治协商会议第一届全体会议。同年12月，经中共中央批准，重新加入中国共产党。先后当选为中共第八次全国代表大会代表，政协第一、二届全国委员会委员，第一、二、三届全国人民代表大会代表，第三届全国人大常务委员会委员等。

新中国成立后，李达主要从事党的教育和学术研究工作。1949年5月以后，先后任华北高等教育委员会常委、中国新法学研究会副会长、中国新哲学研究会主席、北京政法大学副校长、政务院文化教育委员会和法制委员会委员。1949年12月，任中南军政委员会委员。1949年12月2日，中央人民政府委员会第4次会议决定任命李达为湖南大学校长。李达于次年2月17日正式回到湖南大学任职，开始了创办社会主义大学的教育生涯。1952年4月，中央正式启动全国高校院系调整，11月中南教育部决定撤销湖南大学，成立中南土木建筑学院和湖南师范学院。中央人民政府政务院第19次会议任命李达为武汉大学校长。李达执掌武汉大学长达13年，为把武汉大学建成国内外具有重要影响的高等学府做出了重要贡献，直至生命最后一刻。其间，他还担任第三届全国人民代表大会常务委员会委员，当选中国科学院哲学社会科学部委员和常务委员、中国哲学学会会长，担任中国科学院武汉分院院长。1956年，被评为国家一级教授。

李达校长在办公室备课
（图片由武汉大学档案馆提供）

他一生的著作颇丰，除1926年出版的《现代社会学》和1935年出版的《社会学大纲》外，还有《〈实践论〉解说》《〈矛盾论〉解说》和《唯物辩证法大纲》（主编）等。

（一）一位具有鲜明政治立场的创党元勋

李达较早地接触了进步思想和马克思主义理论，并积极参加了民主进步运动和革命活动，他是中国共产党创立初期的重要骨干之一。1920年8月，李达回国后，与陈独秀、李汉俊等人，在上海共同发起并组建了中国共产党早期组织。1921年7月，作为13人之一，李达出席了中国共产党第一次全国代表大会，会上当选为中共中央局宣传主任。

1923年暑期，李达到上海会见陈独秀，对国共合作事宜提出了一些不同的看法。国共合作既是共产国际的指示，也是中国反帝反封建斗争的实际需要，但是怎样合作和采取什么形式合作，无论是共产党方面还是国民党方面，都有不同的意见。就共产党来说，当时担任党的书记的陈独秀，考虑中国革命的条件和时机还不成熟，因而采取了右倾机会主义的立场，主张共产党全体加入国民党，全心全意进行国民革命，等到将来条件和时机成熟以后，再进行社会革命。但李达坚持他在《马克思学说与中国》一文中的立场，主张共产党员以个人身份加入国民党，共产党应当保持组织上的独立性。

这时，陈独秀以家长制作风对待李达。李达后来回忆道："暑假时，我去到上海，会见陈独秀，谈起这个问题，他是主张党内合作的，似乎已经由他决定了。他问我的意见怎样，我回答说，我是主张党外合作的。我的理由还未说完，他便大发牛性，拍桌子，打茶碗，破口大骂，好像要动武的样子，幸亏在座有一两位同志劝住了。我心里想，像这样草寇式的英雄主义者，做我党的领袖，前途一定无望。但他在当时已被一般党员尊称为'老头子'，呼'老头子'而不呼名。我当时即已萌发了脱党的决定。"①

李达离开党组织之后，把主要精力放在马克思主义理论研究和宣传工作上，并卓有建树。与此同时，李达长期从事进步活动。他积极配合党的统战工作，在北平任教期间，多次受党的委托到冯玉祥的部队讲学，说服冯玉祥联共抗日，促进了冯玉祥带领的军队与共产党的合作。

（二）马克思主义理论研究和宣传的大师

一个革命的政党，必须有革命的理论。中国共产党的建立，

---

① 向继东：《李达和毛泽东、陈独秀》，《文史精华》2004年第8期。

紧随五四新文化运动之后。当时只有极少数赴日本的留学生接触过一点介绍马克思主义的著作，但没有接触原著，而共产主义思想的传播应该与党的建立同时进行，显然当时党的理论准备是不足的。

在这种近乎边干边学、"摸着石头过河"的历史条件下，非常需要专门从事革命理论研究和宣传的工作者。李达与李大钊、陈独秀及董必武等人相似，都曾留学日本，并较早接触了马列主义。作为党的创始人之一，李达与其说是个政治家，还不如说是个学问家，这从他在党的一大中所处的地位便可见端倪。

在中共一大上，党纲是由国际代表起草，不过李达发表了独到见解。当时因党员只有五十几个，各地组织尚未健全，因此只选出了陈独秀、张国焘、李达三人组成的领导机构。李达之所以当选，与他参加了会议的筹备有关，更与他对马克思主义的深刻理解有关。

李达与他的学生
（图片由武汉大学档案馆提供）

1922年7月，中共二大在上海南成都路辅德里625号李达的寓所召开，大会通过的许多重要文件，都出自李达之手。后来李达到大学当专职教授，在北平等地教育界颇有影响。他虽操一口湖南乡音，语言却简洁流畅，他学识渊博，在课堂上常用伊索寓言式的语言讲述马克思主义。因当时不是党员，他常被进步师生们称为"带翅膀的"（以"飞"喻"非"）布尔什维克红色教授。后来在红军长征到达陕北后，他托人将新出版的哲学书送给老友毛泽东。毛泽东得到后如获至宝，把李达的书作为自己撰写哲学著作的重要参考资料。

（三）一生守卫真理的学者型人物

在中国救亡图存的历史进程中，李达做出的贡献和产生的影响来源于他的深厚的学识。他撰写、翻译和出版的大量理论著作，宣传了马克思列宁主义。1926年编著出版的《现代社会学》，系统论述了唯物史观和科学社会主义。1928年在上海创办的昆仑书店，出版了各种进步的哲学社会科学图书。1935年出版的专著《社会学大纲》，系统阐述了辩证唯物主义和历史唯物主义，在国内产生了广泛影响。

李达是典型的学者型人物，爱坦率地表明观点，不喜欢随声附和，往往话不投机便拂袖而去。他同陈独秀闹翻，与此不无关系。

他在组织上脱党后，仍与党内旧友保持着长期的联系。1947年秋天，毛泽东、周恩来曾几次邀请李达去解放区，他因健康状况不好而未成行。1949年，他转道香港经天津到达北平后，与准备参加新政协的代表们住在一起，中共中央特派一辆专车把身穿蓝布长袍和布鞋的李达接到香山。1949年5月18日晚，毛泽东、刘少奇、周恩来、朱德还一同向他询问了湖南的情况。

二、开启创办社会主义大学的教育生涯

从1949年12月中央人民政府任命到1950年2月正式上任，李达开始执掌新中国成立初期的湖南大学，他也是新中国最早任命的一位大学校长。重返湖南大学，李达感到由衷的高兴，更深感责任重大。他深刻地认识到，湖南是很多革命家的故乡，湖南大学必须成为培养革命接班人的大学。此时的湖南大学，先后并入了私立民国大学、省立克强学院、国立师范学院和省立音乐专科学校，设置了理、工、文、法、商、农、教育7个学院，25个系，有学生2 000多人，是当时中南地区学生人数最多的大学。他满怀信心地提出："办好人民湖大，办好毛泽东故乡的大学，这是我们最光荣的任务。"[1]为了完成这一光荣使命，他到校后不久，明确提出"改造旧湖大，建设人民的新湖大"的目标，号召全校师生员工紧密团结起来为新中国造就各种建设人才而共同奋斗。

李达在湖南大学的办学治校思想十分明确，坚定贯彻新民主主义的文化教育政策，即民族的、科学的、大众的文化教育政策，努力发展自然科学，以服务于工业、农业和国防的建设，提倡用科学的历史观点研究和解释历史、经济、政治、文化及国际事务，提倡文学、艺术为人民服务，启发人民的政治觉悟，使造就的人才适合新中国建设的需要。[2]李达在办学实践中体现出来的办学思

---

① 李达：《湖大人民的工作方向》，《人民湖大》1950年4月12日。
② 李达：《改进我们的教学工作》，《人民湖大》1950年10月7日。

想和治校主张主要包括：第一，在人才培养目标上，实行"进步思想、健全体魄、科学知识"三位一体的学习，使爱国主义教育与业务教育、政治学习紧密结合，要求"把爱国主义的思想贯彻到每一门课程中去"，使各门学科的教学都力求与爱国主义教育结合起来。他十分注重抓思想政治教育这一环节，学校专门成立了政治课委员会、政治时事学习委员会、党史学习委员会，他亲自动员、亲自讲课，在全校树立了良好的开展思想政治教育的风气，大大提高了师生员工的政治觉悟，湖南大学的面貌为之一新。[①]第二，在教学管理上，大力推进教学改革，改造教学方法，在全校师生中大力倡导自学、集体学习与教师讲授相结合，强调学生学习以自学为主，要求学生在学习中不能满足于对理论的了解，必须随时随地同自己的思想行为、中国国情及世界形势相结合。他强调教师教课也要从实际出发，先了解社会的需要，了解学生的实际需要及思想状况，做到理论与实际相结合，并根据各专业培养目标对一些课程进行必要的精简，使课程与专业培养目标一致，同时减轻学生的负担，提高学生学习的自觉性；要求教师与学生、教师与教师之间加强交流与沟通，改变教学脱节、教师各自为政的现象。第三，高度重视学术研究，提出并创办了社会科学、自然科学和工程学等学科的研究所，组织出版学术刊物，要求各院系和科研机构争取与厂矿企业进行科技合作，以提高教学质量与科研水平。

---

① 李达：《改进我们的教学工作》，《人民湖大》1950年10月7日。

三、始终坚持用高标准办好大学

李达曾在多个高等教育机构任教、讲学和担任领导职务，但其教育思想得以充分体现主要在武汉大学。1952年11月，中央人民政府任命李达为武汉大学校长。之后，他主持武汉大学的校政达13年之久，他是武汉大学历史上迄今任职时间最长的校长。主持校政期间，他对社会主义新型大学的建设方向、高水平师资队伍建设、教学中心和科学重镇的建设，以及大学民主管理等，都进行了卓有成效的探索。

（一）要在10年之内赶上国内先进水平，进而向国际先进水平迈进

武汉大学自创办以来，就在高起点、高标准上办学，特别是进入"国立武汉大学"办学阶段之后，更是把建设一流大学作为办学目标。

20世纪30年代，武汉大学就享有"民国五大名校"的美誉，1937年中央大学、北京大学、清华大学、武汉大学和浙江大学在全国进行统一招生考试，简称"五大名校联考"，之后"民国五大名校"这个称谓广为流传并得到社会普遍的认可。1938年武汉沦陷后，中国大学纷纷内迁，北京大学、清华大学与南开大学合并组建成西南联合大学，此时的西南联合大学、中央大学、浙江大学与武汉大学并称"民国四大名校"，又称"战时四大名校"。1948年，英国著名的牛津大学致函国民政府教育部，确认武汉大学文理学士毕业生成绩在80分以上者享有牛津之高级生地位，武汉大学的办学声誉达到历史上一个高点。而取得这样高的办学地

位，是历代武大人特别是校长们薪火相传、不懈努力的结果，他们以高远的办学理想、豪迈的办学气派和坚定的办学毅力，在高起点、高水平、高标准上持续推进武汉大学的发展。武汉大学首任校长、著名法学家、中央研究院院士王世杰上任后在全校干部师生大会上说："武汉大学不办则已，要办就当办一所有崇高理想、一流水准的大学。"[①] 全面抗战期间在民族危难之中执掌武汉大学的王星拱也提出："我们要秉承学术独立的精神，以满足我们共同求知的欲望，使武汉大学不愧为全国知识的中心。"[②]

为了使武汉大学优良的教育传统发扬光大，李达校长提出"武汉大学要在十年之内赶上国内先进水平，进而向国际先进水平迈进"的奋斗目标。他讲道："武汉大学在国家大学中占第几位？我很注意这事。有人说我们是第五位。要努力，迎头赶上，十年赶上先进水平。"[③] 李达对武汉大学办学目标的这一定位，是他对武汉大学的历史传承、武汉大学在中国高等教育布局中肩负的重大历史使命以及武大人历史情愫的深刻理解，更是他执掌武汉大学后对学校未来发展所持的远见卓识和雄心壮志。在他的带领下，武大人励精图治，武汉大学成为新中国首批重点大学之一。

如今的武汉大学人文底蕴深厚，学科门类齐全，办学实力雄厚，在国内外享有盛誉，正朝着建设具有重要影响的世界一流大学迈进。抚今追昔，是李达老校长为武汉大学今天的发展奠定了厚实的基础。

---

① 王世杰：《"我不是来维持武汉大学的，而是要创造一个新的武汉大学"》，徐正榜、陈协强主编：《名人名师武汉大学演讲录》，武汉大学出版社2003年版，第109—110页。

② 王星拱：《努力使武汉大学不愧为全国知识的中心》，徐正榜、陈协强主编：《名人名师武汉大学演讲录》，武汉大学出版社2003年版，第136页。

③ 宋镜明编：《李达与武汉大学》，山西教育出版社1999年版，第277页。

（二）突出马克思主义理论在办学中的统领作用

李达认为：马克思列宁主义、毛泽东思想是大学教育的重要组成部分，是党在学校思想政治工作的核心，是社会主义大学区别于资本主义大学的一个显著标志；要办好高等教育，如果没有马克思主义的理论武器，那是不可能的。因此，李达在其任内非常重视系统的马克思主义理论与思想政治教育。[①]

1953年2月23日，李达正式到武汉大学就职。到任后，他很快启动了马克思主义理论教育的工作。1953年3月，他主持组建马列主义教研室并兼任主任，指导全校公共政治理论课程讲授的工作。用理论武装学生，必须先武装干部和教师。1954年3月，李达主持创办了马克思列宁主义夜大学，亲任校长，组织教职员工系统学习马克思列宁主义、毛泽东思想，亲自做学习《实践论》《矛盾论》的动员报告，带头讲授马克思主义哲学，亲自编写讲义。为了促进政治理论教育的深入发展，1959年2月，武汉大学成立了以李达为领导的马列主义政治理论教育委员会，以统一组织全校的马克思主义理论学习。李达在全校大会上要求："为了迅速提高我们的马克思列宁主义水平，适应飞跃发展的形势的需要，有必要掀起一个理论学习的高潮！"[②]

李达还指出，社会科学的研究工作，若不以马克思主义的理论为指导，是不能做出成绩的。由于1952年全国高校院系调整，武汉大学实力很强的哲学系被调整到了北京大学。为了发挥马克思主义理论学科对其他学科的统领和支撑作用，从1956年9月开

---

① 吴文生：《老校长李达治校》，涂上飙主编：《武汉大学历史探究》第一辑，湖北美术出版社2014年版，第12页。
② 李达：《掀起理论学习的高潮》，《人民日报》1959年7月10日。

李达

LI DA

123

始，他主持重建哲学系，并兼任系主任。他的办系宗旨十分明确，即强调以马克思列宁主义和毛泽东思想为指导。1960年，又组建了毛泽东思想研究室。

在李达校长的直接推动下，武汉大学一直把马克思主义理论教育放在学校工作特别是立德树人教育工作的重要地位，注重发挥马克思主义学科对其他学科的统领作用，注重把马克思主义学科的优势转化为全面育人的优势，使武汉大学的马克思主义理论教育与研究工作长期处于全国高校的先进行列。如今的武汉大学，马克思主义理论学科实力在全国名列前茅。在教育部学位与研究生教育发展中心组织的全国学科评估中，2012年，马克思主义理论一级学科排名全国第一，2017年，被评为A+，2017年马克思主义理论学科入选国家"世界一流大学、一流学科"建设名单。学校于2011年成立的马克思主义学院，在2015年就入选了全国首批重点马克思主义学院。

（三）致力于培养全面发展的、又红又专的高质量人才

1953年，根据中央精神，李达向全校教职员工阐明高等教育的方针和任务。他指出，高等教育必须适应国家建设需要，培养具有马克思列宁主义世界观、全心全意地忠于祖国和人民事业、掌握先进科学技术的专门人才。在谈到高等学校的任务时，李达指出，专科性高等学校和综合性大学各自承担不同的任务，专科性高等学校的任务主要是培养技术科学方面的从事实际工作的专门人才，而综合性大学的任务则主要是培养理论或者基础科学（自然科学和社会科学）方面的从事研究工作或教学工作的专门人才。因此，李达提出，作为综合性大学，武汉大学的人才培养目

标是首先要使学生具有较高深的理论水平和较广阔的科学知识、通晓一般的自然科学和社会科学的规律，然后在这个基础上逐步进行专业训练，使学生养成能够独立地、创造性地进行科学研究工作的能力。李达在全体学生大会上发表演讲时还指出："马克思列宁主义是共产党的世界观，是党的灵魂，党的生命。中国革命依靠它取得了胜利，现在也正在依靠它取得更大的胜利……就个人来说，不懂得马克思列宁主义，就不能树立起共产主义的世界观，就不能全心全意地为人民服务，就不是一个完全合格的社会主义建设干部。社会主义事业所需要的人才不仅要有精湛的科学知识，而且要懂得党的事业，能够运用马克思列宁主义的立场、观点、方法正确地处理工作中的各种问题。"①

1955年，中央高等教育部提出了德、智、体全面发展的教育方针。为了贯彻这个方针，李达主持召开了武汉大学学术委员会第五次扩大会议，并向大会做《关于提高教育质量，坚决贯彻执行全面发展的教育方针》报告。他在会上着重指出："教师全面负责，是贯彻全面发展教育方针的关键。""提高教学质量是提高教育质量的中心问题，业务课、政治理论课、体育课的教学质量都提高了，教师的政治思想水平都提高了，都能全面负责，都能关怀学生在业务、政治、身体三方面的发展，教育质量的提高就有保证了。"②只有这样，高等学校才能为国家培养和输送真正合乎规格的大学毕业生和研究生，才能为新中国培养又红又专的优秀人

李
达

LIDA

---

① 李达：《做一个全面发展的社会主义建设者》，徐正榜、陈协强主编：《名人名师武汉大学演讲录》，武汉大学出版社2003年版，第267页。
②《1956年1月6日在武汉大学学术委员会第五次扩大会议上的总结报告（选录）》，周叶中、涂上飙编著：《武汉大学校长的办学理念》，武汉大学出版社2017年版，第149页。

才。在办学定位和人才培养目标方面，李达主张"集天下英才而教之"，要求学生"脑、口、手、德、体"并重，即要求学生"脑要清楚灵活，口要能讲，手要能写，德要好，体要健"。李达在办学定位、人才培养目标等方面的真知灼见，进一步深化了德、智、体全面发展的教育方针的内涵。

李达致力于培养全面发展的、又红又专的优秀人才，把提高教学质量放在首位，使教学成为学校一切工作的中心。李达认为，按贯彻党的教育方针的要求，在教学与科研、教学与生产劳动的结合中教学是中心，应把进一步提高教学质量放在首要地位。

与此同时，李达提出要努力改善师生关系，尊师爱生。1959年2月，他号召全校师生员工为把武汉大学建成以教学为中心，教学与科学研究、生产劳动紧密结合的基地而奋斗。1961年，国家出台了"高教六十条"，李达认为办好武汉大学有了准绳，亲自带领全校师生坚决贯彻执行。他大声疾呼，要恢复教学秩序，恢复学校的规章制度，并要求系主任亲自主持教学工作。李达对教学工作中心地位的认识和对提高教学质量的坚持，使得那个时期的武汉大学在"高教六十条"颁布之后，教学秩序和教学制度很快恢复，各项工作走上了正轨。为此，他倾注了大量心血。

为引导全校提高教学质量，李达总是走在前列，亲自编写或组织编写高质量的、学术性强的教材，注意抓实验班，带头示范。他还要求全校的系主任重视基础课，安排有经验的教师担任基础课教学工作。他十分重视学生的实践教育，认为在培养过程中应该理论联系实际、知识分子要与工农相结合、脑力劳动应与体力劳动相结合。在师生结合方面，李达认为教师起主导作用，提高教学质量和提高学校科研水平有待于教师的努力。他反复强调教师要对学生提出严格的要求，务使学生在校学习期间养成一丝不苟的、严肃认真的科学态度。李达非常重视学生的学习质量，主张学生认真读书，成为又红又专的人才。他提出，教师还要注意指导学习方法，使学生能够独立地、创造性地进行研究。[①]

李达在家门口热情接待来访学生
（图片由武汉大学图书馆提供）

李达十分重视外语教学。他要求补充外语系师资，配齐各语种教师；外语系的师生平时要讲外国语，要搞翻译；主张外语教师要懂得一些所教学生所在系的专业知识，以便改进教学。他还基于自己的切身经验，特别要求哲学系、经济系的学生能够阅读外文书。

李达的教育理念、教学思想和推行的教学实践取得了良好的效果，影响深远。

①《李达文集》编辑组编：《李达文集》第四卷，人民出版社1988年版，第8页。

（四）强调教学与研究工作相互为用

李达主张实行教学与科研并举。他认为：高等学校特别是综合性大学，既是教学机构，又是研究机构；大学的教学与研究工作是相互为用、相互提高的，是相互结合而不是相互矛盾的。[①]担任校长期间，他高度重视并大力推进学校的学术研究工作，要求学校相关部门要与各种科研机构及各个建设部门取得密切配合，以更好地结合实际需要发挥学术研究的价值。

李达深刻地认识到："建设社会主义和共产主义的伟大任务，需要我们具有高度的科学理论水平，我们应该向科学理论的高峰跃进。"[②]他在全校大力倡导和贯彻执行百花齐放、百家争鸣的"双百"学术方针。他认为："学术问题必须采取自由讨论的方式，容许坚持和保留不同的意见，不能要求服从多数，只能要求服从真理。"[③]只有这样，才能促进认识向前发展，使科学工作者逐步掌握客观真理。他虚怀若谷，鼓励教师各抒己见、自由平等地讨论学术问题。在他的带动下，当时的武汉大学校园里形成了一种浓厚的追求真理的风气。他还经常鼓励教师出高水平学术著作；鼓励师生独立思考、大胆创造，反对禁锢思想的教条主义，提倡生气勃勃的马克思主义精神；强调理论联系实际，形成特色，建立和发展珞珈学派。

1955年，为了推动科学研究，武汉大学成立了以李达为主任的学报编辑委员会，编辑出版《武汉大学人文科学学报》《武汉大学自然科学学报》。1956年和1963年，他先后主持制订了《武汉

---

① 《李达校长在新生开学典礼上的讲话》，《新武大》1953年10月23日。
② 宋镜明：《中共一大代表丛书·李达》，河北人民出版社1997年版，第243页。
③ 武汉大学百年校庆办公室编：《百年树人 百年辉煌——武汉大学百年校庆记盛》，武汉大学出版社1994年版，第35页。

大学科学研究12年规划》和《武汉大学10年科研事业发展规划》，多次主持召开了武汉大学科研工作讨论会。

作为校长，他是科学研究的组织者和领导者，作为学者，他是学术研究的模范实践者。他一生著述达数百万字，涉猎哲学、政治经济学、科学社会主义、法学、政治学、社会学、货币学、历史学等多个学科领域。《社会学大纲》《经济学大纲》《货币学概论》《社会进化史》《法理学大纲》等是他的代表作。新中国成立后，尤其是主持武汉大学校政以后，他又发表和出版了100多万字的论著。1961年，受毛泽东主席的委托，他亲自修订旧著《社会学大纲》（后定名为《马克思主义哲学大纲》），1965年，完成该书的上册《唯物辩证法大纲》（1978年正式出版）。其中，影响巨大的是《〈实践论〉解说》《〈矛盾论〉解说》，以及他去世后出版的《唯物辩证法大纲》等。

他以"继续在理论战线上发挥一个老兵的作用"自勉，虽然校务繁重，但始终认真履行教授职责，积极带头培养研究生，组织和领导科学研究。他要求系主任拿出五分之四的时间带个头，向学术方面进军。李达作为校长率先垂范，为传承和熔铸武汉大学严谨求实、坚持真理、追求卓越的学术品格和学术精神，为学校学术水平的提高奠定了坚实的基础。在李达的高度重视和有力推动下，武汉大学在他主持校政时期的科研工作取得了丰硕的成果。1957—1964年，虽然武汉大学教师总数最高不超过500人，但武汉大学教师共出版著作66部，发表论文812篇。

（五）高度重视并狠抓师资队伍建设

李达重才、惜才、爱才。他常说：要办好一所学校，就要有

李达

LI DA

几位名教授；办好一个系，就要有几个拔尖的人才。大学是最高学府，教师要有较高的学术水平才行。教师的教学水平和马克思列宁主义的科学水平是反映学校水平的重要标志之一，是出成果、出人才的基本条件，必须把师资提高工作放在十分重要的地位。[①]中央"高教六十条"颁布以后，他一再强调加强师资队伍建设，他认为提高师资是基本问题，是学校能够办好的关键，要普遍创造培养条件，大力提高师资水平。[②]

李达深感人才可贵和来之不易，为此含辛茹苦，呕心沥血。他自担任武汉大学校长以来，把师资队伍建设作为学校发展的关键性工作。他曾亲自到北京大学、中国人民大学、湖南大学等全国重点高校延揽师资。他矢志不移，以极大的勇气排除各种阻力与非难，培养和提高师资，不拘一格选拔人才、用才、育才。他不仅关心中青年教师的成长，而且极为尊重专家学者，经常登门拜访，促膝谈心，以征求办学意见，对他们在政治上充分信任，在工作上努力创造条件和帮助配备科研助手，在生活上多方照顾，以充分发挥每位教授在学术上的带头作用。他曾亲自把虽受到错误对待但成就卓越的著名化学家、教育家曾昭抡聘请到武汉大学任教，使得武汉大学的化学学科总体水平和实力得到快速提升。

由于李达高度重视并狠抓师资队伍建设，在他的领导下，到1966年，武汉大学各系的教师骨干队伍基本形成，初步达到了他提出的预定目标。

---

①② 吴贻谷主编：《武汉大学校史（1893—1993）》，武汉大学出版社1993年版，第276、277页。

四、积极探索党领导下的高校办学体制

新中国成立初期，百废待兴，一切都在探索之中，高校应该实行什么样的管理模式也需要摸索。李达主张实行民主管理，充分发挥专家的作用。

1959年，他主持制订和颁布了《武汉大学校务委员会暂行条例》。该条例规定，武汉大学实行党委领导下的校务委员会负责制。校务委员会是学校行政领导机构，实行集体领导、分工负责，设常务委员会负责学校日常工作。1959年2月16日，第一次校务委员会会议举行，经过讨论，当日成立了以李达为主席的校务委员会常务委员会，并在校务委员会之下设立了科学研究委员会、生活福利委员会、图书资料委员会。在四个委员会中，除常务委员会中行政人员多一些之外，其他三个委员会中专家学者占多数。尤其是科学研究委员会，除个别行政人员外，绝大多数是专家。各委员会每年都按时举行会议，讨论包括学校发展规划、教学计划、先进人物的评选、学校的编制、仪器设备的购置、毕业生分配、教师职称的评定、行政人员的安排等问题。

1961年，"高教六十条"颁布实施。作为校长，李达认真贯彻落实，坚决执行党委领导下的以校长为首的校务委员会负责制，发挥各级行政机构的作用和改进工作方法。在担任校长期间，他坚决抵制各种错误倾向，坚持认真贯彻党的教育方针，强调按照教育规律办学。李达深入群众，实行民主办学，以身作则，严于律己，宽以待人，赢得了全校师生员工的崇敬与爱戴，大家都亲切地称他"老校长"。经过10多年的励精图治，武汉大学在李达老校长的领导下，成为一所颇具特色、名副其实的国家重点大学。

五、办学治校的主张及其影响

李达作为我国著名的无产阶级教育家，他一生的大部分时间都在开展理论研究和从事教育事业。从大革命失败到新中国成立的22年中，他在险恶的政治环境中不顾生死安危，始终坚持马克思主义的研究和传播，捍卫中国共产党的纲领和路线，与各种反动思潮进行了不懈的斗争，引导许多青年走上了革命的道路，被称为无产阶级的"红色教授"。新中国成立以后，他热情投入国家建设，一直战斗在教育第一线，在奠定新中国教育基业的伟大实践中，筚路蓝缕，功绩卓著，在共和国的教育史书上写下了光辉的一笔。特别是在主持武汉大学校政的13年里，他呕心沥血，励精图治，直至生命的最后一刻，为把武汉大学建成具有重要影响力的社会主义新型大学做出了不可磨灭的重大贡献，其间提出的一系列办学治校主张和教育思想影响深远，他是武汉大学史上任职最久、威望最高、影响最大的校长。

（一）深刻论述了马克思主义在高校中的指导地位

作为马克思主义理论研究和宣传的大师、中国共产党的创党元勋之一，李达对马克思主义作为一种科学理论的认识深度，不是很多人能够企及的。他深知这一科学理论对于中国人民在中国共产党领导下取得新民主主义革命胜利并建立新中国的重大引领作用，深知这一科学理论对于建设社会主义的新中国、推动国家现代化发展的重大指导意义，也深知这一科学理论对于办好社会主义新型大学、把武汉大学建成世界一流大学的重要统领作用。这样一位马克思主义理论研究领域的杰出理论家担任武汉大学校长，自然而然会在学校中高度重视并推动落实马克思主义理论的指导地位。而这一重要办学思想正是作为中国大学掌门人必须首先弄清的重大根本性问题，即"我们为什么办大学""怎样办好大学"。

李达认为马克思列宁主义、毛泽东思想是大学教育的重要组成部分。李达在就职欢迎会的演说中号召全校干部和教师团结一致，认真学习马克思列宁主义、毛泽东思想，按照社会主义方向办好武汉大学。①李达的这一办学指导思想与近年来习近平总书记多次讲到的"马克思主义是我们立党立国的根本指导思想，也是我国大学最鲜亮的底色"②完全一致。古今中外，每个国家都是按自己的政治要求来培养人，世界一流大学都是在服务自己国家发展中成长起来的。中国大学当然不应例外，每所大学在谋求发展特别是建设世界一流大学的历史进程中，也应清楚地明白并把握好学校发展的大方向，即习近平总书记2016年12月7日在全国思想政治工作会议上所强调的"四个服务"：为人民服务，为中国共产党治国理政服务，为巩固和发展中国特色社会主义制度服务，为改革开放和社会主义现代化建设服务。③

不仅如此，李达还从教育哲学角度阐述了为什么要坚持马克思主义在高校办学中的指导地位。其一，李达认为，马克思主义理论是一种科学的世界观和方法论，师生员工只有提高了马列主义理论水平，才有分辨是非的能力，才能把学校办好。他强调："只有认真地多读点书，认真地钻研党的文件，学习马克思列宁主

① 宋镜明编：《李达与武汉大学》，山西教育出版社1999年版，第265页。
② 习近平著：《在北京大学师生座谈会上的讲话》，人民出版社2018年版，第6页。
③ 习近平著：《习近平谈治国理政》第二卷，外文出版社2017年版，第377页。

义的立场、观点、方法，才能在工作中防止片面性，减少错误和避免重大的错误。"①他指出马克思主义理论体系中科学的认识论和科学的方法论，对于每位师生员工，无论在工作之中还是在学习之时，无论是做人还是做事，都具有普遍适用的意义。因此，李达在全校大兴理论学习之风，提倡用马克思主义理论指导师生员工的思想和行为，用马克思主义科学方法解决实际问题。其二，李达还注意到马克思主义哲学与学校其他学科之间的内在联系，花大力气恢复建设哲学系，认为哲学作为"科学的科学"，对其他学科具有支撑性、引领性作用，特别是对社会科学研究具有全面带动的作用。他指出："社会科学的研究工作若不以马克思列宁主义的理论作指导，是不能做出成绩的。"②他从教育哲学角度深刻阐述了马克思主义理论在高校办学中的指导作用，这在学界和政界都是不多见的，尤其是在那个年代。当前，我国正在大力推动实现从高等教育大国向高等教育强国迈进。扎根中国大地办好中国特色社会主义大学，从中央到地方，从教育主管部门到每所学校，大家都在强调坚持马克思主义在高校中的指导地位。坚持马克思主义指导地位，不能仅停留在政治说教层面，必须从理论上说明白，从学理上讲透彻。只有这样，才能使这一重要指导思想被广大师生员工真心地接受，并转化为他们的自觉行动。在这一点上，李达的教育思想具有重要启示。

为落实马克思主义理论教育和思想政治教育工作，在李达的带领下，当年的武汉大学推出了一系列行之有效的政策措施：学校成立了以李达为领导的马列主义政治理论教育委员会，统一负

---

①② 李达：《掀起理论学习的高潮》，《人民日报》1959年7月10日。

责全校的马克思主义理论学习；学校组建了马列主义教研室和毛泽东思想研究室，分别负责全校的思想政治理论课教学和毛泽东思想的理论研究工作，由李达兼任主任；为了使教职工思想政治工作先行，李达主持创办了马列主义夜大学并亲任校长，亲自编写讲义，亲自讲授马克思主义哲学；多次组织全校理论学习大动员，在全校不断掀起理论学习热潮，并提出了"高校教师要坚持教育者先受教育""贯彻全面发展的教育方针的关键在于教师树立全面负责的思想"等观点。

（二）提出重点综合性大学应培养基础扎实的创新型人才

新中国成立初期，在当时国内国外形势下，应国家建设急需，我国借鉴苏联高等教育模式对我国高等教育结构进行调整，因此，武汉大学在工学、农学、医学、艺术等学科被调整出去后形成了以文理为主的综合性大学。那个年代，教育主管部门和绝大多数高校对人才培养目标的认识和定位都比较强调专业教育，一定程度上造成了学生培养口径过窄、发展后劲不足等诸多问题。诚然，大学在本质上是专业教育，但如何为国家培养优秀的专业人才，其中存在着大学对人才培养准确定位的问题。新中国成立不久，特别是在全国上下学苏联模式、国家非常强调专业教育的大环境下，李达却较早提出并积极主张大学要分层分类发展。对于那个时期的武汉大学人才培养目标，李达认为首先要让学生具有较高深的理论水平和较宽广的科学知识，通晓一般的自然科学和社会科学规律，然后在这一基础上进行专业训练，逐步养成独立地、创造性地进行科学研究工作的能力。李达对武汉大学作为综合性大学的人才培养目标定位，显然是中国高等教育结构体系中的最高层，即拔尖创新人才层次，在能力和素质的要求是厚基础、宽口径，学生的职业发展方向是将来能开展科学研究的创新型人才。这一培养目标定位，与现在武汉大学确立的人才培养目标"培养具有坚定民族精神和开阔国际视野、强烈社会责任感和使命感，人格健全、知识宽厚、能力全面，能够引领未来社会进步和文明发展的国家脊梁和领袖人才"①的核心内涵是一致的。

就如何培养基础扎实的创新型人才，李达全面贯彻中央提出的"德、智、体全面发展"的教育方针，并深化了这一教育方针的内涵，提出"德、智、体是相互依存、不可分离的统一体，但德育是根本"，同时要求学生"脑子要灵活，口要能讲，手要能写，德要好，体要健"，从知识、能力、素质三个方面对德、智、体全面发展的内涵具体化。在人才培养的过程中，李达在全校师生员工中不断强化教学质量意识，提出"在教学与科研、生产劳动的结合中，教学是中心，应进一步把提高教学质量放在首要位置"。一段时期内，全国各级各类学校的教学工作受到严重的冲击，李达大声疾呼"要恢复教学秩序，恢复学校的规章制度"，要求系主任亲自主持教学工作，因此，在中央颁布"高教六十条"后，武汉大学成为全国教学秩序和教学制度恢复最快、最好的大学之一。在教学组织方面，李达强调马克思主义理论教育的重要性，强调"要重视基础课，要由经验的教师担任基础课教学"，强调实验教学和实践教育，强调学生至少精通一门外语，他还结合自身经历，要求学生能够阅读外文书。在教学方法和学习方法上，李达强调师生要紧密结合，教师起主导作用，教师要对学生的学

---

① 《武汉大学本科教学工作审核评估自评报告》，武汉大学2016年印，第2页。

习方法进行指导，引导学生独立自主地、创造性地进行研究。在人才培养模式的探索中，李达十分重视抓实验班，及时总结教学经验进行推广。李达还十分注重教材编写，要求教师将最新研究成果及时编写到教材中去，他自己率先垂范，亲自编写出了一批高质量的教材。可见，在人才培养的体系中，李达紧紧围绕人才培养目标，从教学观念、教学环节、课程体系、教材体系、教学方法、培养模式等方面，提出了系统的思想观点和实施办法，其中大部分都延续至今，对当前我国大学人才培养工作仍然具有较强的指导价值。

（三）鲜明地提出教学与科研相互为用的教育思想

大学的形成与发展之路如同生物的遗传与进化一样，有些基因随着社会的发展慢慢改变着，有些基因在时代变迁中亘古不变。大学作为学术共同体，尽管随着社会不断向前发展，其功能从原来的以教学为主逐步发展为人才培养、科学研究、社会服务、文化传承创新四大功能，大学越来越走进社会并从"边缘"到"中心"；但是，大学作为学术组织的本质属性没有改变，大学仍然需要坚守学术本位，成为研究和交流高深学问的最佳场所。对大学本质的深刻认识，是我们正确理解和处理大学各种关系的前提。

从德国洪堡创办柏林大学将科研与教学并列为现代大学两大基本职能以来，许多大学管理者由于对洪堡教育思想缺乏全面的理解，产生了一系列认识上和大学治理中的偏差。认真研究这一教育思想后必然会发现，洪堡在提出科学研究重要性的同时也提出了教学应该与科研相融合。尽管近现代中国高等教育发展百年有余，但是当今我国许多大学管理者包括主要负责人对于教学与科研两者之间关系的理解并未如想象的那样透彻。比如，现在还有许多综合性重点大学的管理者片面地强调"坚持以教学工作为中心"，也有一些高校和教育主管部门仍在推动评选教学型教授甚至产业型教授，他们有意或无意地将教学与科研割裂甚至对立起来，从而不停地争论和修正着"重科研、轻教学"或"重教学、轻科研"等问题。李达早在20世纪50年代就主张教学与科研并举，认为高等学校特别是重点综合性大学既是教学机构又是研究机构，并且教学与科研是互相为用、互相提高的，是相互结合而不是相互矛盾的。在他主持武汉大学校政期间，高度重视科学研究工作，要求学校相关部门主动与各种科研机构、政府建设部门加强合作，面向需求开展研究工作，同时将研究成果转化到教学中去，以结合国家战略和实际提高教学水平，提高人才培养质量。作为一名学者，李达深知开展科研工作的重要性，在全校大力倡导和执行"百花齐放，百家争鸣"的学术方针，坚持学术问题采取自由讨论的方式，容许保留不同的意见。在李达的带领下，当时的武汉大学校园形成了追求真理、不尚权威的浓厚风气，学术自由、敢于创新的思想根植于武大人的血脉，一直延续至今。

（四）对中国特色现代大学制度进行了富有成效的探索

新中国成立初期，我国高等教育内部管理到底实行什么样的体制，国家层面和高等学校都在摸索之中。李达先行先试，主持武汉大学校政期间在大学治理方面进行了一系列大胆的、有益的探索。第一，坚持党对高校的领导，并明确党政关系，确定好党政各自的权限。李达在武汉大学提出并实行的校务委员会负责制管理体制，与中央后来颁布实施的"高教六十条"中规定的"高等学校实行党委领导下的以校长为首的校务委员会负责制"是一致的。第二，充分发挥专家学者在大学治理中的重要作用。在党委领导下的校务委员会中，专家学者占多数，尤其是科学研究委员会，除个别行政人员之外，大多数是专家。校务委员会是实质性运作的，按照《武汉大学校务委员会暂行条例》的规定履行职责和行使权力，每年按时举行会议，讨论包括学校发展规划、教学计划、先进人物的评选、办学规模、人事编制、仪器设备购置、教师职称评定、毕业生分配等学术事项和事关师生切身利益的事项。第三，在行政事务的决策中，实行民主管理。李达在管理学校的事务中，大力提倡民主，充分尊重不同的意见和建议，他以身作则，严于律己，深受广大师生的爱戴，在广大师生中有极高的威望。

李达对于大学管理提出的系列主张，与现在中央和学界确定的党委领导下的校长负责制的基本内涵是一致的，而李达主持武汉大学校政期间在发挥专家在大学治理中的作用、贯彻落实民主决策机制等方面积累了经验。总结起来，主要有以下三点。第一，李达始终坚持社会主义的大学必须坚持党的领导，以确保党的教育方针得以认真贯彻落实。从新中国高等教育70多年发展正反两个方面的经验和教训可见，李达强调党在高校的领导是基于他对社会主义本质的深刻认识，也是中国大学健康快速发展的优势所在。第二，李达熟悉并充分尊重高等教育发展规律，始终从大学发展的本质要求出发，积极探索构建了现代大学治理结构，在党委领导下的校务委员会负责制总体框架下，厘清了行政权力与学术权力之间的关系，并通过完善工作机制，切实把专家在学术治理中的权力落到了实处，而这一点尤其值得当今大学管理者借鉴。

第三，李达在行政决策中强调民主。他以身作则，在管理中广泛听取意见和建议，在行政决策中非常强调民主，在学术治理中充分尊重学术规律，注重同行评价，认为学术不一定是少数服从多数，有时候真理被少数人认识到。这一点也是当今大学治理实践中非常欠缺的，我们不妨回过头去认真研究几十年前李达的办学思想，从中可以获得诸多启发。

位于武汉大学的李达塑像
（图片由武汉大学宣传部提供）

主要参考文献

1.《李达文集》编辑组编：《李达文集》（共四卷），人民出版社1980—1988年版。

2. 吴贻谷主编：《武汉大学校史（1893—1993）》，武汉大学出版社1993年版。

3. 宋镜明编：《李达与武汉大学》，山西教育出版社1999年版。

4. 徐正榜、陈协强主编：《名人名师武汉大学演讲录》，武汉大学出版社2003年版。

5. 谢红星主编：《武汉大学校史新编（1893—2013）》，武汉大学出版社2013年版。

6. 涂上飙主编：《武汉大学历史探究》第一辑，湖北美术出版社2014年版。

7. 周叶中、涂上飙编著：《武汉大学校长的办学理念》，武汉大学出版社2017年版。

实事求是
敢为人先

湖南大学校训

自强　弘毅
求是　拓新

武汉大学校训

撰稿人：胡庆芳，现任武汉大学党政办公室副主任，副研究员，主要从事高等教育管理研究。

吴玉章

WU YUZHANG

中国人民大学校长（1950—1966）

（图片由中国人民大学档案馆提供）

吴玉章（1878—1966），四川荣县人，我国杰出的无产阶级革命家、教育家、历史学家和语言文字学家。新中国成立前曾任成都高等师范学校校长、延安大学校长、华北大学校长等职。新中国成立后任中国人民大学校长，是新中国在成立后创办的第一所新型正规大学的创建者。

一、"做点有益于人有益于国的事情"的人生志向

（一）生平简介

吴玉章，1878年12月30日出生，原名永珊，字树人，号玉章。1927年在苏联时曾用过布列宁等名字；1935—1936年在法国秘密工作时，曾用岳平洋、平洋、岳镇东、镇东、震东、Joseph（约瑟夫）等名字；出席共产国际第七次代表大会时，用的名字是王荣。早年先后在乡间私塾、贡井书院、成都尊经书院、泸州川南经纬学堂读书。1903年东渡日本留学。1905年加入同盟会，从此走上革命道路，1907年参与发起共进会，1911年参与策划黄花岗起义。辛亥革命期间，领导四川保路运动，策动荣县独立，发动内江起义。辛亥革命后，出任孙中山总统府的秘书。后参加二次革命，被袁世凯下令通缉，逃亡法国，入巴黎法科大学研究政治经济学，并领导勤工俭学活动。1915年，与蔡元培等人成立法华教育会。1916年冬回国，着手重建北京留法俭学会预备学校。1917年参加护法运动，1920年领导四川自治运动。1922年任成都高等师范学校（四川大学前身）校长。1924年，与他人组织中国青年共产党。1925年加入中国共产党，又奉命回川创办重庆中法学校，培养革命干部。1927年参加南昌起义，随军南征，同年10

月奉组织之命去苏联学习与工作，入中山大学中国问题研究院研究中国土地问题。1930年，到海参崴远东工人列宁主义学校担任中国历史的教学工作。1933年，返回莫斯科任东方大学中国部主任。全面抗战爆发后，被派往欧洲从事抗日战争的国际宣传，参加共产国际第七次代表大会等。1938年回国，在国统区进行斗争。1939年到延安，担任延安宪政促进会会长、陕甘宁边区政府文化委员会主任、鲁迅艺术学院院长、延安大学校长等职，以花甲之年为国家培养各类人才。抗战胜利后，随周恩来赴重庆参加政治协商会议，任中共四川省委书记。1948年，任华北大学（中国人民大学前身）校长。1949年，出席中国人民政治协商会议第一届全体会议，参与中华人民共和国中央人民政府的筹建。新中国成立后，出任中国人民大学校长兼中央社会主义学院院长，担任中央人民政府委员、全国政协常委、全国人大常委会委员、政务院

吴玉章在华北大学开学典礼上讲话
［图片由视觉中国（海峰）提供］

文教委员会中国文字改革研究委员会副主任、中国文字改革委员会主任、中国文字改革协会会长、中央推广普通话工作委员会副主任、中国史学会副会长、中国科学院哲学社会科学部委员、中苏友好协会总会副会长、中国教育工会主席等职。

吴玉章领导了全国的文字改革工作，著有《中国汉字发展史》《中国文字的源流及其改革的方案》《中国新文字的新文法》；他领导制订并实施了《汉字简化方案》《第一批异体字整理表》《汉语拼音方案》，大力推广普通话，是我国文字改革的先驱。同时，吴玉章还是我国第一代马克思主义史学家，早在1933年就编写了中国最早用马克思主义观点系统地研究中国通史的著作《中国历史教程》和《中国历史大纲》，后又出版了《从甲午战争到辛亥革命的回忆》《论辛亥革命》《回忆辛亥革命》《五四运动前后的回忆》《第一次大革命的回忆》《历史文集》《吴玉章回忆录》等专著，切实推动了中国历史学科的建设和发展。

吴玉章少年时期就立志要"做点有益于人有益于国的事情"。他一生坚持革命，坚持办教育，坚持"做好事"。20多岁的时候，他是维新运动的支持者；30多岁的时候，他成为辛亥革命首义之举的领导者；50多岁的时候，他成为中国新文字运动的推动者；70多岁的时候，他成为新中国成立后创办的第一所新型正规大学的创建者。义士的无畏与文人的执着，使他在那个动荡而充满变数的年代，一步一步走向人生的顶峰。1966年12月12日，吴玉章在北京逝世，享年88岁。

（二）革命人生

1. 荣县首义

吴玉章出生于四川省荣县双石桥蔡家堰的一户农家，从小接受了良好的儒家传统教育。1892年前往成都，入读尊经书院。1903年自费赴日本留学，入弘文学院师范科学习。在沙俄强占中国旅顺口后，旅日留学生成立了拒俄学生会，倡议组织义勇军抗俄，吴玉章签名参加。1905年8月20日，中国同盟会在东京正式成立，设评议、执行二部，吴玉章当选为评议员。1907年，吴玉章在东京主持创办《四川》杂志，但一年后，杂志就因"鼓吹革命""激扬暗杀"等罪名被查封。[①]

1910年7月，吴玉章冒险潜赴北京营救被捕的同志，未能成功。随即前往香港，参与谋划黄兴领导的广州起义，并具体负责运送军火的工作。广州起义最终失败，72位烈士葬于黄花岗，碑记中吴永珊（即吴玉章）被称为"当日未死同志"。1911年9月，同盟会派吴玉章回四川组织宣传革命。当时四川保路运动风潮汹涌，保路同志会成立，以"拒借洋款，废约保路"为宗旨，参加的群众达到数十万人。吴玉章回到荣县老家，与同乡共同举事。9月25日，荣县召开各界大会，吴玉章发表演说，宣布荣县独立。荣县成为全中国第一个脱离清王朝政权的地方，这个消息很快传遍了全国。荣县独立后，吴玉章主持全县军政大计。荣县起义的时间比武昌起义要早，因此荣县也被后人称为"辛亥革命首义城"。[②] 不久后，吴玉章赶赴内江，领导内江起义，随后又组建内江军政府。

---

① 康井泉：《吴玉章的革命风范》，《学习时报》2016年5月16日。
② 杨旭民：《吴玉章：一辈子做好事》，《报刊荟萃》2007年第5期。

2. 国民革命

1911年10月10日，辛亥革命爆发。应中华民国临时大总统孙中山邀请，吴玉章赴大总统府秘书处工作。但几个月后，袁世凯篡权就任临时大总统。1913年，袁世凯图谋复辟，国民党与北洋军阀的矛盾日益激化。当年7月，国民党人李烈钧在江西举兵讨袁，二次革命爆发，各省纷起响应，吴玉章在四川全力促成革命党人团结讨袁。不过，由于兵力不济，革命很快失败。袁世凯下令通缉孙中山、黄兴、吴玉章等国民党人，吴玉章逃亡法国避难。1915年袁世凯称帝后，唐继尧、李烈钧、蔡锷等在云南组织护国军，发表檄文，誓师讨袁。逃亡法国的吴玉章由法国议员介绍接触到多名英国政党领袖，经过努力，吴玉章说服了英国人。他们答应不借款给袁世凯，对袁世凯取消帝制起到了一定作用。

1917年，吴玉章回国，参加了护法运动。1922—1924年担任成都高等师范学校校长。1925年，吴玉章在北京经赵世炎等人介绍加入了中国共产党。由于吴玉章同国民党历史关系深厚，中共中央决定不公开吴玉章的共产党员身份，决定留其在国民党内，以便做统一战线工作。五卅惨案发生后，国民党上海执行部提议吴玉章回川组织国民党。8月，吴玉章在重庆改组国民党。11月底，吴玉章临危受命，出任国民党第二次代表大会秘书长，推动各项准备工作有条不紊地开展。1926年1月1日，大会顺利开幕，宋庆龄、何香凝专门致电感谢吴玉章拯救了濒临解体的国民党。1927年3月11日，在国民党二届三中全会上，吴玉章被选任为国民党中央执行委员会常务委员，成为国民党中央九大核心人物之一。

3. 延安五老

1927年大革命失败后，吴玉章奔赴南昌，参加了周恩来等领导的武装，任革命委员会委员兼秘书长。南昌起义胜利后，起义部队挥师南下，欲夺取广州，却在途中遭受重挫。随军南行的吴玉章作为非军事必需人员被分散，历尽艰险到达香港。由于在国内认识吴玉章的人太多，不便在险恶环境中工作，党中央决定派他赴苏联学习。1927年底，吴玉章到达苏联，一年后入莫斯科中山大学（后改为中国劳动共产主义大学）特别班学习。1930年，吴玉章与林伯渠一起被分配到远东工人列宁主义学校任教。1935年10月，刚刚参加过共产国际七大的吴玉章被派往法国。1935年12月9日，他在巴黎创办《救国时报》，以中间立场宣传统战新政策，在国内外产生了很大的影响。1938年3月，吴玉章参加在伦敦召开的世界反侵略大会后回到国内。当年底，在一次与蒋介石的会面中，蒋介石对吴玉章说：你是老同盟会、国民党的老前辈，还是回到国民党来吧。但吴玉章的回答很干脆："我加入共产党是相信马克思列宁主义的科学真理，深知只有共产主义才是社会发展的唯一正确道路，对于这一点，我是不动摇的，决不会二三其德，毫无气节的！"[1]

1939年11月，吴玉章由重庆回到延安。1940年1月15日，中共中央为刚刚到达延安的吴玉章补办六十寿辰庆祝会。吴玉章自参加同盟会开始，从事革命斗争数十载，当时已经是老资格的革命家，与董必武、林伯渠、徐特立、谢觉哉一起，被誉为"延安五老"。[2]所以，对这次寿辰庆祝会，中央非常重视。会上，毛泽东给予吴玉章很高的评价："从同盟会中留下到今天的人，已经不多了，而始终为革命奋斗，无论如何不变其革命节操的更没有几

---

[1] 康井泉：《吴玉章的革命风范》，《学习时报》2016年5月16日。
[2] 吴绍芬：《吴玉章：新中国高等教育奠基人》，《中国教师报》2018年11月7日。

个人了。要这样做，不但需要有坚定正确的政治方向，而且需要艰苦奋斗的精神，不然就不能抵抗各种恶势力恶风浪，例如死的威胁，饿饭的威胁，革命失败的威胁等等，我们的吴玉章同志就是经过这样无数的风浪而来的。"①在延安期间，吴玉章先后担任延安鲁迅艺术学院院长、延安大学校长、陕甘宁边区政府文化委员会主任等职务。抗日战争胜利后，吴玉章随周恩来赴重庆参加政治协商会议，并任中共四川省委书记。1949 年 10 月 1 日，中华人民共和国宣告成立，吴玉章与毛泽东等开国元勋一起站在天安门城楼上，见证了这一庄严的时刻。

4. 文字改革

文字改革是吴玉章毕生从事的革命与教育事业中一个重要的组成部分，他始终把普及教育、提高广大人民群众的文化素质作为文字改革的目标。"我已经八十岁了，从小习用汉字，如果单为个人，完全不必提倡文字改革，然而为人民大众和子孙后代，我必须坚持文字改革，为它奋斗到底。"②这样的使命感和责任感来自对国家和对人民深切的爱。青年时代留学日本及流亡法国期间，他接触到日本的"假名"拼音和欧洲的拼音文字，觉得拼音文字比方块汉字优越，于是立志改革汉字。在苏联的学习和工作让他得到了这个机会，1931 年在苏联任教期间，他与瞿秋白等人一起探讨文字改革问题，开始了中国文字拉丁化的初步尝试，并帮助在旅苏的十万华工进行扫盲。他与林伯渠一起，参照瞿秋白的方案，以山东音为基础，以拉丁字母为形式，创立了拼音文字。在他的推动下，中国新文字第一次代表大会于 1931 年召开。会后短

---

① 《毛泽东文集》第二卷，人民出版社 1993 年版，第 262 页。
② 蒋南翔：《纪念我国无产阶级教育家吴玉章同志》，《人民日报》1984 年 1 月 14 日。

短几年时间，全国范围内就兴起了新文字运动的热潮。回到延安后，吴玉章曾任陕甘宁边区新文字协会会长，在陕甘宁边区和敌后抗日根据地军民中开展新文字运动，提高工农文化水平。他编辑出版《新文字报》《新文字丛书》等书刊，并把过去的研究成果整理为《新文化和新文字运动》等著作。

1949年，吴玉章给毛泽东写信，提出为了有效地扫除文盲，须迅速进行文字改革。当年9月1日，毛泽东指定吴玉章等共同组织中国文字改革协会。周恩来提出文字改革有三项任务：努力简化汉字；推广普通话；制订和推行汉语拼音方案，为实现文字拼音化积极创造条件。1952年2月，中国文字改革研究委员会成立，开始草拟汉字简化方案。1954年10月，中国文字改革研究委员会更名为中国文字改革委员会，直属国务院，吴玉章担任主任。1955年1月，中国文字改革委员会发布《汉字简化方案（草案）》。1958年2月11日，第一届全国人民代表大会第五次会议讨论了周恩来提出的关于汉语拼音方案草案的议案，以及吴玉章关于当前文字改革和汉语拼音方案的报告，决定批准汉语拼音方案，并在全国推行。从当年秋季起，全国小学开始教汉语拼音。此外，吴玉章大力推广简化字，领导制订普通话标准，身体力行地前往多个省市推动普通话教学。在他的努力下，简化汉字与汉语拼音方案在群众中试教、试学、试用，逐步推行了起来。

5. 人大校长

新中国成立后，为适应社会主义建设事业对各种建设干部的需要，党中央和中央人民政府决定成立中国人民大学。鉴于中国人民大学担负着极其重要的任务，经中共中央政治局提名，1950年2月，中央人民政府任命德高望重的吴玉章为第一任校长。中国人民大学成立之初，办学条件极其简陋，像样的教室没有几间，经常要露天上课。吴玉章带领全校教职工，克服种种困难，用了不到一年时间，就使学校的各项工作步入了正轨。当时，大部分学生的来源是工农干部和战斗英雄，吴玉章结合他们的特点，从教学内容和教学方式上因材施教。1958年后，吴玉章发现学校在贯彻党中央"教学与实际相联系"方针的过程中，师生参加政治活动和生产劳动过多，以致学校秩序混乱，教学质量有所下降，于是便指出，学校终归是学校，学校是传播知识的地方，教师和学生在校的主要任务应该是教和学，没有稳定的教学秩序，便不能保证教学质量。吴玉章在人生的最后16年，虽然年高体弱，又承担了文字改革等大量社会工作，但仍然圆满地完成了中国人民大学创建和发展的任务，培养出了一大批国家急需的行政管理、经济工作和理论工作人才。①

二、新中国第一所新型正规大学的创建者

新中国成立后，新的工业、农业、商业、贸易等建设工作即将全面开始，新的建设工作需要一大批懂政治、懂技术、懂管理、有文化、有实际工作经验的人才。为此，党中央决定以华北大学为基础，合并中国政法大学，并调来华北人民革命大学部分干部，创办中国人民大学，同时委托刘少奇直接领导筹备工作，担任中国人民大学筹备委员会组长。筹备委员会由吴玉章主持，范文澜、成仿吾等参加实际工作。在这之前，毛主席、周总理曾考虑到吴

① 杨旭民：《吴玉章：一辈子做好事》，《报刊荟萃》2007年第5期。

玉章在国际上有崇高的声望，又有丰富的外交工作经验，打算在外事部门给他安排重要的职务。他得知这一消息后，主动地、诚恳地向党中央表示：自己非常乐于从事教育工作，愿为宣传马克思列宁主义、毛泽东思想，为培养社会主义革命和建设人才而竭尽全力，请中央不要为他的安排而另费精力。在吴玉章的请求之下，1950年2月19日，中共中央政治局会议通过了任命吴玉章为中国人民大学校长、胡锡奎为第一副校长兼教务部部长、成仿吾为第二副校长兼研究部部长的决定。1950年3月16日，中央人民政府教育部部长马叙伦、副部长钱俊瑞等发布命令，任命吴玉章为中国人民大学校长，胡锡奎、成仿吾为副校长。

吴玉章在书房工作（约1950年）
（图片由中国人民大学档案馆提供）

在新的基础上建立起来的中国人民大学的全部工作，带有完全的开创和示范的性质，任务艰巨，许多问题亟待解决：一无校舍、设备，二无干部，三是领导缺乏办正规新型大学的经验。吴玉章积极拥护、坚决执行中央的指示。虽然当时已72岁高龄，但他仍然以高度的革命热情全神贯注地创办这所新型的社会主义大学。在做好原华北大学结束工作的同时，吴玉章着手中国人民大学创办的各项准备工作，尤其是师资队伍和物资方面的准备工作。他主持召开了几次大小会议。1949年9月15日召开会议，讨论了中国人民大学今后的办学方针问题；10月9日召开会议，讨论了聘请苏联教员和培养100名翻译问题；10月14日为招生和房子之事召开会议；12月31日召开会议，讨论了关于创办中国人民大学的各项准备工作、与中国政治大学合并的问题、关于教育部通过中国人民大学实施计划的决定，以及确定学校组织机构及干部配备问题。又如，1950年1月4日召开会议，传达了刘少奇关于招生计划的批示；2月6日召开会议，讨论了中国人民大学本科第一学期教学计划问题，创办校刊问题，房子问题及校牌、校徽、校歌等问题。在吴玉章深思熟虑、开拓创新的领导下，上述问题都得到了比较妥善的解决。经过数月的紧张筹备，中国人民大学确定了教育方针和培养目标，及时制订了完整的教学计划，研究确定了组织机构、专业系科设置、人员安排、后勤保障等计划。吴玉章以一切重新学起、摸索新经验、创立新事业的革命精神，在短期内胜利地完成了学校的筹备工作，保证了中国人民大学沿着党中央规定的方向顺利发展。

1950年10月3日，中国人民大学在北京铁狮子胡同2号举行了正式的开学典礼。下午3时，当吴玉章陪同刘少奇、朱德等中央领导同志步入会场时，人们报以热烈的掌声。刘少奇副主席、朱德总司令、马叙伦部长、苏联教员总顾问安德里扬诺夫先后在开学典礼上讲了话。出席这次开学典礼的还有中央人民政府副主席张澜，中央人民政府委员会秘书长林伯渠，委员何香凝、司徒美堂、彭泽民、徐特立、谢觉哉等，政务院副总理董必武及各部、委、署、局领导，北京市各大专院校领导及其他来宾，全体苏联教员和全校师生员工，共4 000多人。会上，吴玉章宣布中国人民大学开学典礼开始，他说："我奉我党中央和中央人民政府之命，建立一个新式的中国人民大学，9月1日已经正式上课了，今天特举行开学典礼。"[①]

在开学典礼上，吴玉章首先阐述了建立中国人民大学的目的和任务：中国革命伟大的胜利，迫切要求各种建设人才从事经济、政治、文化各种建设，所以中央人民政府决定成立中国人民大学，培养新型的知识分子，为新中国的建设服务。吴玉章着重阐述了中国人民大学应该担负的几个主要任务：组织科学的教学方法，培养各种科学技术的专家，而培养出来的这些专家都要能够掌握科学上的最新成就，能够正确地应用，并能够理论联系实际，使生产经验与科学相结合；以马克思、恩格斯、列宁、斯大林的学说和毛泽东思想来进行学生的政治思想教育，并把他们培养成有高度文化修养的专家；编写具有现代科学水平与高度思想水平的教材与参考书，进行能够解决新民主主义建设上重要问题的科学研究工作；不断提高教员的政治思想水平与科学水平，并培养大批科学教育干部，广泛传播科学与技术知识。[②]在迎接学生的大会上他谈到，学生来自各方，文化和政治理论水平不大一致，经验作风也不同：有军队干部，也有地方干部；有老干部，也有新干部；有工农分子，也有知识分子。因此，大家应亲密地团结起来，

---

①② 黄达主编：《吴玉章与中国人民大学》，山西教育出版社1996年版，第149、150页。

互相学习，取人之长，补己之短，尤其是老干部要以身作则，带动大家努力前进。谈到当时的有利条件和困难因素时，他说：我们有中国共产党和中央人民政府的领导、苏联专家的帮助、相关部门的积极支持等有利条件，是有办法也有能力办好中国人民大学的。但是也有不利的因素，这就是我们的一切工作都是草创，缺乏经验，困难很多，特别是目前，由于战争破坏，经济伤痕尚未恢复，物资设备比较简陋，一时尚难改善，需要大家有吃苦耐劳、艰苦奋斗的精神来克服困难。他希望每个学生都关心学校的工作，如同关心自己的学习一样，不断提出改进意见，共同把学校办好。①最后，他明确提出了学校的培养目标：中国人民大学学生应该成为用马克思列宁主义、毛泽东思想武装起来的，掌握最新科学成就的专家。②在《人民大学校刊》发刊词中，他要求学生：以马克思主义的知识武装头脑，建立辩证唯物主义和历史唯物主义的世界观；精通科学技术和业务，有参加各种建设的技能；理论联系实际，对经济、文教、外交等政策都能够正确掌握；有高尚的品质和精明的才干，忠诚朴实，不怕艰苦，与群众打成一片，为人民服务，把自己锻炼成创造社会的人才。③

如果说，过去老区高等学校办学的主要任务是培养革命的干部，无论是政治经济方面还是文化教育方面的干部，共同任务首先是争取革命的胜利，那么，新中国成立后的中国人民大学，主要任务是为国家培养建设人才。为正确完成这个转变的过程并为国家培养各方面合格的人才，吴玉章付出了辛勤的劳动和无尽的心

①② 黄达主编：《吴玉章与中国人民大学》，山西教育出版社1996年版，第71、180页。

③ 吴玉章著：《吴玉章教育文集》，四川教育出版社1989年版，第122—123页。

血。在主持中国人民大学的工作中，吴玉章坚定不移地贯彻执行党的教育方针，认真发扬我党教育工作的革命传统，不断总结办学经验，积累了创办正规新型社会主义大学的经验，突出体现了教育为社会主义建设服务的特色。吴玉章出色地完成了党赋予他的使命，为中国人民大学的诞生、成长和壮大，奉献了他的聪明才智。

三、中国人民大学校长任上的办学主张与举措

自1950年被任命为中国人民大学校长至1966年逝世，吴玉章担任中国人民大学校长达16年。他确立了正确的办学指导思想和方针，创立了适合中国建设与发展需要的教育理论和教学方法，奠定了光荣的传统和优良的校风，使得中国人民大学迅速成为新中国高等教育特别是人文社会科学领域的一面旗帜，在中国教育史上揭开了由我党创办社会主义新型正规大学的新篇章。[1]

（一）把中国人民大学办成"学习和宣传马列主义、毛泽东思想的坚强阵地"

吴玉章认真分析了当时高等学校的形势，向党中央提交了《关于加强马列主义教育和政治思想工作的建议》。他认为，任何一个社会都有与它的社会制度相适应的教育内容，而无产阶级的教育自然应当以共产主义的思想即马克思列宁主义、毛泽东思想作为教育内容。新中国成立初期，在其他高等学校，广大教师对马克思列宁主义还有一个逐步了解和熟悉的过程，而中国人民大

---

① 黄达主编：《吴玉章与中国人民大学》，山西教育出版社1996年版，第180页。

学创办伊始，吴玉章就强调要用马克思列宁主义、毛泽东思想来指导办学，提倡用马克思列宁主义、毛泽东思想占领大学讲坛，努力把中国人民大学建设成为马克思列宁主义、毛泽东思想教学和研究的坚强阵地。1950年5月，吴玉章在《人民大学校刊》发刊词中指出："中国人民大学的任务是培养新中国的各种建设干部。这些干部要学会能够建立新的经济制度，能够管理新的国家。"[①]"要把思想弄清楚，洗清不正确的腐旧的思想，以马列主义的知识武装起来。就是说，要懂得社会发展的规律，要建立辩证唯物主义和历史唯物主义的宇宙观和人生观，要认识新民主主义革命的新任务。"[②]同年10月3日，吴玉章在中国人民大学开学典礼上再一次明确干部培养的要求："……要培养精通先进科学与技术，为科学社会主义，即马列主义知识和毛泽东思想所武装，与各种具体业务相结合，并决心保卫人民民主主义祖国，忠诚于新民主主义建设而将来准备为共产主义奋斗的干部"，因此，必须"以马恩列斯的学说和毛泽东思想来进行学生的政治思想教育"。[③]

　　吴玉章非常重视加强教师和学生的政治理论素养，要求师生成为用马克思列宁主义和毛泽东思想武装起来的、掌握最新科学成就的专家。他同时也很重视学生的政治理论学习，规定任何系科专业，政治课都是必修课。这样，新建立的中国人民大学率先开设了一系列马克思列宁主义、毛泽东思想的政治理论课，并率先在各个系科、各门课程的教学中贯彻以马克思列宁主义、毛泽东思想为指导的原则。学校把培养马克思主义人才作为一项主要的任务，在"文化大革命"前的10多年中，中国人民大学培养了

----

①②③ 吴玉章著：《吴玉章教育文集》，四川教育出版社1989年版，第120、122、125页。

大量理论人才，在理论研究中也做出了显著的成绩。

吴玉章倡导既教书又育人，主张教育者应该首先受教育。为了保证对学生的政治理论教育，吴玉章十分重视提高学校教师和干部的政治理论水平，认为只有教师、干部的政治理论水平提高了，学生才有可能提高。他说，教师是人类灵魂的工程师，必须好好学习马克思列宁主义、毛泽东思想，提高政治觉悟，树立革命和建设育人的观点，以自己的高尚品德影响学生。同时要精通业务，力求博大精深，把知识传授给学生。政治理论课教师自然应该注重学生的政治思想教育，各专业课的教师也应恰如其分地在专业教学中结合学生的思想实际，对学生进行政治思想教育，尽可能地把政治思想教育寓于业务教学之中。教师还要与学生交朋友，建立同志式的师生关系，发扬老解放区官教兵、兵教官的优良传统，互相帮助，共同提高。

（二）构建适应新中国建设需要的办学体制

高等学校的根本任务是培养适应社会需要的人才，但旧有大学普遍存在教育与社会需要脱节、学生书本知识与生活实践脱节的问题。中国人民大学如何避免这种弊病，根据革命和建设的实际需要培养人才，是吴玉章经常考虑的问题。他坚定不移地贯彻党的无产阶级教育路线，坚持和发展老解放区教育的革命传统，模范地执行了中央关于"教育为生产建设服务""学校向工农开门"的方针。

吴玉章根据国家建设当时和长远的需要，从建校之初就建立了多种学制、多种规格、多种形式的办学体制。既有本科、专修科、研究生班，又有夜大学、函授部和文化补习班，注重从有实践经验的工农干部中招收新生，除招收一部分青年学生之外，主要招收工农干部和产业工人。其中，专修科主要培训工矿企业单位的领导干部，以提高他们的政治水平和管理能力。研究生班主要培养政治理论人才，为高等院校提供师资力量。本科主要招收工农干部。这一方面为了改变旧中国工农群众很少有入学机会的状况，另一方面考虑到当时国家正处在经济恢复和发展时期，急需管理人才。工农干部都经过革命斗争和生产斗争的锻炼，他们的政治觉悟较高，工作能力较强，培养这样的学员，可以比较快地使他们成为既有领导能力又有业务知识的管理人才。

吴玉章以深厚的阶级感情关注工农干部的培养，为他们的学习做了精心的安排。他根据工农干部觉悟高、具有实际战斗经验但年龄较大、文化水平较低等特点，特设了工农预科和工农速成中学，让他们经过文化补习后再升入本科，克服了工农干部直接进入本科学习的困难，又为提高有实践经历的工农干部的文化水平提供了成功经验。在教学计划上，照顾不同程度的工农干部，适当地增加了数学、物理、化学、语文等文化基础课的比重。在教学内容上，加以适当减缩，编制了一套与专业相结合的文化基础课讲义。在教学方法上，按专业需要采取系统的单元教学法。同时组织青年学生和工农干部开展互助活动，帮助解决工农干部生活中的实际困难，减少他们的某些社会活动。此外，吴玉章还经常召开工农干部座谈会或进行个别看望和询问，关心他们的学习和生活，鼓励他们努力攀登科学文化的高峰，以改进工作。通过这些措施，工农干部基本上能够达到教学计划的要求，如期完成了学习任务。通过这一途径，更多的工农干部和劳动模范得以接受高等教育，成为优秀人才。从学校开办到"文化大革命"前夕，共为国家培养了7万多名毕业生，不少人后来都成为我国政治理论、经济管理和社会等方面的骨干，著名劳动模范郝建秀、为捍卫真理而英勇牺牲的烈士张志新以及作家高玉宝等，都是当时培养出来的优秀毕业生。①

吴玉章和郝建秀、杭佩兰合影（在第五届校运会上）
（图片由中国人民大学档案馆提供）

　　新中国成立之初，国家需要大量的建设人才，仅靠已有的几十所高等院校难以满足。为此，吴玉章又率先倡导开展高等函授教育，提出中国人民大学应该把正规办学和校外办学结合起来，并率先创办了面向全国的高等函授教育。中国人民大学从1951年开始筹备函授教育，1952年1月初开始在北京、天津、太原等城市进行函授专修科的招生，1956年又创办了五年制的函授本科，并逐步建设成函授学院，将学点扩展到全国各地。函授教育主要招收财经系统的在职领导干部，他们在不脱产的条件下系统学习

①黄达主编：《吴玉章与中国人民大学》，山西教育出版社1996年版，第164页。

业务知识，在边工作边学习中达到大专水平。中国人民大学在全国创办的函授教育规模之大，学员人数之多，是新中国教育史上的创举。到1966年，中国人民大学函授教育培养的各类学员共计19 087人，函授教育成为高等教育的重要一翼，为国家经济建设做出了重大的贡献。[①] 此外，学校还设立了职工业余学校和马克思主义夜大学。职工业余学校主要招收文化水平较低的职工，帮他们经过文化学习，达到高中程度。马克思主义夜大学主要招收相当于高中文化程度的干部，使他们经过系统的马克思主义理论的学习，提高政治思想水平。第一期马克思主义夜大学和职工业余学校于1950年9月19日开学，马克思主义夜大学招收学员600多人，职工业余学校招收学员700多人。经过培训，学员们对马克思主义政治理论的掌握更加系统化，理解更为深入，教师和干部的整体理论水平大为提高。吴玉章这种利用学校有利条件、充分挖掘学校潜力、采取多种形式办学的方法，经实践证明是多快好省地发展教育事业的有效途径。

（三）苏联经验与中国情况相结合

中央为中国人民大学规定的教育方针是：教学与实际相联系，苏联经验与中国情况相结合。中国人民大学贯彻这一教育方针，在办学过程中必须解决好两方面的问题：一是正确执行和贯彻中央以及毛泽东的指示，无论是"右"或"左"的方面来理解和执行都会给学校工作带来不利的影响，甚至干扰学校教育方针的正确贯彻；二是学校必须遵循教育和教学的规律，从教师和学生的

[①] 黄达主编：《吴玉章与中国人民大学》，山西教育出版社1996年版，第169页。

实际出发，提高教育和教学的质量。在这两个方面，吴玉章根据他多年办学的经验，提出很多很好的意见。当他发现"大跃进"中发生了"浮夸风"时，就对下乡下厂的师生们说：解放思想、破除迷信是必要的，但要实事求是，不能违背客观规律，只有这样，我们的跃进才是踏实的，我们的成绩才是真实的。当他发现学校用于政治活动的时间过多、生产劳动时间过长、教学秩序比较混乱时，又及时地指出：参加政治活动和适当的生产劳动都是必要的，但学校终归是学校，是传授知识的地方，教师和学生主要任务应该是教学和读书，没有稳定的教学秩序，便不能保证教学质量。① 在吴玉章的以身作则和大力倡导下，中国人民大学一开始就建立了一整套注重理论与实际相结合的教育方针和教学制度，它成为中国人民大学优良传统和校风的重要组成部分。

吴玉章强调要系统地学习与掌握马克思列宁主义、毛泽东思想，反对歪曲或肢解马克思列宁主义、毛泽东思想的完整科学体系，又十分厌恶对马克思列宁主义、毛泽东思想采取实用主义的态度。他一贯主张有目的地去研究马克思主义理论，使马克思主义的普遍真理与中国革命的具体实践结合起来。教师和学生在学习理论时，都要联系中国革命和建设的实际，联系个人的思想实际，做到理论与实践的统一。吴玉章在与教师、与学生的座谈中，常常告诫师生切不可把马克思主义简单化、庸俗化，他指出："马列主义是真理，但不可能把一切事物事先都具体地规定出来，要从实践中得出规律，不合规律就要失败，从失败中得到教训，使之合乎规律，才能得到成功。"还说："毛泽东思想是贯串我们教

① 何立波：《"一辈子做好事"的吴玉章》，《党史博览》2010年第8期。

吴玉章

WU YUZHANG

学和科学研究中的一根主线，但它不能代表具体的经济学、历史学、语言学和文艺理论。"①他要求的是要研究如何把马克思主义的指导同各门科学的教学实践、同新中国建设的实践结合起来。因此，中国人民大学的师生，无论是授课或学习，都要联系个人思想实际，联系革命和建设实际。1953年9月，吴玉章在总结中国人民大学三年来的工作经验时指出："我们在领导思想上不但是强调系统地学习苏联先进经验，而且还强调系统地和密切地注意中国各方面的实际问题，并从实际出发规定我们的教学计划、教学内容以及各种教学制度等。"②

为了培养革命和建设人才，吴玉章不但强调中国人民大学办学必须主动地适应新中国经济建设的需要，而且反复强调要在教学和科研中贯彻理论联系实际的原则。他说：我们学习革命理论，是为了学习用马克思列宁主义的"矢"来射中国革命和建设之"的"，"最重要的是要能掌握马克思列宁主义的立场、观点和方法来发现问题、提出问题、分析问题、解决问题"③。为此，他要求教师在教学中，既要联系历史的实际以阐明理论，也要联系当前革命斗争和经济建设的实际以培养学生的实际工作能力，还要联系学生的思想实际以使学生树立为国学习和为人民服务的思想。他要求学生努力学习政治和业务，按照循序渐进、由浅入深的学习程序，坚持紧张而持久的劳动，牢固地掌握知识，成为又红又专的人才。为了帮助学生更好地了解实际，吴玉章积极鼓励各系科和政府有关业务部门、工矿企业建立固定的联系。学校建立了

①② 黄达主编：《吴玉章与中国人民大学》，山西教育出版社1996年版，第156、95页。

③ 吴玉章著：《吴玉章教育文集》，四川教育出版社1989年版，第289页。

教师进行社会调查和学生进行生产实习的制度，有计划地组织师生走出校门参加社会实践，同时聘请有关业务部门负责人到校做报告。正是在吴玉章的倡导和鼓励下，这种学校与业务部门挂钩的做法，成为中国人民大学的一项制度得以坚持和发扬，对于提高学校教学质量，锻炼学生的实际工作能力，都起到很好的作用。参加工作的毕业生，表现出较强的实际工作能力，受到了广泛好评。

吴玉章重视以科学的态度学习外国的先进经验。中国人民大学建校之初，吴玉章正确地执行了中央当时关于学习苏联的方针。他一方面强调要系统地、全面地学习苏联的先进经验，另一方面又强调要紧密地结合中国的实际。他强调，既要反对狭隘的经验主义倾向，又要反对照搬苏联一套的教条主义倾向，以便迅速建立各门学科的体系，适应教学的迫切需要。在教学组织中，他曾经讲，苏联教授都是很有学问的，但他们不甚了解中国的情况，我们要把他们讲授的内容与中国实际很好地结合起来，否则是不可能做好教学工作的。在制订教学计划时，要既考虑苏联的经验，又考虑中国的实际情况，精简教学大纲，减少并非急需的课程。课程内容反映中国的情况要逐步增多，直至形成中国化的教材。随后，他又进一步指出：要努力掌握世界上最新的科学成就，无论是社会主义国家的还是资本主义国家的，只要有益于国计民生，我们就要学会并应用。

（四）重视教师教学水平和研究能力的培养

吴玉章认为，一所学校办得好坏，取决于教学质量的高低，而教学质量的高低又取决于教师素质的高低。建设一支政治坚定、业务精通的教师队伍，是办好中国人民大学的关键。因此，他十分重视教师的培养，认为没有德才兼备的教师，不可能培养出优秀的学生。中国人民大学是在革命根据地大学基础上发展起来的，当时，华北大学只有四五十个教师，远远不能满足中国人民大学教学的需要。为了解决教学任务重与教师力量不足的矛盾，中国人民大学成立时，吴玉章就聘请了一些著名教授、学者任教。他对党内外知名学者一视同仁，都委以重要的领导职务和教学任务，充分发挥他们的骨干作用。与此同时，吴玉章提出从青年中培养教师。为此，学校抽调了大批青年充实到各个教研室，并进行业务培训。吴玉章非常注重对青年教师的培养，常常去听青年教师试讲，鼓励他们勇敢地走上讲台；经常到课堂听课和听取学生的意见，然后与教师们一起讨论改进教学的办法；鼓励教师勇于创新，努力攀登世界科学高峰，提倡教师写作，努力撰写学术著作，并帮助教师修改讲稿。在吴玉章的关怀下，中国人民大学的教师队伍迅速成长，1962年发展到1 200余人。教师队伍的发展壮大，对于把中国人民大学办成一个独具特点、水平较高的多科性的社会科学大学，起着关键性的作用。

吴玉章对教师的科学研究也很重视。他认为，教师的任务不仅是教书，而且要从事科研工作，这两项工作同等重要。他一再指示，大学教师一定要重视科学研究，一个大学教师只能论述基本原理而不能进行科学研究，不能对新的社会经济现象提出自己的见解，就不是一个很好的教师。吴玉章要求教师努力钻研和力求精通科学知识，提高教育水平。吴玉章指出："……对于教员自己来说，则应当……下定决心来补习自己不足的知识，刻苦钻研科学，丝毫也不要松懈自己在科学的道路上前进的意志。高等学校的教员岗位就是科学岗位，我们的每个教员都必须毫无例外地努力争取成为科学干部。"①因此，广大教师必须认真学习科学文化知识，力求成为德才兼备的教员，实现政治素质和业务修养的统一。在吴玉章的直接领导下，中国人民大学专门成立了研究部，领导和组织学校的科研工作。为了提高学校的学术水平，他倡导每年召开一次科学讨论会。在1950年10月18日召开的科学讨论会上，教师提交了科学论文30多篇②，特别是关于中国革命的基本理论和新中国经济建设方面的理论及实际问题的研究，引起了各方面的关注和重视，极大地促进了广大教师教学水平及研究能力的提高。科学讨论会除本校全体教师参加外，还邀请了全国著名学者、兄弟院校相关的系或教研室的教师和有关业务部门负责人参加。在"文化大革命"开始前，中国人民大学共举行了10次科学讨论会。在举行科学讨论会期间，吴玉章不仅参加大会，还经常参加各系、各教研室分学科举行的讨论会。

吴玉章对教师的要求极为严格，特别重视教育思想、业务水平的培养。他在学校中注意充分调动教师的积极性，要求教师红专结合，学习好马克思列宁主义、毛泽东思想，树立正确的人生观，同时刻苦读书，努力钻研，力求博大精深，不断提高教学质量。他说："我们是人类灵魂的工程师，我们要掌握正确的思想理论，指出正确的方面，要有正确的世界观和人生观，才能做人民的教师。"③在1952年7月1日撰写的《人民教师必须学习马列主义、毛泽东思想》中，吴玉章指出："只有积极学习马克思主义列宁主义，学习毛泽东思想，下决心彻底改造自己，逐渐使自己成

---

① 吴玉章著：《吴玉章教育文集》，四川教育出版社1989年版，第206页。
②③ 黄达主编：《吴玉章与中国人民大学》，山西教育出版社1996年版，第89页、序言第7页。

为马克思主义者，方不愧为一个好的人民教师。"①他常常对教师说："为了教育别人，教师自己首先应该是德才兼备的人"，"不但要有专门业务和教育科学的知识，而且要锻炼自己的思想品质，提高政治觉悟"。②

新中国著名大学校长评传 上卷

XINZHONGGUO ZHUMING DAXUE XIAOZHANG PINGZHUAN

1960年，吴玉章接见先进工作者代表
（图片由中国人民大学档案馆提供）

1961年，吴玉章和新闻系同学们在一起
（图片由中国人民大学档案馆提供）

①② 黄达主编：《吴玉章与中国人民大学》，山西教育出版社1996年版，序言第7、8页。

（五）科学管理，严慈相济

吴玉章认为，学校应有周密的计划，进行科学管理。他要求学校各项工作都制订详细的计划和具体的方案，并强调计划、方案一经确定就要严格地执行，不容许随意更改。他要求每个专业有详细的教学计划，包括每门课程由哪位教师给哪个班级在什么时间和什么地点上课的课程表，也要准确无误地确定下来，以保证教学质量。同时，其他环节也要配合好，以保证教学有条不紊地进行。他还特别强调后勤保障的重要性："一个大学好比一台复杂的机器，任何部件包括一个小螺丝钉都不能出毛病，否则，就会影响机器的正常运转，耽误大事。"[1]吴玉章很注意计划的执行和落实情况，特别是开学前的准备工作是否到位。新学期开始之前，他总是带上有关部门的同志到处巡查，包括教室桌椅板凳是否整洁、黑板墙壁是否干净、灯光亮度是否适当等，都要一一过问，保证按时开学和准时上课。

吴玉章常用乐队来比喻学校，他说如果不依照既定的乐谱，不遵照统一的指挥，其结果必然是各行其是、杂乱无章，自然无法演奏出优美的、协调的乐曲来。因此，学校应该有严格的组织纪律，制定必要的、合理的规章制度，教育师生共同自觉遵守。在中国人民大学第一次学生大会上，他提出学校秩序与制度的建立，是保障学生学习的需要，要求大家自觉遵守规定，按时上课，守时作息，不允许出现任何慵懒、散漫的状态和无组织、无纪律的状况。但他同时主张：教育方法应该是严与宽相结合，原则问题应该严，非原则问题应该宽。一般来说，课堂纪律要严，但也

---

[1]《中国现代教育家传》编委会编：《中国现代教育家传》第一卷，湖南教育出版社1986年版，第165页。

绝不是要把学生管得过死，以免限制学生的独立思想和创造灵感；至于课外活动和休闲娱乐，更应该让学生自由支配，不能强加干涉。吴玉章非常重视学校的校风校纪，他自己是严守纪律的楷模，开会从不迟到。他作风民主，重大问题总是由校务委员会集体讨论决定，而一经议定，就认真贯彻执行。由于纪律严格，且管而不死，加之赏罚分明，学校秩序井然，各项工作得以顺利开展。

吴玉章认为，教师的政治素质和学术修养都比较高，是长者，学生应该尊敬他们，要学习教师的治学方法，认真学习科学文化知识。同时他又认为，学生也有长处，例如，思想比较敏锐，接受新鲜事物比较快，常有许多好见解。因此，教师也应当向学生学习。要学习和发扬解放军那种"官教兵，兵教官，相互学习，取长补短，共同提高"的优良传统和作风。吴玉章十分重视学风建设，他曾经讲，一所学校没有好的学风就培养不出好的学生。吴玉章为中国人民大学的校歌创作了歌词，其中强调了学习马克思列宁主义、毛泽东思想，学习各种科学知识的重要性，并号召"新中国的儿女们，我们忠诚团结，一致奋勇，掌握最进步的科学技术，一定要把新中国建设成功"。在吴玉章的带动和推动下，中国人民大学一开始就继承了老解放区艰苦奋斗、因陋就简、勤俭办学、关心教师、珍惜人才、爱护干部的革命教育传统和作风，形成了团结、紧张、严肃、活泼的优良校风。①

---

① 黄达主编：《吴玉章与中国人民大学》，山西教育出版社1996年版，第73页。

四、贡献与影响

从反对清王朝的专制统治到抵御西方列强的入侵，从参加同盟会到投身于人民解放和社会主义建设事业，在波澜壮阔的一生中，吴玉章历经旧民主主义革命、新民主主义革命和社会主义建设三个历史时期，是近现代中华民族奋斗史的见证者和参与者。他始终战斗在革命第一线，为之奉献了毕生的精力。正如1940年中共中央在吴玉章六十寿辰庆祝会上的祝词所言："你的事业，就是中国革命和人类解放的事业，这个伟大的事业是一定会在全中国和全世界胜利的。"[1]作为中国革命斗争的先驱、中国教育发展的先遣、中国文字改革的先锋、中国历史研究的先导，吴玉章一生都在为有益于中国、有益于人类的事业而奋斗。毛泽东曾称他"一辈子做好事，不做坏事，一贯地有益于广大群众，一贯地有益于青年，一贯地有益于革命"[2]。邓小平在为其塑像题词时评价他是"我国杰出的无产阶级革命家、教育家、历史学家、语言文字学家"。

（一）与时俱进的革命家

吴玉章一直胸怀报国之志，用了近半个世纪的时间去追寻和探索救国之路，从不放弃。自1905年在东京与孙中山相遇，参与筹划组建中国同盟会以来，吴玉章总是站在革命斗争的最前列，不断跟着时代前进。在经历了辛亥革命胜利果实被袁世凯窃取、

---

[1] 吴文诩：《"寻求救国安邦真理"（光辉历程）——吴玉章的革命故事》，《人民日报》2016年6月24日。
[2]《毛泽东文集》第二卷，人民出版社1993年版，第261页。

反对袁世凯走封建帝制道路的二次革命后，吴玉章对资产阶级革命的屡次失败进行了反思与总结。在众多救国道路中，通过对救国方案的比较，他坚定地选择了无产阶级革命道路，从资产阶级革命家转变成无产阶级革命家，坚定地沿着中国共产党领导下的无产阶级革命道路前进。吴玉章在国共合作的大革命运动中大显身手，促使国民党第二次代表大会顺利召开，实行"联俄、联共、扶助农工"三大政策。他参与领导了南昌起义，起义失败后被转移到苏联。由于长期的奔波劳累，吴玉章病倒了。在休养期间，也不忘革命工作，与叶挺一起探讨南昌起义失败的原因，并形成《八一革命》一书。①吴玉章还运用唯物史观考察中国革命实际，给赴苏联学习的党员讲解中国历史和革命课程，并发表了众多具有鲜明观点的历史著作。七七事变后，吴玉章按照中国共产党的指示，在西方国家进行抗日宣传活动。回国后，他一直奋战在抗日宣传的前线，参与群众集会，呼吁全民族起来反抗侵华行动。

（二）兢兢业业的职业教育家

新文化运动爆发后，吴玉章意识到革命必须与社会实际工作相结合的重要性，把教育事业作为革命事业的一部分，开始了改造旧教育、创造新教育的探索。他将毕生精力放在探索有益于人民大众的教育途径，并在不同时期开展办学实践，从而形成了适合中国实际的办学理念。辛亥革命失败后，吴玉章在被迫流亡法国期间与蔡元培等建立了留法勤工俭学会和华法教育会。1912年回国后，吴玉章继续在多个省份建立了留法勤工俭学会分会，帮

---

① 孙春胜：《"一辈子做好事"的革命老战士吴玉章》，《学习时报》2019年4月5日。

助更多留学法国的学生克服困难，使他们学有所成从而更好地报效祖国。[1]通过一次次的实践，吴玉章更加注重学生对经世致用学问的学习，希望学生将西方国家先进思想运用于祖国摆脱半殖民地半封建的束缚。应邀担任成都高等师范学校校长期间，出于对打造一支专业素质过硬的师资队伍重要性的认识，吴玉章总结出严于律己的校风校纪和因时施教的办学理念，并且根据当时所处的特殊历史时期，调整学科内容，更新教学方法，注重培养学生独立思考和自主创新的能力。全面抗日战争时期，吴玉章担任延安大学校长。他根据抗战的要求，注重理论联系实际，领导延安大学为革命的发展培养了大批优秀革命干部。在教学过程中，他要求教员根据学生文化程度和服务对象的不同，采取因材施教的方法，培养学生坚定的革命立场。在解放战争时期，吴玉章担任华北大学校长。他从实际出发，将马克思列宁主义与新民主主义革命实践相结合，努力把学生培养成适合中国革命和建设的新型干部。在新中国成立初期，为了满足对于社会主义建设人才的大量需求，吴玉章创立并担任中国人民大学校长。在此期间，吴玉章更加注重专业人才素质培养、政治理论教育，尤其是在工农干部培养方面，使其专业素质与政治觉悟相结合，更好地适应我国社会主义建设的需要，培养了一批又一批各类优秀人才。[2]他培养的学生，很多人成为革命和建设的人才，其中不少堪称国家的栋梁之材。例如，周恩来、邓小平、陈毅、聂荣臻、李富春、蔡和森、赵世炎、王若飞、陈延年、蔡畅等都得到过他的指导，后来都成长为无产阶级革命家，成长为我党我军的领导骨干。他在晚

① 康井泉：《吴玉章的革命风范》，《学习时报》2016年5月16日。
② 吴绍芬：《吴玉章：新中国高等教育奠基人》，《中国教师报》2018年11月7日。

吴玉章

WU YUZHANG

年培养的学生，仅在他主持中国人民大学的16年中，有各类毕业生7万多名——他们都战斗在各条战线上，大多数成长为各级领导骨干——可谓硕果累累、桃李芬芳。

（三）老老实实的历史学家

吴玉章在史学方面有很深的造诣，对史学的关注和热爱一直未消减。他是党内最早运用唯物史观从事历史研究的学者之一。1928年，吴玉章在苏联莫斯科中山大学中国问题研究室学习，撰写了《八一革命》，并与林伯渠合写了《太平革命以前中国经济、社会、政治的分析》。吴玉章在苏联东方大学任教期间，主要担任中国历史的教学工作，决心用历史唯物主义观点来研究中国历史上的许多重大问题。为了把中国历史这门课教好，吴玉章阅读了大量史书，运用马克思主义原理，本着"事实确实，立论公平"的原则，编成《中国历史教程》《中国历史大纲》并作为讲义和教材。在中国近现代史学史上，《中国历史教程》属于唯物史观学派拓荒性的著作之一。吴玉章还以自己的革命经验为基础，以马克思主义思想为指导，完成了《辛亥革命》《回忆辛亥革命》《历史文集》等历史论著，这些论著在史学界产生了广泛的影响。吴玉章以历史发展共同性和特殊性的辩证统一作为自己治史的原则思想。他认为，历史发展的规律，有其共同性，也有特殊性，因此，说到一般的共同性外，一定要把握它的特殊性。他说："我们虽然是用马克思唯物史观的方法来研究历史，但却不可拿抽象的社会学的公式去代替具体的历史叙述。"[1]吴玉章还对《中国通史简

---

① 黄达主编：《吴玉章与中国人民大学》，山西教育出版社1996年版，第212页。

编》的编撰工作给予指导，在指导思想、史料选用、编辑体例上都提出了建设性的意见。新中国成立后吴玉章被推举为中国史学会副主席，参与筹划和领导了史学界许多重要活动，为发展中国历史科学做出了重大贡献。他说："历史既然是一门科学，而科学都是老老实实的学问，因此，研究历史就必须采取老老实实的态度。"①

（四）一心为民的简简单单的文字改革家

吴玉章自20世纪20年代至60年代一直致力于从汉语拼音、汉字简化、普通话推广三个方面推行中国文字改革。1928年赴莫斯科中山大学学习时，吴玉章与瞿秋白、林伯渠等制订了汉语拉丁化字母方案。他1933年把这个方案介绍到中国，并且在全国范围内开展了新文字运动。抗日战争和解放战争时期，吴玉章通过办培训班，在解放区的农民和子弟兵中开展拉丁化新文字推广活动，鼓励群众使用新文字写信、记笔记，目的在于扫除文盲。新中国成立前夕，吴玉章给毛泽东写信，提出为了有效地扫除文盲，需要迅速进行文字改革，得到了毛泽东的批复。②新中国成立后，他先后担任中国文字改革研究委员会的副主任、主任，积极推行文字改革，并且取得了丰硕的成果。1956年国务院通过并公布《汉字简化方案》，1958年《汉语拼音方案》问世，1964年《简化字总表》编印发行，大大促进了普通话和简化字在全国范围内推广使用。吴玉章除了在理论层面进行文字改革的总结，还身体力行地在实践方面进行调研与推行运动。从20世纪50年代后期到60年

---

① 黄达主编：《吴玉章与中国人民大学》，山西教育出版社1996年版，第212页。
② 孙春胜：《"一辈子做好事"的革命老战士吴玉章》，《学习时报》2019年4月5日。

代初期，80岁高龄的吴玉章视察了10多个省和直辖市，深入农村与工厂，与田间地头正在平整土地的农民、与车间的工人进行交流，收集汉语拼音以及普通话的使用情况，致力于语言文字的改革与使用，大大促进了现代语言文字的发展。

吴玉章从真诚的爱国主义者，发展成坚定的革命民主主义者，进而转变成忠诚的共产主义者，这是我国许多杰出的老一辈无产阶级革命家都走过的道路。1960年5月，年逾八旬的吴玉章写下一首自励诗："春蚕到死丝方尽，人至期颐亦不休。一息尚存须努力，留作青年好范畴。"①吴玉章是这么说的，也是这么做的。他把自己的一生，献给了革命，献给了教育，真正做到了"一辈子做好事"。他始终保持对社会和人民的高度使命感，满怀赤诚之心，坚定报国之志，具有革命的坚定性、工作的一贯性、教育的先进性。他勇于追求真理，孜孜不倦，坚韧不拔，引领时代潮流，推动社会进步。他作风民主，谦逊谨慎，勤俭朴素，勤于思索而又慎于言行，始终保持着艰苦奋斗的作风。他的革命经历发人深省、执着精神感人肺腑、人格魅力催人奋进，他的信仰、道德、文章、业绩令人敬仰，是非凡卓越、超群流芳的人物，是激励后世的光辉榜样和文明楷模。

---

① 康井泉：《吴玉章的革命风范》，《学习时报》2016年5月16日。

位于中国人民大学的吴玉章塑像
（图片由刘梦演提供）

主要参考文献

1. 徐仲林等编写：《中国教育家传略》，云南人民出版社1983年版。

2.《中国现代教育家传》编委会编：《中国现代教育家传》第一卷，湖南教育出版社1986年版。

3. 陈景磐主编：《中国近现代教育家传》，北京师范大学出版社1987年版。

4. 吕渭源、李子健主编：《中外教育百家》，群众出版社1989年版。

5. 沈灌群、毛礼锐主编：《中国教育家评传》第三卷，上海教育出版社1989年版。

6. 黄达主编：《吴玉章与中国人民大学》，山西教育出版社1996年版。

7. 杨旭民：《吴玉章：一辈子做好事》，《报刊荟萃》2007年第5期。

8. 何立波：《"一辈子做好事"的吴玉章》，《党史博览》2010年第8期。

9. 杨尚昆：《一辈子做好事　一贯的有益于革命——缅怀吴玉章同志》，《人民日报》1984年4月4日。

10. 康井泉：《吴玉章的革命风范》，《学习时报》2016年5月16日。

实事求是

中国人民大学校训

撰稿人：李中伟，管理学博士，湖北大学党委教师工作部副部长、人事处副处长，主要从事教育管理和高等教育研究。

刘伯承

中国人民解放军军事学院
院长（1950—1958）

（图片由刘伯承同志纪念馆提供）

刘伯承（1892—1986），四川开县（今重庆市开州区）人，中国人民解放军的缔造者和中华人民共和国的开国元勋之一，中国共产党老一辈无产阶级革命家、军事家、马克思主义军事理论家、军事教育家。中国人民解放军军事学院首任院长，为新中国军事教育体系的建立做出了卓越贡献。

一、丰富的革命人生

刘伯承，原名明昭，乳名孝生，曾用名刘伯坚。刘伯承长达半个世纪的辉煌而富有传奇色彩的戎马生涯主要分以下五个阶段。

（一）民国早期：川中名将

刘伯承于1892年12月4日出生在一个普通农民家庭。5岁读私塾。13岁考入开县高等小学堂，开始接受新式教育。15岁时因父亲病故、家庭经济困难，被迫辍学回乡务农。他少年饱尝生活艰辛，立志"拯民于水火"。1911年，当辛亥革命的风暴席卷中国大地之际，刘伯承怀着富国强兵的梦想，毅然参加响应辛亥革命的学生军，投入了孙中山领导的民主革命之中。1912年2月，刘伯承考入重庆蜀军政府开办的将校学堂受训，因成绩优异被选入速成班。1912年底毕业后被分派到川军第五师熊克武部，先后任司务长、排长、连长。1913年参加四川省讨袁（世凯）战斗失败。1914年刘伯承在上海加入孙中山领导的中华革命党，继续进行反袁斗争。1915年底奉命返回四川，拉起400余人的队伍，组成川东护国军第四支队。1916年3月在丰都攻城战斗中右眼中弹致残。1917年参加护法战争，任川军第五师第九旅参谋长、四川督军署警卫团团长。刘伯承善谋善断，骁勇善战，治军有方，被誉为"川中名将"。

1923年秋，刘伯承在成都疗伤期间结识了杨闇公、吴玉章两位川籍共产主义者。在他们的影响和引导下，刘伯承开始接受马克思主义，思想逐步向共产主义转变。1924年10月，他随吴玉章到上海、北京、广州等地考察国民革命形势和中国社会现状。1926年5月，通过杨闇公和吴玉章的介绍，刘伯承加入中国共产党。至此，他完成了由民主主义者向共产主义者的转变。1926年12月，刘伯承任中共重庆地方委员会军事委员会委员，奉命与杨闇公、朱德等发动泸（州）顺（庆）起义，任国民革命军四川各路总指挥。在历时167天的起义战斗中，他调兵遣将，抗击四川反动军阀部队，有力地策应了北伐战争，实现了中共中央抑制四川军阀部队东进、威胁武汉的战略目的。1927年4月，刘伯承被武汉国民政府任命为国民革命军暂编第十五军军长，这是中共党员在国民革命军中被任命的第一个军长职务。

（二）土地革命时期：无产阶级的"孙武"

1927年7月下旬，刘伯承秘密转赴南昌。8月，与周恩来、贺龙、叶挺、朱德等领导了震惊中外的南昌起义，任中共前敌委员会参谋团参谋长，成为中国人民解放军的创建者之一。1927年底，刘伯承奉中共中央派遣，赴苏联学习军事，先入莫斯科高级步兵学校，后转入伏龙芝军事学院学习。在此期间，他参加了中国共产党第六次全国代表大会并做军事问题补充报告。1930年夏，刘伯承学成回国，先后到上海任中共中央军事委员会参谋长，到武汉任中共中央长江局军委书记兼参谋长，又回上海任中共中央军委委员，协助中央军委书记周恩来处理军委日常工作。1932年1月，他进入中央苏区，任中央军事政治学校校长兼政治委员。10月，任中国工农红军总参谋长，协助朱德、周恩来保卫中央革命根据地，取得了第四次反"围剿"的胜利。

在红军干部队伍中，刘伯承被看作无产阶级的"孙武"。毛泽东、朱德十分器重他的军事才干。他根据毛泽东"我们要把红校办成'红埔'……把红校办成培养干部的基地"的指示，全力以赴办好红校。[①]他组织教员编写教材并亲自修改审定，带领学员实际观察地形地貌，参照地图讲授地形学。他强调学以致用，要求学完一段课程就进行沙盘作业和实地演习。他循循善诱地指导学员，设法帮助学员纵横贯穿知识。他还举办半个月至一个月的短期军事训练班，并负责讲授暴动方略、游击战、运动战等课程，撰写了《现在游击队要解答的问题》《到敌人后方开展游击战争的几个教训》等，翻译了《苏军步兵战斗条令》等著作和理论文章，提高了红军干部的军事素质。

1934年，在第五次反"围剿"中，刘伯承因反对共产国际派来的军事顾问李德的教条主义和专横作风，被降任第五军团参谋长。年底，复任红军总参谋长兼中央纵队司令员，指挥先遣部队强渡乌江天险，智取遵义，甩开敌军主力。在1935年1月的遵义会议上，他坚决拥护以毛泽东为代表的政治路线和军事路线，在关系中国革命前途命运的重大历史转折关头做出了重要贡献。会后，他协助毛泽东、周恩来、朱德等指挥了红军四渡赤水、智取遵义等战役，并亲自率领干部团抢占皎平渡口，保证了部队安全

---

① 姚有志主编：《红色将帅·十大元帅·刘伯承元帅》，民主与建设出版社2017年版，第55页。

顺利渡过天险金沙江，摆脱了国民党军的围追堵截，赢得了战略转移的主动权。5月，兼任红军先遣队司令，同政治委员聂荣臻率部进入大凉山，与彝族首领小叶丹结拜为异姓兄弟，使红军部队顺利通过彝民居住区域。接着，指挥所部在安顺场强渡大渡河，打开党中央和红军主力北上的通道。6月，红一、四方面军会合后，刘伯承坚决执行中共中央关于北上抗日的方针，在逆境中同朱德一道与张国焘分裂党的活动进行了坚决斗争。1936年2月，被免去总参谋长职务，调任红四方面军红军大学校长。10月，红军三大主力会师后，他又担任前敌总指挥部参谋长、红军总参谋长、援西军司令员等职。

（三）全面抗战时期：出奇制胜的常胜将军

1937年，抗日战争全面爆发。国共两党实现了第二次合作，中国工农红军改编为国民革命军第八路军（简称"八路军"）。刘伯承任八路军第一二九师师长，和政治委员邓小平一起，率部奋战在太行山区，执行侧面袭击日军后方的任务。刘伯承成功地组织所部进行了奇袭阳明堡、巧胜七亘村、设伏长生口、伏击神头岭、强攻响堂铺等著名战斗，沉重打击了日军的嚣张气焰，粉碎了日军晋东南"九路围攻"和南十一路"扫荡"。在太行地区北至沧石路、正太路，南至黄河、陇海路的广大地区，以一二九师为骨干，领导创建了太行、太岳、冀南抗日根据地，连同冀鲁豫根据地，建成晋冀鲁豫抗日根据地。从1940年8月起，刘、邓指挥所部46个团参加了百团大战的正太榆辽战役等一系列战役，沉重地打击了日伪军。1941年后，晋冀鲁豫解放区进入了严重困难时期，他坚决执行中共中央、中央军委的战略方针，积极组织正规军、游击队和民兵相结合的游击集团，对敌展开英勇顽强的斗争，粉碎了日伪军的频繁"蚕食"和残酷"扫荡"。与此同时，他与邓小平领导根据地军民开展精兵简政和大生产运动，减轻了人民负担，使根据地胜利地渡过难关。1945年8月，抗日战争胜利之时，刘伯承和邓小平等人领导的晋冀鲁豫根据地已成为拥有2 400万人口、30万军队的大解放区。同时，中共中央晋冀鲁豫中央局和晋冀鲁豫军区成立，刘伯承任中央局常委和军区司令员，邓小平任中央局书记和军区政治委员。

（四）解放战争时期：令敌人闻风丧胆的"刘邓大军"

抗日战争胜利后，国民党蒋介石一边做出同中共进行和平谈判的样子，一边调动军队妄图消灭刘伯承和邓小平领导的晋冀鲁豫军区，以打通国民党军队向华北、东北解放区进攻的通道。1945年9—11月，刘伯承和邓小平率部成功组织了上党战役和邯郸战役。这两次战役的胜利既巩固了晋冀鲁豫解放区，又打乱了蒋介石的内战部署，有力地配合了重庆谈判，为实现党中央"向北发展，向南防御"的战略意图做出了重要贡献。

1946年6月，蒋介石撕毁与共产党签订的停战协定，公然发动全面内战。刘伯承兼任晋冀鲁豫野战军司令员，与邓小平指挥所部以大踏步进退的运动战，于1946年8月至1947年5月先后夺取了陇海战役、定陶战役、巨野战役、鄄城战役、滑县战役、巨（野）金（乡）鱼（台）战役、豫皖边战役、豫北战役等一系列战役的胜利，歼灭了国民党军队的有生力量数十万人，解放大片地区，挫败了国民党军的战略进攻，有力地配合了其他战场的作战，为人民解放军战略进攻打下了基础。1947年6月30日，根据中共中央和毛泽东主席关于"大举出击，经略中原"的战略决策，刘伯承和邓小平率晋冀鲁豫野战军主力 10 万余人，强渡黄河，发起鲁西南战役，打开了人民解放军战略进攻的南大门，揭开了人民解放军战略进攻的序幕。8 月，刘邓大军分三路挥师南下，千里跃进大别山，直逼南京、武汉，直捣国民党统治腹地。进入大别山地区的刘邓大军浴血奋战，迅速扩大了中原解放区，调动和牵制了国民党军队，为配合全国各战场转入战略进攻打下了基础。毛泽东把以刘邓大军挺进大别山为起点的战略进攻称作中国革命"历史的转折点"。

　　1948 年 5 月，中共中央成立中原局和中原军区，刘伯承任中原局常委和中原军区司令员。11 月，根据中共中央和中央军委的决定，刘伯承与邓小平、陈毅、粟裕、谭震林组成总前委，统一指挥中原、华东两大野战军进行淮海战役，同徐蚌地区的国民党军主力进行战略决战。刘伯承采取"夹其额、揪其尾、断其腰，置之于死地而后已"的打法，整个淮海战役取得了巨大胜利，歼敌 55 万余人，实现了中共中央提出的预定目标，奠定了全国解放战争胜利的基础。1949 年 4 月，遵照毛泽东主席、朱德总司令向全国进军的命令，在总前委的统一领导下，刘伯承参与指挥渡江战役。解放军突破国民党军队苦心经营的长江防线，渡过长江，解放了南京、上海等市及皖、浙、赣、闽等省广大地区。南京解放后，刘伯承兼任中共南京市委书记兼市长、南京市军事管制委员会主任。7 月，刘伯承被中共中央任命为西南局第二书记，与第一书记邓小平、第三书记贺龙等 24 人组成中共中央西南局，领导解放和建设西南地区的全面工作。11 月，刘伯承与邓小平率部进军大西南。他出色地执行了毛泽东主席提出的"远距离、大迂回、大包围"作战方针，指挥所部在近半年时间内共歼敌约90万人，在较短时间内解放了四川、云南、贵州三省和西康省①的大部，彻底粉碎了国民党割据西南、伺机反攻的企图。与此同时，他还领导了剿匪作战和进军西藏的准备工作。12月，刘伯承任西南军政委员会主席、中共中央西南局第二书记，针对西南地区情况极为复杂、建设任务极为艰巨的特点，采取积极慎重的策略，团结和教育民主党派，号召部队积极做好民族团结工作，为解放西南地区、巩固西南边疆做出了重要贡献。

（五）新中国：元帅教育家

1949年9月，刘伯承出席第一届中国人民政治协商会议，并当选为中央人民政府委员和中国人民革命军事委员会委员。10月1日，参加中华人民共和国开国大典。新中国成立之后，毛泽东主席提出"建设正规化、现代化的国防部队"的任务。1950年10月23日，中央电令刘伯承赴京主持筹建陆军大学。11月，刘伯承提出《关于创办军事学院的意见书》，建议将陆军大学改名为军事学院，并提出军事学院的训练方针和培养目标。中央军委采纳刘伯承的建议，在南京组建中国人民解放军军事学院，并任命他为院长兼政治委员。刘伯承在教育训练军事人才方面做出的贡献，对新中国国防和军队建设产生了深远的影响。

从1954年起，刘伯承先后任中央人民政府人民革命军事委员会副主席、国防委员会副主席、军委训练总监部部长。1955年9月，被授予中华人民共和国元帅军衔和一级八一勋章、一级独立

---

① 西康省1939年设立，1955年撤销，所辖地主要为现在的川西及西藏东部。

自由勋章、一级解放勋章。1956年9月，出席了中国共产党第八次全国代表大会与八届一中全会，当选为中央委员和中央政治局委员。1957年9月，调任高等军事学院院长兼政治委员。1958年在"反教条主义运动"中，军事学院乃至全军的军事训练遭到严重的挫折，刘伯承也受到了不公正的对待。1959年4月，刘伯承出席第二届全国人大第一次会议，当选为全国人大常委会副委员长，并被任命为国防委员会副主席。1962年参与指挥中印边境自卫反击战。1964年12月，出席第三届全国人大第一次会议，当选为全国人大常委会副委员长，被任命为国防委员会副主席。1966年起任中共中央军委副主席。1969年4月，刘伯承出席中国共产党第九次全国代表大会与九届一中全会，当选为中央委员和中央政治局委员。1977年8月，刘伯承在中国共产党第十一次全国代表大会和十一届一中全会上当选为中央委员、中央政治局委员。1978年3月，在第五届全国人大第一次会议上当选为全国人大常委会副委员长。1980年8月，第五届全国人大第三次会议批准了刘伯承提请辞去全国人大常委会副委员长职务的请求。1982年，刘伯承由于年龄和健康原因辞去党、政、军领导职务。同年8月，中国共产党十一届七中全会在通过的《给刘伯承同志的致敬信》中赞扬了刘伯承半个多世纪的革命活动，高度评价他"不愧是身经百战的元帅，马克思主义的军事理论家，坚强的无产阶级革命家"。

二、中国人民解放军军事学院的创院院长

作为一位伟大的无产阶级革命家、军事家，刘伯承的军事智慧和战略眼光不仅表现在战场上，而且表现在对人民军队现代化、

正规化的建设上。无论革命战争年代还是和平建设时期，他都热心于兴教办学和国防科技，提倡尊师重道，关心爱护军事人才，为我军现代化、正规化建设做出了重大贡献。

为适应现代战争的需要，同时也为了满足抗美援朝前线的急需，1950年7月，中共中央和中央军委研究决定新建和改建一批正规军事院校，并把成立一所训练高级干部的综合性陆军大学列为首位。新建和改建适应现代战争需要的正规军事院校，除各军兵种要新建专业学校外，全军首先要创立一所教育、训练中高级干部的陆军大学。刘伯承得此消息后，主动请缨，给党中央写信，提出："我愿意辞去在西南担任的一切行政长官的职务，去办一所军事学校。战争已经结束了，我年龄这么大了，还是让我去办学校吧！"①他一心为军队现代化、正规化建设事业鞠躬尽瘁的高贵品质得到了党中央的高度肯定，而其深厚的军事素养和丰富的办学经验、教学经验，使他成为创办陆军大学的不二人选，于是党中央批准了刘伯承的请求。10月23日，毛泽东主席电令刘伯承进京主持陆军大学的筹备工作。为了办好陆军大学，毛泽东主席聘请了一批苏联顾问帮助工作。周恩来总理、朱德总司令、聂荣臻代理总参谋长和罗荣桓总政治部主任都亲自参与规划和指导筹建工作。

1950年10月底，刘伯承离开重庆奔赴北京筹建陆军大学。经过勘察校址、研究论证，他和筹委会的同志仅用48天时间就完成了各项筹备工作，于11月中旬就拟定并上报《关于创办军事学院的意见书》，提出：第一，关于校名，为使接收学员具有广泛的全

---

① 贺煜：《刘伯承与军事学院的不解之缘》，《学习时报》2018年7月4日。

面性，由"陆军大学"改为"中国人民解放军军事学院"。第二，关于校址，陆军大学曾拟设在东北、北京等地，经实地勘察和科学论证，考虑到新中国成立之初的国情，又加上抗美援朝战争爆发，南京原华东军政大学所在地被最后选定。此处可以利用现成的原国民党政府国防部和中央军事政治学校房舍，面积宽阔，环境安静，具备办学和生活条件。第三，关于学制，既考虑到人民解放军正规化、现代化建设的长远需要，又考虑到抗美援朝前线急需人才的需要，所以既设完成系（训练期限为三年），又设速成系（训练期限为一年），暂时以速成系为主，决定先开办高级速成科、上级速成科、基本科、情报科（后均改为系）四个学员培训单位。第四，关于培养对象，接收军、师、团、营级干部入学深造，以团以上干部为主。第五，关于训练方针与培养目标，要求在人民解放军现有素质及军事思想基础上，熟习与指挥现代化各技术兵种，并组织其协同动作。同时，熟习参谋业务与通信联络，以准备与美帝为首的侵略集团作战。要求指挥人员必须是在中国共产党的领导下，完全忠实于中华人民共和国和中国人民事业，具有高度的爱国主义、国际主义的新英雄主义的精神，认识美帝为首的侵略阴谋，保卫祖国，保卫东亚，保卫世界和平。刘伯承特别强调，军事学院的目标是培养有德有才的干部，并且是在德的基础上培养才。

1950年11月16日，毛泽东主席批准了《关于创办军事学院的意见书》，并亲笔题词"努力学习，保卫国防"。11月30日，中央军委正式任命刘伯承为军事学院院长兼政治委员。半个月后，刘伯承颁布了军事学院的训练工作大纲，规定学院的目标是训练和培养高级指挥员及参谋干部。随后，他又颁布了政治工作大纲。

12月31日，刘伯承向全校教职人员做了《学习任务与学习任务的保障》动员报告，指出军事学院的筹建是有重大意义的。

刘伯承在速成系第一期毕业典礼上致辞
（图片由刘伯承同志纪念馆提供）

1951年1月8日，军事学院的高级系、基本系、函授系、情报系如期开学。1月15日，军事学院成立典礼在南京举行，陈毅代表中央军委授旗。在军事学院成立大会上，刘伯承说："我以十分的敬意与荣幸来宣布我们中国人民解放军军事学院的成立，公元1951年1月15日这个日子，从此即成为我们军事学院创办的纪念日。"①至此，新中国最高军事学府宣告诞生，标志着人民解放军开启了正规化、现代化建设的新征程。毛泽东主席称这"标志着中国人民解放军史上伟大转变之一"。

1952年7月，军事学院高级速成系和上级速成系第一期学员举行毕业典礼，毛泽东主席为军事学院致训词，指定军事学院院长兼政治委员刘伯承代表军委宣读。全文如下②：

军事学院刘院长、全院指挥员、政治工作人员、后勤工作人员、教员并高级速成系、上级速成系第一期毕业的全体学员同志们：

标志着中国人民建军史上伟大转变之一的中国人民解放军军事学院，其高级速成系及上级速成系的第一期已学习期满，举行结业了，特致以兴奋的祝贺。

军事学院的创办及其一年多以来的教育，对于建设正规化、现代化的国防部队，是有重要贡献的；这是刘院长的努力、全体苏联顾问同志的努力，以及全体指挥员、政治工作人员、后勤工作人员、教员和学员共同一致努力的结果。特致以感谢和慰问之意。

中国人民的建军历史，已经走过了廿五年的长期路程，其革命经验之丰富，在国际上除苏联以外，无与伦比。但在中国人民尚未获得全国胜利之前，由于客观物质条件的限制，其军事建设又尚处于比较低级的阶段，也就是处于装备的简单低劣，编制、制度的非正规性，缺乏严格的军事纪律和作战指挥的不集中、不统一及带游击性等等，这些在过去是必然的，不可避免的，因而

---

① 张文友、袁馥蓉：《刘伯承与军事学院》，《中国档案报》2014年1月16日。
② 中共中央文献研究室编：《建国以来重要文献选编》第三册，中央文献出版社2011年版，第249—251页。

也是正确的。可是，自从中国人民获得了全国范围的胜利之后，这种客观情况已经起了基本上的变化，我们现在已经进到了建军的高级阶段，也就是进到掌握现代技术的阶段。客观条件已完全具备了这种可能，只需加上不疲倦的主观努力，就一定可以实现。与现代化装备相适应的，就是要求部队建设的正规化，就是要求实行统一的指挥、统一的制度、统一的编制、统一的纪律、统一的训练，就是要求实现诸兵种密切的协同动作。为此，就需要克服在过去时期曾经是正确的，而现在则是不正确的那种不集中、不统一、纪律不严、简单现象和游击习气等等，而必须加强整个工作上、指挥上，而首先又应该是从教育训练上来培养的那种组织性、计划性、准确性和纪律性。这是建设正规化、现代化的国防部队所不可缺少的重要的条件之一。

同时，为了组织这种复杂的、高度机械化的、近代的战役和战斗，没有健全的、具有头脑作用的、富于科学的组织和分工的司令机关不行。过去那种不健全的、效力不高的，甚至是极不胜任的司令机关，今后就必须大大的加强起来；过去那种只重视政治工作（重视政治工作是对的，今后也还必须重视），而忽视参谋工作的现象，必须加以坚决的改变；过去把一些比较弱的、缺乏组织能力的，甚至是犯了一些错误而积极性不高的人来做司令机关的工作，因而也或多或少地影响到对司令机关的缺乏威信，影响到若干指挥人员不愿意当参谋长、不愿意当参谋，这种现象必须加以根本上的改正。今后必须挑选优秀的、富于组织和指挥才能的指挥员到各级司令机关来，以创造司令机关新的作风和新的气象。这同样是建设正规化、现代化的国防部队所不可缺少的重要的条件之一。

军事学院全体的指挥员、政治工作人员、后勤工作人员、教员、第一期毕业的学员和正在学习的学员同志们：军委希望你们在建设正规化、现代化的国防部队的光荣事业上，继续努力；并希望通过你们的努力，把建设正规化、现代化的国防部队的精神，贯彻到所有部队中去。

一九五二年七月十日

三、办学的思想主张与主要措施

刘伯承不仅是著名的军事理论家，而且是著名的军事教育家，是我国军事院校建设的主要奠基人之一。他的军事院校建设理论和实践，是他军事思想和革命实践活动的重要组成部分。[1]他在主持军事学院工作的过程中，坚持理论和实践相结合，注意吸收和借鉴外国先进经验，注重精通业务的高水平师资队伍建设，为建立我国各军兵种高级指挥院校，形成完整的军队院校体系，推进军队现代化、正规化建设做出了巨大的努力。

（一）"治军必先治校"——高度重视军事院校建设

刘伯承在半个多世纪的戎马生涯中，十分重视军事教育训练工作，以提高官兵的军政素质、文化水平和战斗能力。他始终把"治军"与"治校"紧密结合起来，强调"治军必先治校"。他既是伟大的军事指挥家，又是伟大的军事教育家。早在1926年，刘伯承就领导了四川的顺（庆）泸（州）起义。1927年1月，为了

---

[1] 陈斐琴、杨远富：《略论刘伯承军校建设的理论和实践》，《军事历史研究》1991年第1期。

提高部队的军政素质，他在起义军队伍中创办了"泸纳军团联合军事政治学校"，并任校长，对各部队中、下级军官和青年骨干进行军政训练。1932年1月，刘伯承受党中央和中央军委的委派，来到江西中央革命根据地。在中央苏区瑞金，毛泽东和朱德就把进一步办好中国工农红军学校的任务交给了刘伯承，让他担任校长兼政治委员。1933年11月17日，按照中央军委的指示，在中国工农红军学校的基础上组建了中国工农红军大学。刘伯承曾担任代理校长兼政治委员。他结合红军的实际和外军院校的经验，在红军大学里建立了"上级指挥系、上级政治系、上级参谋系"三个系，为红军输送了大批宝贵的军政人才。

1935年11月，在长征途中为保存和培训大批军、政干部，提高军事政治水平，以适应抗日战争的需要，在草地松岗（今四川省金川县以北）四方面军总部所在地重组了中国工农红军大学。当时，担任红军总参谋长的刘伯承兼任中国工农红军大学校长。他坚持把马克思列宁主义原理，特别是军事方面的理论与当时的斗争实际相结合，培养干部队伍的政治觉悟、作战本领、管理能力和不怕牺牲的精神。他在为《红炉》校刊题词中写道："我们学校就是一个红炉。我们学习军事、政治、文化，以及向一切恶劣的自然环境做斗争，克服一切困难，就要在这个'红炉'中来锻炼。坚强的革命意志就是在通红的炉火中锻炼出来的。"[①]中国工农红军大学在极其艰苦的环境中克服重重困难，在不到一年的时间里为红军培训了班、排、连、营、团、师、军干部三千多人次。它不仅为执行毛泽东北上抗日的正确路线起到了重要的保证

---

① 《刘伯承回忆录》第三集，上海文艺出版社1987年版，第286页。

作用，而且还为后来的中国人民抗日军事政治大学奠定了基础，在我党、我军历史上写下了光辉的一页。

在抗日战争和解放战争极端严峻的岁月里，刘伯承一面运筹帷幄指挥打仗，一面倡导并组织诸如随营学校、轮训队、参训队和医务、后勤等各种训练班，并关心创办二野女子大学等，为部队培养和提高干部。1948年8—9月，中原军区部队在进行整军和整训工作中，为了吸收大批青年学生，培养干部，刘伯承和邓小平决定筹办中原军政大学，刘伯承任校长兼政治委员。他在《关于目前形势与军大任务》的报告中阐明了办学的三条方针。第一，办学要严格，才能把青年学生从政治思想、品德作风和军事素质各方面培养成真正的革命军人，才能建设正规化军队。第二，军政教育要以政治教育为主，提高青年学生的政治觉悟，使之要有为革命事业艰苦奋斗、英勇牺牲的思想准备。第三，教育青年学生安心学习，刻苦锻炼。南京解放后，中原军政大学改为第二野战军军政大学，刘伯承兼任校长和政治委员。1950年1月，该校又改名为西南军区军政大学。这时，担任西南军政委员会主席的刘伯承仍兼校长和政治委员。这说明刘伯承十分重视军队干部的军事院校培训，一直坚守"治军必先治校"的重要原则。

1950年10月27日，刘伯承膺命从西南来到北京，一心扑在中国人民解放军军事学院的规划筹建上。自此，他主持军事学院的工作直到1958年，长达8年之久，为中国人民解放军的现代化、正规化建设做出了开拓性的贡献。

（二）"治校一定要严"——确保军事院校政治方向

刘伯承把军队的现代化、正规化建设与正规化军队生活秩序建设有机结合起来。他在军事学院提出"建立正规制度"和"学习新兵种学术"两项中心工作。他认为:"建立正规制度"就是学"礼",学习一个革命军人应该遵守的礼仪、礼节和礼貌;"学习新兵种学术"即是学"法",学习各兵种的新技术、战术知识,及其协同作战的法规法则。刘伯承始终坚持管理从严,始终把作风纪律建设、生活秩序建设作为学院正规化建设的重要抓手。军事学院成立后,针对一些学员身上的不良习性和自满情绪,以及由此而出现的种种自由散漫、无组织无纪律的现象,刘伯承着手从管理上彻底根除学员。刘伯承治校有"三严"。

一是政治思想上严,把办校政治方向放在首位。他特别强调:"学院应培养出有德有才的,有文化知识、政治修养、军事学术的,有思考能力、组织能力适于保卫社会主义祖国的指挥军官和政治军官。"[1] 为此,他要求全院干部都要加强政治学习。他强调说:"不管是军事、政治、行政、技术等任何一个干部,都应强调政治学习,即学习马列主义毛泽东思想,掌握其思想的立场、观点、方法,确立为人民工作与学习的态度。"[2] 他对教员要求"教书必须教人,教书要同教人相结合",对学员要求加强"党性教育,统一集中教育,时事政策教育",对高级干部学员的"组织领导与思想领导"一时一刻不能放松。他认为,一个学员光有良好的学习成绩,没有全心全意为人民服务的思想,或者缺乏革命战士最起码的品德,那是万万不行的。他坚持的职责就是做好两件事:一件是贯彻中央决议和毛泽东给学院制定的办院方针,抓好全院人员的政治思想工作;另一件是抓好教学工作,圆满完成训

---

①② 军事科学院《刘伯承军事文选》编辑组编:《刘伯承军事文选》,军事科学出版社2012年版,第678、656页。

练计划。

二是教学训练上严，认真抓好专业技术教学。军事学院开学不久，他就根据党中央、毛泽东指示精神提出"共同学习政治，各自钻研业务"和"勉为政治家兼业务专家"的口号。"共同学习政治"，就是人人都要学习马克思列宁主义毛泽东思想，以解决方向问题，即"红"的问题；"各自钻研业务"，就是要求干部战士都要熟悉本职工作，掌握本岗位的业务技术，也就是解决"专"的问题。他要求全院干部要懂业务，要又红又专，教授会主任、副主任都要能讲课，不能当不懂业务的甩手干部。业务干部要钻研业务，精通一门技术，向"专门家"方向发展。只有这样，才能在政治思想上严格要求的同时，教学上也严格要求。他要求干部、教员和学员都要重视教学质量，真正做到又红又专，"勉为政治家兼业务专家"。

三是行政管理上严，作风纪律建设过硬。为了适应部队正规化、现代化建设的需要，在领导军事学院的工作期间，刘伯承把作风纪律建设和生活秩序正规化建设提到现代化军队协同和未来作战协同的高度来抓，把它作为校风建设的重要环节。他指出，最要紧的就是有计划性、组织性、准确性与纪律性，一定要从各方面正规生活中去练习。各种条令，以及作息制度与各种礼节制度在军事学院都要严格执行。他在全院进行作风纪律大整顿，要求大家对照《内务条令》《队列条令》《纪律条令》三个条令，从思想上、行动上查问题、找根源，制定整改措施。他把这种做法叫作"结旧账开新支，割下麦子种晚稻"。在此基础上领导建立完善了军事学院的队列生活、行政工作和训练工作制度，促进了军事院校的正规化建设。全院的学习、工作、生活井然有序，保证了教学及其他任务的胜利完成。

（三）"尊师重道，教学相长"——重视高水平师资强校

刘伯承坚持把建设高水平教员队伍作为军事人才培养的重要支撑。他在军事学院建院之初就指出："建设现代化正规化国防军，军事学院师资干部的培养是极为重要和迫切需要解决的问题。"[①]他认为，办好军事学院需要一支精通业务的高水平教员队伍，就像办剧团要有名角、开饭馆要有名厨、开医院要有名医一样。在教员队伍建设上，他以伯乐之心四处求贤，广纳各方面的人才到军事学院任教。他注重德才兼备、选贤用能，提出了教员选拔的三条标准：一是有扎实的学术基础，一般经过专门学校的培养；二是有深入学习军事科学的兴趣；三是有为革命军队服务的决心。军事学院成立之初，教员队伍的组成主要有：原华北、华东和西南军政大学调来有一定文化水平的部分干部、教员；从地方大专院校招聘一定数量的知识分子；从起义、投诚和解放过来的原旧军官中筛选出的政治表现好、有较高文化水平和军事学术素养的人员。之后，还从军事学院毕业的学员中挑选又红又专、成绩优秀的学员留校任教。到1955年，军事学院的教员队伍就达1 000多人。

在当时特定的历史条件下，从军队干部中选调军事教员很困难。初任军事教员大多数是国民党旧军官，而到军事学院来学习的学员多是全军选送的高级、中级干部，这些学员来自胜利之师，又是部队的首长。面对这一情况，刘伯承语重心长地告诫大家：

---

① 军事科学院《刘伯承军事文选》编辑组编：《刘伯承军事文选》第三卷，军事科学出版社2012年版，第118页。

教员们经过思想改造，已经转变了立场，正在为我军服务。利用他们的学术专长，对于加强我军现代化、正规化建设是有益处的。于是，他及时提出"尊师重道"的口号，要求学员尊重教员，虚心向教员请教，积极协助教员搞好教学工作。他还经常深入学员中间讲政策、举事例，教育大家要正确对待旧军官教员，从思想上使"尊师重道"深入人心。他对教员严格要求，言传身教，既放心大胆地使用，又加强政治业务的提高。这样，一支强有力的教员队伍就逐渐建立和发展起来了，并分别组成战役、战术、战史、司令部工作、后方勤务、通信联络、政治经济、文化外语等15个教授会和军事学术研究室、翻译室等。

为了充分发挥教员在教学中的主体作用，调动广大教员办学的积极性和创造性，提高教学质量和学习成效，刘伯承弘扬人民军队"官教兵，兵教官"的优良传统，提出"教学相长"的口号。他认为，教员有深厚的理论功底，学员经过长时期的革命战争的考验，有丰富的战斗经验。双方交往互动，彼此相互交流、相互启发、相互补充，即可取长补短，充实和改进教学，从而共同完成训练任务，实现共同进步与共同发展。刘伯承所倡导的"尊师重道，教学相长"的思想，为在新的历史条件下办好高级军事指挥院校提供了借鉴。[1]

（四）"以训练为中心"——坚持理论联系实际

刘伯承管理军事学院有一个鲜明特点，就是坚持理论联系实际。无论是带兵打仗，还是办军校育人才，他都十分强调理论与

---

[1] 贺煜：《刘伯承与军事学院的不解之缘》，《学习时报》2018年7月4日。

实际相结合，主观指导与客观实际相一致。无论是在办校思想上，还是在教学方法上，以及在学术研究上，他都强调理论联系实际。在军事学院的办学过程中，他要求在学习先进的军事科学时必须结合我军已有的实践经验，更要结合当时朝鲜战场的经验，而且还要预见未来战争的可能。在教学上，他要求"教"的方面和"学"的方面都要理论联系实际：教师要把教学内容与学员接受能力的实际结合起来，做到"唱戏的人要注意听戏的人"；学员要从实际出发提高理论，又用理论来指导实际，在实际中验证和丰富理论，要到技术兵种部队去见习与学习、演习。为此，教学要坚持"以训练为中心"的原则。

刘伯承认为，"以训练为中心"就是把以"战争"培养军队和干部的方法转变为以"训练"培养军队和干部的方法。这就是军委、国防部给学院总的任务。为此，一切工作应以训练为中心，一切业务应以训练为中心而加以保障训练任务的完成。为了使"以训练为中心"的原则落到实处，刘伯承加强组织工作，改进工作方法。比如，在行政工作改革上，他要求：集合相关部属一起集体办公，当面商谈问题、解决问题，提高工作效率；调整室内工作与现场视察课业的时间比例，多深入实际去检验计划、教材、教法和学法，到实践中去检验训练成绩；简化工作程序，减少文书篇幅，减少会议次数和时间等，努力提高工作效率。

为了保证训练质量，刘伯承加强教材编写和编译工作。无论在革命战争年代办校，还是新中国成立后办军校，他都十分重视教材的编写和编译工作。他曾形象地比喻说：教材是院校建设的"重工业"，翻译是学术研究的"水龙头"。在军事学院筹备期间，他一手抓教员队伍工作，一手抓教材编写编译工作。他对编写教

刘伯承在审阅教材
（图片由刘伯承同志纪念馆提供）

材提出了五条原则：从学员实际情况出发；联系军事实际；既要
照顾速成的要求，又要照顾科学系统；教材内容要体现准确性、
思想性和原则性；形式要简明，文字表达要顺畅。他还参与制订
军事术语，组织教员总结我军作战经验，借鉴外国军事理论，编
写适合我军现代化、正规化建设需要的各类教材；同时还翻译了
大量的外军著作，吸收外国军队的军事思想和军事科学成果。

（五）"教授军事科学"——倡导科技强军

1951年1月，军事学院成立了学术研究会和学术研究室，刘伯
承在成立会上做了《关于当前军事学术研究工作的意见》的讲话。
他指出，成立学术研究会和学术研究室的目的，是要把有丰富作

战经验的学员的宝贵经验，以及中国人民志愿军在朝鲜的实战经验总结出来，把来自各方面的军事思想统一起来，把苏联和其他国家先进的军事科学有组织、有系统地介绍过来。学术研究会的任务主要是研究军事学术。学术研究室是院长直接领导下的学术研究会的工作机关，是院长领导训练部长、各教授会主任及一切研究学术者经常的学术工作机关，也是各教员、学员一起研究学术的工作机关，是在军事学术上为工农兵服务的机关。

刘伯承在军事学院倡导学术研究工作要注重"五个结合"。第一，专家研究与群众性研究相结合。教授会有"提高自己的科学水平"和"教授军事科学"两个任务。每个教员、每个学员和每个在职干部都应该是军事科学研究的成员。这样，把专家的学术研究与群众性的学术研究紧密结合起来，调动和发挥两个方面的积极性。第二，继承性研究与发展性研究相结合。他要求用发展的战略眼光把继承性研究与发展性研究紧密结合起来。一方面，从适应现代国防要求出发，着重研究战争史，尤其研究毛泽东的《论持久战》等著作和抗美援朝战争的经验。另一方面，应着重研究现代战争在原子化学条件下的战术战役。这两种研究必须结合起来，以适应今后战争可能发展的情况。第三，军事科学研究与相关学科研究相结合。刘伯承强调，军事科学的研究必须与相关学科的研究紧密结合起来，要组织一切军事的、政治的、文化的教员分头而协作地进行科学研究工作。他认为，学术研究会之所以要政治经济和文化教授会的同志参加，是因为我们研究的军事科学是马克思列宁主义的军事科学，而马克思列宁主义的军事科学是与社会科学、自然科学分不开的。第四，科研与教学相结合。刘伯承强调必须把科研与教学结合起来，二者切不要孤立，更不要对立，而是要相互促进，并通过科学研究工作来提高教员的业务水平和科学素质。第五，理论与实践相结合。刘伯承认为，军事科学研究必须克服学术研究的经验主义、主观主义和教条主义。人民军队在革命战争时期积累了丰富的经验，急需把这些经验总结升华到理论的高度，以便更好地指导军事斗争新的实践。他形象地打比方："经验好比是一堆零散的铜钱，理论好比是一根钱串子，把各个经验总结起来，上升到理论，就好比一根钱串子把零散的钱串起来，这时你才能说有了理论与实践相结合的本钱。"[①]这里，"串钱串子"的工作指理论研究的工作，会不会串就看能不能把理论与实际相结合。他还指出，实践是运动的，我们要在过去战争经验研究的基础上，结合现代诸兵种合成军队协同战斗的实际开展研究，结合未来原子化学条件的战术战役的实际开展研究。刘伯承在主持军事学院工作期间，不仅为我军培养了一大批高素质高级指挥人才，而且培育出了一大批高水平的创新科研成果，为推动我军现代化、正规化建设，追赶世界先进军事科学做出了重要贡献。

（六）"着眼长远办学"——坚持面向现代化、面向未来

刘伯承既看到了人民军队从无到有、从小到大、从弱到强的巨大变化，也认识到人民军队正规化、现代化建设的艰巨任务和使命。他常讲：世界是发展的，战争是发展的，装备技术和战略战术也是发展的。我们既要充分地肯定我军在"小米加步枪"时代形成的优良传统，又要放眼世界，重视未来。他坚持军事人才

①《刘伯承回忆录》，上海文艺出版社1981年版，第427页。

培养的现代化、正规化方向，并从战略的高度提出，军事学院的任务就是培养适应现代战争形势的指挥人员。为此，他组织力量并亲自动手翻译、修改、重写、审定介绍现代战争和反映先进军事科学的教材与资料，加强对现代军事学术的研究与教学工作。为了适应院校教育面向现代化的培训目标，实现向建设正规化、现代化国防军的转变，刘伯承在提出建设新兵种及其学术的同时，还提出建设正规化国防军队的生活秩序。

实现军事学院现代化办学任务的落脚点在于努力培养现代化军事人才。训练学员不仅要掌握现代条件下的诸兵种合同作战的战术，而且还要学会原子武器、化学武器条件下的战略战术。刘伯承把原有的教材增修为在原子武器、化学武器条件下的军队行动的教材，研究在防空、防空降、防坦克、防炮火、防原子化学等条件下的战争，在海军、空军、炮兵和装甲兵诸系都根据军委所定战略方针和相关兵力使用的特点拟出各自研究的重点。

当时有的学员认为过去"小米加步枪"打败了敌人，对现在学习新式武器和现代战术技术的重要性认识不足；有的还认为新式武器也用不着学那么具体，不要记那些战术技术性能的数据。针对这一情况，刘伯承特别强调，院校教育面向现代化、面向未来，要防止两种偏向：一是脱离我军建军传统、军事思想的优良基础而试图另搞一套现代化；二是满足于旧的一套，拒绝正规化、现代化的学术的保守倾向。所以我们既要防止教条主义，又要反对右倾保守主义。他要求，在教学上要紧跟时代开展研究和训练，要在现有装备的基础上提高一步学习，不能把思想束缚在"小米加步枪"上。要从培养目标和教学需要出发，在战术战役训练课目增加原子战术、防御战术等。

四、作为院长的领导风格与人格魅力

刘伯承是中国人民解放军的缔造者之一，无论在战争年代还是在和平年代，无不展现出卓越的领导才华和崇高的人格魅力。朱德总司令早在抗战年代就曾赞扬他"具有仁、信、智、厚、严的军人品质，有古名将风，为国内不可多得之将才"。[①] 在军事学院工作期间，刘伯承的领导风格和人格魅力主要有以下特点。

（一）以身作则，严于律己

刘伯承以治军严肃、治校严格、治学严谨而著称。在领导军事学院的建设和发展过程中，他始终坚持事事以身作则，处处为人师表。刘伯承治军治校从严要求，但从不简单粗暴，做到既"慈不掌兵"，又"和蔼待人"。他的严实学风总是通过严于律己的言行去教育和感染教员和学员。他常说："己身正，不令而行；己身不正，有令不行。"他是这么说的，也是这么做的。每次开会，刘伯承总是坐在那里一个姿势，威武端庄。1951年6月，他亲临淮河指挥军事学院开展陆军师强渡江河战斗的实兵演习。当时烈日炎炎似火，他不戴草帽，不摇扇子，不解衣扣，风纪端正，全神贯注在演习场上。身边一位干部怕他热坏了身子，就把一顶草帽戴到他头上。刘伯承立即摘下了草帽。1955年，国务院安排一位外国元首参观军事学院，刘伯承参加列队欢迎。不巧，天下大雨。当时刚刚授军衔不久，有人舍不得让刚发的新礼服和金牌被雨水淋湿，建议欢迎仪式改到礼堂内举行。刘伯承却说："此事关

---

① 韦钦云：《刘伯承的领导风格》，领导科学杂志社编：《政治领导》，中国言实出版社2004年版，第374页。

系国威军威，哪能随心所欲！坚决按原计划办。"于是，他身着元帅礼服，不撑雨伞，冒雨带领五百多名校级以上军官列队夹道欢迎外宾。威严雄壮的钢铁之师，顶天立地的将帅风度，让外宾很受感动，全院教员和学员也深受教育。1952年5月，刘伯承给高级系讲授"集团军进攻战役"。他用了18天时间准备，查阅了大量的文献资料，编写了3万多字的授课提纲，广泛征求教授们的意见，先后用墨笔、蓝笔、红笔修改，精益求精，一丝不苟。课后有教员向他请教讲课的诀窍。刘伯承如实地说："我是几番心血一堂课，18天准备，6小时讲完。如果说有什么诀窍的话，那就是四个字：昼夜不息。"道出了教师劳动的艰辛。榜样的力量是无穷的，刘伯承以身作则、严于律己的高尚人格，在教员和学员中产生了无形的威严，大家从内心敬佩和服从，自觉以老院长为榜样，严谨治学蔚然成风。

（二）原则与具体统一，居高与临下一致

"原则与具体统一，居高与临下一致"是刘伯承领导风格的一大特色。他在领导军事学院的过程中，总是将职责与权力相联系，使主观要求与客观实际相吻合。在军事学院建院初期，他对学院的建院方针、任务、目标、编制体制、人员配备、学员条件、训练大纲，以及实施计划、各项规章制度等，都亲力亲为，实地考察，周密规划，反复修订，直到满意为止。他要求各级干部"执事者各执其事"，办事机构要因事设人，各尽其责，每个人在自己的岗位上要有职、有权、有责。由此，各类行政人员减少了，学员与教员的比例也由最初的8：1下降到3：1。他坚决反对两种倾向：一是领导"包打包唱"，不注意发挥下级和群众的积极性；二

是工作中"踢皮球"，"自己不动手专门叫别人干"。为确保机关工作人员精干、职责明确、精通业务，刘伯承就军事学院的行政管理工作提出了三个口号："集体领导，分工负责""共同学习政治，各自钻研业务""机关横宽纵短，单刀直入基层"。他还强调，大家要认清工作岗位，成为本职工作的专门家。由于他善于领导，注意调动各级人员的积极性，所以在他领导下的军事学院犹如一架精密的机器，有条不紊地、忙而不乱地科学运转，使得各项工作圆满完成。

（三）求真务实，改革拓新

刘伯承注重对新情况、新问题的研究，既当指挥员，又当研究员。他曾用生活化的语言告诉部下："山西农民用一种毡子做帽子，里外都一样，翻过去能戴，翻过来也能戴，特别扯它不烂。我们的学术工作不能像这种帽子一样。"他倡导求实创新，要求教员和学员不能把思想束缚在"小米加步枪"上。刘伯承在主持军事学院工作期间，采取了一系列措施来推进学院的改革发展。

第一，抓教学改革。教学训练是办好军事学院的中心工作，刘伯承经常深入教学一线了解情况，探讨教学训练工作改革。他亲临现场，组织实施了35次实兵示范演习和12场大的现场作业。他还三次派出由院、系领导干部和各教授会主任组成的见学团到朝鲜战场见习取经，总结出"反对单打一，学会弹钢琴""以战术为经，以技术为纬，经纬交织，螺旋上升"的训练方法。他根据不同的培训对象、目标和期限，结合现代战争的需要进行教学内容、军事教材改革，从而提高教学训练的质量。

第二，抓领导管理体制改革。军事学院实行党委统一集体领导下的首长分工负责制，各部门"执事者各执其事"，充分发挥各级干部和群众的积极性。他提出，要"借以加强经纬交织若网在纲的党委集体统一的领导，同时在行政方面，决定尽力培养干部工作的能力，使每个人能分工负责，反对一揽子会议的工作方式，反对工作一般化、事务主义、主观主义、官僚主义、分散主义"[1]。既要防止首长个人说了算，又要防止业务部门脱离总的领导，政出多门，互相冲突，还要防止不负责任地听任分散主义者各自为政。

第三，抓组织机构改革。为了提高行政组织能力，防止组织上的叠床架屋，避免陷入事务主义，刘伯承贯彻"党的集体领导与个人负责相结合"的领导体制，健全院内组织机构，明确各级领导干部和领导机关的工作范围与工作职责。他认为，要使工作做得好，"并不在乎机构的庞大，而在乎组织的合理精干"。学院的组织机构层次越少，工作越能贯彻，而且效率也越高。他主张："横宽分工似应略为开展，而纵深层次太多必须大力裁去。"

（四）为人谦逊，以诚待人

作为一个领导者，刘伯承善于从广大教员学员身上吸收教益。他常说："群众当中有许多诸葛亮，指挥员应当常常去'三顾茅庐'，向部队学习。"他曾经根据一个工兵班配合步兵和炮兵攻城的战例，总结了有关协同战术的经验。他提倡通过班、排的战斗总结会，通过部队群英会，来提高和普及群众创造的智慧。特别是在军事学院组建初期，刘伯承大胆起用了近六百名国民党旧军官担任军事教员。他们都有一定的军事经验，有较高的文化水平。

----

[1] 军事科学院《刘伯承军事文选》编辑组编：《刘伯承军事文选》，军事科学出版社2012年版，第697页。

但刚开始少数学员不尊重这些旧军官出身的教员。刘伯承尊重人才、用人所长，以宽厚的精神亲自到学员中耐心地做工作。教导学员要尊重科学技术，尊重知识分子，并协助教员搞好教学工作。这不仅使一批旧军官在政治上获得了新生，而且为学院的建设发挥了他们的聪明才智。刘伯承在与同志相处时真诚团结，从不计较个人的得失，总是以真诚的情义相待。他和邓小平从抗日战争到解放战争一直是一对搭档，并肩战斗多年，结下了深厚的革命友谊，堪为典范。

五、对新中国军事教育的贡献

刘伯承是我党老一辈坚定的无产阶级革命家，卓越的马克思主义军事理论家，是中国人民解放军的创建者之一。他为中华民族和中国人民的解放事业建立了不朽功勋，为新中国的国防和军队建设事业做出了杰出的贡献，在军事教育和现代化军事人才培养方面做出了开拓性的贡献。

（一）培养了新中国第一批现代化、正规化的革命军人

刘伯承是我国军事院校建设的奠基人之一，是新中国现代化、正规化革命军队建设的开拓者之一。随着我军各军兵种的相继建立，军事学院有效地为我军培养了大批军事指挥人才、参谋人才、政工人才和技术人才。他在主持中国人民解放军军事学院的8年多时间里，坚持人才培养的革命化、现代化、正规化方向，为我军共培养高级指挥员2 942名，为推进我军现代化、正规化的建设做出了重要的贡献。

刘伯承一贯主张治军先治校。中国人民解放军军事学院是在中国人民志愿军抗美援朝、中国人民解放军保卫社会主义建设的战斗洗礼中成长壮大起来的，是当时全军唯一一所综合性高等军事学府。毛泽东号召，把苏联的军事科学学到手。中央军委下令，所有的部队主官一律要经过中国人民解放军军事学院的培养。学院从最初的高级速成科、上级速成科、基本科、情报科（后改成系）逐渐发展，1951年底成立政治系，1952年下半年成立炮兵系、装甲兵系及函授系，1954年成立战役系，1956年战史系、化学兵系也先后成立。至此，学院成为一所全军最高综合性军事学府。既有陆军专业，又有海空军专业；既有军事系，又有政治系；既有速成科，又有学系；既有面授，又有函授。当时全院共有学系12个，学员累计3 125人。刘伯承还利用学院的条件，举办短期军事理论集训班，在学院实施较大规模的实战演习、组织参观见习等方法，轮训在职高级干部，不断提高高级干部的军政素养。

1953年，军事学院战役系第一期学员拟招30—40名兵团及以上的高级将领。招生的消息在高级干部中引起轰动，争着报名，最后报到的52名学员都是正军职以上，成了中国人民解放军最高学府中的"将军班"。在1955年授衔时，战役系的所有学员都被授予将军，其中有5名上将、22名中将，还有20多名少将。可见，在刘伯承的努力下，军事学院办得生气勃勃，培养训练工作有声有色。

（二）奠定了新中国现代军事教育理论体系的基础

一切从实际出发、军事斗争与军事教育密切结合的"战教结合"是刘伯承军事教育思想的一大特点。在新中国成立初期创办军事院校，培养中高级军事指挥人才，在我国现代军事教育人才培养方面形成了一整套独具特色的军事教育理论。刘伯承是卓越的马克思主义军事家，也是杰出的军事教育家。他办校治学的理论与实践，是毛泽东军事教育思想的重要组成部分，极大地丰富和发展了马克思主义的军事教育学。[①]

第一，他创新性地提出德才兼备的军事人才观，提出了从党性、知识、能力等多方面综合衡量的军事人才培养标准。他要求军事学院学员首先要有坚强的党性观念，在训练中要加强马克思列宁主义的理论修养和政治修养。他明确指出，学员毕业成绩尽管门门优秀，但德行不好，也不能评优等生，德行不及格，不能算合格人才。

第二，他提出了知识传授与能力训练并重的教学原则，把训练和培养善于组织指挥现代化诸兵种协同动作的指挥员作为高级军事指挥院校的培养目标。他在军事学院期间，注重文化学习与军事训练的有机结合，并提出了"战术为经，技术为纬，经纬交织，纵横联系，编织起来"形成整体的训练指导原则。

第三，他倡导"教学相长"的教学原则。刘伯承认为，唱戏的人要注意听戏的人。从主管军事训练的院校训练部门来说，教员是主观方面，而学员则是客观方面。只有教员"把教的东西与学员的接受能力做一个打算"，教的方面照顾到学的方面的接受能力，才能使主观符合客观，使主观与客观统一起来。学员之间、教员之间、教员与学员之间都应该取长补短，大家共同长进。这也是我军"官教兵，兵教官"的光荣传统在军校教育中的充分体现。

LIU BOCHENG

---

① 孙业宏：《论刘伯承对军校建设的理论贡献》，《福建论坛（社科教育版）》2009年第2期。

第四，他提倡教学与科研并举，相互配合、相互促进。刘伯承在中国人民解放军军事学院明确提出"学院的基本任务是训练"，学术研究工作是"学院训练工作重要的一部分"。所以，他在军事学院正式成立之前就先成立了学院的学术研究会和学术研究室。

第五，他主张军校开放办学，广泛吸取部队作战和教育训练中的经验教训，同时也让部队实战来检验军校的教育成果，以此不断提高教学水平。抗美援朝战争期间，刘伯承先后派出院系干部、学员100多人前往朝鲜战场考察部队实战情况，搜集资料信息进行科学研究，促进学院的教育工作。

刘伯承既精通中国古代兵法，又熟悉现代军事知识，是公认的军事理论家。他把马克思主义军事理论运用于中国革命战争的实践之中，注意总结实战经验，对于游击战、运动战、阵地战和司令部工作等都有独到的论述。他撰写、编审、校译了一批军政教材，总结我军经验，传授和发扬毛泽东军事思想。他的主要军事著作有《刘伯承军事文选》《苏军参谋业务》《列宁主义与无产阶级专政的军队》《苏军步兵战斗条令》《合同战术》《论苏军合围钳形攻势》等。刘伯承提出的许多极富远见卓识的战略性建议，在继承和发扬解放军优良传统的基础上积极借鉴外国军队先进经验，为建立各军兵种指挥院校，培养中高级干部，推进现代化、正规化革命军队的建设做出了巨大努力。

（三）培育了新中国军事院校人才培养体系的雏形

军事学院建院初期，学院机关设训练部、政治部、院务部等部门，教学科研机构和学员培训管理机构分设11个教授会和4个系。到1956年，在刘伯承的主持下，军事学院建设成有战史、战役、政治经济、文化外语等50个教授会和战役系、战史系、高级速成系、高级函授系、政治速成系、基本系、情报系、海军系、空军系、炮兵系、装甲兵系、化学兵系12个系的综合性军事学府，为后来高等军事学院、政治学院和各军兵种学院的建立奠定了人才和学术方面的基础，为全军正规化与现代化的院校体系打下了基础。

1955年2月，刘伯承在总结学院五周年经验的基础上，着手筹划分院建校的工作。他派员赴京，向中央军委、国防部和总参谋部呈送《高等军事学院编制表》《高等军事学院房舍建筑计划》两个报告，请示关于筹建高等军事学院事宜。3月，刘伯承向中央军委呈送《关于筹建高等军事学院之意见》，向中央军委提出了现代国防应以培养将领为最重要的战略思想，并建议在军事学院各系的基础上，分别建设高等军事学院、军事学院、海军学院、空军学院、炮兵学院和装甲兵学院，使我军培养高级干部的军事教育事业进入一个新的阶段。

1957—1959年，根据中央军委决定，以中国人民解放军军事学院原有系为基础，创建了以下军事院校：以军事学院海军系为基础，在南京成立中国人民解放军海军学院；以军事学院战役系、战史系为基础，在北京成立中国人民解放军高等军事学院；以军事学院炮兵系为基础，在河北宣化成立中国人民解放军炮兵学院；以军事学院装甲兵系为基础，在山西大同成立中国人民解放军装甲兵学院；以军事学院空军系为基础，在北京成立中国人民解放军空军学院；军事学院余下部分与南京总高级步兵学校合并，在南京继续开办中国人民解放军军事学院，担负培养合成军队中高级指挥人员和参谋人员的任务。至此，刘伯承等创办的中国人民解放军军事学院发展成为全军六所高级军事指挥学院，中国人民解放军高中级指挥院校人才培养体系基本形成。

主要参考文献

1. 张国新等著：《刘伯承军事教育实践与思想研究》，中央文献出版社2002年版。

2. 许传文编著：《刘伯承元帅画传》，四川人民出版社2007年版。

3. 军事科学院《刘伯承军事文选》编辑组编：《刘伯承军事文选》，军事科学出版社2012年版。

4.《刘伯承传》编写组著：《刘伯承传》，当代中国出版社2015年版。

5. 陈斐琴、杨远富：《略论刘伯承军校建设的理论和实践》，《军事历史研究》1991年第1期。

6. 舒云：《刘伯承和南京军事学院》，《党史博览》2001年第6期。

7. 孙业宏：《论刘伯承对军校建设的理论贡献》，《福建论坛（社科教育版）》2009年第2期。

8. 石建鹏、孟莹：《刘伯承的院校建设思想及其启示》，《党史文苑》2017年第4期。

9. 张文友、袁馥蓉：《刘伯承与军事学院》，《中国档案报》2014年1月16日。

撰稿人：肖全民，管理学博士，广西电力职业技术学院副院长、教授，主要从事教育基本原理和教育管理研究。

王亚南

WANG YANAN

厦门大学校长（1950—1969）

王亚南（1901—1969），湖北黄冈人，我国著名的马克思主义经济学家、教育家，新中国任命的厦门大学第一任校长。

王亚南大学毕业后投身于革命洪流，虽流徙奔波，却不忘追求真理。他把一生都奉献给了求真、救国和育人。作为经济学家，他始终坚持以马克思主义的科学态度对待西方经济学说，一贯倡导为中国经济的解放与改造而研究。作为教育家，他在新旧时代的大学执教30多年，积累了丰富的教学经验和办学经验，对教育有深刻的理解，其教育思想和教育实践贯穿着马克思主义的认识论和方法论。他从1950年担任厦门大学校长直到去世，始终诲人不倦，为新中国成立后厦门大学的发展和繁荣殚精竭虑。身后留下41部著译作品和340余篇学术论文，其中包括与郭大力合译的马克思巨著《资本论》，以及撰著的《中国经济原论》《中国官僚政治研究》《政治经济学史大纲》等诸多经典论著。2001年厦门大学召开纪念王亚南一百周年诞辰大会暨学术研讨会，著名经济学家于光远在会上概括王亚南有两大成就："一是翻译《资本论》和以此为武器研究中国；二是为厦门大学的事业做出了巨大的贡献。"[1]1978年12月23日，在王亚南的骨灰安放仪式上，厦门大学师生员工向这位老校长敬献了挽联："辛勤译著传马列，业绩长垂海内；不倦教诲育桃李，深情常在鹭滨。"

一、悟道救国的成才之路

王亚南，号渔邨，1901年10月14日出生于湖北黄冈。他自幼

---

① 华杉、晓方、秋明：《播火者——王亚南》，《湖北档案》2002年第9期。

耕读乡间，聪慧勤勉。11岁时父亲病逝，家中生活日益困苦，靠兄长和姐姐的资助读完小学和中学。1922年秋考入武汉中华大学教育系，认真刻苦，成绩优秀。课余在校外兼任英语教员以维持生活。其时，董必武在武汉兼任中小学教员、党政训练处负责人，王亚南常去听课，接受了进步思想。1926年大学毕业后，他找不着工作。严酷的现实和爱国的热情促使他只身奔赴长沙参加北伐军，在学生军教导团任政治教员。

大革命失败后，王亚南怀着愤懑的心情自长沙返回武昌，谋职未果后赴上海。由于生活所迫，他打算以写小说谋生，从上海辗转到杭州，在杭州大佛寺租一弹丸陋室，权且栖身。此时郭大力从上海大夏大学哲学系毕业来杭州，也住在大佛寺。两位忧国忧民的热血青年，学识相当，志趣相投，遂互相提携，结成莫逆之交。两人决定共同研究马克思主义政治经济学，并拟订了合译《资本论》和相关古典经济学名著的计划。

1929年，王亚南得友人资助东渡日本，寓居东京，潜心研究马克思主义经济学，学习日文和德文，从事写作，并按计划着手翻译资产阶级古典经济学名著。在东京的三年中，王亚南节俭自奉，伙食异常清苦，却贪婪地阅读大量进步书刊。神田町的书市，成为他消磨闲暇的胜地。王亚南翻译的英国亚当·斯密的《国富论》(与郭大力合译)、芬兰爱德华·韦斯特马克的《人类婚姻史》、日本高岛素之的《地租思想史》相继出版。

1931年九一八事变后，王亚南于年底愤然回国，在上海继续从事写作和翻译，同时参加了中国共产党领导下的进步文化活动，并兼任上海暨南大学经济学教授。1932年，他与郭大力合译的英国大卫·李嘉图的著作《政治经济学及赋税原理》问世。[1] 以谦虚见称的李嘉图在出版这部艰深的著作时说，全英国未必有25个人能够读懂它，所以郭王译本一出，竟有人以为出于年长专家教授的大手笔，岂知译者原来是两个初出茅庐的青年。其实在此之前，两位年轻人已将英国经济学家亚当·斯密的《国富论》翻译出版，形成了《原富》的严复译本之外的一个新译本。[2]

1933年，蔡廷锴、李济深等第十九路军将领在福州发动闽变，成立福建人民政府，王亚南闻讯赶往福州参加，出任革命政府的教育部部长，兼任革命政府机关报《人民日报》主编。1934年，他遭到国民党反动当局通缉，被迫取道香港出国避难，流亡于英国、德国。王亚南一面继续研究经济学，深入考察资本主义制度的弊病，一面从事写作和翻译以维持生活。1935年底，他经日本回国，在上海与郭大力重逢，全力投入《资本论》的翻译工作。他们根据德文原本，参考日文译本，以及国内已经翻译出版的第一卷部分，尽可能通俗地翻译全本，以便中国读者阅读和研究。除此之外，王亚南还担任"上海著作者抗日协会"执行委员，直至1937年抗战全面爆发，上海沦陷，王亚南才离开上海。

1938年初，王亚南经香港到武汉，出任以周恩来为主任的国民党政府军事委员会政治部设计委员会委员，组织民众抗日救亡。在这里，王亚南得以与共产党员和进步人士经常接触，并有机会接受周恩来、董必武等同志的领导和教诲。同年秋，与郭大力合译的马克思的《资本论》在党组织的帮助下，由上海读书生活出

---

[1] 朱立文编：《王亚南研究便览》，厦门大学图书馆参考咨询部1994年印，第17页。

[2] 尚新力著：《论亚当·斯密》，中央编译出版社2012年版，第179页。

版社出版。《资本论》是马克思用40年时间，以毕生精力写成的科学著作，也是他一生从事科学研究的结晶和无产阶级革命斗争经验的总结，而这是《资本论》的第一个中文全译本，共3卷，200余万字，《新华日报》曾刊称："是翻译世界第一部伟大的著作，是翻译界一个巨大的收获。"[①]同年10月，武汉被日军侵占，王亚南绕道湖南，经广西、贵州，打算到重庆去。途中，他甚至在衡山巧妙地给集中营的政治犯做了一次马克思主义思想的传播。

《资本论》的第一个中文全译本
[图片由视觉中国（吴雍）提供]

1939年，王亚南与王博金合译的英国柯尔的《世界经济机构体系》出版刊行。此后，他先后在中山大学和厦门大学任教，同时兼任一些大学的客座教授，还常常接受友人和进步团体的邀请，出外讲演。他与学校里的地下党组织经常往来，支持反内战、反迫害、反饥饿的学生运动，在学生中享有很高的威望。因此，他也遭到国民党反动当局的迫害，不时受到威胁，甚至收到包有子弹的恐吓信。

《资本论》的翻译与出版，不仅轰动了中国学术界，而且为马克思主义在中国的传播和研究做出了重大的贡献。这时，王亚南已有数部译著和著述出版，成了经济学界的佼佼者，享有盛名。大学教授的聘书四处飞来，他以崭新的姿态登上大学讲坛，宣传

---

① 朱立文编：《王亚南研究便览》，厦门大学图书馆参考咨询部1994年印，第22页。

马克思主义政治经济学，用新的世界观和革命真理去哺育青年，为革命培养栋梁。在就任厦门大学校长之前，王亚南已积累了10多年的教育教学经验。

二、新中国成立前的学术研究和教育实践

（一）任教中山大学

1940年，王亚南还在重庆之时，中山大学代校长许崇清登门拜访，敦聘其至中山大学任教。王亚南早就听说中山大学学术空气比较自由，还云集了一批进步教授，于是欣然应聘。夏天，蒋介石请郭大力、王亚南到渝谈话。当时郭大力正患病，王亚南携中山大学聘书前往。蒋介石与他谈中国经济问题，并要他写出对中国经济问题的看法。当蒋介石提出要他留下时，王亚南立即拿出中山大学的聘书说："我已受中山大学之聘。"

王亚南后来谈到自己思想发展过程时说："我到中大以前，虽然也出版了一些有关经济学方面的东西，但用我自己的思想，自己的文句，自己的写作方法，建立起我自己的经济理论体系，并依据这个体系，把它伸展延拓到一切社会科学的领域……却显然是到了中大以后开始的。"[①]因此，他在中山大学的答疑、教学、学术交流、论民主政治等，是其学术思想发展飞跃的重要时期。

1940年9月，王亚南携家离开重庆到内迁广东北部坪石镇的中山大学就任经济系主任，从事经济学的教学工作，教授"高等经济学""中国经济史""经济思想史"等课程，开始结合中国实际

---

①《王亚南文集》编委会编：《王亚南文集》第五卷，福建教育出版社1989年版，第226页。

向青年学生讲解马克思主义理论。他讲授的"高等经济学"课程，起初采用他和郭大力合译的李嘉图著作《政治经济学及赋税原理》为读本，由于与中国实际无甚联系，学生反应冷淡。于是，他另起炉灶，一面讲资本主义的经济范畴，一面分析它不适用于中国地主经济和封建社会。对此，学生反应热烈，连设在湖南省南部（靠近坪石镇）的中山大学农学院农业经济系的学生也前来听讲。[①] 这门课程的讲稿成为他1946年出版的《中国经济原论》的基础。这本著作是王亚南的重要学术贡献之一。

中山大学的学生不仅被王亚南的理论吸引，也被他的学术思想和教学方法折服。王亚南还特别鼓励学生思考和提问，注重培养学生的质疑精神。为此，每次课后被层层"围攻逼问"之外，他还特意在晚上辟出时间，专待答疑解惑。陈其人教授曾回忆，那时王亚南的住所与经济系教室的交通不便，到经济系参加活动来回都要过江，还要上下山岗，颇费时间和体力。但为了答疑，王亚南仍然会在晚上，提着油灯到简陋的礼堂里，边看书边等候学生提问。为了鼓励和训练学生独立思考、自由研究，他把高班学生划分为理论经济组、实用经济组、经济史组等，让学生自己选组，开展辩论和写文章。他主张实行开卷考试，让学生自己寻找参考书，自己联系实际，独立解决问题。

1942年，王亚南创建中山大学经济调查研究所，创办并主编《经济科学》杂志，撰写《经济科学论》一文作《代发刊词》。他除向教授、讲师征稿之外，还特别组织助教、学生写稿，帮他们审订、修改写作提纲和文章，并予以发表。为了应用马克思主义

---

① 陈其人：《王亚南在中山大学及其百科全书》，《中国经济问题》2009年第3期。

经济学原理来研究中国的社会经济，王亚南组织助教、学生走出校门，到社会上调查研究经济问题。他在中山大学组织了经济调查处，把十名助教组织起来，分别承担农业、工业、财政金融及生产和消费合作社等实际问题的调查工作。

1943年夏天，英国著名学者李约瑟到坪石镇访问王亚南，在山村的一个小屋里，他们纵谈世界历史和社会经济问题。临别时，李约瑟问及中国封建官僚社会的实质，王亚南深感这一问题的重要，但自己未加研究，于是，这便成为他后来的代表作之一《中国官僚政治研究》的写作契机。此后，王亚南花了5年时间全面而系统地研究了这个问题。在坪石镇时，王亚南还经常与胡体乾、梁漱溟、朱谦之等学者切磋。

1944年，因局势所迫，王亚南离开广东前往福建，但心心念念的是没有上完的课。待1946年暑假局势稍有缓和，王亚南就悄悄地从福建回到中山大学，给学生补课，议论民主政治，讲授中国经济史。为了省钱，他住在最差的小旅馆里，上课时因坐车费用昂贵，他冒着酷暑，徒步上课。离开广州时，王亚南在报纸上发表《致中山大学经济系同学一封公开信》，信中充满了对中山大学及其学生的感情。他还在1946年出版的《中国经济原论》的"序言"中谈到对中山大学学生追问各种问题的感受："我便经常像是处在被考试者的地位……我在这当中，才比较理解到所谓'教育者在不断被教育'的意义，亦就因此之故，不管国人怎么理解中山大学，我总觉得那是一个有生气，有活力，特别富于时代感的学校。"

王亚南把科学性和战斗性紧密地统一起来，从20世纪40年代起，他就强调以中国人的资格、站在中国人的立场上去研究中国经济的意义，并提出"中国经济学"这个名称。这个时期他的论著《经济科学论丛》《社会科学新论》等，明显地表现出他既擅长理论概括又富有斗争精神的思想力量。

（二）社会科学研究所所长

1944年夏，日军为了打通粤汉线，使坪石镇吃紧。而同时，国民党反动派也进一步加紧了对共产党人和进步人士的迫害。王亚南在中山大学的活动，引起了当局的注意。他继续留在中山大学不但工作不便，而且还有各种危险，中共地下党的联系人劝他暂离中山大学。同年秋，王亚南辗转到了福建战时省会永安，受聘为福建省研究院社会科学研究所所长。到任后，王亚南改组社会科学研究所，设政治、经济和文史三个研究组，聘请了余志宏、谢怀丹、李达仁、胡瑞梁等一批具有革命思想的中青年研究人员。随着组织和人员的调整，全所研究气氛十分活跃。

此后，王亚南又创办《社会科学》杂志和经济科学出版社。王亚南提倡基础理论研究，特别重视研究中国问题和地方问题。他认为研究地方问题，应该抓住地方的自然和社会历史条件的特异性。他在《福建省银行季刊》创刊号上发表的《福建经济总论》一文中指出："福建经济对于全中国一般经济显示出的特殊，当从其所具的较特异的自然条件，特别是与那些自然条件相关联的社会历史条件而得到理解。"

王亚南在研究工作上一向强调调查研究。他认为中国农村经济问题之症结，在土地问题的解决。为此，他专门组织农村经济调查团，前往闽西调查土地改革的情况。这些调查报告在《社会科学》和福建省研究院的院刊《研究汇报》上陆续发表。

王亚南十分注意通过教学、学术报告来发扬民主、培养人才。他在永安时，曾先后到建阳暨南大学和长汀厦门大学开设政治经济学和经济思想史的特约讲座。他还支持章振乾、余志宏前往广东蕉岭中山大学、永安福建农学院和其他院校讲学。在所内，他运用学术报告来锻炼、培养人才，经常组织中青年研究人员进行学术讨论。在去闽西进行农村土地改革区的调查之前，他要求把调查工作的计划纲要、调查纲要进行充分的讨论。他认为学术机关的存在是社会进步的重要标志，学术机关的业务重点要以社会的关注点为转移。他在学术讨论中发扬民主，激发了研究人员的积极性，并锻炼了他们的组织能力。[①]

王亚南把马克思主义引进了社会科学研究所，并领导大家学习与研究。王亚南完成了以《资本论》的体系来写中国经济的代表作《中国经济原论》，以及对社会科学的新见解的《社会科学论纲》中的若干篇文章。

1945年秋，国民党当局诱捕了社会科学研究所研究员、著名记者、中共地下党员杨潮（羊枣），这就是轰动一时的"羊枣事件"。王亚南愤而辞职，离开了永安。

（三）任教厦门大学

1944年，王亚南在永安任福建省研究院社会科学研究所所长时，开始兼任迁校于长汀厦门大学的客座教授。此后，王亚南与厦门大学结下了不解之缘。

1945年，因"羊枣事件"离开永安后，王亚南正式受聘厦门

---

① 张来仪、章振乾：《王亚南与社会科学研究所》，《福建党史通讯》1985年第11期。

大学法学院院长兼经济系主任。他延请了郭大力、林砺儒、杨东莼、石兆棠等进步教授，大大增强了厦门大学讲坛上马克思列宁主义的传播，他还支持进步学生运动，使厦门大学成了"东南学运的堡垒"。他为经济系开设"经济思想史""中国社会经济史论""劳动价值学说"等课程和各种专题演讲。在教学风格上，他一扫陈腐的空气。他的板书明确鲜明，语言慷慨激昂，在课堂上以巧妙的方式讲授马克思主义学说，如称马克思为卡尔先生，列宁为伊里奇先生等[①]，与照本宣科式的讲授形成了对照。并且，他在课外利用种种机会，引导学生联系实际，钻研马克思主义理论。到校不久，他就在经济系举办了一次征文活动，亲自出题，亲自阅卷，以是否符合马克思主义观点为准绳来挑选优胜者。虽然工作很忙，课程又多，但他还是指导一部分学生撰写毕业论文。其间，应台湾大学校长庄长恭的邀请，他到台湾大学法学院讲学一个月，把马克思主义带到刚从日本帝国主义手里收回不久的台湾，给台湾大学师生留下了深刻的印象。

抗战胜利后，1946年，厦门大学从长汀搬回厦门，王亚南也来到厦门。同年，他的《中国经济原论》、《社会科学论纲》(增订版)、《社会科学新论》出版。1948年，为回应李约瑟提出的中国历史上的官僚政治问题，他的《中国官僚政治研究》一书出版。

1949年初，白色恐怖笼罩厦门。王亚南接受中共地下党组织的建议，离开厦门辗转去香港，在中共地下党领导创办的香港达德学院教授经济学，同时为香港《大公报》《文汇报》等进步报刊

---

① 蒋夷牧、王岱平著：《生命的辙印》，海峡文艺出版社1986年版，第85页。

撰写社论或文章，热情歌颂中国人民的革命事业。5月，王亚南和其他进步人士一道，经中共地下组织的安排，由香港乘货轮北上，经天津登陆后抵达北平。不久，王亚南到清华大学任教，讲授政治经济学大课。随即他的论著《中国社会经济改造问题研究》和《政治经济学史大纲》出版。

三、办学主张与举措

1950年，中央人民政府政务院任命王亚南为厦门大学校长。6月，王亚南由北京启程到厦门赴任。从那时起，他为社会主义祖国培育人才，改革和发展高等学校的教育和科学研究事业，不辞辛劳，殚精竭虑，为社会主义教育事业的发展做出了重大的贡献。

王亚南的学术贡献卓越，对党忠心耿耿，熟悉高等教育情况，了解厦门大学校情。因此，他是新中国成立后由中央人民政府首批任命的大学校长，另一位是北京大学校长马寅初。[1]来到厦门大学之后，王亚南自喻为"老农"，始终站在教育的第一线上，栉风沐雨，耕耘不辍，换来桃李满园。他决心要把厦门大学建成为人民服务的综合性大学，为祖国培育英才。

（一）贯彻党的教育方针政策，端正校风学风，开展政治学习，建设人民的大学

王亚南就任校长伊始，贯彻党的教育方针政策，端正学风，改进教学，加强政治学习。他带领厦门大学迅速地将管理和运转

---

①《印象湖北》编委会编：《印象湖北》，湖北人民出版社2010年版，第375页。

从战时转向常规，并引导学生和青年教师努力学习业务，坚持又红又专的方向。应该说，新中国成立之后厦门大学明确的办学方向和朴实的、实事求是的学风的培养，与王亚南的提倡和引导分不开。

新中国成立初期，王亚南贯彻新民主主义的大学教育方针和任务，注重"学生的基本任务在学习"的原则。1950年9月，在新学年开始的时候，他根据当时的高等教育政策法令，结合厦门大学的具体情况，向全校师生发出了"愿大家为端正学风、加强学习而努力"的号召，要求大家避免不务正课的事务主义和不重视政治课的纯技术主义。[1]第二年，他又做了题为《为实现精简课外活动，改进教学，提高政治业务水平的政令而奋斗》的讲话，他强调："精简社会活动、课外活动所节省下的时间，要好好地利用来增进教学效率……不理解科学与革命统一的道理……就不会关心社会科学技术与现实结合的要求。所以，在今天提高业务水平和提高政治水平是分不开的。"[2]他认为，不适于中国现实条件和要求的教材、教法乃至教与学的态度，都是需要积极改造的对象。

王亚南以身作则，在繁忙的学校行政工作中，还给全校师生上政治课，做报告，并积极带头参加社会活动。1950年，他和师生一起参加支援前线活动。在土改运动中，他率领代表团，到闽南的惠安、安溪等地慰问参加土改的师生。在学术研究上，王亚南坚持要有正确的立场、观点和方法，强调马克思主义对各门学科的指导作用。他曾多次教导师生："作为一个科学工作者，他不

---

①② 厦门大学校史编委会编：《厦门大学校史资料》第三辑，厦门大学出版社1989年版，第10、12页。

能也不愿做没有社会意义的事。国家的要求，社会的重视，时代的召唤，是时刻鼓舞他、督促他孜孜不倦地进行研究工作的强大动力。""马克思主义的辩证唯物主义，就是指导我们牢固地把握那个正确方向的指导原则。……我们科学研究工作者的幸运，不仅是因为我们处在这个伟大的社会主义建设时代，使我们的研究工作，时刻受到激励和敦促，同时还因为我们有了作为这个时代的指导原理的马克思列宁主义，使我们的研究工作，时刻受到测验和考验。"①他经常在校内做各种专题研究报告，对如何把马克思列宁主义的观点方法贯彻到各学科中给师生以很大的启示。王亚南还重视指导和帮助青年的学习和研究，他曾多次给青年教师做关于治学经验的报告，毫无保留地把几十年的治学经验传授给他们。他还经常耐心细致地为青年教师、学生和社会青年解答疑难问题。

（二）进行教育教学改革，完成院系调整，培养社会主义建设人才

新中国成立以后，高等学校向工农开门，学生逐年增加，办学规模不断扩大。1952年厦门大学奉命设立附属工农速成中学，学制三年，其任务是："对工农干部施以中等程度的文化科学基础知识的教育，使其升入高等学校继续深造，培养成为新中国各种建设人才。"②同时，为了提高在职工农干部的科学文化水平，厦门大学又逐年接收并培养由机关、部队调派来学习的干部，他们多

---

① 王增炳、余纲编：《王亚南治学之路》，福建人民出版社1984年版，第78页。
② 厦门大学档案馆、厦门大学校史研究室编：《厦门大学校史》第二卷，厦门大学出版社2006年版，第33页。

数被安排在土木、机械、电机等实用性强的科系。1952年9月与1953年2月，为适应福建省扩大工农教育对师资的需要，厦门大学接受福建省人民政府教育厅的委托，举办了两期数理化师资轮训班，希望"经过五个月的短期培训，使原初中文化程度的教师提高至高中师资水平"。当时教学改革任务十分繁重，厦门大学的师资力量本身也很紧张，但在保证各科系教学任务不减的情况下，仍委派精兵强将，参与福建省扩大工农教育师资人才的培养。

王亚南在回顾厦门大学三年来的变化的时候说："在人民当家做主的社会，一个大学的发展前途，就是取决于它能否为人民为工农大众服务……不论是速成中学的教师，还是轮训班的教师，都负责认真地把教学行政工作，作为人民托付他们的严肃任务来进行，那同这次厦大380多个毕业生百分之百地服从统一分配所表现出来的高度爱国主义精神和组织性纪律性，充分说明了我们厦门大学三年来在党和人民政府督促下的成就，也说明了我们厦门大学作为一个人民的大学，会有怎样光明的发展前途。"[1]

1952年2月，教育部召开高等教育调整会议，确定厦门大学为华东四所综合性大学之一。厦门大学大规模地调整院系，从1952年8月开始至1953年初基本结束，而局部调整1951年就已经开始，到1955年全部完成。广大师生员工识大体、顾大局、讲团结、讲协作，一切以国家经济建设和高等教育事业的发展为中心，出色地完成了院系调整的繁重任务。从全局上看，这次院系调整为厦门大学文理科综合大学的模式打下了基础。

---

①《王亚南文集》编委会编：《王亚南文集》第五卷，福建教育出版社1989年版，第246—247页。

王亚南上任后，首先对院系做了初步的调整。他撤销商学院，成立经济学院，将商学院原有的三系与法学院的经济系合并，改为财政金融、会计工商管理、调查统计和贸易四个系。另设经济研究所，内分理论经济组和计划经济组，并新聘计划统计学专家胡体乾来校任教，使经济学科成为理论与应用相结合的综合学科。他将教学内容拟做重大改造的政治系与法律系合并为政法系，并与文学院下属的四系组合，成立文法学院。理、工两学院下属各系普遍分设专业组，恢复海洋研究所与化学研究所。将原海洋系航海组扩展，设立航海专修科。将接收的厦门市私立海疆学术资料馆改为南洋研究资料馆，在此基础上设立南洋研究馆。此后，厦门大学又经历了大规模和局部的调整。

在院系调整的同时，厦门大学开展了学习苏联教育经验的教学改革工作。一是设置专业，培养专门人才。专业的设置，使各专业的培养目标更加明确化、具体化，为我国社会主义建设培养大量专业人才创造了条件。二是制订教学计划、教学大纲。结合专业培养目标，突出课程的目的性和系统性，注意培养学生独立思考、独立工作的能力，加强教学过程的实践性。强调课程的政治性，尽量采用苏联教材和参考书。三是改革教学方式方法。

（三）建设文理科并重、教学与科研相统一、学术自由的综合性大学

王亚南上任后，以高度的革命热情团结全校师生员工，为把厦门大学建设成人民的新大学做出了巨大的努力。王亚南认为，大学的学科和专业设置一定要主动地适应生产力的发展和经济基础的变化，切莫重理轻文，破坏高等教育合乎规律的成比例的发

展。综合性大学必须文科理科并重，不可偏废。同时，综合性大学既是教育机构，又是研究机构，兼有教学和科学研究两种职能。因此，高等学校应有百家争鸣、自由研究的学术风气。

王亚南认为，在半殖民地半封建时期，教育不能适应社会发展的需要，造出许多"多余"或"过剩"的人才，增大了社会的不调和现象。新中国成立初期，由于国民经济处在恢复阶段，加上传统观念的影响，一些人仍然存在重理轻文的倾向，认为现代化建设就是工农业生产建设，需要的是自然科学，而社会科学和其他文化建设不是现代化建设的重要内容。针对这种现状，王亚南接任厦门大学校长后不久，便发动全校教师对历史形成的重理轻文现象进行讨论。他告诫大家：社会科学和自然科学是密切联系的，两种科学相依为命、相互影响，自然科学在发展过程中必须有社会科学为其做清道的启蒙工作，社会科学的贫困必然带来自然科学的不振，那种以为"社会现象的认识不像自然现象那样，可以诉之于实验，可以用准确方法来测验其成就水平而致疑于社会科学的科学性"[1]的想法是极端错误的。因此，高等教育结构要适应经济建设的需要，使人才培养符合人民物质和文化生活的需求，不能重理轻文。1952年，我国高等院校院系调整之初，王亚南把厦门大学经济学系扩大为财经学院，设置了政治经济学、财政金融、企业管理、贸易经济（包括国内外贸易）、财务会计与计划统计五个系。今天看来，王亚南关于文理并重、协同发展自然科学和社会科学的思想与实践，是极具战略眼光和战略思维的。

教学与科研相统一，通过高水平的科学研究提升大学的教育

---

[1]《王亚南文集》编委会编：《王亚南文集》第五卷，福建教育出版社1989年版，第277页。

教学质量，将科研优势转化为教学优势，从而形成人才培养的优势，是现代大学的基本办学理念。王亚南不仅熟知这一办学理念，而且也非常清楚社会主义新型大学的性质和任务。他认为，综合性大学兼有教学和科研两种职能，但两者不是并列的。他说："虽然同时是一个研究机构……还是以它首先是一个教学机构来与一般研究机构相区别。不搞好教学，就谈不上科学研究；不在满足教学需要、提高教育质量中，同时注意到为科学研究工作创造条件，打下基础，那也不符合综合性大学的基本精神。"[1]

1950年，王亚南根据厦门大学原有的基础，开国内之先河，设立了经济、化学两个研究所，招收研究生，并担任经济研究所的所长和研究生导师，培养了研究所在新中国成立后的第一批研究生。同时，恢复出版《厦门大学学报》，增办《学术论坛》（后改为《论坛》），创办杂志《中国经济问题》。1952年，为加强对全校科学研究的管理，厦门大学成立了研究部，王亚南兼任主任。在研究部的指导下，各系开展广泛的科学研究活动。王亚南还大力提倡大学生搞科研，他在厦门大学倡议创办了《厦门大学学生科学研究汇报》，把学生的科学研究看作培养人才的重要手段和促进教师的科研工作的推动力量。1953年10月，王亚南向全校师生做了关于全国综合大学会议的精神传达的报告，进一步明确了综合大学既是教学机构，也是研究机构。按照这一精神，学校切实加强了教学和科研两个中心的建设。1956年，厦门大学举行了规模宏大的、以第一次科学讨论会为中心的35周年校庆活动。

与此同时，王亚南积极倡导学术自由和百家争鸣。他认为，

————————

①《王亚南文集》编委会编：《王亚南文集》第五卷，福建教育出版社1989年版，第251页。

大学里应该有一种自由的研究空气，但这种自由不单指从外面给予的那一面，理应还有学校自身营造的那一面。学术争鸣对科学繁荣至关重要，任何正确的学说，只有在诸多相反学说的质疑论难中，才能散发出真理的光芒。但学术争鸣的目的不是求异，而是求得共鸣和共同发现真理，通过争鸣，繁荣学术文化。他指出，学校即使做到了学习第一、完全由"科学之神"主宰，但如果我们过于狭隘而陷于象牙塔之中，不肯给予相反意见和相反理论以充分考虑的余地，那么即使取得了政治性自由，也难免丧失学术性自由。因此，坚定个人的研究立场，给人以充分表达意见的机会或尊重人家的意见，是两件可并行的事情。在研究的论坛与讲坛上，他一贯主张从反对者获得自由，并给予反对者自由。

在王亚南和全体师生励精图治下，厦门大学在1952年的全国高等学校院系调整中成为文理综合性大学，1963年成为全国重点大学，并形成了以王亚南和陈景润为代表的科学精神。

（四）继承侨办大学的特色和传统，确定"面向东南亚华侨，面向海洋"的发展战略

从方法论上说，发扬优势是一个如何从实际出发掌握客观事物特殊性的问题。王亚南指出："一般社会科学的理论，都不能离开它所体现的社会现实而得到理解。"[①]他认为，经济学研究一定要认清国情，因为在理论上经济学的基本原理只有一个，但在应用上经济学对于任何国家都不一样。这种思想反映在办学上，就是要从一校的校情出发，根据自己的传统优势，因地制宜地创建富

---

① 王亚南著：《经济科学论丛》，中华正气出版社1943年版，第5页。

有特色的大学。

厦门大学地处东南海隅，区位优势得天独厚，同时还形成了自己的传统特色。1950年，王亚南根据学校的区位优势和传统特色，向中央呈报了厦门大学发展计划，明确提出了厦门大学"面向海洋，面向华侨，面向本省经济建设"的办学定位和重点建设优势学科的发展战略[①]，并加强了与南洋、台湾、海洋及与本区域特点有关的问题的研究，设置了海洋物理、海洋化学和海洋生物等专业。1955年，厦门大学正式确定了"面向东南亚华侨，面向海洋"的发展方向。

1956年，厦门大学成立了南洋研究所，研究有关南洋问题和华侨问题，以加强祖国和南洋华侨的联系，促进我国与南洋各国的合作与友谊。与此同时，厦门大学创办了我国第一个面向海外的华侨函授部，这是我国教育史上的创举。教育对象从海外华侨扩大到华人以及其他海外人士，在弘扬和传播中华民族优秀文化、联系和团结海外侨胞、台港澳同胞，增进与东南亚国家地区之间的文化交流、发展友好关系等方面，发挥了重要的作用。同年，厦门大学大规模招收华侨学生。为了执行好党的侨务政策，加强华侨学生工作，校长办公室设侨生工作组，加强对全校侨生的思想、学习、生活各方面工作的管理。

此后，海外华侨归国到厦门，必定到厦门大学参观访问。王亚南非常重视华侨来校参观的接待工作，经常为来访者介绍学校情况，促进了海外侨胞更加热爱祖国、更加关心侨乡的教育文化事业。许多侨胞说："从各方面来看，厦大是最适宜于华侨学生学

---

① 厦门大学校史编委会编：《厦门大学校史资料》第三辑，厦门大学出版社1989年版，第37页。

习的大学……明年，我的孩子就要送到厦大来学习。"[1]

（五）扩建校园，延揽师资

王亚南为了加强教学和科研工作，更多更快地培养社会主义建设需要的人才，首先改善了学校的校舍和师资问题。王亚南聘请教育家章振乾为教务长，经济系主任吴兆莘为总务长，银行学家朱宝训为图书馆馆长，并把图书馆改为校部直属机构。教务长的职责是抓教学和科研，其重要性不言自明。图书馆馆长也很重要，要由第一流的学者担任。王亚南认为，高等学校要培养高级人才，必须充分发挥图书馆的作用，要让学生浸润在书海中，培养学生的自学能力和独立钻研精神。总务长要懂得教学和科研，懂得教师和学生的需要，否则就做不好后勤服务。教务长、总务长、图书馆馆长的人选，都很得力。图书馆馆长朱宝训一上任，就整顿工作机构、藏书布局与服务体系，废除与改革不合理的规章制度，一切为读者提供方便。20世纪50年代厦门大学十分重视引进人才，当时学校经费并不充裕，教师住房相当紧张，但每引进一个人才，总务长吴兆莘总是先把自己的住房让出来，一让再让，最后他自己一家退到了一间废弃的教室。同时，为加强教师队伍建设，学校还选拔了一批优秀的年轻教师到中国人民大学进修。当时中国人民大学是依照苏联的教育制度和教学方法、采用苏联的教材来进行教学的。

新中国成立初期，厦门大学历经战火和迁校，校舍、仪器、设备等均残破不足。王亚南上任后，积极与陈嘉庚先生一道，为

---

[1] 厦门大学档案馆、厦门大学校史研究室编：《厦门大学校史》第二卷，厦门大学出版社2006年版，第82页。

扩建校舍而奔走辛劳。1950年，陈嘉庚的爱婿李光前捐赠巨资修复和扩建因战乱被炸毁的厦门大学校舍。他筹资600多万港币，交由陈嘉庚统一筹划使用。1951—1955年，厦门大学兴建的新校舍和公共设施共24幢，建筑面积约6万平方米，相当于新中国成立前校舍建筑总面积的一倍。其中包括南大会堂、成义楼、南安楼、南光楼，教工宿舍国光楼三座，男生宿舍芙蓉楼四座，女生宿舍丰庭楼三座，以及公用设施图书馆（成智楼，现为人文学院使用）和厦门大学医院（成伟楼，现已在原址新建门诊大楼）。另外，还建造了膳厅、浴室、厕所等，并新建了看台面积约3万平方米、可容纳2万观众的上弦体育场和紧邻胡里山海滨的海水游泳池。[①]

　　1965年，李光前还特嘱国光中学校长伍远资问及厦门大学的发展，王亚南迅即回函，将新中国成立后厦门大学使用李光前捐款扩建情况和学校的发展情况做了回复。他写道："（扩建之前）学生尚不足一千人，教师不足二百人，至1958年，学生将近五千，教师将近七百，又加研究机关工厂农场，人数近万……华侨函授部收录有海外二十二个国家的华侨学生达四千余人。"[②]王亚南此时仍忧虑校舍设备的不足，于是提出："拟请国家增建图书馆一座……海洋研究所水族馆一座，华侨函授部教师、工作人员住宿楼一座。如获批准，则在1970年内各方面略可满足教学与科学研究发展之要求也。"[③]

---

　　① 厦门大学校史编委会编：《厦门大学校史资料》第八辑，厦门大学出版社1991年版，第36—37页。

　　②③ 厦门大学校史编委会编：《厦门大学校史资料》第三辑，厦门大学出版社1989年版，第26—27、27页。

四、治学思想和教育思想

作为经济学家，王亚南被学术界盛赞其研究是"实践的、批判的、中国的"。[1]作为教育家，王亚南也是新中国教育思想的拓荒者，他的教育思想充满了马克思主义的认识论与方法论，是我国教育理论的一份宝贵遗产。王亚南从1940年起就在中山大学、厦门大学等多所学校执教，又成为新中国成立后厦门大学的第一任校长，直至逝世。长期的教育实践，让他积累了丰富的教育教学经验。同时，王亚南是一名博学勤勉的学者，他的教育思想主要散见于他的经济、哲学著作以及讲演录和日常谈话之中，对如何培养和使用人才以及如何教学，他都有许多精辟的见解。

（一）教育的价值在于充分尊重人的价值，培养有益于社会和国家的人

教育的基本落脚点是为了培养人。关于培养怎样的人和怎样培养人，王亚南认为，培养人才必须充分尊重人的价值，而人的价值的实现必须有益于社会和国家。对于王亚南而言，大学不仅需要培养学生，还需要培养青年教师。他说："教师是学校的基本生产工作者，他们不但对于教学，就是对于整个教学环境、教学工作的组织管理和思想领导，都是处在决定的地位。"[2]正如徐迟在报告文学《哥德巴赫猜想》中所述："王亚南不愧为政治经济学的

---

[1] 郭其友、黄志贤：《王亚南研究"西方经济学说"的科学态度与方法论》，《福建论坛（人文社会科学版）》2006年第2期。

[2] 王亚南：《过渡时期总路线向我们高等学校教育工作者提出的要求》，《厦门大学学报（文史版）》1954年第5期。

批判家，他懂得价值论，懂得人的价值。陈景润也没有辜负了老校长的培养。"①正是由于王亚南有正确的人的价值观与为国育才的决心，他毕生的教育实践，都是为如何更好地扶植和培养人才而殚精竭虑，鞠躬尽瘁。

作为一个教育家，他深知人才的宝贵与难得。他一生的学术活动和教育实践都与培养人才分不开。不管是同辈后辈，只要有一技之长，他都会关心爱护。数十年来，在他的大力推荐、关怀爱护和精心培育下成长起来的人才中，许多已成为我国学术界、科学界的知名人士。他真诚待人，善于团结同志；作风民主，能听取不同的意见；处事果断，办事效率很高。他关心穷困学生，用所得资助他们的冬衣和图书。无论何时何地，他都没有忘记自己的职责。每天在校园散步，发现什么问题就及时处理；每次赴京开会，总要抽出时间，约请在京工作的厦门大学毕业生座谈，了解他们的工作生活情况，了解用人单位对厦门大学毕业生的评价，作为改进学校工作的依据。

王亚南不仅要求青年学生在知识上博而专，而且重视学习方法与创造能力的培养。他把那些基础知识狭窄的人，比作陷身于象牙塔的人，他们关在小天地中，自我丧失学术上的自由，必将无所作为。这种认识得到了他自身治学实践的验证。王亚南就是一个具有深厚基础与广博知识的典范，他有经济学的深厚基础，对哲学、历史学、政治学、社会学以及文学艺术，都有广泛的认识和浓厚的兴趣。他在大学时，读了一主二辅三个系，即教育系、中文系与外文系。当然，博了还要专，他说："基础知识必须通过

① 徐迟著：《徐迟文集》第三卷，作家出版社2014年版，第240页。

专门学科的学习与运用，加以巩固和提高，必须通过专门学科来表现，否则，漫读则劳而无功，基础打得再好也只是基础而已。"①

王亚南还提出："要善于把一般原则性的知识应用去研究具体问题，找出具体答案。不可以满足于一般规律，不可以人云亦云。"②因此，在培养的过程中，王亚南不要求学生死读教师所指定的书本，死守教师所规定的方法。他认为"每个人迟早可以发现他自己认为有效的研究方法"。学习和研究要富有"时代感"与"现实感"，要能用自己的思想、自己的文句、自己的写作方法，建立起自己的理论体系。总而言之，教育要培养有创造能力的人。他说："创造性的发挥和发现，是需要坚持的毅力或顽强的战斗精神的。但应当明了，这样的坚持毅力和战斗精神，并不是天生的，而是在学习和研究过程中逐渐养成的。"③因此，培养人还需要充分激发其精神力量，而顽强坚毅的精神力量，来源于自律的品质、坚定的信心、远大的理想与崇高的生活目的，他认为："关键是要不懈地跟个人生活上的自由主义作斗争，树立远大的理想与崇高的生活目的。"④

他培养人才特别注重人才的内在素质，如世界观、意志、信心、创造性智力等方面。他常把"做人"与"做学问"结合起来去引导学生。新中国成立前，在大学讲坛上，他传播马克思列宁主义，积极地把学生引向进步，引向革命。在治学上，他注重意志力的培养，教育学生要激励意志，持之以恒，跟个人生活上的自由主义做斗争，树立远大理想与崇高的生活目的。在人才使用上，他总是从事业上考虑，从培养人才出发。他认为：人才不能

①②③④《王亚南文集》编委会编：《王亚南文集》第五卷，福建教育出版社1989年版，第282、283、279、283页。

私有，人才属于国家，知识财富属于整个社会。当陈景润璞玉未琢之时，是他把陈景润要回厦门大学来的。1957年，当陈景润才华初露，中国科学院来商调时，他慨然允诺。他能登门礼聘人才，求贤若渴；但当国家创办福州大学，需要厦门大学支援师资时，他也能把理工科教师的一半力量，包括在他亲自争取下到厦门大学工作的多名专家，一起调往福州大学。他大胆使用人才，不求全责备，不论资排辈。他深知旧中国半殖民地半封建社会落后，人才严重缺乏，给新中国的教育和科学事业建设带来了困难，他认为对于凡是愿意把聪明才智献给人民的专门人才，不应纠缠于历史问题而拒绝使用。

（二）在教学上重视方法论指导，强调培养学生的自学精神

王亚南长期执教于大学讲坛，积累了丰富的教学经验，他对学习方法和治学经验有许多原则性意见，例如，打好基础、启发教学、学思结合、教学相长、切磋论难、理论联系实际、少而精等。这些教学理论都是他运用马克思主义理论对自己长期实践的经验的总结和概括。

他认为，科学方法的掌握是人才成长必不可少的要素，一个人在学术上能否有所建树，跟他自学的方法很有关系。因此，尽管他提倡勤奋治学，反对读书、做学问靠"取巧"的办法，但从不否认读书和做学问有技巧、有方法，而且他经常勉励学生要刻苦钻研、注意方法。此外，他也认为，学习要有方法，但任何一种方法都不是死的，每个人都可以选择适合自己的方法，没有适用于每个人的一成不变的方法。

无论治学还是科研，王亚南主张多思考。他常说，多想是一

件好事，多想可以出智慧，可以使人的头脑锻炼得更敏锐。他在许多场合强调，一个人如果想在学习上有所进步、工作上有所创造、事业上有所成就，就必须学会多开动思想的机器。他常引用德国戏剧家布莱希特的一句话："教学最主要的任务是教会人们思考。"他反对人云亦云、依样画葫芦，主张鼓励学生自己探索、独立思考；他反对本本主义，赞成"尽信书不如无书"的说法，强调要做书本的主人，不能做书本的奴隶，不能被书本"牵着鼻子走"；他反对填鸭式的满堂灌，强调教师不要把自己认为应当知道的东西全部教给学生，而要发挥学生的主观能动性，让学生主动学习、自求自得。在他看来，只有自己消化了的东西，才是最有益于自己身体的东西。因此，在教学上，他反对教师照本宣科，告诫学生不要把教师所说的当成金科玉律。他鼓励学生："发挥自己学习的精神，自己去找门径，自己去探索，也许有时觉得太迂回了，有时觉得太苦了，但这却最靠得住。"[1]正因为如此，王亚南在教学中非常重视方法论的指导，经常把自己如何读书、如何积累资料、如何选择科研题目、如何写作等方面的治学经验和方法告诉大家。

（三）提倡教学相长，切磋论难，理论联系实际

王亚南非常赞同"独学无友，则孤陋而寡闻"的说法。他认为，一个人做学问，不仅要依靠自己的独立钻研，而且需要老师的指点和朋友的帮助。他主张"共学"，告诫学生不要忽视"共

---

①《王亚南文集》编委会编：《王亚南文集》第五卷，福建教育出版社1989年版，第228页。

学"的重要性："独自一个人学习，易使人流于孤僻，流于孤陋。"[1]同时，王亚南强调教学相长，主张师生共同学习，共同进步。"共学"对学生的学习是必要的，对他自己也是必要的。作为一个学生，要恭恭敬敬地向老师学习，不放过点点滴滴向老师学习的机会。同时，青年学生思想活跃、想象丰富，提出的疑难往往包含着新的、有价值的思想观点，每个科学研究者要善于从这些思想观点中获得启发，提高自己的研究水平。他常说自己的不少论著都是从学生的质疑问难中得到启发而写成的，因而把学生的质疑问难对他的启发称为学生"造就"了他。不仅如此，王亚南还认为，要与思想观点、学术旨趣相同的人密切合作，而且也要与不同学科领域、不同学术观点的人进行广泛的学术交流。

王亚南认为，无论是理论研究还是教学，都应联系实际。因为所有的科学都是实践之学，不但经济学是一门实践科学，即便是哲学也是实践之学。他指出："法则尽管是抽象的表现，它所表现的对象，尽管不一定能完全无遗漏，但它本身，却与客观现实分离不得，它是现实在主观上最集中的、最有概括作用的、最真实的体现。"[2]因此，作为经济理论研究者，他随时警惕不使自己的研究带有忽视实践的倾向。他在新中国成立后所写的《政治经济学的理论联系实际问题》等论文中，系统地总结了这方面的看法，提出了理论联系实际的两个基本方面：一是所研究的理论必须回到理论所抽象出来的现实情况中去，才能有较正确的理解，这是属于方法论的问题；二是理论研究要结合我们当前的政治任务，

---

①《王亚南文集》编委会编：《王亚南文集》第五卷，福建教育出版社1989年版，第228页。

②王亚南著：《经济科学论丛》，中华正气出版社1943年版，第38页。

这是属于方向性的问题。他指出，研究工作不管在主观上表示了怎样遗世独立的气概，但研究成果都是客观环境或现实社会要求的产物。他经常教育学生，进行研究工作并不是要等待书本上学好了和研究好了，再把研究成果拿到实践中去应用，而是要在研究过程中，把科学上已经有结论并获得了应用效果的原理和规律，不断拿回到实践中去加以验证、对照和应用，加以创造性的发挥。如果不通过实践和调查研究，就不能很好地弄清科学上的原理概念，也不可能获得任何有助于生产实践和社会斗争实践的结果。

五、贡献与影响

（一）著述宏富的马克思主义学者和马克思主义政治经济学家

王亚南是一位学问渊博、著述宏富的学者，是通晓英、日、德多种语言的翻译家，一生著译作41部，论文340余篇。他毕生从事马克思主义政治经济学的教学和研究工作，主张"以中国人的资格来研究政治经济学"，对马克思主义经济学理论做出了重大的贡献，此后还开创了中国经济史研究的一个学派，是现代中国著名的马克思主义政治经济学家。同时，王亚南是优秀的中国共产党党员。他毕生追求革命真理，投身于教育与科学研究事业，不遗余力地传播马克思主义，并积极支持进步的学生运动，春风化雨，哺育无数英才，为革命和教育事业做出了重要的贡献。

（二）忠于党和人民的教育家及奠定"南方之强"基础的大学校长

王亚南是新中国厦门大学首任校长，也是厦门大学任期最长的校长。主政厦门大学的19年间，王亚南忠于党和人民，意志坚定，原则性强，拥护和执行了党和国家的教育方针政策；发扬一切从实际出发、理论联系实际、实事求是的优良学风，用科学和民主的精神塑造了厦门大学的学风和校风；坚持教学和科研相统一，把厦门大学建设成文理俱佳的综合性大学；建设和发展了厦门大学诸多的特色科系，奠定了厦门大学研究生教育的基础；任劳任怨，润物无声，时刻把学生和教职工放在第一位，受到厦大人的普遍赞扬和尊敬，被誉为"懂得人的价值"的教育家，是实践自己倡导的"念兹在兹"精神的典范。[①]可以说，王亚南的品格和作风深深影响了厦门大学，并为之成为今日"南方之强"奠定了深厚的底蕴。

在王亚南的带领下，厦门大学培养出一批批优秀的社会主义建设人才，其中有上百名研究生，近万名本、专科生和千余名工农预科（速成中学）学生，是新中国成立前厦门大学28年毕业生总数的7倍，这些人才在祖国社会主义建设中做出了积极的贡献，有不少人成为著名的专家、教授、学者、企业家和艺术家，以及党和政府的各级领导干部。[②]在王亚南担任校长期间，厦门大学还培养了数万名海外函授生，对世界各地的华侨教育起到了巨大的推动作用。值得一提的是，厦门与金门岛、大担岛隔海相望，在特定的岁月里，在反空袭、反炮击的斗争中，即使位于海防前线，课堂被迫转移到防空洞和树林里，厦门大学师生也从未中断过学习和工作。

---

① 王亚南：《为养成自觉遵守学习生活纪律的优良品德而奋斗》，《新厦大》1954年5月22日。
② 厦门大学办公室编：《厦门大学》，浙江大学出版社2000年版，第17—18页。

（三）新中国高等教育筚路蓝缕、艰苦创业的杰出代表

王亚南任厦门大学校长期间，正是新中国高等教育曲折探索的开始，也是新中国高等教育制度和人才培养模式奠基的时期，王亚南在厦门大学的办学实践正好是这一筚路蓝缕、艰苦创业时期的一个缩影。王亚南是与时俱进的革命者，他把革命性渗透在办学里，注意继承和发扬艰苦奋斗的精神，因此，在新中国成立之初条件简陋的情况下能够很快地打开办学的局面。作为共和国的教育家，王亚南在党的领导下，开启了厦门大学的新篇章，奠定了人民的大学的基础。

王亚南除承担日常校务、讲课、科研以外，还担任繁重的社会工作和学术要职。在中国科学院哲学社会科学部成立时，他当选为学部委员常委。他还是《经济研究》《新建设》编委。从1954年起，他连续当选为第一至三届全国人民代表大会代表，同时担任福建省政协副主席、福建省教育工会主席、福建省哲学社会科学联合会主席。1956年和1957年，他以团长身份先后率领中国大学代表团和中国教育专家代表团分别访问印度和缅甸。1957年，他光荣地加入了中国共产党。1958年以后，他全力从事高等学校经济学史教材的编写和资料选辑工作。虽然身兼多职、担子繁重，但他都出色地完成了任务。不幸的是，"文化大革命"期间，他遭受迫害，1969年11月13日，因癌症逝世于上海。

王亚南始终坚持学者的执着求真、爱国者的救国报国、师长的诲人不倦。

位于厦门大学的王亚南塑像
［图片由视觉中国（刘建华）提供］

纵观王亚南的一生，无论在学术研究中，还是在执掌厦门大学中，都取得巨大成就。这些成就泽及久远，影响巨大。他被称为厦门大学近现代经济学研究之父、学校领导的楷模，是厦门大学发展史上的一座里程碑。

主要参考文献

1.《王亚南文集》编委会编：《王亚南文集》（共五卷），福建教育出版社1987—1989年版。

2. 厦门大学校史编委会编：《厦门大学校史资料》（共八辑），厦门大学出版社1987—1991年版。

3. 朱立文编：《王亚南研究便览》，厦门大学图书馆参考咨询部1994年印。

4. 厦门大学档案馆、厦门大学校史研究室编：《厦门大学校史》第二卷，厦门大学出版社2006年版。

自强不息
止于至善

厦门大学校训

撰稿人：王璞，教育学博士，厦门大学教育研究院副教授，主要从事教育史研究。

侯外庐

HOU WAILU

西北大学校长（1950—1958）

侯外庐（1903—1987），原名侯兆麟，1903年2月6日出生于山西省平遥县。6岁开始识字，15岁前读完四书和五经，1919年16岁时考入汾阳汾河中学，积极参加五四运动，与张友渔一起当选山西省学生联合会执行委员。1923年中学毕业，同时考取北京法政大学（后改为北平大学法商学院）和北京师范大学校[1]，在北京法政大学攻读法律，在北京师范大学校攻读历史，课余喜欢阅读哲学类图书。1924年通过朋友高君宇的介绍，拜识李大钊，并在李大钊的影响下，对马克思主义产生了浓厚的兴趣。1927年赴法国留学，就读巴黎大学。1928年经成仿吾、章伯韬介绍，加入中国共产党。同年开始试译德文《资本论》原著。1929年任中共旅法党员组织中国语言支部书记。1930年回国后，先后在哈尔滨法政大学、北平大学、北平师范大学、香港达德学院等校任教。曾任《中苏文化》主编、哈尔滨法政大学经济系主任、山西民族革命大学教务主任。1949年4月，任北平师范大学历史系主任。

《资本论》侯外庐毛笔译手稿
［图片由视觉中国（尤亚辉）提供］

---

① 北京师范大学校即后来的北京师范大学。

新中国成立后，侯外庐任中央人民政府政务院文教委员会委员、北京师范大学历史系主任。1950年3月10日，政务院总理周恩来签发命令，任命侯外庐为西北大学校长。侯外庐上任后直到1958年调回北京。1951年后，历任中国科学院历史研究所副所长，中国社会科学院历史研究所所长、名誉所长，中国社会科学院学术委员会委员，中国史学会理事，中国哲学史学会名誉会长，中国孔子基金会名誉顾问，第一届、第二届、第三届、第五届全国人民代表大会代表，第六届全国政协委员、常务委员等。1954年任中国科学院哲学社会科学部学部委员。1987年9月14日病逝。侯外庐不仅是20世纪马克思主义史学的奠基人之一，而且是一位具有独到见解、卓越的教育家。他的学术成就和学术思想以及教育思想，为马克思主义在中国的发展做出了不可磨灭的贡献，为后人留下了丰厚的文化遗产。

一、履职西北大学

1950年1月23日，西北军政委员会致电中央人民政府教育部，建议任命侯外庐为西北大学校长。1950年初的一天，组织找他谈话，要他到西北大学担任校长职务，当时负责谈话的同志向他指出："建国之始，随着经济建设的发展，教育事业必须与之相适应，而高等学校教育培养人才为当务之急。"还特别强调："我们就是要用自己的专家学者，来办我们的高等学校。"侯外庐本人起初并不乐意，他向组织申诉了个人意见：一是自己书生一个，毫无行政管理经验；二是个人的志趣是中国思想史研究，希望能发挥学术研究的特长。但组织上还是坚持要他去，侯外庐又提出一个理由：西北地区总是希望西北籍人士出任该职，而西北籍的名流学者不乏其人，自己不是陕西人，不是西北的人，还是让组织另外考虑合适的人选。但党组织根据当时情况，还是要侯外庐担任西北大学校长。而侯外庐经过反复思想斗争后，接受了这个任务。

1950年3月7日，中央人民政府教育部呈请中央人民政府政务院任命侯外庐为西北大学校长，附呈侯外庐履历一份。中央人民政府为了加强对西北高等教育的领导，同意任命侯外庐为西北大学校长。3月10日，政人字第52号《中央人民政府政务院令》："政务院第23次政务会议通过任命……侯外庐为西北大学校长……此令。总理周恩来。"[1]

侯外庐出任西北大学校长，获得一片赞扬。《光明日报》记者评论说："侯外庐先生出长西北大学，不仅给西北大学师生员工带来欢欣，就是整个西北的人民，也会为西北最高学府领导得人而高兴。"而侯外庐还是有点担心，可以说既激动又深感责任重大、难以胜任。此时，中央人民政府教育部领导给他充分鼓励，并郑重表态说，学校实行首长负责制，要他大胆放手去工作，不要怕犯错误。教育部领导还指出，新中国刚刚成立，一些具体的规章、制度的建立，尚有待时日，可以根据中央的布署安排，从实践中摸索经验。

1950年7月14日，侯外庐和秘书高扬，乘火车来到西安。当时的西北军政委员会教育部部长江隆基、西北大学秘书长徐劲和代校长岳颉恒，到车站迎接他们。下车后他们暂住西京招待所。

---

[1] 阎愈新：《侯外庐出长西北大学》，《百年潮》2004年第2期。

当晚江部长在自己家里设宴为他们接风洗尘。西北军政委员会教育部和西北大学的党政领导，对侯外庐到西北大学接任校长表示特别欢迎，西北大学师生对能有这样一位著名学者担任校长，更是喜出望外。据单演义教授回忆："自从中央人民政府任命先生为西大校长的消息传出后，我就为这个旧型西北最高学府领导得人庆幸……因为先生是一位革命青年的导师，当代著名的历史学家和哲学家。"

当天下午4时，暑期留校师生900余人在礼堂举行盛大欢迎会。礼堂座无虚席，走廊窗外都挤满了人，还有许多学生坐在主席台地板上，《团结就是力量》的歌声此起彼伏。由于侯外庐崇高的声望，广大师生早已期盼观瞻他的风采。当岳颉恒教务长引导侯外庐进入会场时，师生全体起立，掌声雷动，侯外庐频频挥手致意。此时的侯外庐刚刚47岁，已是海内外知名的历史学家。他身材高大，手执折扇，身穿米黄色杭纺绸衫，操一口浓重的山西乡音说："我曾在北平大学和北师大上学，1932—1933年又在这两所大学任教，因为宣传抗日，被国民党政府逮捕入狱，当时称为'许（德珩）侯（外庐）马（哲民）事件'，两校师生对我极力营救，所以我对这两所大学有特殊的感情。现在，我来西北大学工作，能和老师同学们共同生活，非常高兴。青年同学热情活泼，和同学们生活在一起，我也年轻了。"侯外庐讲到不久前召开的首届全国高等教育会议时说：毛主席、周总理亲临大会，周总理就"新民主主义教育方针""理论与实际""团结与改造"三个问题对大会做了具体明确的指示。高教会议经过各方面反复研讨，确定新中国高等教育的发展方向是：密切配合国家建设，逐步改革教育内容。高教会议高度发挥了民主的精神，从而巩固了教育工作者的团结。

侯外庐要求全校师生认清大西北的重要性，不要有自甘落后的思想，不如人，就要下决心赶上甚至超过。全校师生必须团结起来，在现有基础上，把新的西北大学办好。

侯外庐到任后，按照中央人民政府教育部的指示，根据《中国人民政治协商会议共同纲领》中的文教政策和第一次全国高等教育会议的精神，在全校明确提出"坚决的改造，逐步的实现"的方针，大刀阔斧地探索改造旧大学、建设新型大学的路子，提出"一切为了教学，一切围绕教学，一切归到教学"的口号。同时，他提出了"求实创新"的新校风和新学风；主张建设有别于旧式学校的教育制度，要求基本理论与社会实践相结合，不赞成全盘学习苏联；强调现代教育理论应与中国传统文化相结合，也要与西方文化相结合；倡导办好大学必须是教育与科研相结合，教学相长；坚持不拘一格选拔教师，加强教师队伍建设。侯外庐的这些教育思想和理论，在西北大学的发展史上发挥了非常重要的作用。

二、倡导"新三风"

侯外庐校长面对西北大学由国民党遗留下来的"百废待举"的烂摊子，在党组织的信任和支持下，决心克服种种困难，"革旧翻新"，大刀阔斧而又踏踏实实地解决问题，改造旧西大，建设新西大。很快，他就有了具体的思路。他审时度势，响亮地提出发扬"新三风"，即师生互助、教学相长的新校风，实事求是、严肃认真的新学风，理论与实际结合的新研究风。他由此在建设新西北大学中坚实地迈出了第一步。

新校风要求学生德、智、体全面发展，成为高素质、高质量的祖国栋梁之材。侯外庐鼓励普通学生努力突破成为高才生，主张因材施教，把一般普遍教育与特殊英才教育相结合。他谆谆教导青年学子："做学问，要坐冷板凳，吃冷猪肉，摩尔根《古代社会史》的英语释译，是一个字一个字抠出来的。"如此真切简要的治学格言，不只当时在学生中广为流传，还在后来一代代学生中，成为高年级学生同新入学学生初次见面时的宝贵赠言。

新学风要求学校、系各级领导做到实事求是、艰苦奋斗，尊师爱生、亲密团结，以身作则、身先士卒。马克思主义的精髓是实事求是。因此，他带头向全校学生讲授"立场、观点与方法""学习《实践论》"等专题，并将学校新落成的教学行政楼命名为"实事求是楼"。

新研究风特别要求青年教师不要脱离教学，孤立地专搞科研，也不要放弃科研，孤立地只搞教学；而要边教学边科研，教学带动科研，科研指导教学。张岂之至今没有忘记侯外庐校长就此对他说过的一句话："你半年的研究成果，完全可以带回去讲半年。"还有一句话："你的文字写得比较清楚，这得力于你搞教学工作。师长讲话，要让同学听懂，你就得把讲稿写清楚，使讲话有条理。"

为保证"新三风"的贯彻执行，侯外庐提出"三三制"：学习8小时，睡眠8小时，运动、娱乐和其他集体活动8小时。"三三制"也是含有讲课、自学和辅导三个因素的教学制度。

三、广揽师资人才

侯外庐深谙"大学者，有大师之谓也"的道理，鉴于20世纪

30年代和40年代长期在大学任教的经验，深知建设一支高质量的师资队伍，是办学的根本。经过摸底后，侯外庐认为，原西北大学师资还是有一定基础的，但无论数量和质量，都不能适应新形势的需要。因此，从到任伊始，他就千方百计地在国内和海外留学人员中广为延聘学有专长的专家学者来校任教。为此，他注意依靠和支持西北大学原有的专家学者。如岳颉恒、虞宏正、张西堂、龙标云、方乘、傅角今、杨永芳、李忠宪、王成组、张伯声等，都受到他的尊重和热情关怀。当地质系杨杰教授因家眷在京而准备离开西北大学时，他闻讯追到学校北门，恳切挽留并亲手将行李卸下车。

同时侯外庐尽力取得中央和西北军政委员会教育部的特许，利用自己的声望和影响，积极延聘各地著名学者来校任教，如李述礼、陈登原、陈直、楼公凯、沈石年、张岂之等教授均是这一期间到校的。此时的西北大学，群贤毕集，人才济济，教师阵营得到空前的充实和加强。仅以历史系为例，知名的、学有专长的教授、副教授近十人，为国内综合大学历史系师资力量最强者之一。

20世纪50年代，在侯外庐的领导下，西北大学师资阵容强大，可谓"俊彦荟萃，名师云集"。文科方面的名师主要有：（1）经学家张西堂教授，著有《周秦诸子论丛》《诗经六论》《尚书引论》等；（2）古典文学教授傅庚生，著有《中国文学欣赏举隅》《中国文学批评通论》《杜甫诗论》等；（3）现代文学教授郑伯奇，从日本京都帝国大学文学部毕业后，再入研究院深造，系创造社主要成员、左翼作家联盟常委，主编《中国新文学大系·小说三集》，长期与鲁迅、郭沫若、茅盾、郁达夫等合作，讲授的中国新文学运动史大多是他的亲身经历，资料珍贵，情节曲折鲜活；

（4）中国古代史教授陈登原，撰写了由商务印书馆出版的《中国文化史》《中国土地制度》《中国田赋史》等专著，在20世纪50年代还出版了百万字的《国史旧闻》，是"先通后专""能成通才始能专家"治学思想的实践者；（5）考古学教授陈直，著有《汉书新证》《史记新证》《文史考古论丛》等18种，是我国《史记》《汉书》研究的重要人物；（6）民族史教授马长寿，著有《突厥人与突厥汗国》《南诏国内的部族组成和奴隶制度》《北狄与匈奴》等；（7）历史地理学教授史念海，著有《中国疆域沿革史》（与顾颉刚合著）、《河山集》、《中国历史地理纲要》（上、下册）等；（8）教育学和心理学教授马师儒，在德国柏林大学获教育学与心理学博士学位，在瑞士苏黎世大学获哲学博士学位，著有《哲学概貌》《中国古代教育史》《外国教育史》等；（9）经济学教授邢润雨，日本东京帝国大学研究生毕业，著有《货币银行学原理》《金融学概论》《论通货膨胀及其规律》等。

理科方面的名师主要有：（1）物理学教授岳劼恒，在巴黎大学获理学博士学位，致力于旋光学在物理化学中的应用研究，创出了金属离子络合物光学研究的新途径；（2）原子核物理学教授田渠，在里昂大学获理学博士学位，著有《相对论》《普通物理》《原子物理》等；（3）物理学教授江仁寿教授，在英国伦敦大学理学院获理学博士学位，他的论文《液体滞性测定方法的研究》《液态金属钾和钠的滞性测定》曾在英国皇家学会的期刊上发表；（4）胶体化学教授虞宏正，曾赴德国莱比锡大学和英国伦敦大学从事胶体化学研究，致力于热力学和胶体化学的研究，创建了中国科学院西北生物土壤研究所；（5）热化学教授冯师颜，20世纪50年代在莫斯科大学进修热化学，在西北大学建成我国高等学校第一个热化学实验室；（6）地学教授傅角今，20世纪30年代在德国莱比锡大学地理研究所深造，曾任国民政府方域司司长，著有四册一套的教材《本国地理》，其专著《世界石油地理》是我国专论世界石油理论、分布和各国石油状况的第一部著作；（7）地理学史教授王成组，获美国哈佛大学史学硕士学位、芝加哥大学地理学硕士学位，专著《中国地理学史》被地理学界认为是"地理学的宝贵遗产"；（8）地质学系教授张伯声，先后在美国威斯康星大学、芝加哥大学和斯坦福大学攻读化学和地质学，发现"黄土线"现象，代表性论文《从黄土线说明黄河河道的发育》为"黄土水积成"提供了有力的佐证，创建的波浪状镶嵌构造说被公认为中国五大地质构造学派之一；（9）古生物学教授霍世诚，所写的论文《汉中梁山志留纪的细网笔石》，填补了我国细网笔石研究的空白；（10）地质学教授王永炎，从20世纪50年代起致力于第四纪地质和黄土的研究，所著《黄土学》是我国第一部黄土学教材，主编的《中国黄土图册》是我国第一部反映我国黄土状况及其研究历史和现状的大型图册。

尊重和爱护人才、重视师资队伍建设，是侯外庐治校的一个显著特点。他认为"师资是学校的根本"，他十分尊重这些专家和教授，并要求学校职能部门为他们创造较好的生活和工作环境，赢得了学校专家学者对他的尊敬和爱戴。

四、"层层加码"法和"下水游泳"法

侯外庐十分重视对青年教师的培养，对他们积极帮助，耐心引导，从编写教材到课堂讲授都很关心。他在带领张岂之等写书

时，不断地给他们加码。开始，这些年轻人心里没有数，就将信将疑地问："能顶得住吗？"等把加码的任务接过来，干下去，有了成果，交给侯外庐，他看了笑眯眯地说："行嘛！这就是我的培养方法：在水中学习游泳。我看你们刚能肩负25公斤，我立即加码到30公斤；你能挑起30公斤的担，我立即让你挑35公斤的。这样你们就可以在工作中不断前进提高。"①

根据张岂之的回忆，侯外庐曾幽默地对包括他在内的一批青年教师说："是到水中去学游泳，还是在岸上读《游泳指南》，根本不下水呢？"回答当然是："只有下水，才能学会游泳呀！"侯外庐就好像抓住了什么，一边笑，一边用浓重的山西口音说："下水是要喝几口水的，不怕肚子疼吗？"②

对侯外庐的这种"层层加码"法，有的青年教师开始觉得"苦"，但过不了多久，"苦"就变成了"乐"。侯外庐把这种"层层加码"法和"下水游泳"法看作培养青年教师独立工作能力的有效方法。后来的事实证明，这种培养方法是成功的。张岂之回忆道：

如果没有侯先生的"层层加码"法和"下水游泳"法，也许我会很久都不能独立工作。事过境迁，我回想起侯先生的这种培养青年科学工作者的方法，感到有不少值得回味之处。③

侯外庐常对青年教师说："讲课切忌呆板，要讲得生动些，使学生容易接受。"有一次，侯外庐站在窗外整整听了张岂之一堂课。当张岂之带着紧张的神情问讲课中有没有错误时，侯外庐却以鼓励的语调说："错误还没有发现，大体上还是清晰的，不过举

①②③ 张岂之著：《春鸟集：张岂之学术随笔》，陕西师范大学出版总社2017年版，第136、134、136页。

例大都是教科书上的老一套。其实，关于逻辑（当时张岂之讲的是逻辑学）的举例，实际生活中有的是，你可以找一找，这样，你的讲课可能会生动一些。"[1]

五、重视教学并积极推行教学改革

侯外庐主持西北大学校政工作，十分注重党的领导，对党和政府的方针政策，主张结合学校实际创造性地加以贯彻执行。他认为大学的首要任务是教学，要保证教学质量需要建立制度。为此，除了上文提到的"三三制"，他为改革课堂讨论提出"四有"（有准备、有发言、有争论、有总结）和"四定"（定时、定地、定题、定教师参加）等办法。他说，学校工作千头万绪，必须搞好几个重要的关系，即党群关系、团群关系、师生关系、学校与同学关系、教授与职员关系、学校与教育部关系。这几种关系如果有一种搞不好，就会使我们新教学制度的落实受到影响。"搞好师生关系是执行新教学制度的关键"，因为学校是培养人才的地方，学生是教职工服务的对象。侯外庐为了及时了解学生的学习和生活状况，经常深入课堂和食堂中，听取学生的反映和意见。他要求教师站在"为人民教学"的立场上，任劳任怨地教育学生；要求学生站在"为人民学习"的立场上，尊敬教师，虚心学习。

新中国成立后，高等学校开展改革以适应新社会的要求。侯外庐在中央统一领导下对西北大学进行教学改革，并加强了马克思主义理论的学习。这一安排在新中国成立初期，特别是对改造

---

① 张岂之著：《春鸟集：张岂之学术随笔》，陕西师范大学出版总社2017年版，第134—135页。

旧大学有决定性的意义。作为一校之长，侯外庐在学校党组织的支持下，亲自给学生上政治课。校长带头，比喊多少口号都要有说服力。全校师生学习马克思主义的风气日渐浓厚。

西北大学的教学改革在侯外庐的领导下，进行得比较顺利。虽然有些教师起初对教学改革意义不甚理解，后来在实践中也很快认识到，把学校改造成新型大学，集中一段时间改革是必要的。在改革中，侯外庐注意了系、室不要放松本专业的科研，不仅保证了教学质量，而且激发了教师的积极性，教学改革活动取得了圆满成功。

六、爱护学生

侯外庐热爱自己的学生，特别对学生中出现的优秀人才，更是激励扶植，倍加关怀。当王戍堂还是数学系一年级学生时，因低年级课程不能满足他的求知欲，便向学校提出进修三、四年级课程的要求。当时数学系领导以无先例为由，没有同意他的要求。王戍堂便直接向侯外庐申请。侯外庐对此事十分重视，委托秘书高扬多方面调查情况后，批准了王戍堂的要求，从而使他在一、二年级时，可以自由选修高年级课程。后来，王戍堂留校并担任西北大学数学研究所所长，成为国际知名学者，创立了"王氏定理"。侯外庐破格培养王戍堂之举，至今还在西北大学校园传为佳话。

侯外庐关心学生，和学生打成一片，以父兄般的温暖对待学生的言行，堪称当代中国大学校长的表率。例如，他每晚检查学生的自习，走遍了学生的宿舍，进学生食堂和学生一道吃饭，学生球赛都到场观战；每个学生都可以出入他的办公室；学生的集会或活动，只要接到邀请，他都尽量挤出时间参加，并发表热情洋溢的讲话。

中国科学院院士任纪舜、刘昌明、侯洵、张国伟、张殿琳，中国工程院院士张彦仲，俄罗斯自然科学院外籍院士任益民，第三世界科学院院士牛文元，创立以中国人姓氏命名的国际科技成果"侯氏变换"理论的侯伯宇，以及考古学家巩启明、韩伟，历史哲学开拓者佘树声等，都是20世纪50年代西北大学的学生。侯外庐爱护学生，学生也十分尊敬他们的校长。到后来，侯外庐虽挂着西北大学校长之名，却常年住在北京，兼任中国科学院历史研究所二所副所长。这时，学生见一次校长的面已是十分不容易。有位同学在1956年10月10日的日记中这样写道：

昨天就听到侯校长回校的消息，还不大相信，今天吃午饭时广播里通知侯校长下午要做报告，我们在饭堂里兴奋得鼓起掌来。

那天下午，同学们带着小方凳，早早就聚集在西树林，等待着一睹侯校长的风采。侯校长鼓励学生们要从小处入手，苦练基本功，他说他自己经常翻《辞海》，翻熟了，不用看部首，差不多一下就能翻到要找的地方。1956年10月12—15日，侯校长给历史系学生讲大课，题目是"谈谈中国哲学史"，有的同学从头到尾听了一遍，感受到了侯校长春风化雨般的教导。①

侯外庐在任西北大学校长的几年（1950—1958年）里工作成绩突出，受到中央人民政府教育部领导的表扬。据当时有关文件称："前派人赴各地视察，所得结果，以西北大学情形为最好，进步最快，一切生机勃勃，有条有理"，并号召各校"向西北大学看齐"。

---

① 千里青著：《紫藤园夜话——千里青随笔集》，西北大学出版社1997年版，第22—23页。

侯外庐也认为，他的校长工作"的确是见了一些成效"。但是，他并不居功自傲，而是归功于党，他说：

作为一个毫无行政工作经验的书生，能取得工作成绩，我打心眼里感到，这是党正确领导的结果，具体地说，党在建国初期路线正确，深得人心，而西北地区党组织则忠实贯彻党的路线。我个人的一些作用，离开了这个关键，就等于零。①

如果说当初在接受校长任务时，还有些担心贻误学术研究工作的惋惜情绪的话，那么，到20世纪80年代撰写回忆录时，侯外庐回顾几年校长岗位上的日日夜夜，"非但毫无悔意，反倒觉得是一段十分值得珍惜的经历"②。

晚年，侯外庐对在运动中受到伤害的朋友很自责。他对助手说在主持西北大学校政时期因为有些事未能实事求是地办，在运动中伤害了一些朋友。当年轻的助手表示这些事与他没有直接关系，而且当时搞错的地方后来也都改正了时，侯外庐却说："我是校长，我怎么能没有责任？哪能像你讲的那么轻松？既然有过失，就要有认识，不能诿过于人。"他的自责是发自肺腑的，也是很深刻的。

在西北大学校长任上，侯外庐倾注了全部的精力。他把校训改为"求实创新"；他大力发展工科，尤其是他一手建立起来的西北大学地质学专业，后来有"中华石油英才的摇篮"之美称。

侯外庐也是一位杰出的历史学家，他以马克思主义理论为指导，探讨了中国文明的起源、古代社会的性质、启蒙思想的特色及历史理论与方法论等一系列重大问题，对数千年的中国历史与

①② 侯外庐：《我在西北大学的日子里》，《人民政协报》1984年10月10日。

思想文化传统做出了批判性的总结，并形成了侯外庐学派，对马克思主义新史学的发展做出了卓越的贡献，在学界享有崇高的声誉。

侯外庐是一位视野开阔、富有远见的教育家。在担任西北大学校长期间，他革故鼎新，大刀阔斧地开展各项建设，想方设法延聘名流，不拘一格奖掖后进，充实了新中国成立初期的西北大学师资队伍，掀开了西北大学历史的新篇章。侯外庐提出的"师生互助、教学相长的新校风，实事求是、严肃工作的新学风，理论与实际结合的新研究风"（被称为"新三风"），以及他倡导的"三三制"新教学制度，影响着西北大学几代学人。此外，他强调教学与科研布局相统一，积极开设新专业，改造旧专业，初步确立了新西大的学科布局。侯外庐在任期间，以国家利益为重，急国家所急，面向国家经济建设的主战场，组织创设了一批新专业，为西北大学的发展打下了坚实的基础。其中，西北大学勘查地质矿产与石油地质专修科，为我国石油战线培养了大批杰出的人才。他们远赴新疆，转战东北，挺进中原，涉足东南海域，成为我国石油战线的骨干力量，为西北大学赢得了"中华石油英才之母"的美誉。

作为新中国成立后西北大学的第一任校长，侯外庐对西北大学的发展做出了巨大的贡献。今天，西北大学已发展成文、理、工、管、法学科门类齐全，教学与科研并重的全国重点综合性大学，成为首批"世界一流学科建设高校"，也是国家"211工程"重点建设院校和"西部大开发"重点支持建设院校。在西北大学今后的发展中，侯外庐的办校理念和治校策略仍然有很强的指导意义。侯外庐的办学理念和治校策略也是我国社会主义高等教育事业的一笔宝贵财富。

主要参考文献

1. 蒋南翔等著：《大学校长忆老师散文选》，湖南文艺出版社1995年版。

2. 张岂之主编：《中国思想史论集》第二辑，广西师范大学出版社2003年版。

3. 张岂之著：《春鸟集：张岂文学术随笔》，陕西师范大学出版总社2017年版。

4. 阎愈新：《侯外庐出长西北大学》，《百年潮》2004年第2期。

5. 侯外庐：《我在西北大学的日子里》，《人民政协报》1984年10月10日。

公 诚 勤 朴

西北大学校训

撰稿人：王建梁，教育学博士，华中师范大学教育学院教授，主要从事中国教育史和比较教育研究。

屈伯川

QU BOCHUAN

大连工学院（大连理工大学前身）
院长（1950—1967 1979—1981）

屈伯川（1909—1997），新中国杰出的教育家、科学家，大连工学院（大连理工大学前身）创始人。他兢兢业业，呕心沥血，将毕生的时间和精力奉献给了他挚爱的大连工学院，直至1997年溘然长逝。

一、求学、革命、办学的人生历程

（一）刻苦求学，关心时事

1909年11月16日，屈伯川出生在四川省泸县。当时，军阀混战，社会动荡不安，幸运的是，泸县地处偏远，战火未延伸至此。屈伯川从小接受了良好的教育。他研习四书、五经、《资治通鉴》等，打下了良好的古文基础。在儒家的仁义、忠孝、家国等思想的影响下，自幼胸怀天下，以"修身、齐家、治国、平天下"为己任。

五四运动为封闭的中国带来朝气，在社会活动家和有志青年的带动下，民主科学的新思想在全国扩散。不少青年人在新思想的影响下，跃跃欲试，渴望成就一番事业。成长在偏远县城的屈伯川亦不例外。1926年初，在征得父母的同意后，他随同表兄远赴南京，经过刻苦的学习，他被东南大学（中央大学前身）附属中学录取。后因战事，学校停办，抱憾回乡。1927年8月，考入上海私立吴淞中学继续深造。1928年2月，进入金陵大学预科，备考国立大学。同年夏，以优异的成绩考入中央大学理学院化学系。

在中央大学学习期间，屈伯川积极参加学生爱国运动。他通过接触进步学生和阅读进步书刊，对蒋介石叛变革命的行为产生愤懑，而对坚持革命的中国共产党，则抱以同情与敬仰之心。当时，任国民政府教育部部长的朱家骅兼任中央大学校长，为了巩固地位，安排了一个没有能力的人担任理学院院长，举校哗然。屈伯川在义愤之下实名贴出大海报，要求院长辞职。在全校师生的反对下，该院长不得不离开。经此一役，屈伯川名声大震，不久被选为中央大学理学院学生会干事。1931年九一八事变爆发，东北三省相继沦陷。国家危难之际，蒋介石却提出"攘外必先安内"，拒不出兵抗日，遂激起民愤。举国掀起抗日救国的运动，各地区的学生皆抗议国民党的反动政策。屈伯川和一名同班同学被选举为理学院的代表，担任中央大学"抗日救国会"干事。同年12月，中央大学组织队伍声援因请愿而被逮捕的北平学生，却发现校长锁起了校旗。于是，屈伯川与化学系两名同学冲上办公楼抢出校旗，与队伍一起到关押被捕学生的卫戍司令部游行。此事件直接导致校长朱家骅引咎辞职，而作为积极分子的屈伯川也被列入国民党中央党部的黑名单。一年后，屈伯川因参与抗议国民政府教育部解散中央大学的大会，被学校冠以"参加暴行，并历次鼓动风潮"的罪名，与其他18名同学一起被开除学籍。

学业被迫中断对一心向学、倡导科学救国的屈伯川来说是一个巨大的打击。经过一段时间的筹备后，他决定自费去海外留学，继续深造。1934年9月，屈伯川抵达德国，并先后在慕尼黑工业大学和柏林工业大学学习化学，并顺利毕业。次年，屈伯川在德雷斯顿工业大学担任研究员，并在威廉皇家皮革研究所所长格那士的指导下从事植物鞣料的学习和科学研究工作。

留学德国期间，屈伯川未改革命之心，与同仁刘光德继续参加抗日救亡活动，积极联系中国共产党组织的"抗日救国会"，并于1935年5月在柏林加入中国共产党领导下的秘密外围组织"反帝大同盟"。1937年全面抗日战争打响。在山河破碎、国难当头之际，身处异乡的屈伯川再也按捺不住满腔救国情怀，夜以继日地撰写博士论文，于当年年末通过了严格的论文答辩，获得化学工程博士学位，年仅28岁。

（二）毅然归国，投身科教

1938年4月，屈伯川回到祖国。回国初期，他先后与中华民族解放先锋队和八路军重庆办事处取得联系。在党组织的支持与鼓励下，屈伯川阅读了大量革命图书，了解革命形势的发展。在重庆，他组织社会活动，负责主编中华自然科学社的学术刊物，同时积极参加进步人士组织的报告会、座谈会等。1939年初，屈伯川拜见了时任中共四川省委书记、八路军重庆办事处负责人吴玉章，向他汇报了自己留学德国的经历以及参加的情况。此后，又多次拜谒吴玉章和了解延安的情况。5月，向吴玉章表明去延安的心愿，得到了大力支持并获引见，得以结识陕甘宁边区政府主席林伯渠。同年9月，屈伯川以陕甘宁边区政府主席林伯渠秘书的身份，随同林伯渠、吴玉章向延安进发，于10月抵达。

在延安，屈伯川这位"留洋博士"受到了热烈的欢迎。1939年12月，参加中央财经部召开的自然科学讨论会，对边区经济建设方向问题进行探究。在经过对边区教育和科研情况的考察后，与科技人员提出了两项建议：一是要把边区科技人员组织起来更好发挥作用，二是创办高等学校培养自己的科技人才。在总结会上，中央财经部部长、延安自然科学研究院院长李富春宣布，党中央、毛主席十分重视大家的建议，决定立即筹备建立自然科学研究会和延安自然科学院。

1940年1月，屈伯川担任延安新华化学厂厂长，同时负责"陕甘宁边区自然科学研究会"的筹备工作；2月5日，由中国共产党领导的第一个自然科学工作者的群众组织陕甘宁边区自然科学研究会正式成立，吴玉章任会长，屈伯川任驻会干事负责人。在成立大会上，作为主席团成之一，他起草了《陕甘宁边区自然科学研究会宣言》，并对自然科学研究会的目标和任务做了相关报告。[①]不久屈伯川又在《解放日报》上发表了《建立科学和技术的统一领导》，指出科学与技术分立和统一领导的问题。[②]

与此同时，屈伯川参与了延安自然科学院的筹备工作。1940年9月1日，我党亲手创办的第一个自然科学方面的高等学校延安自然科学院正式成立，李富春与徐特立先后担任延安自然科学院院长，屈伯川任教育处处长，兼任化学系教师。延安自然科学院（1941—1946年）以培养经济建设的人才为目标，贯彻理论联系实际、教育要为工农业服务的方针[③]，学制包括三年制初中（补习班）、两年制高中（预科）和三年制大学。屈伯川与师生一起编写教材、制作实验仪器，克服办学过程中的困难，在短短几年中，先后培养了230多名学生，为我国的革命事业和经济建设事业输送了科研和政治力量。曾任国务院总理的李鹏就是延安自然科学院的学生，他对屈伯川老师印象至深，亲自为《屈伯川教育文集》题词。在延安自然科学院期间，1940年9月2日，屈伯川终于如愿以偿，加入中国共产党，正式成为一名光荣的共产党员。

---

① 屈伯川：《陕甘宁边区自然科学研究会宣言》，《新中华报》1940年2月28日。
② 屈伯川：《建立科学和技术的统一领导》，《解放日报》1941年11月10日。
③ 屈伯川：《延安自然科学院》，《延安自然科学院史料》编辑委员会编：《延安自然科学院史料》，中共党史资料出版社、北京工业学院出版社1986年版，第358页。

1944年后，屈伯川任陕甘宁边区建设厅工业局副局长、晋察冀军区工业部试验所所长等职。1946年10月，张家口面临失守，屈伯川带领试验所的人员及便于携带的图书、小型仪器悄悄回到阜平。不久，中央发来要求组织科技人员到东北开展相关工作的电报。于是，屈伯川等带领四五十位科技人员出发前往东北，几经曲折到达烟台解放区，1947年1月，终于到达了大连老虎滩。

（三）创建工学院，力争一流

1947年，屈伯川一行人受到中共旅大区党委的热烈欢迎，由组织分配负责教育和科技工作。于是他和部分同来的科技人员留在了大连，这一留就是50年。

屈伯川来到大连的第一件事情是组织当地的科技人员，成立了科技协会。1947年5月，屈伯川被任命担任关东工业专门学校的校长。就职后，他将自己在延安办学的思想带到学校中来，着手成立中国共产党的党支部，组织教职员工和学生一起学习党的政策方针，以期端正学校办学的政治方向，拥护中国共产党的领导。

1947年，屈伯川受命担任关东工业专门学校校长
（图片由大连理工大学档案馆提供）

1948年，我党以培养高级人才为目标，决定在大连创办一所正规大学，并于11月正式成立大连大学筹备委员会。屈伯川被任命为筹备委员会委员，随即前往接收日本人办的南满铁路株式会社中央实验所（该所并入成为大学的一部分）。接管时，中央实验所仅剩20余名研究人员和一些破旧不堪的图书、仪器。但屈伯川没有气馁，经过认真的盘点、总结、整顿，以惊人的速度在丙酮、丁醇等十余个科研项目上取得了令人瞩目的成果，为今天中国科学院大连化学物理研究所的发展奠定了基础。1949年3月15日，大连大学正式宣布成立，时年40岁的屈伯川担任大连大学工学院院长兼化学科学研究所所长，同时担任大连大学党委委员。1950年7月，东北人民政府根据当时的形势决定撤销大连大学的建制，大连大学工学院遂独立为大连工学院，屈伯川担任院长兼党委书记。

大连工学院创建初期，屈伯川就提出，学校要努力继承和发扬革命根据地办学的优良传统，不断汲取国内外办大学的经验，争取将学校办成新型的正规化大学，为祖国的建设培养又红又专的高级专门人才，尽早在科学技术上贡献一份力量。因此，他鼓励师生养成良好的校风校纪、学风学纪，并广聘人才，壮大教师队伍，特地从北京、上海、南京等地请来一批专家、教授。在屈伯川的悉心经营之下，学校逐步走上正轨。1952年，屈伯川提出："逐步开展教学研究工作是关系着本院发展的重要因素。"他认真学习苏联经验并结合中国实际情况，改革教学体系、教学内容和教学方法。在他的带领下，学校内的教授、副教授、讲师和助教积极开展研究活动。1952年，学校开始招收研究生。1960年，学校被确定为高等教育部直属的全国重点大学之一。

（四）历劫重重，初心未改

"文化大革命"时期，屈伯川被打倒，直到1972年才恢复工作。这年3月，他被任命为学校的革命委员会副主任兼党委副书记，负责管理教学和科学研究工作。当时工农兵学员的学习有困难，屈伯川便组织干部和教师积极落实指示，制订正规的教学计划，想办法提高教学质量。1974年屈伯川又一次被批判。尽管屡遭打击，但是屈伯川未变初心，他对党的忠诚从未改变，对教育事业的奉献从未间断。

1981年，年逾古稀的屈伯川主动响应国家关于干部队伍"四化"的号召，表示自己愿意辞职，并举荐钱令希担任大连工学院院长。同年9月，组织同意了他的申请，任命他担任大连工学院名誉院长。同年，又被推选为辽宁省高等教育学会副会长和第六届全国政协委员。

屈伯川虽然辞职，但仍心系学校，竭尽全力地助力学校的发展。他关心党组织的建设，帮助组织部门改进工作；关心老教师的入党问题；关心学校的发展，为学校的领导班子出谋献策，结合自己的办学经验鼓励他们开辟新局面；关心国家和地方教育事业的发展，积极研究教育，建言献策。1982年，在辽宁省高等教育学会上做《关于高等教育改革几个问题的探讨》学术报告；1983年，又先后写出了《关于辽宁省开创市办高等教育的新局面问题的探讨》和《加快发展高等教育，大力兴办市管大学》两篇论文。1985年，在《高教战线》杂志《大学校长论坛》专栏发表《高等院校要加快培养高级专门人才》。1986年，同其他14位政协委员在全国政协六届四次会议期间提出了"关于发挥高等学校对马克思主义基本原理研究作用"的提案，以及同其他29位委员提出了

"大力加强社会主义精神文明建设，建议对各级各类学校的学生有计划地进行德育教育"的提案。1986年，被评为大连市优秀共产党员；1989年，荣获国家教委"老有所为精英奖"；1990年，国家教委为表彰他从事高教科技工作40余年的卓越成就，授予他荣誉证书。

屈伯川在工作
（图片由大连理工大学档案馆提供）

1996年底，正当屈伯川把精力倾注于如何启动"211工程"时，突发脑出血住进医院。1997年2月18日，屈伯川溘然长逝，享年88岁。屈伯川立下遗嘱："我总有一天要去见马克思。遗体献给大连医学院附属医院，供教学科研使用（如果用后要火化，就把骨灰送给大连理工大学，同绿化用肥料混合，撒在校园绿化园地）。不要开遗体辞别仪式，事后在校报和《大连日报》登个消息就是了。"家属忍痛履行了这份庄重的遗嘱。中央和省市领导同志、兄弟院校和知名学者送上花圈表示哀痛，大连理工大学千余名师生沉痛悼念这位令人尊敬的老院长。

二、治校方略

屈伯川先后任大连大学工学院院长兼化学研究所所长、大连工学院院长、大连理工大学名誉校长，参与并见证了大连工学院的创办、建设和改革的变迁历程，为大连工学院成为国内一流理工科大学倾注了毕生心血。

屈伯川多次强调："科学技术是关键，教育是基础，这是千真万确的真理"（《关于将50所左右高等学校列为国家重大建设项目的建议》，1983年）；"国际上经济和国防实力竞争，实际上是科学、技术竞争，关键是人才竞争"（《高等院校要加快培养高级人才》，1985年）。作为大连工学院的院长，屈伯川把培养高级人才作为治校之道的首要方针，把狠抓教学质量和狠抓教师队伍建设作为培养高级人才的途径和方法。

（一）明确培养全面发展的高级专门人才的目标

新中国成立初期，百废待兴，农业、工业和商业等亟待建设和发展。1950年，大连大学被撤销，大连大学工学院从大连大学脱离并独立成大连工学院，屈伯川担任首任院长。作为工科大学，大连工学院秉承着为国家工业发展培养理工人才与提供科研支持的重任。屈伯川从国家发展形势出发，坚持"培养具有革命思想与掌握现代专门科学技术知识的高等专门人才"的人才方针，主张培养全面发展的高级人才，并多次在重要场合和报告中阐述对高级人才的要求。在一次毕业典礼上，屈伯川对毕业生提出了

"成为具有高度文化水平，掌握科学技术成就，全心全意为人民服务的高级建设干部"的目标，他要求毕业生在未来的工作中：一是所学与所用紧密结合，将科学理论运用到实际工作中解决具体问题，在实际工作中提高自己；二是坚持学习政治理论和苏联经验；三是要随时随地依靠共产党的组织；四是要更好地为祖国建设服务，注意身体健康。

屈伯川主张培养的高级人才是德、智、体全面发展的人才，其目的是让学生能够学以致用，将理论与实际相联系，形成解决实际问题的能力，为国家经济和生产的建设全心全意服务。他在德、智、体三方面提出了具体的要求。

在"德"的方面，要求高级专门人才具备高尚的道德品质和较高的思想政治觉悟，树立个人利益无条件地服从组织利益的义利观，谦虚谨慎，跟着党组织的步伐全心全意地为人民服务。在1957届学生的毕业典礼上，屈伯川发表《树立全心全意为人民服务的人生观》讲话，期望学生在毕业后成为一个工人阶级知识分子，树立全心全意为人民服务的人生观，以坚决拥护共产党的领导、与人民群众紧密结合、谦虚谨慎、虚心向学、艰苦朴素、个人利益服从集体利益等为奋斗目标。在优秀学生和优秀班级大会上，屈伯川重申高等学校的任务是为社会主义培养又红又专的科学技术队伍，要求学生在政治上严格要求自己，即学习政治理论著作，参加社会实践工作，加强思想意识教育和道德品质修养，服从组织。

1962年，屈伯川在运动会上讲话
（图片由大连理工大学档案馆提供）

在"智"的方面，要求高级专门人才具备丰富的理论知识和娴熟的基本工作技能，能够理论联系实际，解决问题。主要内容包括学好基本理论、专业知识和生产知识，掌握科学技术，加强基本技能的训练，提高工作能力。屈伯川在其主持编制的《大连工学院十二年规划（1956—1967）》中提出："要积极培养学生独立工作能力，改变学生机械刻板的生活制度，使有充裕的自由支配的时间，便于从事自学和各种科学活动、社会活动。"[1]

在"体"的方面，要求高级专门人才拥有良好的身体素质，勤于锻炼，勤于劳动，即训练体育基本功和参与体育活动。屈伯川重视体育，他说："我们培养的人，不但要有较高的科学水平，还要有较高的社会主义觉悟和健康的身体。"[2]良好的身体素质是革命的本钱。屈伯川不止一次在讲话中要求学生养成良好的身体素质，在工作中注意身体健康，积极进行体育锻炼。作为校长，

----

[1][2] 孙懋德编：《屈伯川教育文集》，高等教育出版社1997年版，第61、103页。

他身体力行，以身作则，长年坚持长跑运动。

上述德、智、体三方面的要求，层层递进，层层关联，渗透着屈伯川为祖国建设发展培养人才的良苦用心。德育是为了树立良好的思想道德，为人民服务；智育是为了打下良好的理论基础、基本技能，为解决实际问题服务；而体育则是为了锻炼身体，为学习工作提供"本钱"，同时也在劳动中养成良好的生活习惯。德育、智育、体育三者中，德育居于首位。屈伯川强调以德为先，要求学生树立为人民服务的思想。为了德育工作的积极开展，屈伯川主张学校加强思想政治工作，积极学习马克思主义理论。在他的支持下，大连工学院早在建校伊始就建立了系统的思想政治工作制度，并在1980年成立了德育研究室，这一举动受到教育部的肯定。为了促进国家德育工作的开展，屈伯川与汪金丁、毕德显等政协委员在全国政协六届四次会议提交了"大力加强社会主义精神文明的建设，建议对各级各类学校的学生有计划地进行德育教育"（1986年）提案，提出有计划地加强学校德育工作。为了鼓励学生积极学习思想政治课程，屈伯川在《大学生思想修养教程》（1992年）的序言中写道："思想政治教育是门科学，是探索和研究如何指导青年学生树立正确的世界观和人生观的规律。"[1]

除了要求学生成为全面发展的高级专门人才，屈伯川还十分重视研究生的教育。他认为，研究生是开展科研工作的主力军，培养研究生是高等学校的重要工作任务之一，学校要不断地提高研究生的培养质量。他说："研究生能集中主要精力和时间搞科

---

[1] 孙懋德编：《屈伯川教育文集》，高等教育出版社1997年版，第172页。

研……是做科研工作的生力军。"[①]在屈伯川的领导下，大连工学院于1952年开始培养研究生，并逐步走上正轨。"文化大革命"结束后，大连工学院于1978年再次恢复研究生招生工作，并在研究生培养上取得了良好的成效。

（二）狠抓教学质量

为了培养高级专门人才，屈伯川多次在学院重要会议的报告中强调要"狠抓教学质量的提高"、坚持"教学质量第一"、牢固树立"以教学为主，教学质量第一"的思想。

屈伯川认为，高等学校必须树立教学质量第一的思想，将教学和科学研究视为学校建设的"两个中心"。他说："高等学校必须以教学为主，努力提高教学质量。"[②]在建校初期，为了提高教学质量，在屈伯川的带领下，大连工学院按照国家向苏联学习的方针，积极向苏联学习，从改革教学计划与教学大纲、教学内容和教学方法三个方面入手改革教学。首先，学院贯彻由中央颁布的教学计划和教学大纲，加强课程之间的系统性，明确规定教学程序。其次，组织教师积极阅读和翻译苏联教材，借鉴苏联教材改革教学。最后，重视教学方法对提高教学质量的积极影响，参照苏联模式，建立与健全了课堂讲授、课后实习、考试测验和毕业论文等一整套的教学环节及其教学方法。为此，学院还专门成立了教学法委员会，发布了《大连工学院关于教学方法中若干指导原则的规定》（1956年），要求学生必须做到既有扎实的知识又具备娴熟的实际操作能力。此外，屈伯川还提出要提高政治理论

课质量，加强教研室工作，根据教学大纲开设实验课程等。

改革开放后，为了贯彻国家培养"四化"人才的方针，屈伯川指出大连工学院坚持以提高教学质量为方针。他认为，高等学校的中心任务就是为实现"四化"培养专门人才，高等学校必须围绕教学这个中心工作。1980年他在《振奋精神　鼓足干劲　为办好大连工学院而奋斗》的讲话中提出，提高教学质量要做好以下几项工作：完成教学计划和课程大纲的审定和修订工作；切实加强理论基础课的教学和基本技能的训练，提高主讲教师的教学水平；进一步贯彻因材施教的原则；加强教学法的指导，逐步开展教育科学的研究；加强教材建设；提高思想政治课的教学质量；重视体育，提高体育教学质量；建立教学质量检查制度；提高课堂授课的效果，安排具有丰富教学经验和教学成果且德高望重的教师担任专业课的主讲教师。

屈伯川认为，教师的教学水平是提高教学质量的关键所在，而教师的首要任务是担任教学工作，集中力量钻研教学内容和教学方法，进行教学上严格的基本训练，在长期的经验积累中不断提高教学质量。屈伯川还提出教授和副教授必须每学期负责教授一门课程，他指出："教授、副教授（年老体弱讲课确实困难或教学效果不好者除外）一般每学期至少要讲授一门课程，担负科研任务较重或指导研究生较多的教授、副教授，每学年也要至少讲授一门课程。"[1]

---

① 孙懋德编：《屈伯川教育文集》，高等教育出版社1997年版，第114页。

（三）狠抓教师队伍建设

教师在教学中起主导作用，教学质量和科学研究工作皆与教师的教学能力和科研能力紧密相关。屈伯川认为，办好学校，关键在于师资队伍的建设，教师是我们办好学校的依靠力量。他多次在学校重要报告中强调"狠抓师资队伍的建设"。1954年，他在《大连工学院第一次教学与科学研究工作会议报告》中，提出了"大力提高教师的政治水平、科学水平和教学法水平，积极培养青年师资"的基本任务。在大连工学院的一次教学工作会议（1963年）上，屈伯川对教师教学提出了具体且系统的要求：以教学计划和教学大纲为基础，正确处理课程目的和教学内容；深入了解学生的学习情况，以学生掌握知识的规律和原有基础进行教学；钻研教学、重视研究教学方法，启发学生学习的主动性和积极性；贯彻因材施教、劳逸结合的原则；在教学中实行民主集中制和贯彻"双百"方针，加强统一集中的观念。屈伯川认为，能出色地达到这些基本要求的教师在教学上具有全局观点、群众观点，有组织性和纪律性，具有理论联系实际的良好学术修养，具有高超的知识传授艺术。

为了建设优质的师资队伍，培养优秀的师资，屈伯川采取了以下措施：一是统筹安排教师工作，明确老年、中年和青年教师的努力方向，例如，对老年教师要充分发挥带头作用，对中年教师要充分发挥骨干作用，对青年教师要创造实践和进修条件；二是加强建设基层学术组织，建立科研队伍；三是提高教师的外语水平，造就适应国际学术交流的教师队伍。为了提高教师的教学能力和水平，屈伯川支持中青年教师自主学习，并选派优秀教师到国内外进修。屈伯川认为："师资、设备较好的院校，要积极开展国际科学文化交流活动。……可互派专家讲学或共同进行专题科学研究，也可聘请国外教授来校工作。可选派优秀教师出国进修或选送取得硕士学位的优秀青年出国攻读博士学位。……还要准备条件，接收外国来留学的研究生和进修教师。"[①]自20世纪50年代起，为了培养提高师资，大连工学院选派教师向苏联专家学习或前往苏联学校进修、读研究生，后来这些教师成了大连工学院的中流砥柱。

屈伯川在重视教师队伍建设的过程中特别尊重知识分子。他说："办第一流的大学要靠第一流的教师。"大连工学院建院伊始，他以海纳百川的胸襟和气度，招贤纳才，积极引进海内外的优秀人才来学校从事教学和科学研究。据屈伯川回忆，当时为了招聘优秀人才，以屈伯川为首的筹建委员会成员为躲避国民党反动派的追踪，把从全国各地赶来的优秀人才在香港集中，并组织他们分批到大连工学院任教。这批人才包括王大珩、张大煜、毕德显、李士豪等，后期又有胡国栋、杨长骙、姜际升等。在他们的引领下，大连工学院为进军全国一流理工科大学打下了坚实的基础。

屈伯川与钱令希亦师亦友的情谊一直被传为佳话。1952年初，大连工学院进行了大规模的调整，王大珩、张大煜、毕德显、王希季等6位专家先后调离大连工学院。为了学校的长远发展，屈伯川怀爱才之心，远赴千里到浙江，以"三顾茅庐"的诚意，邀请正值盛年的力学专家钱令希到大连工学院执教。从此，两位长者结下了深厚的情谊，携手为大连工学院的发展做出了巨大的贡献。1981年，在屈伯川的极力推荐下，钱令希接任院长之职，成为大

① 屈伯川：《高等院校要加快培养高级专门人才》，《高教战线》1985年第6期。

连工学院第二任院长。

在欢庆建校40周年时屈伯川（左）和钱令希在主楼前合影
（图片由大连理工大学档案馆提供）

（四）重视科学研究

屈伯川是一位教育家，亦是一位科学家。留学德国期间，他以优异的成绩取得了化学博士学位，具备扎实且深厚的科学理论和科学实验基础。回国后，他奔赴延安，积极提倡科学教育，并于1940年先后参与了筹办自然科学研究会和延安自然科学院的工作，期望联合自然科学界同仁以通过发起自然科学运动的方式，培养具有科学素养的人才，为抗战胜利和全国解放后的经济建设贡献力量。在《陕甘宁边区自然科学研究会宣言》中，他阐述了自然科学的意义："自然科学是研究自然界发展规律性的科学，它是人们探求真理的武器，它是人们创造物质文明的工具，它是现代人类进步的产物。"[1]

科学研究是高等学校的重要工作和重要任务。在执掌大连工学院校务期间，屈伯川十分重视科学研究工作，着重提升学院的

---

[1] 孙懋德编：《屈伯川教育文集》，高等教育出版社1997年版，第1页。

科研水平与质量。他将教学和科学研究视为学校建设的"两个中心"，坚持把"教学、生产劳动、科学研究必须结合"作为开展科研工作的指导思想，把"坚决贯彻科学研究为社会主义建设服务"和"理论研究解决实际问题"作为指导原则。他提出大连工学院科学研究工作的方针是："根据国家总的要求，并结合我院教师专长和地区地理条件，着重围绕几个主要研究方向，广泛组织力量，突出重点，力求在主要研究方向、重点研究题目上，用最快的速度达到国际水平。"[①]他多次在大连工学院的重要报告中提出：加强建立科学研究工作与教学工作、教法工作的有机联系；积极为科学研究提供充足的设备保障，支持各专业建立实验室、资料室，添置必要的仪器和资料；建设良好的科研队伍；做好学术交流工作；等等。在科学研究方法的问题上，屈伯川以专业的科学素养和科研经验对学院的科研工作提出了以下要求：首先，科学研究的选题要因地制宜，坚持理论联系实际，以国家科研发展规划和学院教研室的科学研究为基础。其次，科学研究要集思广益，组织和集合团队力量。团队的主要力量不仅有教师，还有研究生、实验员、工程技术人员、资料人员等。最后，科学研究要循序渐进，遵从客观规律。屈伯川指出科学实验大体分为五个步骤：第一步制定科研大纲，第二步进行科研实验，第三步进行逻辑推理，第四步进行实验证明，第五步进行科学总结。[②]此外，屈伯川强调，科学实验的结果要在生产实践中进一步检验。总体而言，屈伯川开展科学研究工作的目的和核心是解决国家经济生产中的实际问题，为经济发展和生产创造条件，提供研究方向，即从不断

---

①② 孙慭德编：《屈伯川教育文集》，高等教育出版社1997年版，第62、90—91页。

的实际问题的研究中发现自然规律、发展科学理论，并从科学理论问题的研究中运用研究成果指导实践和推动生产。

　　在屈伯川"教学、生产劳动、科学研究必须结合"的科学研究工作思想指导下，大连工学院的科学研究工作和科研实践工作取得了巨大的成就，攻克多项重点课题，完成多项国家重大工程的建设项目。例如，化工系在侯毓汾教授的主持下开展了活性染料研究工作，初步形成了我国自己的活性染料体系；土木系师生出色地完成了我国第一座、当时亚洲最大现代化渔港大连渔港的规划设计任务；屈伯川带领土木系师生承担了新中国第一个现代化军港的设计，得到了国家领导人的肯定和表扬。1973年，屈伯川顶住各种政治冲击，组织6个系的师生和两个校办工厂的力量，历经19个月的艰苦奋斗，成功设计了我国第一座现代化油港——大连新港，该设计获得了我国"70年代优秀设计金奖"。此外，化工系在20世纪70—90年代，帮助17个大型化肥厂进行了消化吸收引进技术的调查，该项目后来被誉为"高校为国家重点建设项目的成功实例"。

屈伯川（右）在某水利工程建设工地
（图片由大连理工大学档案馆提供）

三、建设重点大学的主张

自1950年担任大连工学院院长起，屈伯川根据国际政治经济的局势、国内外高等教育发展的态势，结合我国教育发展的历史规律，对高等教育进行了比较系统的思考，形成了独到的见解。他高瞻远瞩地提出："科学技术是关键，教育是基础，这是千真万确的真理。"在《关于高等教育改革几个问题的探讨》一文中，屈伯川对创办综合性、多科性的大学，调整学制比例，改革招生制度、领导体制和加强经济管理等高校改革问题进行了探讨。在《高等院校要加快培养高级专门人才》中，屈伯川指出，缺少高级专门人才是我国社会主义现代化面临的主要问题，要重视系统地分析高等学校的人才培养途径、机制。

在屈伯川的高等教育主张中，最具特色的是他对建设重点大学和建设市管大学的思考与探索。

（一）提议建设重点大学

屈伯川是一位具有战略思维的教育改革者。他是国家重点项目"985工程"和"211工程"的倡导者之一。

1983年5月15日，在武汉召开的全国高等教育会议上，屈伯川与南京大学名誉校长匡亚明、浙江大学名誉校长刘丹、天津大学名誉校长李曙森联名向中央提出了《关于将50所左右高等学校列为国家重大建设项目的建议》（又称"835建言"）。此建议由屈伯川执笔，提议国家将50所基础较好的高等学校列为国家重点项目，以培养高质量的人才。建议言辞恳切，字里行间流露出老一辈教育家对高等教育事业发展的殷切希望，这一建议得到了党和国家领导人的高度重视。

"835建言"开篇对我国高校与国际高校的发展趋势进行了对比和分析，肯定了我国高校发展趋势符合科学技术和高校发展规律，同时也指出了我国教育的不足之处，即教育经费太少，智力投资和经济建设投资不成比例，高等学校一直处于物质资源和科研资源落后、发展困难的状态。而德国和日本在第二次世界大战后迅速恢复、急剧发展的原因是重视教育。因此，屈伯川等四位老校长着力提出我国要建设50所重点大学。该建言指出："在我国当前情况下，从全国700余所高等院校中，选出50所左右基础较好、师资力量较强、教学质量和科学研究水平较高，既能培养质量较高的大学本科生，又能培养合格的硕士、博士研究生，规模也较大的院校，作为高等教育建设的战略重点，像国家的70个重点经济建设项目那样列为国家重点建设项目。在今后5年内，在经常教育经费外，对这50所左右的大学，由中央另增加重点投资50亿元，即平均每年每所大学增加投资2 000万元。如果5年内能增加50亿元基建投资来增建校舍、添置图书和现代化设备，将会推动这些学校迅速地扩大本科、研究生招生人数和开展科学研究工作。初步预计，到1990年以前的七八年中，这50所左右大学将能培养高质量的各种本科生五六十万人，硕士研究生五六万人，博士研究生几千人，还能培养一大批相当于大学教授水平的各种学术带头人。如能培养出这样大量的各种高级专门人才，不仅对于20世纪90年代大力发展经济建设将起巨大作用，而且将大大加速这50所左右大学本身的发展壮大，并将为全国其他高等学校提供高质量的硕士、博士生和本科毕业生作为补充师资，为20世纪90

年代我国整个高等教育大发展打下深厚基础。"①四位老教育家又进一步分析道："按照马克思主义认为的生产力诸要素中人是最重要因素的理论，这些学校培养出来的各类高质量人才，不仅将是我国20世纪90年代高等教育进一步发展的基础，更将是我国在科技文化领域中赶超世界水平、加速高度社会主义物质文明和精神文明建设的骨干力量。他们所创造的价值绝不是任何一个重点经济建设项目所获得的经济效益所能比拟的，因为作为智力投资的总效益是长远的，其意义是难以估量的。"②1983年6月，屈伯川联合张维、董纯才、毕德显、唐敖庆等教育界人士，在全国政协六届一次会议上提出了《关于建议政府建立重点大学项目案》，再一次指出，实现四个现代化，科学技术现代化是关键，教育是基础，人才培养必须先行，并提出了50所重点院校建设的具体任务和要求。

"835建言"很快得到国务院采纳。1993年，中共中央、国务院在《中国教育改革和发展纲要》中明确提出了面向21世纪重点建设100所左右的高等学校和一批重点学科的"211工程"。1998年，中央又提出了"985工程"。屈伯川等四位新中国老一辈教育家的愿望终于变成了现实。"211工程"和"985工程"使我国高等教育的发展、高级人才的培养得到了历史性的突破，在我国现代高等教育史上具有里程碑意义。

（二）倡议创立市管大学

改革开放以后，屈伯川在深入大连等地调研时发现，乡镇地区的工业、服务业等在改革开放的影响下迅速发展，而教育资源

①② 孙懋德编：《屈伯川教育文集》，高等教育出版社1997年版，第134—135、135—136页。

分配不均、人才流失等原因导致地方的科技、工业、经济人才奇缺。这些情况，让屈伯川萌生了发展市办大学的想法。

屈伯川在分析了我国地方教育的情况后指出："我国人口众多，疆域辽阔，经济文化发展很不平衡，创建有中国特色的高等教育体系，必须规模大、层次多、办学形式灵活多样，培养专门人才的学科比例和等级比例要适当。"[①]同时，他也指出，我国高等教育面临地方教育资源不均衡的问题："我国高等学校主要集中在首都北京以及各省、自治区、直辖市首府和极少数大城市，有些中小城市创办的专科学校也是属于省管。省属下的市地一级没有自管的大学。地方需要的专门人才得不到满足。"[②]他也肯定了一些城市为市、县培养人才得到的成效，例如，南京、武汉、深圳、丹东创办了市管大学。屈伯川对市管大学的领导体制和办学方案做出如下设想：第一，市管大学直接归属市管，即大学行政归市人民政府领导，教育经费投资由市里负责；第二，市管大学的学制属短期专科，医科为三年制，其他学科为两年；第三，本市学生实行走读制，农村学生住宿；第四，除师范专业，一律收学费，实行奖学金制；第五，不包分配；第六，由中央部委或省管高等学校支持教师队伍建设；第七，勤俭办学。屈伯川认为创建市管大学及其县分校的优势是：有利于为高等教育的发展打下基础，有利于改变高等教育资源集中在大城市的现实问题，有利于中小城市的建设和教、科、文事业的发展，缩小城乡差距。

屈伯川关于大力创办市管大学的倡议发表后，很快就得到了高等教育界和社会的响应和支持。《光明日报》高级记者杨智翰在

---

①② 屈伯川：《关于发展市办大学的探讨》，《高等工程教育研究》1983年第1期。

1984年3月31日发表了《老教育家屈伯川与市办大连大学》的长篇文章，详细介绍了屈伯川与大连大学事迹。

1983年11月15日，屈伯川将在大连理工大学母体内孕育5年多的分校独立，交由大连市直接管理，并建议校名为"大连大学"，而这正是大连理工大学建校之初的校名。[①]经过30余年的发展和建设，截至2018年3月，大连大学已经设有25个学院、2所三级甲等附属医院、64个本科专业、21个一级学术硕士学位授予点。

四、不朽的丰碑

在长期从事高校教育实践的过程中，屈伯川积累了丰富的教育教学和教育管理经验。他革故鼎新，博采众长，形成了独具特色的教育管理思想体系、高等教育思想体系和科学研究理论体系，在新中国高等教育史上写下了浓墨重彩的一笔。

作为大连工学院的创始人，在建校伊始、百废待兴之际，屈伯川顶住压力和质疑，克服无数艰难险阻，领导大连工学院的师生解决了诸多发展中的问题，出色地完成了"三大港"的设计工作，化腐朽为神奇。屈伯川爱才敬才，广纳贤才，为学校引进了一批德才兼备的优秀师资，如钱令希、钟万勰等，极大地促进了学校教学能力和科研工作水平的发展与提升，为学校跻身国家一流理工科大学奠定了人才基础。屈伯川提倡培养全面发展的高级人才，强调教学质量和教师队伍建设，使大连工学院的校风学风、教学质量和科研成就在国内高等学府中有口皆碑。他以身作则，

---

① 中国高等教育学会组编：《共和国老一辈教育家传略》，高等教育出版社2008年版，第585页。

严于律己，坚持发扬优秀的校风、学风和党风，带领大连工学院师生走向欣欣向荣、日新月异的新阶段。

《屈伯川教育文集》的编者孙懋德对屈伯川教育思想的显著特点进行了高度的总结：其一，高瞻远瞩，能紧跟时代的步伐；其二，为人师表，以身作则，带头建设优良校风。

钱令希回顾屈伯川的教育事迹时说："从1940年参加创办延安自然科学院算起，屈院长从事高等教育事业超过半个世纪了。他为发展我国高教和科技事业辛勤耕耘，做出了许多贡献。在长期的办学过程中，他形成了一套教育思想，比较全面，很切合我国实际。这是一笔宝贵的精神财富。"[1]

屈伯川将自己一生的心血奉献给了教育事业，奉献给了大连理工大学。在大连工学院建校初期，屈伯川克服重重困难，实施了一系列改革措施，招揽一大批杰出人才，为学校的事业打下了扎实基础，他的实事求是、锐意进取的精神依然在大连理工大学传承和发扬。他在长期的高等教育实践中，准确把握教育规律，锐意改革创新，形成了一套全面系统、切合中国实际、颇具中国特色的教育思想体系，他的高级专门人才全面发展的思想和建设重点大学、市管大学思想为中国高等教育事业留下了宝贵的财富。

主要参考文献

1. 孙懋德编：《屈伯川教育文集》，高等教育出版社1997年版。

2. 中国高等教育学会组编：《共和国老一辈教育家传略》，高等教育出版社2008年版。

---

① 钱令希：《〈屈伯川教育文集〉序言》，孙懋德编：《屈伯川教育文集》，高等教育出版社1997年版，第6页。

3. 孙懋德、田守智编：《屈伯川传略》，大连理工大学出版社2014年版。

4. 屈伯川：《关于发展市办大学的探讨》，《高等工程教育研究》1983年第1期。

5. 屈伯川：《高等院校要加快培养高级专门人才》，《高教战线》1985年第6期。

6. 吉多智、黄发荣：《延安自然科学院》，《科学学研究》1992年第4期。

7. 公亚男、朴春燕：《历经国难的教育家——屈伯川事略》，《党史纵横》1999年第5期。

海纳百川　自强不息

厚德笃学　知行合一

大连理工大学精神

撰稿人：

姬天雨，东北师范大学教育学博士，主要从事中国古代教育史研究。

王冬妮，东北师范大学教育学部教育学硕士，主要从事中国教育史研究。

许崇清

XU CHONGQING

中山大学校长（1951—1969）

许崇清（1888—1969），别号志橙，广东省番禺县（今广州市番禺区）人，中国现代著名教育家、教育哲学家，被公认为"新教育学和新中国高等教育的奠基人之一"。在中山大学的发展史上，一生中被三次任命为校长的有两位：一位是许崇清，另一位是张云。其中，许崇清是新中国成立之后中山大学的第一位校长，三次担任中山大学校长共18年，为中山大学的发展做出了重大贡献。中大人评价："中山大学是应该同许崇清的名字联系在一起的。"①

一、求学从教求进步

许崇清8岁丧父，由于弟妹多，生活艰难。12岁时，他被寄养在湖北武昌的姑丈冯启钧家，并进入一所教会学校学习。1905年，他考取官费赴日本留学，就读于日本第七高等学校，成绩名列前茅。1911年，经宋教仁介绍加入了孙中山领导的同盟会。辛亥革命爆发后，他停学回国参加革命工作。1912年，又返回日本继续学业。从第七高等学校毕业后，他进入东京帝国大学文学部。大学本科毕业后又上了研究院，1920年完成学业回国。在日本求学期间，许崇清对自然科学、哲学和教育学都做了广泛的研究。他自己写道："我在大学时，是由哲学而社会学，最后才走上教育学这条路来的"，"我几乎走遍了唯心论各种形态的哲学的歧路，结局是摸上了唯物论的最高发展形态——辩证唯物论的道路。从那时（1919年）起，在马克思主义理论的基础上建立教育学的一个新体系就成了我的理想"。②此外，他还发表了一些介绍外国新

---

① 梁山：《许崇清与中山大学》，《中山大学学报（哲学社会科学版）》1988年第2期。
②《许崇清教育论文集》，中山大学学报编辑部1981年出版，第3页。

哲学思潮和新教育观念的文章，与著名学者蔡元培就自然科学问题进行过学术辩论。在《再批判蔡孑民先生信教自由会演说之订正文并质问蔡先生》一文中，许崇清写道："方今自然科学界，关于时空（即宇与宙）之研究，则有 Einstein[①] 于 1905 年发表之'相对性原理'……"[②]据科学史家考证，这是中国学者第一次介绍爱因斯坦的狭义相对论。

1920 年，许崇清毕业回国，在上海第一次与孙中山会面。他接受孙中山的建议，在上海停留一月之久，以了解国内形势。随后便回广州省亲，并打算应蔡元培之邀去北京大学任教。但回到广州后，朱执信劝其留下。不久，许崇清便出任广州市教育局局长，并与陈独秀等人组织了广东省教育委员会，推行教育改革。这是许崇清从事教育工作的起点。

1923 年，许崇清经廖仲恺介绍加入国民党，并受孙中山的指派参加了国民党的改组工作。《中国国民党第一次全国代表大会宣言》中的"教育"部分，就是由他草拟的。在 1924—1927 年的大革命期间，许崇清以广东省教育厅厅长的身份，发起了收回教会学校外国人管理权及禁止在学校内传教的运动，还开展了工人识字运动。在当时国共两党合作举办的一些干部讲习班上，他与毛泽东、恽代英、周恩来、萧楚女、彭湃等一起讲述革命理论。在讲述革命与教育时，他明确提出了反帝反封建的教育任务，强调了教育与革命实践及国家建设的联系。1925 年，他向国民政府递交《教育方针草案》，提出教育方针应与革命的政策相一致，并主张实施产业教育，即从初中开始，课程依地方生产事业的需要

---

① 指阿尔伯特·爱因斯坦。
②《许崇清教育论文集》，中山大学学报编辑部 1981 年出版，第 27 页。

逐步分化，半工半读，人人成为具有实用常识兼备科学知识的生产者。

1927年大革命失败后，许崇清对革命的前途感到失望和苦闷，便转向致力于教育理论的研究，着手在辩证唯物论的基础上建立教育学的一个新体系。1930年，他发表《教育哲学是甚么》，提出了"教育是社会现象，是社会的机能"的论断。他认为哲学和教育的关系十分密切。他说："哲学可以说是教育的一般的原理，教育可以说是哲学的具体的实行。而所谓教育学实亦不外是一个具体的哲学。这个具体的哲学即使叫它做教育的哲学或哲学的教育学，不然，就叫它做哲学也未尝不可的。"[1]他关于哲学、教育的本质及其与社会不可分离的论述是颇有创见性的。

1931年6月，许崇清第一次出任中山大学校长。不久，九一八事变爆发，震惊全国。许崇清一方面继续致力于中山大学的建设，例如，在文学院增设社会学系，改理学院为理工学院并增设土木工程和化学工程两系，将各学系改称学院，接管广东通志馆。另一方面，他大力支持学生的抗日活动。12月间，中山大学师生在广州市发起了声势浩大的抗日爱国游行和请愿活动，全市学校纷纷响应并集体罢课。当时正与南京国民政府闹对立的"西南政府"大光其火，便以"控制不力"为由，免去了许崇清的校长职务。中山大学的教职员工和学生对此颇为不满，学校董事会也表示要许崇清留任。"西南政府"迫于情势，下令在新校长到任前"着许崇清暂行代理中大校长，维持校务"。1932年2月，许崇清正式离任，由邹鲁接任校长。

---

① 许锡挥编：《许崇清文集》，中山大学出版社2004年版，第134页。

1933—1934年，广东军阀陈济棠力图向学生灌输封建思想，强制各级学校加授《孝经》。许崇清受命审查该议案。在审查过程中，陈济棠多次对许崇清威逼利诱、软硬兼施，企图逼其通过审查，但许崇清丝毫不为所动。考虑到读经的危害性，他挺身而出坚决反对强制读经。这在当时的教育界引起了很大的反响。

全面抗日战争爆发后，中山大学从广州迁到云南澄江。1940年4月，许崇清被任命为中山大学代理校长，第二次执掌中山大学。随着日军进逼云南，威胁滇境，蒋介石下令要求已经迁滇的学校疏散。是年7月，许崇清主持了学校艰巨的搬迁工作，将学校迁回广东北部的乐昌县（今乐昌市）坪石镇。中山大学经两次长途搬迁，损失严重，物资缺乏，但学术思想仍十分活跃。许崇清思想开明，重视人才，聘请了戏剧家洪琛、哲学家李达、经济学家王亚南、法学家梅龚彬、民俗学家钟敬文等一批进步学者到校任教，而他本人也亲自在研究院讲授辩证唯物论与历史唯物论，有力地推动了中山大学的抗战教育和进步文化运动。然而，正当学校各项工作正常开展之时，国民党特务告密称许崇清"引用异党，危害中大"，于是国民政府教育部部长陈立夫便于1941年7月免去了许崇清代理校长的职务，同时任命张云接替代理校长。

许崇清离开中山大学后，出任了广东韶关第七战区编纂委员会委员。实际上，从1939年起，许崇清便一直兼任这个委员会的委员。他在任期间，利用合法地位，掩护并依靠该机构中的大批中共地下党员和进步人士，出版《新建设》《教育新时代》等杂志，宣传抗日、民主、进步思想，被进步人士称为"浓黑中几盏微弱的灯火"。此后，他相继发表了许多学术文章，如《中国当前的科学思想》《不懂得唯物辩证法就真的无法开展科学运动么？》

《学园新辟告年青朋友们》《杜威社会改造思想批判》等，指明了关于文化和科学的建设方向，对杜威的实用主义教育哲学做出了较中肯的批判。

抗日战争胜利之后，许崇清回到广州，接受了中山大学和江苏社会教育学院的聘请，讲授教育哲学和哲学概论。与此同时，他笔耕不辍，继续阐发其对社会、政治和教育问题的独到见解。1946年，他在《新建设》杂志上发表了《自由底涵义与文化底自由》一文，论述了政治民主和文化自由的关系。1948年，他在中山大学教育研究所主办的《教育研究》上，发表了《人类底实践与教育底由来》一文，论证了人类通过生产劳动创造自己的历史。这篇论文是许崇清长期以来对教育的本质进行深入研究的成果。有学者认为，它发展了马克思主义教育哲学。

1949年初，许崇清离开国民党统治下的广州，出走香港。在香港期间，他继续认真研究马克思主义理论，在香港《文汇报》上发表了《教育底过去与将来》，在香港《新教育》上发表了《科学与道德在教育上底纠葛》。在港九教育工作者庆祝中华人民共和国成立的大会上，许崇清热情地号召华南教育工作者"坚决和人民结合在一起，为建设统一、独立、繁荣、民主的新中国而斗争"。同年11月，许崇清回到解放后的广州，担任广州市人民政府委员，随后受广州市军事管制委员会指派，接管私立广州大学，并担任该校校长。

二、治校的主要举措

1951年2月20日，中央人民政府主席毛泽东签署任命通知书，任命许崇清为中山大学校长。这是党中央、中央人民政府和毛泽东对许崇清的信任。据说，中央开始考虑校长人选时另有其人，但毛泽东没有同意。后中共华南分局推荐了许崇清，毛泽东很快同意并签署了中央人民政府任命通知书。1956年，毛泽东在北京主持召开最高国务会议时，许崇清以特邀代表的身份出席了会议。会议开始前，毛泽东首先环视会场一周，然后问："都到齐了吗？"看看名单后又特别问道："请问许崇清先生到了没有？"许崇清回答说："到了。"毛泽东又说："久仰大名！"许崇清连称："不敢当！不敢当！"

在接到任命通知后，许崇清立即赶赴中山大学就职。在师生欢迎会上，许崇清回顾了中山大学走过的曲折历程后，热情洋溢地说："中大得有今天这样的蓬勃的气象，正如春回大地，我们努力耕耘，今后的丰收是可以预期的。"1951年3月，许崇清便担负起了对新中山大学的领导工作。此后，许崇清在这一职位上"努力耕耘"，直至1969年3月14日病逝于广州，享年81岁。有学者誉其为"中山大学的'终生校长'"。在担任中山大学校长期间，他还担任过全国人大代表、全国政协常委及广东省副省长等职。

许崇清前后三次执掌中山大学，尤其是1951年出任中大校长以后，积极贯彻社会主义的教育方针，大力推行教学改革，对广东乃至新中国的教育事业都做出了贡献。而20世纪50年代对许崇清校长的任命，也标志着中山大学进入了全面建设时期。许崇清治理中山大学的举措主要有以下三个方面。

（一）缅怀中山先生，营造中大"革命"文化

中山大学的前身广东大学是孙中山为培养革命人才而创办的。

孙中山对其寄予了殷切的期望。他曾亲临广东大学成立典礼讲话，勉励学生"读书不忘革命，革命不忘读书"，并亲笔题写了校训。而孙中山的"天下为公""革命尚未成功，同志仍须努力"的革命精神也激励着每位中大人。在新的历史时期，孙中山所倡导的"革命"也被赋予了新的内涵并更多地体现在建设新社会上。可以说，孙中山对于中山大学而言，具有十分重要的意义。他不仅是倡导者、组建者，而且是一种文化象征和文化资源，是一种办学思想和理念。①

为了让中大人时刻谨记孙中山，以国家兴亡和民族振兴为己任，许崇清主要做了两件大事来缅怀和弘扬孙中山的革命精神。

一件大事是重新确定符合原本用意的中山大学校庆日。广东大学是孙中山于1924年2月4日以陆海军大元帅的名义下令创办的。本来，2月4日应是中山大学的校庆日。但出于对孙中山的敬仰之情，广东大学筹备委员会的委员们决定以孙中山的诞辰作为校庆日。但由于没有较好地考证，筹备委员会误以为11月11日是孙中山的生日。至1950年，中山大学一直把该日作为校庆日。而实际上，孙中山的生日是11月12日。1951年11月3日，在许崇清的主持下，中山大学发布《决定以孙中山诞辰日为校庆日》的布告，并在《人民中大》校刊上刊登该布告。11月11日，许崇清校长和冯乃超副校长致电中央人民政府宋庆龄副主席："我校为国内唯一纪念孙中山先生的大学，为了加强纪念孙先生的意义，我们决定从本年起将我校校庆日改为11月12日（孙中山先生诞辰）。"学校的决定得到了宋庆龄的赞同："接读来电，欣悉你校改以中

---

① 吴定宇主编：《中山大学校史（1924—2004）》，中山大学出版社2006年版，第3页。

山先生诞辰为校庆日，此实深具纪念意义。"自1951年11月12日起，每年的这一天便是中山大学的校庆日。

另一件大事是将孙中山的铜像迎回中山大学。目前，康乐园中矗立的孙中山铜像是孙中山的日籍好友梅屋庄吉所赠，于1931年运抵广州天字码头，随后被中山大学师生接至中山大学旧址石牌校园农场暂置。1933年11月11日，中山大学建校9周年，师生在石牌举行了孙中山铜像揭幕暨新校奠基典礼。1954年，广州市人民政府借这尊铜像安放在中山纪念堂的广场上。1956年11月12日，中山大学建校32周年，中山大学师生将孙中山铜像从中山纪念堂广场迎回中山大学校园内。许崇清还撰写了碑记纪念这一过程："此铜像为中山先生故友日人梅屋庄吉所赠。1933年冬奉置于我校石牌旧址，1954年广州市人民政府借置于中山纪念堂，1956年11月12日复由我校迎置于此。"

这些举措在缅怀孙中山的同时，也促使孙中山的革命精神以物化和非物化的文化形态永存，激励着中大人时刻不忘孙中山的教诲，在新中国的建设中不断做出贡献。

（二）秉持自由精神，实行民主治校

不言而喻，大学是传承文化、创造文化的高等学府，理所当然应实现文化的自由。1946年，许崇清曾针对国民党法西斯统治，发表了《自由底涵义与文化底自由》。他认为独立于政治的自由以外的文化的自由是不能有的，要真正实行彻底的政治的民主，文化上的自由才能获得。他说："真正的政治底自由成立于彻底的民主——一切为民所有，为民所治，为民所享底社会，这样的政治底自由才能与文化底自由结合起来。有了这样的政治底自由底实

现，人类底文化底自由才能获致。"[1]因此，在就任新中国中山大学校长一职后，为了让中山大学成为文化自由的乐土，他从学校的行政管理入手推行改革，实行民主治校。

1. 实行校务委员会负责制

早在1950年1月，中山大学在接管工作结束之后，便成立了临时校务委员会，作为全校最高的领导学校教学和行政等事宜的机关。中山大学临时校务委员会为恢复学校的正常教学、科研和管理工作，做了大量的工作并取得了明显的成效。许崇清校长和冯乃超副校长（后当选为党支部书记）到任后，继续发扬民主作风，沿用了校务委员会治校的做法。此后，该领导体制与行政制度也不断地加以完善。从1962年2月起，学校开始实行党委领导下的以校长为首的校务委员会负责制。校长是国家任命的学校行政负责人，对外代表学校，对内主持校务委员会和学校的日常工作。校务委员会是学校行政工作的集体领导组织，由正副校长、党委书记、教务长、总务长、系主任及若干教授和其他必要人员组成，讨论决定校长提交的学校工作中的重大问题，其决议由校长负责组织执行。同年10月，学校第二届校务委员会通过决定，成立校务委员会常委会。校务委员会闭会期间，由校长负责召集行政会议，商议和处理学校的日常行政工作。

实行校务委员会治校，扩大了民主，保证了监督，提高了效率，充分发挥了集体领导的作用。实践证明，党委领导下的以校长为首的校务委员会负责制是适合高等学校的一种较好的领导体制。许崇清在任期间，与学校的党组织负责人团结合作，组成了

---

[1]《许崇清教育论文集》，中山大学学报编辑部1981年出版，第231页。

一个颇有威望的领导核心。而许崇清校长与书记兼副校长的冯乃超相互尊重、合作共事的事迹更是被传为佳话。冯乃超书记对许崇清校长非常尊重，凡是重大事情都要亲自登门征求许崇清的意见，他还做出规定，凡是以学校名义发出的文件，必须经由许崇清审阅。而许崇清也十分尊重并信任冯乃超，凡是冯乃超批了的文件，他都放心签发。

2. 启用系主任负责制

20世纪50年代初，新中国开展了全国范围的针对高等学校的院系大调整，以适应当时社会政治及经济建设的迫切需要。1952年10月，中山大学成立了调整筹备委员会，由许崇清担任调整筹备委员会主任委员，主持学校的院系调整工作。此次院系调整，奠定了中山大学新的规模和发展方向，也促进了中山大学移址至康乐园。院系调整后，进入康乐园的新中山大学除暂时保留财经学院之外，不再设立院一级的教学单位，基本的教学结构是在9个系下设置11个专业。如1952—1953学年度有数学、物理、化学、生物、地理、中文、西语、历史、语言9个系和数学、物理、有机化学、动物、植物、自然地理、中国语言文学、俄罗斯语言文学、英国语言文学、历史、语言学等11个专业。由于废院设专业，从1951—1952学年度第二学期，中山大学开始实行系主任负责制，确立系主任的人选，并设立系秘书。1953年3月，学校则全面实行系主任负责制，并发布了《中山大学"系"工作暂行条例》，明确了系主任职责。为了协助系的领导工作，各系还成立了系务委员会。1958年，由于受到"大跃进"和反右派斗争的影响，学校在系工作方面撤销了系主任，逐渐过渡为由系党总支和总支书记负责，于次年3月确定各系实行系党总支领导的系务委员会负责制。直到1961年，在"高教六十条"精神的指导下，学校重新启用了系主任负责制。许多系主任重新回到了领导岗位，各系也重组了系务委员会，以讨论和决定各系的重大事宜。此外，1962年，学校还建立了系主任联席会议制度，进一步强化了系主任的职权，充分集思广益，办好学校。

系主任负责制的实行以及系务委员会的设立使个人职责明确和细化，从根本上保证了各系的正常运行。这一策略充分挖掘和利用了学校的人力资源，提高了教学、科研和管理的效率。而系主任联席会议制度，又是一种优势互补、信息共享的渠道，有利于形成合力，共谋学校的发展。这对当前高校改革中人力资源的开发与利用仍具有借鉴价值。

（三）重视人才，强化师资队伍建设

许崇清历来十分重视教育的社会作用。他认为，想求社会的进步发达必定要先施教育。他说："凡想在社会里头改良的事物，应要先在学校教育里头着手改良。比如想将现在中国的手工业改作机械工业，就要先在学校里头施设机械工业的教育，先将机械工业输入学校，再由学校输入社会。"[1]正是由于"教育既然是这样要紧的一件事情，自然教师的责任也就很重"[2]。由此，他还认为，教师必须要有高远的见识，明白自己所做的事对于全体社会的意义，教师要研究心理学、社会学、教育学、教育史，要参加各种社会活动。可见，在许崇清看来，做一名好教师实属不易，而好教师也实难得之。因此，他在担任中山大学校长期间，十分

---

[1][2]《许崇清教育论文集》，中山大学学报编辑部1981年出版，第81、81页。

重视人才，并通过多种形式培养教师，以优化学校师资队伍。

在许崇清的主持下，学校采取了有力的措施来培养师资：第一，继续聘请一些著名学者来校任教，以充实和加强学校的师资力量。第二，建立教研组、研究室，开展教学和科学研究，在实际工作中提高教师的理论素养和业务水准。第三，派遣一些教师出国进修，拓宽其学术视野。第四，举行多样化的培训活动，如业余职工学校、外文学习班等，旨在提高在校职工的文化技术水平。第五，为老教师，如陈寅恪、岑仲勉、梁方仲、容庚、商承祚、王起、詹安泰、杨荣国、徐贤恭等配备助教或教学助理员，以便他们开展科研和教学工作。这种以老带青、老年教师与青年教师相结合的方法，收到了较好的效果，促进了青年教师的成长。第六，精简会议，减少教师的社会兼职和接待活动，使教师有充足的时间投入工作之中。第七，贯彻执行党的知识分子政策，努力改善教职工的生活条件。比如，录用教师家属在校就业，使用福利金补助教师生活，设法改善教师的居住条件，等等。这些举措减轻了教师的生活压力，免除了他们的后顾之忧，使其能安心做好本职工作。

当时，学校的政治活动不断。许崇清坚持独立思想，敢于发表不同的言论，他在1958年"教育革命"轰轰烈烈地开展起来之时，从哲学的角度论证教育的发展应采取"渐进"形式。尤其是在知识分子受到不公正的待遇时，他秉持知识分子的正义和良知，利用自己的学识和威望力图减少负面影响。据其次子许锡挥回忆，有一次中山大学党组学习小组到许家学习，讨论到正在流行的、用于教师思想改造运动的一句马克思名言："教育者必先受教育。"许崇清一听，马上从客厅起身，噔噔跑上二楼，翻出一本德文的马克思原著，一边走回一楼，一边逐字逐句地翻译给在场的人听，说这句话的意思是"教育者同时被教育着"。基于对教育、教师责任的重要性的认识和对知识的尊重，许崇清在任期间，还竭力保护人才、礼遇人才。其间发生了很多非常感人的故事。

20世纪50年代初，著名化学家徐贤恭教授有个老乡从上海来到广州，并且在徐家借宿一夜，第二天那人便去了香港。此人原来是国民党的特务，然而徐贤恭教授根本不知其底细。结果，有人举报徐贤恭教授包庇国民党特务。徐贤恭教授一气之下去了上海复旦大学。学校通过细致的调查了解事情真相后，许崇清和冯乃超一起到上海将徐贤恭教授请回中山大学。

1952年全国高校院系调整之后，中山大学医学院与岭南大学医学院组成了华南医学院。著名的寄生虫专家陈心陶教授也随之调入华南医学院工作。但陈心陶教授觉得到医学院工作无法充分施展自己的专长，便找冯乃超副校长谈心。后来冯乃超副校长将这一情况向许崇清校长做了汇报。于是，许崇清校长和冯乃超副校长在认真研究并与华南医学院的领导协商后，决定在中山大学成立一个寄生虫研究室，陈心陶教授每周抽出一天到中山大学工作。这样，既发挥了陈心陶教授的专长，使人尽其才、才尽其用，又帮助中山大学带起了一个学科点。

中山大学一些高级知识分子在反右派斗争中遭批判，一些老教师对尊师重教的传统美德被践踏感到痛心疾首。著名历史学家陈寅恪教授写辞职信，提出退休。许崇清校长、冯乃超副校长等学校负责人多次登门拜访，再三挽留，陈寅恪教授才收回了退休要求。

1961年10月，著名史学家岑仲勉教授因病去世，享年76岁。在许崇清校长的指导下，学校不仅对岑仲勉教授的一生做出很高的评价，而且还在10月13日的《中山大学周报》上详细报道了追悼会的隆重场面和刘节教授所写的祭文、董家遵等教授所写的悼词。

由是观之，许崇清尊重知识、尊重人才的理念时时体现于他的治校策略以及他的行动中。他强调教育对于社会进步的重大意义，而要有好的教育，必先有好的教师，教师承担着重要的社会责任。他对师资队伍建设的重视，其态度之真和作风之实，令人肃然起敬。他为培养师资所做的一系列工作，无疑为中山大学的发展奠定了重要基础。

三、教学和研究并举，推行学校改革

早在1920年发表的《欧美大学之今昔与中国大学之将来》中，许崇清就详尽地论述了英、法、德、美、日诸国大学的发展沿革，指出大学负有教学和研究的双重任务。他说："我国大学之当取法德国，以专门科学之教授及学术之基础的研究为本务。"[1]这种信念在其就任中山大学校长后更加坚定，他力图从课程教学和科学研究两个方面推行改革。

（一）课程教学方面

1. 推行课程改革

许崇清校长到任后不久，针对工学院课程繁重，影响学生学

---

[1]《许崇清教育论文集》，中山大学学报编辑部1981年出版，第57页。

习和健康的问题，开展了一场全校性的课程改革运动。此次课程改革是在广泛听取师生意见的基础上进行的，既结合了校内的实际条件，如学生的程度、师资设备等，又借鉴了其他兄弟院校的做法。在他的直接领导下，中山大学参考华北高等教育委员会颁布的《各大学专科学校文法学院各系课程暂行规定》，拟订了中山大学新的教学计划，规定：文学院、法学院、师范学院的学生每学期应修满18学分，不能超过20学分；理学院、工学院、农学院和医学院的学生每学期应修满20学分，不能超过22学分。此次精简课程的改革，对教学质量的提高起到了积极的作用。

1958年，受到"大跃进"和反右派斗争的影响，中山大学的课程改革开始大幅度削减专业课、基础课，大量增加政治课，同时还大力压缩教学总时数。如物理系将1456学时压缩至935学时，总课时减少了35.8%。总学时压缩过多，每门课程的时数相应减少，某些课程甚至干脆被合并或取消。如数学系将原来的9门课程合并为2门，地质地理系将8门课合并为1门，中文系的写作实习课被取消，等等。此外，大量的生产劳动占用了学生的学习时间，故而教学质量急遽下降。

1961年，许崇清带领中山大学教职员工认真学习"高教六十条"，对学校工作进行了反思，执行以教学为主的方针，加强了教学第一线的工作，尤其加强了基础理论、基本知识的教学和基本技能的训练，并安排经验丰富的教师负责基础课的教学。在全校818位教师中，安排教学任务的有747人，占总数的91.3%，保证了教学人员的投入。如化学系、生物系等全年开出基础课112门，任课教师143名，其中讲师以上的教师98人，占总数的68.5%。这一切都体现了教学向学校工作重心的回归，也恢复了学校课程改革重视基础课程的传统。

2. 开展教材建设

新中国成立之初，高等学校的教材较为匮乏。为了满足教育教学的需要，很多高校自发组织编写教材、翻译教材。在许崇清的领导下，中山大学也在教材建设方面投入了大量人力。为确保教材编写的水平，在许崇清的指导下，学校提出了教材编写的四条标准：一是切合人民政府的文教政策，二是切合马克思列宁主义观点，三是切合社会的实际需要，四是切合学生的程度与需要。依据这四条标准，学校的教材建设取得了较好的效果，高质量的教材不断涌现。

然而，此后由于受"大跃进"的影响，学校的教材建设开始进入混乱状态。比如，仅1960年学校就编写了教材143部，共2 300万字，其中大部分教材是由学生编写的。由于编写时间短，大部分教材基本上没有很好地把握各门课程的主要内容和特点，缺乏系统性和科学性，所以使用一年后就停止使用了。当然这些教材中也偶见一些佳作，如历史系岑仲勉教授编写的《隋唐史讲义》、数学系姜立夫教授主编的《解析几何》等。不过整体而言，这一时期的教材编写水平与前期相比有所下降。直到学习"高教六十条"精神之后，学校才又重新组织编写了一批教材，从而保障了每门基础课都有较为固定完整的高水平教材。

虽然中山大学的教材建设遭遇了一些曲折，但是以许崇清为代表的学校领导对教材建设的重视及在教材建设上取得的成绩也是有目共睹的。例如，1962年，52项科研项目为编著教材和教学参考书，占总项目数的18%。

3. 教学联系生产实践

许崇清作为一名马克思主义的教育哲学家，对教育的本质有自己独到的见解。他认为，在变革现实的过程中，"人类自己底本性，也随此实践的活动而变化，教育学底出发点也应该就在于此"[①]。他还指出，要重视生产与现实世界及教育的联系。他说："生产，才是我们眼前现存着底感性的世界底基础，才是我们底教育底真正的基础。"[②] 所以，许崇清在就任校长后，十分重视生产实践，主张教学与生产实践相结合，采取了一些联系生产实践的教学措施，其中显著的就是引入实验课和实习课，大力鼓励并支持师生走出课堂，参与社会实践活动。例如，1951年，中山大学开展了大量的社会实践活动：工学院朱福熙教授率领土木系二年级24名学生前往治理淮河的一线工地进行河道测量；地质系对广东花县（今广州市花都区）800平方千米的土地进行地质普查，采得岩石、矿物、古动植物化石标本250多千克，发现煤、铁、铅、玻璃砂等矿藏；农化系土壤组师生先后奔赴信宜、花县、茂名等地调查土壤的母质、种类及利用情况，采集土壤标本，听取农民的耕作方法、制度及施用肥料的报告；农化系三年级学生到广州新产品检验局实习；机械系三年级学生到江汉船舶机械公司实习；等等。这些实践活动对于树立理论联系实际的良好学风、帮助学生学以致用有十分重要的意义。

1958年，中山大学开始贯彻"教育为无产阶级政治服务，教育与生产劳动相结合"的教育方针。为了确保教育与生产劳动相结合，学校把生产劳动正式列入教学计划，在时间上实行放假

---

①②《许崇清教育论文集》，中山大学学报编辑部1981年出版，第254、255页。

1个月、生产劳动2或3个月、上课8或9个月。但此后随着"生产之风"愈演愈烈，学校出现了重生产、轻教育的倾向。"高教六十条"颁布以后，学校重新分配教学、社会活动、科研、生产劳动的时间，逐步摆正了生产实践在学校教育中的位置。

不言而喻，重视社会实践，积极参与社会实践，是大学发挥社会服务功能的重要措施之一。而且，它也有助于消除学生"读死书，死读书"的情况，便于学生将所学知识运用于实践之中，同时也能增强学生对以后工作岗位的适应性。许崇清从"教育的本质是社会的实践"的高度推进教学改革，让我们不得不佩服其见解的深邃和立意的深远。在社会实践日益受到重视的今天，许崇清的这一观点及其实施的改革仍具有较强的借鉴价值。

此外，许崇清还十分重视在教学中开展学术讨论，他在中山大学教学时，经常采用课堂和课后讨论的方法与学生互动。[①]在许崇清的主持下，中山大学革新了教学方法，在教学活动中增加了小组讨论、课堂讨论等，从而提高了学校的教育质量，为成为高水平的综合性大学打下了基础。

（二）科学研究方面

1. 设立专门机构开展科研工作

20世纪50年代，在许崇清的主持下，学校开始学习苏联的先进经验，建立教研组织，开展教学和研究工作。所以，中山大学的科学研究工作是在学校统一领导下在各系教研室开始进行的，而科研工作的日常行政事务则由教务处的教学研究科兼管。可以

---

① 黄悦：《许崇清教育哲学理念的形成、发展及其在中山大学的实践》，《中山大学学报（社会科学版）》2014年第5期。

说，教研组是学校开展教学和研究工作的基层组织。但随着科学研究的不断深入，科研不再局限于由教学研究科兼管，学校开始设立专门的机构来开展科研工作。

一方面，设立了专门管理科研工作的行政机构。比如，1954年，教务处增设科学研究科，专门负责学校科研工作。此后，为了更好地适应科学研究的需要，学校于1957年在校务委员会设立了科学研究委员会，由副校长1人兼任委员会主任。

另一方面，增设了专门从事科研工作的研究机构。如1956—1957年就增设了中国思想研究室、中国近代现代史研究室、中国戏曲研究室、辩证唯物主义与历史唯物主义研究室、英语文学研究室、中国中古史研究室、有机化学研究室、寄生虫研究室、高等植物研究室等。这些科研机构的设立，集中了学校的科研力量，加强了对科研工作的组织和管理。

从教务处的科学研究科到科学研究委员会，从教研室到专门的研究室，足显以许崇清为代表的中山大学领导对学校科研工作的重视。同时，这也是中山大学科研发展的必然趋势。新中国成立之初，中山大学的科研工作学习苏联的经验，主要是提高教学质量和编写教材，是一种教研活动。随着教学逐渐走上正轨，作为一所综合性大学，科研必然会突破教研的范围，延展至关注现实社会和国民经济的重大问题，直接服务于社会。这也显示出学校领导人尤其是许崇清，对学校科研工作发展前景的真知灼见。正如他所说："学校校长的眼光更要超出学校以外，凡与学校教育有关系的种种研究、种种实务，固然不应忽略，而学校与实际社会的关系，也应明白。"

2. 开展学术讨论与交流活动

为了推动科研工作蓬勃开展，在许崇清的领导下，学校开展了多样化的学术研讨与交流活动。

第一，有计划地在每年校庆期间举行学术讨论会。1954年11月12日是中山大学成立30周年纪念日，中山大学举行了第一次科学讨论会。会议分全会和12个分组会进行，总共讨论了37项报告。1955年12月举行了第二次科学讨论会，会期长达35天，其间举行了2次全会、24次分组会，其中全会和11个分组会就报告和讨论了41篇科研论文，学校的科研成果日益丰硕。从1962年的第五次科学讨论会起，学校开始邀请校外兄弟院校的教师和其他人员参加。而1964年的第七次科学讨论会，虽然文科各系大部分师生下乡参加社会主义教育运动，只举行了自然科学的讨论会，但会议仍提交报告、论文170多篇，比前一年增加约30%。

第二，举办科学技术研究展览会。1964年11月12—23日，学校举行了中山大学庆祝建校40周年科学技术研究展览会。展览会分数学力学、物理学、化学、生物学、地学和附设工厂产品6个展览室展出。展品以实物为主，以照片、图表、统计数字和部分著作论文为辅，其中包括仪器设备95件，新材料17种，新方法新技术5种，标本11件。除本校师生员工参观外，约750位校外来宾参加展览会。一些展品，如恒温恒湿设备、顺磁共振微波波谱仪等，得到了与会专家的一致好评。

第三，出版科研刊物，提供学术交流平台。许崇清在任期间，组织出版了多种科研刊物，如《中山大学学报》《中山大学科技简报》《中大论坛》等，供教师们发表科研成果、交流科研心得。其中，《中山大学学报》于1955年3月创刊，并成立了学报编辑委员会，由许崇清任编委会主任。由于学校的重视，学报发表的论文质量很高，受到了毛泽东的重视并指名订阅。1955年11月23日，中共中央办公厅秘书室致函中山大学："你校出版的《中山大学学报》，我们准备从第一期开始，给毛主席订阅两份。但是已经出版的两期，在北京的书店买不到。这两期如果你校出版机构还有存底，可否售给我们两份。《中山大学学报》自明年第一季起，我们已在北京邮局订到。"《中山大学学报》面向国内外公开发行，在推动师生科学研究工作和促进对外学术文化交流中发挥了重要的作用。

多样化的学术交流活动的开展具有十分重要的意义。一方面，它有利于教师开展研讨、相互观摩和学习，以提高科研水平；另一方面，它有助于增强教师从事科研的自豪感和成就感，提高他们参与科研的积极性。在这些活动的影响下，学校逐渐形成了浓郁的科研氛围，教师争先恐后地推出新成果。当然，这些活动也提升了学校的声誉，扩大了学校的影响力，为中山大学跻身全国重点大学前列做了较好的准备和铺垫。

3. 大力开展应用研究

许崇清一直较为重视理论与实际的结合。他指出实际家要讲求理论，而理论家也要讲求实际，强调要把教育理论和实际联合起来，把学校和社会联合起来。他说："理论家也应该要留心实务，注重实际，要以事实作研究的基础，以观察实验和统计作研究的方法。"[1]在他看来，学校与社会联合起来，就能较好地造福教育、造福社会。因此，许崇清出任中山大学校长一职后，就大

---

①《许崇清教育论文集》，中山大学学报编辑部1981年出版，第83页。

力支持师生以实习或调研的方式开展了一些联系生产实际的研究工作。此后，随着学校科研水平的提高、科研领域的拓展，学校也开始关注现实社会和经济建设中的重大问题，加强了与科学研究机构及有关业务部门、厂矿企业的联系，开展了大量的应用研究，为地方经济建设服务。例如，化学系与中国科学院药物研究所等单位建立联系，接洽有关色层分析、质谱分析等的研究资料；生物系与中国科学院海洋生物研究所合作研究"船蛆"防治问题；昆虫研究室接受苏联农业部检疫所的委托，开展培养柑橘果树介壳虫寄生蜂工作；等等。这些应用研究的开展，在全校范围内形成了理论联系实际的科研作风，同时科研直接服务于经济，也强化了学校的社会服务职能。这一正确的发展取向使学校的科研工作获得了显著的进展，也逐渐形成了中山大学重视实践和应用的科研传统，同时为中山大学成长为高水平的研究型大学奠定了基础。

4. 保障科研经费的投入

为了确保科研工作的正常开展和科研水平的不断提高，许崇清十分重视对科研的经费投入。从20世纪50年代中期起，中山大学逐步增加了图书、资料、仪器的采购经费，改善了科学研究的条件。例如，广东省人民委员会拨来的汇款，经许崇清等学校领导商议，全数用来购买进口仪器，为物理系购进一批价值2万英镑的光谱学仪器。1963年，在许崇清的支持下，各项研究专用实验室较普遍地进行了基本的建设工作，特别是对昆虫生态和红外线光谱两项较重大研究的专用实验室的建设，中山大学全年投入的经费约19万元，占总经费的45%以上。1964年以后，学校则集中力量建设和完善了3个重点实验室：红外光谱实验室、电子显微镜实验室、昆虫生态实验室。其中，红外光谱实验室和电子显微镜实验室均配备先进的恒温恒湿设备，昆虫生态实验室建立了较为完备的光温控制系统、细胞组织培养室等。这些实验室在当时国内同类实验室中都处于较为领先的水平。另据1965年统计，中山大学理科5个系（化学系、物理系、数力系、生物系、地理系）共有实验室81个，仪器设备9 571件，价值560万元。

科研经费的投入、科研设备的跟进，为科学研究的实地考察、数据计算、测试分析等提供了良好的条件，成为提高学校学术水平、推动科学研究事业发展的重要保障。与此同时，一批重点学科和专业，如概率论、高分子化学、昆虫学、地植物学等，由于得到有力的支持，逐渐形成了自己的特色，取得了一定的成就。

需要指出的是，在中山大学教师轰轰烈烈地开展教育和科研之际，学生的科研活动也得到了学校领导的重视与支持。1955年，学校组织了12个学生科学小组，计119人参加，参加人数占全校学生总人数的6.7%。1956年，全校建立科学小组78个，较1955年增加了5.5倍，参加科学小组的学生达663人，70多名教师予以指导。1956年，学校还成立了中山大学学生科学研究协会，并于次年举行了中山大学历史上第一次学生科学讨论会。这些活动的开展，一方面满足了学生的求知欲，培养和发展了学生的科学兴趣以及独立思考和实际工作的能力，另一方面促进了教师科研和学生科研的良性互动，有力地推动了学校的科研工作。

综上所述，在许崇清对中山大学的改革实践中，教学和科研是两个重心，教学和科研并举始终是一条主线。教学和科研紧密结合、相互促进、相得益彰，使学校的发展呈现出欣欣向荣的可喜局面。

四、泽被后世

许崇清是我国现代革命教育家中一位杰出的先驱者。他的一生以教育为业，与革命同行。不管是在教育战线上，还是在文化战线上，他都做出了卓越的贡献。

许崇清建立了以辩证唯物主义理论为基础的教育理论和实践新体系。他善于独立思考，勇于挑战权威，敢于进行学术批判。他以笔墨为武器，在长期的教育理论的研究中，不断推陈出新，阐发自己对教育本质的独到见解，在一定程度上发展了马克思主义的教育哲学。与此同时，他也逐渐提出了自己完整的教育主张，形成了系统的教育理论。更难能可贵的是，在其一生的教育实践中，许崇清时刻坚持自由之精神和独立之思想。早年他以过人的胆识和高昂的爱国热情发起了收回教会学校外国人管理权等运动，并以自身在教育界的威望坚决反对广东军阀鼓吹封建道德。新中国成立之后，在"教育革命"展开之际，他从哲学的角度论证了教育应该采取"渐进"的方式。

"教育由来，端在实践"，是贯穿许崇清一生的教育理念。许崇清认为实践是教育的由来，也是教育的归宿，其实教育本身就是一种社会实践。同时，许崇清具有深厚的马克思主义教育哲学理论功底，能够从哲学的高度来细微体察时代对教育的要求和挑战，因而其教育实践极富成效。在新中国成立之后重掌中山大学的岁月里，他总是审时度势，不断探索和躬身实践，促使中山大学的教育改革始终走在时代前列。首先，他把孙中山的诞辰日重新确定为学校的校庆日，后又把孙中山的纪念铜像迎回中山大学校园。在缅怀孙中山的同时，他力图营造中山大学的革命文化，以激励中大人以昂扬的姿态和旺盛的革命精神投入国家建设和社会发展之中去。其次，他秉持自由精神，实行民主治校。这一点主要体现在中山大学实行校务委员会负责制和系主任负责制方面。许崇清认为，大学应该葆有文化的自由，而文化的自由必以政治的民主为前提，因此，在治校中，他特别注意发扬民主，以提高学校决策的效率与公平。再次，他尊重知识，尊重人才，并不遗余力地强化师资队伍建设。许崇清认识到，师资水平是学校得以发展、得以服务社会的根本，因此格外重视师资队伍建设；同时，他特别尊重和爱护人才，即使在政治活动频繁的特殊时期，依然体现出一名知识分子的凛凛正气和铮铮傲骨。最后，他坚持教学和科研并举，积极推进学校改革。他认为，教学和科研乃是一所大学发展的"本务"，不可偏废。在教学方面，他不仅推行课程改革，开展教材建设，而且还主张联系生产实践；在科研方面，他不仅领导设立专门机构开展研究工作，组织多样化的科研讨论与交流活动，而且还努力保证科研经费的投入，大力组织开展应用研究。这一系列改革使教学和科研工作颇见成效，两者并行不悖，健康发展。许崇清提出大学既是授课的场所又是学术研究机构的思想，时下已然成为高等教育界的共识。今天看来，当时实行的种种重大举措，已经预示着后来中山大学的光明前景！

作为一位辩证唯物主义者，许崇清特别注重教育与社会的关系。他认为教育兼具改造旧社会和建设新社会的功能。新中国成立之后他对中山大学的治理，就是对教育"建设新社会"的革命性的具体践行。他对教育的许多真知灼见在今日仍熠熠生辉。因此，许崇清不仅是一位教育理论家，而且是一位教育实践家。他把自己的才华、智慧和心力无怨无悔地奉献给了他挚爱的高等教育事业，把一腔热忱化为毕生的教育实践。他的贡献和精神值得我们永远铭记。

位于中山大学的许崇清塑像
（图片由曹鸿提供）

主要参考文献

1. 梁山、李坚、张克谟编著：《中山大学校史（1924—1949）》，上海教育出版社1983年版。

2. 周川、黄旭主编：《百年之功——中国近代大学校长的教育家精神》，福建教育出版社1994年版。

3. 许锡挥编：《许崇清文集》，中山大学出版社2004年版。

4. 吴定宇主编：《中山大学校史（1924—2004）》，中山大学出版社2006年版。

5. 梁群：《纪念我国现代著名教育家许崇清先生》，《高教探索》1986年第4期。

6. 梁山：《许崇清与中山大学》，《中山大学学报（哲学社会科学版）》1988年第2期。

7. 何国华：《许崇清的生平和教育思想简述》，《广州教育》1988年第4期。

8. 赵锦英：《许崇清与"人的全面发展"的教育哲学》，《学术研究》2007年第12期。

9. 胡杨：《试论民国时期许崇清的教育理论与实践》，《高教探索》2010年第5期。

博学　审问　慎思

明辨　笃行

中山大学校训

撰稿人：向葵花，教育学博士，湖北大学教育学院副教授，主要从事教育基本理论和教学论研究。

潘 菽

PAN SHU

南京大学校长（1951—1956）

（图片由潘垚天提供）

潘菽（1897—1988），江苏宜兴人，中国现代著名心理学家、教育家、社会活动家。1920年毕业于北京大学哲学系，1923年获美国印第安纳大学硕士学位，1926年获芝加哥大学哲学博士学位。1927年回国后，历任第四中山大学（后改称中央大学）理学院心理系副教授、教授、系主任。新中国成立之后，于1949—1956年先后任南京大学（院校调整前的中央大学）教务长、校务委员会主席、第一任校长，兼心理系主任。1955年被聘为首批中国科学院生物学部委员。同年，中国心理学会恢复后连续当选为理事长，1984年被推选为名誉理事长。1956年中国科学院心理研究室与南京大学心理系合并正式成立心理研究所后，一直任所长，1983年改任名誉所长。曾任《心理学报》主编，《中国大百科全书》总编辑委员会委员暨《心理学》卷编辑委员会主任。①

一、参与中央大学的接管及南京大学的更名工作

1927年，潘菽学成回国即投身于教育事业。当时，中国现代心理学处在创建阶段，一些大学纷纷成立心理系。他被最早成立心理系的第四中山大学（前身是东南大学，后来改称中央大学）聘为心理学副教授，半年后升为教授，兼心理系主任。1949年4月南京解放后，他受命参与接管中央大学的工作。

1949年8月8日中央大学正式更名为南京大学，8月12日开始实行校务委员会负责制。潘菽任校务委员会常务委员兼教务长，梁希任校务委员会主席。后来，因梁希出任中央人民政府林业部

---

① 李令节：《潘菽教授小传》，《心理学动态》1997年第3期。

部长，潘菽接任校务委员会主席。

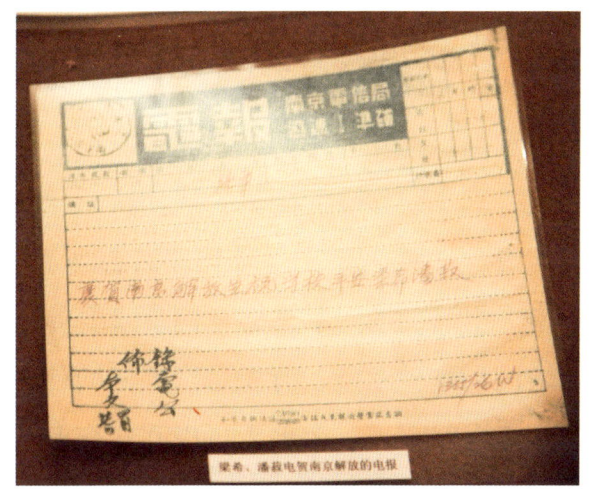

南京大学校务委员会主席梁希、教务长潘菽电贺南京解放
（图片由视觉中国提供）

在接管南京大学的过程中，潘菽等校务委员会成员做了大量的工作，以维持稳定并谋划发展。在1949年8月15日的校务委员会第一次会议上，作为会议主席的潘菽就当时亟待解决的十件事提请讨论，即各系主任聘请、新教员添聘、附小招生、上海的三个学校学生归并本校师范学院如何办理问题、本校水电节约问题、本会（即校务委员会）及常务委员会职权划分及定期会议、本校军事代表拟请从缓撤退、大学二部系统组织、总预算及分预算划分事项、各院移交问题。[①] 9月13日，校务委员会便修正确立了学校的行政系统，明确了学校行政机构的建制、学院及学系的设置、学校附属机构的设置等，使学校工作运行有了保障。这时的潘菽作为校务委员核心成员之一，在学校接管中特别重视征求各方面

①《南大百年实录》编辑组编：《南大百年实录》下卷，南京大学出版社2002年版，第8页。

的意见，重视校内的团结。潘菽在《南大生活》1950年1月1日的发刊词中写道："新的南京大学对于新中国的建设必然要负起一定的任务，但要负起这种任务，有一个先决条件，就是全校师生员工必须在了解上和理想上互相密切联系起来而成一种健全的有机体，而不是仅仅一群集合在一起的人。假如缺乏这种互相间的联系，就不会产生什么大的力量，也不可能负起所面临着的任务。所以要出版《南大生活》的一个主要目的就是要促进并加强我们师生员工互相之间的这种联系，有了这个共同的刊物，我们南大人，不问师生员工，就有了一个地方可以互相交换意见，讨论问题，提供建议，传达消息，报导经验。这样，《南大生活》就将成为南大的一种神经系，使南大成为一个活泼的南大。"①潘菽希望南京大学师生借助《南大生活》这个园地，对学校的工作、存在的问题等，进行讨论，提出意见和建议等。

经过潘菽等校务委员会成员的努力，南京大学在短时间内取得了很大的进步。1950年9月4日发表的《从数字看南大两年多来的进步》写道："南大在党和政府的正确领导下，经过全体师生员工的辛勤努力，无论在南大人的政治认识的提高上，在教学改进上，在科学文化贡献上，在各项实际工作中，都获得了显著的成绩。"②出版的各种著作有192种，约1 520万字。机械工厂创制汽轮机叶片成功，机械工厂工作改进合理化建议19件，电机系修理汞池整流管成功，土木系改装金相显微镜成功，化工系制造特种润滑油料成功，地质系发现新矿区数处，总务科合理化改进管理，精减人员，节约水电。这些发明、创造和合理化建议帮助节省了

---

①②《南大百年实录》编辑组编：《南大百年实录》下卷，南京大学出版社2002年版，第13、18—19页。

大量外汇和厂内开支。[①]

二、注重学校的组织建设和制度建设

1951年7月26日，华东军政委员会教育部部长吴有训签名转发了中央人民政府教育部关于南京大学改行校长制的决定："兹奉中央人民政府教育部电示，决定你校自1951年度第一学期起改行校长制，由潘菽任校长，孙叔平任副校长。正式任命手续正由我部呈请办理中，可先行到职视事，希即分别转知为要。"[②]中央人民政府正式任命潘菽、孙叔平分别为南京大学校长、副校长是政务院第103次政务会议通过的，1951年9月24日中央人民政府人事部、中央人民政府教育部正式公函告知[③]，潘菽遂成为新中国成立之后南京大学首任校长。

潘菽出任南京大学校长后，十分重视学校组织建设和制度建设。1951年10月，南京大学颁布了《南京大学暂行组织规程》[④]，该规程包括总则、组织、会议三个部分。其总则部分明确了学校定名、办学宗旨、具体任务、学校管理制度、教师配置、学生资格、院系设置；组织部分就校长、副校长职责，教务长、副教务长职责，总务长职责，各学院院长职责、各系主任职责等做出了明确的规定；会议部分则对大学的校务委员会、常务委员会、教务会议、处务会议、院务会议、系务会议等委员会和会议的职权以及开会次数、会议主持、会议程序等进行了规定。应该说该规程是当时南京大学进行管理的依据，使南京大学的内部管理有章可

①②③④《南大百年实录》编辑组编：《南大百年实录》下卷，南京大学出版社2002年版，第19、25、25、25页。

潘
菽

PAN SHU

循，有规可依。该规程第32条规定："本规程之解释权属校长。"

与此同时，潘菽与校务委员会成员达成共识："建立并健全行政组织制度，克服学校忙乱现象，改进工作方法，是保证完成教学任务的基本关键。"①因此，学校于1951年颁布了《关于建立并健全学校制度的决定》。该决定将建立制度的原则定为四条：一是制度要简化，不宜繁杂，层次不宜多，采取逐步建立的原则。二是各级组织、各种机构的职权与领导关系必须明确，一切工作规则目的也必须明确。三是各级机构要真正做到分层负责，确立必要的请示和汇报制度。各级负责人也必须加强与群众的联系，多方面听取群众的意见，对工作要随时检查，务使上下通气。四是行政与群众团体（如工会、学生会）的工作要密切配合，但也要严格区分。②基于这四条原则，该决定就校务委员会的职责和工作规则、系组织职责、系主任及系务会议任务、院组织之院长职责和工作规则，以及院教学研究委员会、院务工作会议、学校秘书室、教务处的职责与工作规则进行了规定。可以说，在潘菽的领导下，学校颁布的《关于建立并健全学校制度的决定》和《南京大学暂行组织规程》构成了南京大学运行的制度基础，这是南京大学平稳运行的保障。

随着学校各项工作的开展，潘菽及时对原校务委员会进行了调整。1952年12月，潘菽发布《关于建立新的校务委员会的通告》，通告指出：本校建校筹备工作已告完成，兹为加强领导，特根据中央人民政府教育部《高等学校暂行规程》第二十六条之规定，成立校务委员会，由校长、副校长、政治辅导处主任、教务

①②《南大百年实录》编辑组编：《南大百年实录》下卷，南京大学出版社2002年版，第21、21—22页。

长、副教务长、总务长、副总务长、图书馆馆长和副馆长、校长办公室主任、各系主任、附属工农速成中学校主任、工会代表、学生会代表组成之。校务委员会是当时学校的主要决策机制，其广泛的参与性，体现出潘菽在学校管理上的民主色彩。1954年底，根据学校建设与发展的需要，潘菽主持对学校的行政机构进行了调整：成立人事处，原校长办公室人事科划改为干部科并归人事处领导，另在人事处下设学生科；教务处增设科学研究科，原教务科改为教学计划科，原注册科改为调度统计科；校长办公室下不设科，秘书科名义取消。通过加强制度和组织建设，南京大学实现了有序运行。

三、参与南京地区高校的院系调整工作

1952年，为了适应新中国建设的需要，中央决定对全国高等院校进行院系调整。这次调整的总方针是："以培养工业建设干部和师资为重点，发展专门学院和专科学校，整顿和加强综合性大学，逐步地创办函授学校和夜大学，将工农速成中学有计划地改属各高等学校，作为预备班，以便大量吸收工农成分的学生入高等学校。专门学院和专门学校又分多科性与单科性两种，它的任务是根据国家的需要，培养各种专门的高级技术人才。综合性大学的任务，主要是培养科学研究人才和中等学校、高等学校的师资。"[1]

新中国成立之后，南京市高等教育资源相对丰富，因此，南

---

[1]《全国高等学校院系调整基本完成》，《人民日报》1952年9月24日。

京大学的院系调整不仅是基于全国范围内高等教育资源进行的调整，也是基于华东地区高等学校状况进行的调整，更是基于南京市当时的高等学校状况进行的院系调整。早在1950年9月，潘菽就参与了安徽大学土木、艺术两系并入南京大学协议书的签署。该协议书就并入涉及的教员问题、学生问题、设备问题、学生复学问题等进行了约定。

1952年1月，华东军政委员会教育部在上海召开了南京大学、浙江大学、交通大学三校航空系代表座谈会，拟定调整方案。同年3月，潘菽就南京大学、金陵大学合并调整致函华东军政委员会教育部部长孟宪承，报告调整方案拟就情况："南大与金大合并调整为南京大学、南京工学院、南京农学院及南京师范学院等院校，根据中央批示原则，并在柯市长①指导之下，两校负责人曾作数度商讨，已取得一致意见，拟就调整方案。对这个方案，南京市的党、政方面负责同志亦均表同意。菽寄上四份，请即予以审核并转呈中央批准。因调整时一些房舍必须于8月底落成，故筹备组修建工作必须于5月初开始，因此希望能尽早批准，俾早日着手准备。"②从这份函中我们可以看出：潘菽在出任南京大学校长后，对院系调整非常重视，与合并学校进行了多次商讨，此为其一；其二，没有将院系调整合并只视为学校之间的事，而是积极争取南京市党、政的支持；其三，对于院校合并调整不仅依据中央的指示精神，而且积极争取当时华东军政委员会教育部领导的支持，并持积极推进的态度。当时南京大学、金陵大学合并调整的方案，

---

① 指柯庆施，他在1949年5月至1952年11月先后担任南京市副市长、市长，中共南京市委书记。

②《南大百年实录》编辑组编：《南大百年实录》下卷，南京大学出版社2002年版，第35页。

实际包含了南京大学文、理、法三院各系与金陵大学文、理两院相同各系合并成立正规的综合性大学但仍名为南京大学的方案，还包含了以南京大学工学院为基础合并金陵大学电机、化工两系成立南京工学院，南京大学、金陵大学农学院合并成立南京农学院，南京大学师范学院各系与金陵大学文、理学院相同或有关各系合并成立南京师范学院等一揽子方案。其中就校舍调配与添建还具体提交了第一方案与第二方案，以及对两个方案之利弊的分析。

在南京大学、金陵大学两校合并处于中央人民政府教育部和华东军政委员会教育部审定批复期间，1952年7月，南京大学与金陵大学两校的校委会召开联席会议，通过了《南京大学、金陵大学两校合并调整工作进行办法》，就建立筹备机构、进行筹备工作、工作进行步骤等达成共识并形成决定。这就保证了两校合并的顺利进行。同年8月，中央人民政府教育部决定将南京大学哲学系并入北京大学，同时，华东军政委员会教育部做出了将齐鲁大学天文系并入南京大学的决定。在中央人民政府教育部、华东军政委员会教育部、南京市人民政府的大力支持下，南京大学在潘菽的带领下，于1952年9月完成了院系调整的任务。这次院系调整对南京大学的后期发展发挥了奠定基础的作用，涉及校舍的调配与添建、基础课教员的调配、图书文物的调配以及档案资料的归属等。此次调整以后，南京大学成为以文、理科为主的综合性大学。

四、重视教学改革，努力解决教与学的矛盾

在南京大学院系调整任务完成之后，潘菽开始着手进行教学

改革，具体就专业设置、教学计划、分配开课任务、制订师资培养计划等组织大家讨论，以求达成共识，打好基础。但当时的实际情形是："教与学的矛盾发展到相当严重……若干按'指导志愿'分配来校的学生不安心学习，任意旷课，破坏纪律的现象也发展到相当严重，首先是在地理系。"[1]针对这种状况，南京大学开始将工作中心转移到解决教与学的矛盾上来，采取了一系列具体措施。例如，南京大学1952年度的工作报告总结道："教学计划修订了，六时一贯上课制实行了，不安心学习的问题处理了，系行政领导多少加强了，教学组织的工作多少开动了，教学状况大为改善，教学思想也大为提高，在教学与学习两方面都收到若干成绩。"[2]学校在反思一年的工作中还总结了四点教训：一是教学改革一定要学习苏联，又一定要从实际出发，一定要有长期打算，又一定要稳步前进。二是学校领导一定要不断提高自己的思想水平和业务水平。没有一定的思想水平，就不能有正确的学习苏联的态度。没有一定的业务水平，也办不到从实际出发。三是一定要建立学校工作的严格秩序，革除"搞运动"的作风。四是一定要切实地、有计划地进行学校基本建设。[3]

五、严格要求学生养成基本素养

在潘菽校长的领导下，学校非常重视学生的培养，不仅采取措施处理教与学的矛盾，而且对学生的培养目标与规格也做出了明确的规定。在《南京大学暂行组织规程》中，学生的培养目标

---

[1][2][3]《南大百年实录》编辑组编：《南大百年实录》下卷，南京大学出版社2002年版，第56—57、57、57—58页。

是："培养具有高级文化水平、掌握现代科学和技术、全心全意为人民服务的高级建设人才。"[1]同时具体要求教学工作要适应国家建设的需要，培养通晓基本理论并能实际运用的工程师、农业技师、教师、政法财经干部及语文艺术和科学工作者。为了实现学生培养目标，南京大学于1954年10月制订了对优秀学生、优秀班集体的奖励办法，对优秀学生给予荣誉称号和一定的物质奖励，对优秀班集体给予荣誉表彰。

潘菽认为体育运动是学校整个教育过程的重要组成部分，他提出重视学生的体育运动，培养学生的健康的身体素质。1956年，潘菽校长批准了南京大学行政会议通过的《关于加强体育运动的决议》。[2]该决议要求各系和每位教师都应关心学生的体育运动，在安排教学工作和学生自学工作时，必须不影响学生每天平均一小时的体育锻炼时间，各系应经常督促检查。该决议还规定现在一、二年级的学生如体育成绩不及格或缓修者，在升入三、四年级时必须补修体育课，补修仍不及格者不得毕业。通过这些具体而又刚性的措施，学生的体育锻炼意愿增强了，身体素质提高了。

特别要指出的是，虽然南京大学设定的学生培养目标较高远，但在潘菽校长的领导下，学校对学生的培养从做人、做事的具体细节要求入手。这从南京大学1954年制订的《学生生活守则》就可以看出。学校从马克思列宁主义的学习、生活态度、个人道德品质、团结友爱师生同学、爱护环境、遵守纪律等多个方面严格要求学生养成基本素质。

---

①②《南大百年实录》编辑组编：《南大百年实录》下卷，南京大学出版社2002年版，第25、116页。

潘菽在南京大学做报告（1955年）
（图片由潘垚天提供）

1956年8月，时任副校长孙叔平在总结学校工作时写道："我们的学生的政治质量和道德品质较之解放前是提高了的。健康状况特别是耐劳能力较之解放以前也是提高了的。就是业务知识和技术，从所学东西的广度和深度、系统性和完整性来说，较之解放以前也是提高了的。至于学生数量之大，更不是解放以前所能比拟。"①

潘菽在南京大学校长任上付出许多辛劳。上任初期，百废待举，潘菽一方面调整课程，废除原先的训导制，取消国民党党义一类课程而代之以社会发展史、中国革命问题和政治经济学等马克思列宁主义课程；另一方面相应地调整师资，除原先由军管会聘任的教师外，又由校务委员会选聘了一部分教师，也解聘了一

---

①《南大百年实录》编辑组编：《南大百年实录》下卷，南京大学出版社2002年版，第118页。

些教师（包括少数自动离职的在内，正、副教授共解聘10余人，讲师、助教多一些。这些被解聘的教师，大多被安排去华东人民革命大学学习，学习结束后被分配到其他高校工作）。

新政之初，事乱如麻，潘菽等校领导经常夜以继日地开会，甚至有时不得不在会议桌上解决吃饭问题。在潘菽的领导下，南京大学顺利地完成了中央大学的接管工作，并参与南京及华东地区大学的接收与院系调整工作，为改造旧大学、建设社会主义的新大学做出了重要的贡献。

六、重视学科建设

潘菽担任校长期间既重视南京大学整体的学科建设，又重视各系的学科建设。潘菽在心理学的教学、科研及组织领导岗位上勤勤恳恳地工作了60余年，为中国心理学的发展做出了巨大的贡献，他被认为是中国现代心理学的主要奠基人之一和理论心理学的重要开拓者。

（一）心理学走自己的道路

潘菽对我国心理学的发展方向和道路等具有根本性的问题极为重视，他的基本思想是：我国的心理学必须走自己的道路，要为我国的社会发展服务。他对许多根本性的理论问题提出了有新意的深刻见解，初步形成了具有我国特色的科学心理学的构想和框架。

新中国成立初期，中国心理学从专业设置到教科书编写都借鉴了苏联的经验。为此，潘菽一心想了解苏联心理学是如何以马克思列宁主义为指导发展起来的。1949年9月，他作为中国科学家代表团员之一去苏联参加巴甫洛夫100周年诞辰纪念活动。1957年，他又率领中国心理学家代表团赴德国访问，往返都路过莫斯科。潘菽很珍惜这两次机会，本希望通过参观和会晤苏联心理学家，好好向苏联心理学界学习，但他的愿望没有实现。这期间，中国心理学的专业机构也做了较大的调整。在全国范围内只有南京大学保留了心理系，另则只有北京大学哲学系按苏联的模式设立了心理学专业。1956年南京大学心理系并入中国科学院心理研究所，潘菽担任心理研究所所长。在此之前，中国心理学会于1955年重新建立，他被推选为理事长。这两个职务他一直担任到20世纪80年代中期。1955年中国科学院成立学部，他被聘为学部委员，是学部委员中唯一的心理学家。

1952年夏，潘菽（第三排右一）与南京大学心理学系部分师生合影
（图片由潘垚天提供）

潘菽在南京大学心理系教学和科研两不误，他一直认为，好的大学教师必须同时是一位相应学科杰出的研究人员。1956年，

潘菽担任中国科学院心理研究所所长，该所的学术委员会也同时正式成立。这表明了潘菽在学术上的远见卓识。

潘菽任中国科学院心理研究所所长后，扭转了原心理研究室以巴甫洛夫学说为主导的科研方向，重新确定了心理所的研究工作：必须结合我国教育、生产劳动、医学实践，研究心理的生理机制，采取开门办所的方针，欢迎全国师范院校心理学者来所参加协作研究。

潘菽主持的"中小学九年一贯制（学制改革）教育心理学实验研究"课题，有高校教师30多人来所参加，协作两年，提交了论文40余篇。这开创了中国心理学界较大规模的科研协作，为我国基础教育学制改革做出了贡献，并为新中国培养了首批心理学科研骨干。

因"文化大革命"中断的"初中数学自学辅导教学实验"，1973年由卢仲衡独立恢复时，潘菽尚未复职，便曾应邀徒步到中国人民大学附属中学参观实验。复职后，潘菽即将这项实验改为由他直接领导的理论研究室负责，并协助在全国推广。潘菽亲为这项实验正式命名，并参加指导研究生。这项实验曾获中国科学院科研成果奖二等奖。实验班在全国发展达7 000个以上，教材每年印数达96万套（每套18本），至今已出版《实验论文选》30余集。实验取得如此成效，在国内教改流派中堪称名列前茅，在国外也前所未见。

"文化大革命"结束后，潘菽首先发动心理学界开展"评论冯特心理学"（简称"评冯"）工作，组织撰写论著约70篇（150万字），否定了把冯特贬为"资产阶级心理学路线代表"的谬论，对冯特创建心理科学的贡献及其对我国的影响做出了新的评价。"评冯"课题曾获中国科学院科研成果奖三等奖。其中得奖的主要论文之一《威廉·冯特与中国心理学》被提交至第二十二届国际心理学大会（1980年7月，莱比锡）。这冲破了新中国成立以后我国心理学在国际上的半封闭状态，是新中国心理学走上国际舞台的第一步。这次国际大会不但恢复了新中国作为国际心理科学联合会会员的应有席位，而且中国代表还当选为执委。"评冯"还推动了国内心理学史的协作研究。其中，潘菽主持写作的《中国心理学六十年的回顾与展望》（以"中国心理学会理事会"署名发表在《心理学报》1982年第2期上，又以英文发表在《国际心理学杂志》1983年第18期上），第一次向国际心理学界系统介绍中国心理学发展的过程及主要成果，推动了我国与国际心理学界的学术交流与协作。

20世纪60年代对潘菽乃至对中国心理学都是多灾多难的。1963年他突发心肌梗死，住了一年多医院。"文化大革命"开始后，心理学遭受毁灭性打击，教学和研究都被迫终止。就在这连性命都难保的情况下，他想的还是如何使我国的心理学学科能够继续存在与发展。在一次批斗会后，他悲愤而坚定地对夫人说："心理学作为一门科学是砸不烂的，也是取消不了的，前途是光明的。"正是这种坚定的信念，他在极度困难的情况下，自强不息，奋笔著书立说，以写检查为掩护，偷偷地写下了60多万字的《心理学简札》初稿。他后来在回顾中写道："通过写《心理学简札》这项工作，我自以为明确了不少心理学中的问题，较明白地认识了心理学的过去和现在以及未来的趋向，也比较明确了我国心理学的研究和发展基本上应该怎么办。我更加坚信我国的心理学必须自力更生，自强自立，决不能再一味仰望于任何国家。"①

"文化大革命"结束后，为了尽快恢复和发展我国的心理学学科，年已八旬的潘菽不顾体弱多病，重新挑起了中国科学院心理研究所所长和中国心理学会理事长两副重担。他一方面不辞辛苦地做了大量组织领导工作，另一方面身先士卒，带头从事研究和著述。在生命的最后10余年里，他共发表论文20多篇，出版著作5种。去世之前，他一直主持"关于意识的心理学研究"工作，还担任《中国大百科全书·心理学》编辑委员会主任。10年中，他先后培养了3名硕士研究生和4名博士研究生。1987年九三学社中央委员会、中国心理学会与中国科学院心理研究所联合举办庆祝他从事心理学科研和教学工作60周年暨90寿辰的活动，会上他激动地表示，要"活到老，学到老，工作到老"。他清醒地意识到，自己的时间不多了，而要做的事还很多，因此，他总是夜以继日地、废寝忘食地工作。一次，他的女儿写信给他，以父女骨肉之情苦心相劝。他回一张小小的字条，上面写道："我专心一志，时间不够用是事实，实无办法。早睡不可能做到，除非放弃工作。"寥寥数语，足见这位九旬老人忘我的工作精神。潘菽这种高度的事业心和无私奉献的精神在我国心理学界广为传颂，被誉为"我国心理学界的圣人"和"一面旗帜"。

（二）潜心于学科的理论研究

由于心理学研究对象本身的复杂性，又鉴于中国的特定社会条件，潘菽在心理学上走过的道路，正像他自己所说："并不是现

① 中国科学院心理研究所、中国心理学会编:《潘菽全集》第一卷，人民教育出版社2007年版，第41页。

成的康庄大道，而仿佛是山间之蹊径，颇为崎岖曲折，有时还要披荆斩棘。"晚年，他在《我的心理学历程》的回顾中，将自己的学术生涯大致分为六个阶段，即10年定志、10年彷徨、10年探路、10年依傍、10年自强、10年播扬。潘菽是与中国现代心理学一起成长起来的心理学家，他在心理学上所走过的道路可谓是中国现代心理学历史发展的一个缩影。潘菽的奋斗精神也堪称中国老一辈心理学家劈波斩浪的典范，他的心理学思想在我国心理学界已产生了广泛而深刻的影响。1955年潘菽被聘为中国科学院第一批学部委员，学部委员后改称院士，他是中国科学院资深院士。

潘菽主要致力于探索心理学的基本理论。在多年研究的基础上，他提出了一系列独到的见解与科学主张。他提出了"新三界说"，主张把整个世界划分为元生物界、生物界和人界；突出"人界"，以体现"人为万物之灵"的"人贵论"观点。对人脑的特质，他提出了"两种机能说"，主张人脑具有生理机能也具有心理机能（即心理活动的"物质本体"）；对心理活动则提出了"二分法"（主张可分为"认识活动"和"意向活动"），以取代传统的知、情、意"三分法"。潘菽晚年还主持了中国科学院基金项目"意识的心理学研究"课题，并提出意识是脑在演化过程中发生的质变现象，是最概括的、综合的认识活动。

潘菽明确提出心理学是既具有近于自然科学性质又具有近于社会科学性质的二重性科学，或称跨界科学、中间科学，这对我国心理学的发展有深刻的影响。他认为人的一切问题根本上都是心理学的，不妨把心理学改称"人学"。教育的目的是造成健全的心理人格，政治的直接目的是促进社会的进步，但社会的进步是个人的心理人格的扩大。

潘菽对中国古代的心理学思想极为重视。他一再指出，我国古代心理学思想是一个丰富的宝藏，我国心理学者绝不可"数典忘祖"，而必须好好地挖掘研究，以继承先人的这份珍贵遗产。在他的倡导和积极推动下，我国古代心理学史的研究取得了可喜的进展。

潘菽的一生著作颇丰，个人专著以及主编、合编的书有十几部，发表心理学及教育、哲学、美学等方面的文章200余篇。早期的著作有《心理学概论》（1929）、《社会的心理基础》（1930）、《心理学的应用》（1935）、《教育心理学》（1937）等。主要的心理学论文已被收入《潘菽心理学文选》（1987）中。潘菽热心发扬祖国光辉的文化思想，渴望能吸取其中可贵部分作为我国心理学的一部分骨架和血肉。其殷切之情，充溢于《中国古代心理学思想研究》（合编，1993）与《中国心理学史》（担任顾问，1986）两书的序言中。他还把多年探索综合得出的思想精华"人贵论""形神论""知行论"等，作为专门条目写入《中国大百科全书·心理学》（1991）。潘菽出版专著10多种，其中包括他最后研究课题的成果，即以遗著形式结集出版的《意识——心理学的研究》（主编，1998），以及上文述及的各书。

不能不提的是前后历时20年、达60多万字的《心理学简札》，它是一位耄耋之年的学者在牛棚里，冒着生命危险，以写检查为掩护，写在一张张小卡片上的心血之作。潘菽在1963年3月患心肌梗死大病之后感到要更多地做些工作了。由于健康状况不允许久坐从事系统的写作，他只好采取做札记的办法把思考研究所得随时记下来，定名《心理学简札》。4年之后，札记已成了寸许一沓。1968年，潘菽被抄家，面对劫后余生的"简札"，家人劝说潘

潘

菽

PAN SHU

bar

菽把它一烧了之，他迫于当时形势痛心而无奈地由家人把它烧毁。但是，出于对心理学的热爱，以及对自己日夜思索得出的对心理学根本问题见解之珍视，潘菽心有不甘，必得重新写出而后快。于是，他就在写交代写检查的时候，凭记忆对原来的简札内容加以修订整理，并偷偷地写在一些小本活页纸上，造反派监视的一来就用一张写着交代的大张纸压着蒙混过关，写好之后由夫人替他抄一份寄给在当时的重庆师范专科学校的、他的学说的信奉者与追随者唐自杰，请唐自杰提了意见后再定稿。后来，《心理学简札》分成上、下两册于1984年由人民教育出版社出版。

《心理学简札》是潘菽的主要代表作，可以说是他一生对心理学探索成果的总结。在这部著作中，他以辩证唯物论和历史唯物论的观点，对古今中外有影响的心理思想和传统心理学中各重要流派的基本观点，做了深刻的分析与评论。同时，对我国心理学的发展道路和心理学的一些基本理论问题阐述了自己的见解，对辩证唯物论心理学的理论体系提出了个人的设想。这部著作出版后在我国心理学界引起了很大的反响。有的书评认为，"它是以马克思主义为指导，改造旧心理学，建立具有中国特色的心理学体系的重大尝试，是促使我国心理学实现现代化的战略性思考"，"是一本心理学简要百科全书式的书"。

潘菽的著作还多次获得重要的奖项。他主编的大学教材《教育心理学》（人民教育出版社，1980年）和图文并茂的高级科普著作《人类的智能》（上海科技出版社与三联书店香港分店联合出版，1983年）分别获得全国高等学校优秀教材奖和全国科技图书一等奖。《心理学简札》（人民教育出版社，1984年）于1991年荣获"光明杯"全国哲学社会科学著作荣誉奖，1992年又获国家教委首届高等学校出版社优秀学术著作特等奖。《潘菽全集》（人民教育出版社，2007年）获中国出版政府图书奖和中华优秀出版物图书提名奖。

（三）致力于学科的人才培养

在30余年的大学执教生涯中，潘菽为我国培养了大批心理学专门人才。潘菽的知识渊博扎实，他曾讲授普通心理学、实验心理学、理论心理学、比较心理学、社会心理学、应用心理学、心理学史等10余门心理学主要的课程。他讲课从来不用现成的教材照本宣科，而总是自编讲义。他写的讲义和其他著作都有自己独特的见解，使学生们感到讲课内容新鲜、丰富且深刻。他不善言辞，但他认真负责的态度、朴实无华的风格、丰富深刻的思想和深入浅出的讲授，使同学们获益甚多。

潘菽的教学态度一向极为认真。有的课程哪怕只有一两个学生，他也同样认真地备课和讲解。他对学生的要求也很严格。有一次，一个学生缺了一堂课，也没有参加做实验，事后抄了一份实验报告交给他。他发现后严肃地批评了这个学生，并单独为他补课。多年之后，当这个学生想起此事时还由衷地钦佩潘菽严肃负责的教风。

潘菽讲究教学方法。他反对注入式的教学，注重启发，善于调动学生的学习积极性和主动性。在讲授心理学史课时，他常常先把问题分给学生，分别指定参考书目和阅读的范围，让学生分头准备。上课时先由学生讲，然后自己做总结。这种教学方法，既使学生能够牢固地掌握知识，又锻炼了他们独立学习的能力。他既教书又育人，经常以自己的进步思想滋润青年们的心田。平

潘
菽

PAN SHU

时他的言语不多，但处处为人表率，影响学生于潜移默化之中。

潘菽对学生的态度和蔼可亲，作风平易近人，从不摆老师和学者的架子，很有忠厚长者的风度。正因为这样，学生有问题、有困难都爱找他说，平时也很喜欢到他的宿舍谈心，甚至请他当证婚人。在学生的心目中，他既是良师，又是益友。

潘菽在多年的教育实践中，不仅积累了丰富的教学经验，而且提出了许多进步的、科学的教育主张。其中一个重要主张就是中国的教育应走自己的路，发展适合中国国情的教育，反对模仿和照搬外国的一套。潘菽不仅注重言传身教，而且还提出要注意"物教"的主张。他认为："环境是有很大教育作用的"，"真正懂得教育的人无不注意环境的选择和安排"。

潘菽桃李满天下，知名的学生有中国科学院心理研究所首任副所长丁瓒、继任所长匡培梓，数理统计学与心理测验专家曹飞，生理心理学家、新中国听觉研究先驱龙叔修，新中国著名医学教育家季钟朴等。其他还有不少为高校心理学教学与研究的专家。其中，唐自杰于1988年在重庆创立了以探索潘菽所追求的具有中国特色的心理学体系为己任的重庆潘菽心理学思想研究会，并为潘菽《心理学简札》一书的出版和研究做了许多的工作。①

潘菽不仅是有远见卓识的著名学者，而且是卓有影响的社会活动家和忠诚的共产主义战士。他是九三学社的主要发起人和领导人之一，并从1958年起一直担任九三学社中央委员会副主席，为统一战线和多党合作事业做出了积极的贡献。他从自己的奋斗中逐步认识到，只有中国共产党才能救中国这个道理，他把自己

---

① 中央大学南京校友会、中央大学校友文选编纂委员会编：《南雍骊珠：中央大学名师传略》，南京大学出版社2004年版，第395页。

的全部精力奉献给中国共产党领导的人民解放事业和社会主义事业。1949年春，潘菽应邀秘密赴北平参加新政协会议。1956年，潘菽光荣地加入了中国共产党。

1953年5月，潘菽（一排左三）与九三学社南京分社
南京师范学院支社社员合影
（图片由潘垚天提供）

潘菽是我国优秀知识分子的代表。潘菽曾担任南京市和江苏省人民委员会委员，江苏省政协副主席，中国科协常委，第一至三届全国人民代表大会代表，第五届、第六届全国政协常委。他一生为祖国、为人民鞠躬尽瘁，为实现民主、振兴科学不懈奋斗。1988年3月26日，潘菽因病在北京逝世，享年91岁。著名科学家周培源撰文哀悼"哲人已萎，典范永存"。这既是对潘菽的肯定，又是激励后人前进的精神动力。

位于南京大学的潘菽塑像

（图片由视觉中国提供）

主要参考文献

1.《南大百年实录》编辑组编：《南大百年实录》（上、中、下），南京大学出版社2002年版。

2. 中央大学南京校友会、中央大学校友文选编纂委员会编：《南雍骊珠：中央大学名师传略》，南京大学出版社2004年版。

3. 中国科学院心理研究所、中国心理学会编：《潘菽全集》（共10卷），人民教育出版社2007年版。

4. 潘菽：《潘菽自传》，《晋阳学刊》1983年第5期。

5. 史城：《中国心理学泰斗潘菽》，《南京史志》1996年第3期。

6. 季钟朴：《恩师潘菽教授救我出狱》，《心理学动态》1997年第3期。

7. 李令节：《潘菽教授小传》，《心理学动态》1997年第3期。

8. 穆广仁：《潘菽教授在中央大学的二三事》，《心理学动态》1997年第3期。

9. 潘宁堡、陈绍英:《我们的好父亲潘菽》,《民主与科学》2007年第5期。

10. 张敏:《潘氏三兄弟传奇而坎坷的人生路》,《党史纵览》2012年第7期。

诚朴雄伟
励学敦行

南京大学校训

撰稿人:

黄艳,管理学博士、教授,武汉工程大学法商学院副院长,主要从事教育管理学研究。

刘宇佳,武汉大学教育科学研究院博士生,主要从事教育管理学研究。

华 岗

HUA GANG

山东大学校长（1951—1955）

（图片由山东大学校史馆提供）

华岗（1903—1972），浙江省龙游县人，又名延年、少峰，字西园，曾用名刘少陵、林少侯、潘鸿文，笔名林石父（又作林石夫）、华石修、晓风、方衡等，中国现代哲学家、史学家、教育家。他是新中国成立之后山东大学首任校长，将山东大学带入发展的黄金时期，创造出至今为人津津乐道的业绩。

一、生平活动简介

华岗于1903年6月9日出生于浙江省龙游县庙下村一个普通农家。1914年，入庙下村初级小学。1916年，考入龙游溪口中和完全小学（今溪口中学）。1920年，以优异成绩考入衢州浙江省立第八师范学校。1923年，因反对学校干涉学生运动被开除，后改名少峰转入宁波浙江省第四中学（又称宁波中学）。1924年秋，加入中国社会主义青年团，同年冬任青年团宁波地委宣传部部长，参加编辑进步刊物《火曜》。1925年6月，任青年团南京地委书记。

华岗1925年8月加入中国共产党，开始从事职业革命活动，历任青年团上海沪西区委书记、浙江省委书记、江苏省委书记和顺直（河北）省委书记。1926年4月，任共青团浙江省委书记；同年8月，任共青团江苏省委书记。1928年5月，到莫斯科出席中国共产党第六次全国代表大会和中国共产主义青年团第五次全国代表大会，同时参加共产国际第六次代表大会和少年共产国际第五次代表大会。回国后任共青团中央宣传部部长、团中央机关刊物《列宁青年》主编、中共湖北省委宣传部部长、党中央华北巡视员。1929年4月，离开团中央，专门从事党的宣传和组织领导工作，先后任中共湖北省委宣传部部长、中共中央组织局宣传部部长和中共中央华北巡视员。1930年，翻译出版了《共产党宣言》，这是中国出版的第二个全译本，译文质量有较大提高，结尾处第一次准确译出了"全世界无产阶级联合起来！"1931年，在鲁迅的帮助下出版《中国大革命史（1925—1927）》一书，对革命斗争起了很大的鼓舞作用。

华岗于1932年初被派往北方，以中共中央华北巡视员的身份到北平和唐山，视察指导工作。此时，鉴于满洲省委书记罗登贤调回中央，中共中央决定建立满洲特委，任命华岗担任特委书记。当年9月，途经青岛时，因叛徒告密，华岗与交通员张永祥一同被捕入狱，关押在山东省第一监狱。经党组织营救，于1937年10月出狱，后任中共湖北省委宣传部部长，筹办武汉《新华日报》，任总编辑，兼《群众》周刊主编。1943年初，任中共中央南方局宣传部部长，被派赴云南做统战工作，化名林少侯，应聘担任云南大学社会学教授，参加组织西南文化研究会，团结李公朴、闻一多、费孝通、吴晗等著名人士，开展爱国民主运动。1945年8月，任国共谈判中央代表团顾问。1946年5月，任中共上海工作委员会书记。1947年3月，国共和谈彻底破裂后，随中共代表团一起撤到延安。1948年春，经中共中央批准到香港治病，协助中共香港工委做统战工作。1949年9月，华岗应邀到北平出席全国政协会议，但因病滞留青岛，被安排以山东大学教授身份讲授"社会发展史"。同年，所著《太平天国革命战争史》一书出版。

1950年4月，华岗被任命为山东大学校长兼党委书记，创办《文史哲》杂志并任社长。同年，所著《苏联外交史》《目前新文化运动的方向和任务》出版。1951年春，济南华东大学迁到青岛，与山东大学合并，华岗续任校长兼党委书记。同年，所著《五四运动史》出版。1953年，所著《鲁迅思想的逻辑发展》出版。1954年，当选第一届全国人民代表大会代表，兼任中国史学会理事、《哲学研究》编委。翌年，所著《辩证唯物论大纲》和《辩证唯物论和物理学》出版。

1955年8月，华岗再次被捕。1972年5月17日，华岗因病在济南医院去世。1976年，党中央粉碎了"四人帮"。1980年3月28日，中共中央正式批准恢复华岗名誉。4月10日，最高人民法院撤销原判，宣告其无罪；5月22日，中共山东省委决定，恢复华岗同志的党籍和政治名誉。7月5日，中共山东省委在济南英雄山烈士陵园为华岗举行追悼大会，肯定他在几十年的革命斗争中，一贯忠于党，忠于人民，对工作兢兢业业，对人民无限热爱，为中国革命事业做出了贡献。

二、出任山东大学校长

1949年8月下旬，华岗一家启程离开香港，9月2日抵达青岛大港码头，此时青岛刚好解放三个月。时任青岛军事管制委员会主任向明热情地接待了华岗。当时，华岗的肠出血病正在发作，原计划在青岛稍做停留后就去北平接受中央安排的工作，但是向明希望华岗

华岗在香港
（图片由山东大学校史馆提供）

留下来，在文教政策的实施方面助自己一臂之力。向明对华岗说：
"你先留在青岛养病，山东文教界很缺干部，你还是留下来吧，中
央的手续我去办。"①

中央同意华岗留在青岛养病后，向明即指示驻山东大学军事
管制委员会代表罗竹风、高剑秋等人前去探望，征求华岗的指导
意见。此后，不仅罗竹风等军管会代表频繁与华岗见面，而且山
东大学的教授杨向奎、王仲荦、赵纪彬、孙思白等人也和他开始
有来往。② 这样，47岁的华岗从此与山东大学"结缘"了。11月，
山东大学开始实行上政治大课的学习制度，罗竹风主讲"新民主
主义论"，聘请华岗讲授"社会发展史"和"共同纲领"，可以说
这是华岗与山东大学直接接触的开始。尽管当时华岗还不是山东
大学的人，正如他之前曾拜访的孙思白所说的那样，是"青岛市
委的客人"③，然而，他帮助山东大学军管会解答疑难问题，又认真
备课、讲课，显然他已是山东大学的人了。

华东大学与山东大学两校性质不同，矛盾比较突出，合并后
需要一个既有革命身份又有知识、有能力、会办学的专家学者担
任校长。中央经过反复考虑认为华岗就是最佳人选，周恩来亲自
打电话与华岗交换意见。在征得他同意之后，1951年3月，华岗
被中共中央正式任命为合并后的山东大学校长兼党委书记。

华岗早年曾有在大学里工作的愿望。在《新华日报》工作期
间，华岗就与潘梓年交过心，他说，等革命胜利了，他想教教

---

① 田广渠：《如沐春风，如饮甘露——忆50年代初期华岗的政治大课》，孙长俊主
编：《山大逸事》，辽海出版社1999年版，第386页。
② 罗竹风：《悼念华岗同志》，《柳泉》1980年第2期。
③ 孙思白：《怀念华岗校长》，山东省政协文史资料委员会编：《悠悠岁月桃李情·
山东大学九十年》，中国文史出版社1991年版，第50—51页。

书，为祖国建设培养人才。①这种说法，从罗竹风的回忆中可以印证：

华岗在一次谈话中曾提到，他是搞社会科学，特别是历史科学的，对自然科学也涉猎不少，但并不深入。一所综合性大学，最适宜人文科学和自然科学融会贯通、相互影响、相互渗透。若从世界许多著名大学来看，即使是纯理工大学，它也开设文科课程。像美国麻省理工学院及美国许多大学都是这样，但中国向来都是理科、文科割裂的，好像划了一条不可超越的"鸿沟"。我们知道，要研究哲学，要深化哲学，没有自然科学知识是不行的。华岗同志有这个意图，想凭借山大这样一个好的科学园地，使之进行研究，以便互渗透，你中有我，我中有你，这样起主导作用的唯物辩证法和历史辩证法就能够更加深化。他有这么个意图，所以愿意在山大教书和工作。②

正是华岗开展了和风细雨般的思想改造和教学改革，山东大学才较为顺利地实现了向新民主主义大学的转轨，而华岗在学校聚集了一大批学有专长的知名学者，形成了朝气蓬勃的校园风气与和谐自由的学术氛围，为山东大学的发展奠定了基础。

华岗接见参军入伍学生
（图片由山东大学校史馆提供）

① 赵淮青：《华岗的卓越贡献与悲惨遭遇——纪念华岗同志逝世30周年》，刘培平主编：《战士·学者·校长——华岗同志百年诞辰纪念文集》，山东大学出版社2003年版，第382页。

② 罗竹风：《华校长永远活在我们心中》，刘培平主编：《战士·学者·校长——华岗同志百年诞辰纪念文集》，山东大学出版社2003年版，第97—98页。

三、办学思想

华岗被任命为山东大学校长之后，认真贯彻落实党的教育方针，积极探索办学规律，形成了他独具特色的办学理念。

（一）教育观

关于学校的发展定位，华岗主张结合学校历史与所在地实际，办出特色。1950年6月，教育部召开第一次全国高等教育会议，会议通过了《高等学校暂行规程》，规定中国大学应"以理论与实际一致的教育方法，培养具有高级文化水平、掌握现代科学和技术的成就、全心全意为人民服务的高级建设人才"。1951年3月15日，在庆祝山东大学与华东大学合校成功的大会上，华岗做了《合校方案和山大前途》的报告，他在报告中说："《高等学校暂行规程》是面对全国大学而规定的，每个大学把它用到自己学校里面，还必须针对此时此地的实际情况，定出更切合实际的目标。"这显示出华岗的以特色办学、办特色大学的思想。1952年冬，全国性的高等院校调整基本告一段落。富有战略眼光的华岗不失时机地提出，一所学校的实力和规模固然重要，而更重要的是它的风格和特色，他强调要把山东大学办成有自己个性的学校，即要形成自己的特色。他设计了"文史见长、加强理科、发展生物、开拓海洋"的发展方针。这一符合山东大学历史实际和具有战略意义的规划，使山东大学成为理科继续保持优势，文、史、哲研究在全国产生重大影响，海洋研究特色独树一帜（海洋学科后来成为中国海洋大学的源头之一）的著名高校。华岗的大学发展战略影响了学校的办学走向，时至今日山东大学仍受惠于此。

在学校的学科发展上，华岗主张保持和发展优势学科。华岗在1952年11月多次与童第周、陆侃如两位副校长商讨学校的发展重点和如何形成特点的问题，对于文科，"他们一致认为中文、历史两系师资阵容整齐，水平较高，教学和科研都已打开局面，并取得了重大成绩，可以作为学校重点学科"。时间证实了华岗的远见卓识，仅仅过了半年，1953年5月，中央人民政府高等教育部就下达了指示，要求各综合性大学研究发展重点与方向。同年6月，山东大学送呈了《关于我校理、文两科发展重点与方向》的报告。至此，文科以中文、历史为发展重点的战略决策正式敲定。

华岗领导山东大学，较早地提出向科学进军的思想。他积极提倡自然科学研究，主张大力发展理科，实现国家技术的突破创新和经济效益，使学校的理科科研在全国处于领先水平。但是他又充分意识到了人文学科的价值和作用。他认为，人文学科成就了山东大学内涵丰富、特色鲜明的学术传统，只有保持传统才能保证山东大学的后辈学子不断地脱颖而出，成为新的学术带头人，山东大学以文史见长的特色才能够获得学术界的广泛认同。而在保持优势的同时，他鼓励文科和理科交叉发展。他认为，唯物辩证法是学科交叉的理论基础，整个客观世界是由相互联系、相互作用、不断转化生成的、有规律的物质客体交织起来的立体网络体系。自觉地进行辩证法的交叉研究，有利于发现学科之间的本质联系、提出新的科学思想和科学方法，从而推动学科的发展。

在人才培养上，华岗注重综合素质的培养。对于1949年以前的大学"通才"教育模式，他认为，各系都应该根据学科性质、国家建设的需要及现有条件，有针对性地开设专业课程，以便集中力量进行重点教学。在办学实践中，他主张打通文理之间、文

新中国著名大学校长评传 上卷

XINZHONGGUO ZHUMING DAXUE XIAOZHANG PINGZHUAN

科和理科内部之间的界限，培养学生的综合素质。

（二）教学观

在担任山东大学校长期间，华岗始终把教学工作放在中心地位，进行了课程设置、教学内容、教学组织和教学方法的改革。

1. 重视教学工作的中心性

华岗认为，在人才培养上，既要让学生学习有关学科的基本理论，以便将来可以做进一步的研究和深造，服务于国家的长远利益，同时又要求在这个基础上求得一门专长，以便可以随时为国家建设服务，而不管培养何种人才，都要靠教学来完成。他亲自抓教学，提出科研和后勤都必须围绕教学工作，为教学服务；在每次校长办公会上，他都要求各院系轮流汇报教学工作，及时解决教学中存在的问题。针对新中国成立初期教学受冲击的现象，华岗指出："要贯彻运动，同时又不能太多，影响同学们的学习，因为保证上课的正常进行，是教育工作者的主要责任。"[①]

2. 重视教学工作的组织架构与管理

旧中国的大学没有教研室，通常教师根据个人对所担任课程的理解，甚至根据个人的兴趣给学生们讲课。这种教学方法与制度，很难保证教学内容的思想性和科学性。20世纪50年代，在全面学习苏联教育经验中，山东大学在教学小组的基础上成立了教学研究指导组（教研室）。这是新中国成立后才创建的大学教学科研组织，是全校教学研究的基本组织机构。新的教学研究指

---

① 华岗：《华岗在课前和全体教师谈话》，《新山大》1952年第48期。

导组的工作是开展教学、研究和指导的工作。教学工作的内容包括教材与教法，指导的对象既包括学生，也包括助教和研究生。研究工作包括建立学科的全新体系、学科中一枝一节的发明与发现和教材的改造（用新观点代替旧观点，用新材料代替旧材料）与编写。例如，根据山东大学的具体情况，历史学科的首个教学研究指导组是由王仲荦为主任、卢振华为副主任的中国通史教学研究指导组，而后成立的是以郑鹤声为主任、孙思白为副主任的中国近代史教学研究指导组和以赵俪生为主任、吴大琨为副主任的马克思列宁主义教学研究指导组。其他各系也相继成立由专家和著名学者带领的教学研究指导组。教学研究机构的创建得到了华岗的关怀和鼓励，这为山东大学形成民主的学术风气和严谨敬业的治学传统打下了良好的基础。

3. 重视教学工作的思想性与实践性

华岗认为，教学改革的关键在于教师，所以当时教学改革措施经过了教师反复讨论才通过。华岗认为办好大学的关键是靠有一批学识深厚的教授。为了提高教学质量，他延揽了一大批著名的学者来校任教，并为他们创造了良好的生活和教学环境。华岗敢于承受压力，尽其所能保护教师，在历史上被传为佳话。为了提高教学质量，他提倡名教授承担更多的课程，以使学生在获得知识的同时得到名师的指导。在他的大力推动下，当时山东大学有名的教授、专家都在教学一线，其中很多人教授一年级的基础课，深受学生的欢迎。为了提高教学质量，他要求教师在提高业务水平的同时，要以对学生全面负责的态度重视政治理论的学习，不断提高学生的政治觉悟和业务水平。他认为，教师应知道自己的责任是不仅到教室上课，而且要关心学生的一切，要在自己的课程中贯彻思想教育，使每门课程具有思想性。为了提高教学质量，他还提出，劳动是教育的起源，教学应该是劳动与实践的结合。1951年7月，华岗发表《学习〈实践论〉和改进教学工作》一文，对教学中的实践性提出了要求："一切认识都从实践产生，教育也绝不是从天而降，必然有其实践的历史根源和社会基础。"他对教学提出了两个基本要求：必须积极参加实验和学习，使间接经验逐渐变成直接经验；将学习变成创造性的劳动，通过自学使所学得的东西融会贯通。

（三）教师观

学生与教师构成了大学的主体。教师的职责主要有两个：一是科学研究，二是教书育人。尽管新中国成立初期迫切需要培养人才，但是华岗仍然十分重视教师的科研。在合校后的第一次校委会会议上，华岗决定重组校学术委员会，规定每年校庆活动期间举行科学讨论会，检阅一年的科研成果。华岗对教师的教学职责也进行了详细的论述，他认为教师是教学活动的主持者、组织者和引导者，在教学活动中处于主导地位。华岗常说："著名大学关键是靠有一批学识深厚的著名教授。"[1]他在领导山东大学的办学实践中，对知识分子的尊重、关心、爱护和保护体现了他"办大学关键是靠有一批学识深厚的教授"的理念。

首先，积极壮大和建设教师队伍。华岗认为教学改革成功的关键在于稳定和壮大教师队伍。华岗延聘了一批学识深厚的著名专家和教授，像文、史、哲学科的陆侃如、高亨、萧涤

---

[1] 孙思白：《怀念你，华岗校长——有关他的几个片断》，刘培平主编：《战士·学者·校长——华岗同志百年诞辰纪念文集》，山东大学出版社2003年版，第120页。

非、冯沅君、殷孟伦、丁山、杨向奎、童书业、张维华、郑鹤声、王仲荦、赵俪生、黄云眉等人都是当时中国学术界的精英，理科的李先正、郭贻诚、王普、童第周、刘椽、曾呈奎、王祖农、陈机等人在自然科学领域都卓有建树，他们中的相当一部分，都是20世纪50年代初华岗任校长时进入山东大学的。

其次，善于发挥不同教师的作用。在华岗看来，学者云集固然非常重要，而更重要的是用好这些人才，让他们充分发挥作用。他认为，教师是大学人才培养质量的决定者，是优良学风的倡导者，同时更为重要的是，教师是大学声誉的创造者。华岗认为，给他们充分的尊重，是让他们充分发挥作用的有效途径。当时的两位副校长童第周、陆侃如都是民主党派人士，华岗很尊重他们，很重视他们的学识和能力。凡学校的重大改革事项，都召集他们一起商量，共同做决定，从不搞"一言堂"。华岗将1949年前留下的教师称作"留给我们的财富"，经常提醒大家在办学上要真正地依赖他们。例如，郑鹤声回忆时说："每当我见到他时，他总是态度非常和蔼，交谈中又是那样谦逊、真挚。对我们的政治思想、教学工作、家庭生活关心了解得非常仔细。在言谈和工作中，常给以指导、鼓励与支持。"①

最后，提倡教师的学术自由。华岗担任校长时期的山东大学，学术研究气氛浓厚，学术氛围宽松，教师、学生都可以自由地开展学术争鸣。他认为：学术上的派别是相对的，每个学科的教师，即使主张不同，若是言之有理，持之有故，就应该让他们

---

① 郑鹤声：《我对华岗校长的回忆》，刘培平主编：《战士·学者·校长——华岗同志百年诞辰纪念文集》，山东大学出版社2003年版，第109页。

生存和发展；没有大胆创造的精神，就不能推动科学发展；如果没有自由的批评，没有不同意见的争论，任何科学都是不能发展的。他创办的《文史哲》杂志，以开展学术民主和百家争鸣的风格在国内开风气之先，是国内文、史、哲研究很有影响力的学术刊物之一。他规定《文史哲》杂志每期至少要有一篇论述现实的文章，每期推出一位新人。在华岗倡导的学术自由思想指引下，山东大学文、史、哲学科突飞猛进，奠定了学科体系建设的基础。

四、治校举措

新中国成立之后的山东大学和其他大学一样，面临着从旧教育体系向新教育体系转轨的问题，即如何全面贯彻落实新民主主义教育方针，努力建设成社会主义新型大学。

（一）思想改造，开设政治大课

思想改造贯穿于新中国成立之后山东大学相当长的一个时期，这里主要指1949年6月青岛解放到1952年底，尤其是指1951年到1952年底山东大学教师中的思想改造。1949年12月23日，教育部部长马叙伦在第一次全国教育工作会议开幕词中说："肃清封建的、买办的、法西斯主义的思想，发展为人民服务的思想为我们的主要任务。"[1]1951年10月23日，毛泽东在全国政协一届三次会议上指出："思想改造，首先是各种知识分子的思想改造，是我国在各方面彻底实现民主改革和逐步实行工业化的重要条件之一。"①

华岗之所以在山东大学师生中有重要的影响，以及师生之所以对20世纪50年代的山东大学记忆深刻，重要原因是华岗开设了规模宏大、活泼深刻、影响广泛的政治大课。

从新中国成立到20世纪50年代中期，高等教育部颁布了数十个开设马克思列宁主义公共课的文件。②其中指出"应把思想政治课目作为本系业务课的重要部分"；为纠正政治课与业务课对立的认识，特别强调"政治课"这一名称应予取消，改为直接称呼课名。③1949年12月，山东大学校委会发布《关于政治大课的决定》，1950年1月，把政治大课列为全校必修课，并计算成绩。④1950年1月7日，在青岛渔山路5号山东大学的大众礼堂，华岗以"怎样用理论与实践结合的方法来学习共同纲领"为题，给全校师生讲授了第一堂政治大课。第一次大课之后，截至1月底，华岗又以"共同纲领"为题讲了两次，同样在全校引起了很大的震动。4月到7月，华岗为全校师生7次讲授"社会发展史"，其目的是使全校师生树立历史唯物主义观点，掌握社会发展规律，提高对马克思列宁主义的认识，针对着知识分子优越感、自由主义、纯技术观点、超阶级观点、中间路线思想与狭隘民族主义思想等而予以批判。

---

① 人民教育出版社编：《毛泽东同志论教育工作》，人民教育出版社2000年版，第195页。
②③ 全国普通高校"两课"教育教学调研工作领导小组编：《普通高校思想政治教育课程文献选编（1949—2003）》，中国人民大学出版社2003年版，第1、9页。
④ 山东大学档案馆编：《山东大学大事记（1901—1990）》，山东大学出版社1991年版，第73页。

（二）进行院系调整

20世纪50年代初期，国内掀起了轰轰烈烈的学习苏联运动。在教育领域的宏观层次上主要表现为院系调整，主要目的是使国家加强党对大学的领导，尽快地培养又红又专的建设人才；在微观层次上主要表现为制订全国统一的教学计划、教学大纲乃至教学方法，规范教材的使用。

华东军政委员会教育部于1952年8月中旬设立了院系调整委员会，并召开本区大专院校校长会议。华岗参加了这次会议，返校后于8月19日召开校务委员会常委会议，传达了会议精神，制订了山东大学调整方案和计划，确定工、农、医三院和政治、艺术院系调出并独立建院。9月，山东大学院系调整工作全面完成。调整后，除暂时保留医学院外，院一级建制取消，全校设有中国语言文学、历史学、外国语言文学、数学、物理学、化学、动物学、植物学、水产学、海洋学10个系。[1]山东大学在此背景下逐渐成为以文理为主的综合性大学。

（三）开展教学改革

1953年1月，高等教育部部长马叙伦在《人民教育》上发表文章，提出高等学校要认真学习苏联先进经验，改进教学内容和教学方法，提高教学质量。为响应号召，山东大学提出了"专业教学，培养师资，整顿纪律，提高质量"的教改工作重点，在专业设置、课程安排、教研组建立、教材建设、教学大纲制订、教学方法、师资培养、考试制度、论文写作等方面进行了一系列的改革。

---

[1] 山东大学档案馆编：《山东大学大事记（1901—1990）》，山东大学出版社1991年版，第91页。

事实上，华岗自执掌山东大学以来，不遗余力地推行教学改革。华岗在实际工作经验的基础上撰写了《改进教学工作的主要关键》，提出教学改革必须注意四个重要的问题：第一，要不断学习马克思列宁主义、毛泽东思想。第二，要经常学习苏联先进经验，以提高我们的教学工作。第三，加强教学组织，贯彻集体教学制度。第四，要继续发展发挥教学相长的积极效能。[①] 全面学习苏联以后，山东大学的教学改革工作大致可以分为以下七个方面。

第一，推动专业教学。所谓"专业教学"，是苏联高等教育的产物，在我国起源于院系调整，要以"专才"培养代替"通才"培养，以适应国家建设的需要。华岗认为："过去大学所培养出来的所谓通才，就是门门都只摸到一点皮毛，而门门不精。现在综合性大学既要学习有关学科的基本理论，以便将来可以作进一步研究和深造；同时又要在这个基础上求得一门专长，以便可以随时为国家建设服务。因此，各系各科都应根据各系科性质与国家建设需要以及现有条件，定出专业课程，以便集中力量进行重点教学。""只有这样把目的意识明确起来，才能具体地贯彻到整个教学过程中去，以培养各种专门人才。"[②]

第二，建立教学与科研组织。为了便于教学和科研，苏联高等学校普遍设立了教学研究室。根据苏联经验，山东大学各系陆续建立起一批教研室（组）或教学小组。同时，学校要求系主任必须亲自掌握一个教学小组，每半个月召开一次教师课代表联席会议，及时听取教师和学生的反映和建议。教研组织在保证专业教学、提高教育质量、培养师资等各项工作中，开展讨论，集思

---

①② 华岗：《改进教学工作的主要关键》，《新山大》1952年第59期。

广益，发挥集体力量和组织作用，有力地推动了教学改革。

第三，结合教学，改革教材。借鉴苏联教材、吸收苏联科学成果、制订教学计划、改写教学大纲和重新编写教材，是20世纪50年代教学改革的重要内容。1952年华岗提出，教材改革应按照"边教边改，边改边教"的方针进行，也就是说照常进行教学，在教学实践中发现缺点和错误并加以纠正和改革，经过修正和改革再拿到教学实践中去检验，这样有利于改变当时人言人殊的混乱局面。①根据1953年山东大学教学工作计划，教材改革被列为重点之一。改进教材内容的核心是提高教材的思想性、科学性。

第四，培养年轻教师。新中国成立初期，招生规模扩大，开设的课程增加，教学仅依靠老教师不敷使用，于是培养年轻教师（主要是助教）成为华岗治理和建设山东大学的一项重大决策。华岗十分关心师资的培养工作，他指出：培养助教的工作应以完成教学任务为前提，以培养助教的工作为借口而拒绝教学任务是错误的。根据系的具体条件确定培养的途径：教师力量比较充实的系，可采取系统提高的途径，使助教在课前掌握系统的业务知识；教师力量比较薄弱的系，采取速成途径，助教应先开课，在工作中提高。采取的途径虽不同，最后的结果是一样的。教授和讲师对助教的帮助，有很大的作用，各系应确定培养对象，指定导师，使培养助教工作形成制度。导师在一定的时期内，对所负责的培养对象，应进行考察，对努力不够的，应重点帮助；学期末，导师应做培养助教的总结，向系和教学组织报告培养的经过和

---

①《校委会举行第十二次会议讨论通过本学期教务总务等计划》，《新山大》1952年第62期。

成绩。①

第五，实行课代表制度。在班级实行课代表制度是教学改革的一项重要内容。从理论上讲，课代表的作用主要体现在他是教师和学生之间的桥梁，起一个沟通的作用。课代表本身就是学生，生活在同学中间，可以及时发现学生对教学的意见和及时反馈给任课教师，这有利于督促教师改进教学。

第六，口试制度。口试是苏联高等教育的重要创新之一。"实践也一再证明这个制度是非常优越的。"②从理论上来讲，对学生而言，口试既可以真实地检查学生学习成绩，又可以发现教材内容及教学方法方面的问题；对教师而言，口试可以更准确地、全面地、具体地了解学生在知识水平、学习程度与学习方法上存在的问题，以便改进指导方法。

第七，重启学年论文、毕业论文、毕业设计制度。学年论文和毕业论文既是提高学生科研水平的手段，也是检验学生学习成绩的方法。实际上，早在20世纪30—40年代，山东大学就实行了毕业论文制度，1949年后一度中断，在华岗的支持下，重启毕业论文制度。学年论文一般要求三年级学生开始撰写，题目范围较小，字数较少，重在归纳整理和分析，不特别要求创见；毕业论文则要用整个学期来写，题目范围较大，字数较多，重在分析问题的深度和广度，希望有新的观点。一般而言，文科和理科学生撰写毕业论文，实践性质较强的学科实行毕业设计制度。③

①《校委会举行扩大会议总结一年来经验，华校长指出今后工作重点》，《新山大》1952年第62期。
②《同学们参加口试应注意的几个问题》，《新山大》1954年第139期。
③《积极推行学年论文和毕业论文》，《新山大》1954年第151期。

五、办学成就

在华岗的带领下，山东大学经过思想改造、院系调整和教学改革，较为顺利地完成了向新民主主义大学的转变，取得了丰硕的办学成就。

（一）师资云集

师资是大学发展的关键，只有具备了雄厚的师资才能培养出优秀的人才。经过院系调整，在华岗等人多方延揽下，20世纪50年代山东大学师资队伍阵容强大，力量齐整，见表3[①]。

表3　山东大学1953年初各系教师职称分布一览

职称	中文系/人	历史系/人	外文系/人	数学系/人	物理系/人	化学系/人	生物系/人	水产系/人	海洋系/人	合计/人	占比/%
教授	9	12	5	4	4	3	8	3	2	50	19.9
副教授	2	3	1	3	2	2	3	2	2	20	8
讲师	5	4	3	4	8	5	8	4	2	43	17.1
教员	2	2	0	0	0	0	0	0	0	4	1.6
助教	16	14	12	16	18	18	16	12	12	134	53.4
合计	34	35	21	27	32	28	35	21	18	251	100

①《山东大学百年史》编委会编:《山东大学百年史（1901—2001）》，山东大学出版社2001年版，第198页。

（二）科研强劲

20世纪50年代初期，山东大学文科的中文、历史和理科的生物、数学在全国占有相当重要的地位，取得了丰硕的成果，这在很大的程度上归功于华岗对科研工作的重视。担任校长期间，华岗努力为山东大学师生创造良好的科研条件和环境，主要表现在三个方面：成立权威学术机构，发挥其在学术引导和评价等方面的作用；举办校庆科学讨论会，推动全校兴起科研热潮；创办《文史哲》和《山东大学学报》，为师生提供交流和展示成果的平台。

1. 创新制度强化科研

1951年3月18日，校务委员会讨论了如何开展科研工作的问题。4月2—6日山东大学召开了合校后的第一次校务委员会会议，研究并通过了六项议案。华岗支持并同意了由童第周提出的"关于加强学术研究案"中的四项初步意见：第一，利用本校现有基本条件，以经济的方式去做研究工作；第二，编译书籍；第三，出版学术性的刊物；第四，各系举行学术讲演。[①]

为加强学术研究、提高学术水平和教学效果，1951年5月，山东大学校常务委员会讨论通过了《学术评审委员会组织草案》。6月，成立了学术评审委员会，讨论通过了《学术评审委员会组织条例》，决定学术评审委员会由教务长、副教务长、各院院长以及语文研究所、海洋研究所所长组成，设主席1人、副主席2人，由正、副教务长分任。[②]

---

①《校委会举行第一次会议讨论通过六项重要议案》，《新山大》1951年第3期。
② 山东大学档案馆编：《山东大学大事记（1901—1990）》，山东大学出版社1991年版，第86页。

2. 营造氛围助推科研

1951年3月18日，校务委员会决定每年校庆活动期间举行科学讨论会。校庆科学讨论会自1952年开始，组织工作一年比一年好，论文质量一年比一年高，数量也一年比一年多。每届校庆科学讨论会不仅有教师、学校领导纷纷提交论文，学生也踊跃参加。据统计，1952年校庆科学讨论会期间，全校师生提交了论文62篇，1953年提交了94篇，1954年提交了120余篇，1955年提交了150余篇。[①] 每次科学讨论会期间，学校还安排学生报告。正是校庆科学讨论会的推动，全校形成了浓厚的学术研究氛围，从而在新中国成立初期就结出了累累的科研成果。

3. 创建平台交流成果

20世纪50年代，山东大学之所以在全国高校中占有一席之地，重要原因之一是《文史哲》带来了荣誉，而《文史哲》的创办及其发展与华岗密不可分，这主要表现在三个方面。

第一，《文史哲》的创办及其发展获得了华岗的大力支持。1951年4月，为了使广大教师有一个固定的发表学术成果的园地，华岗支持中文、历史两系和历史语文研究所的教师创办了综合性的学术杂志《文史哲》，由华岗担任杂志社社长，陆侃如和吴富恒担任副社长，杨向奎任主编。《文史哲》创刊时，虽然学校从科研经费中给予了一点资助，但数量很少，办刊经费主要依靠同仁自筹。参加办刊的教师都参与了经费的支持与筹集，其中华岗支持的经费最多，他把自己的稿费收入作为办刊基金。

---

① 《山东大学1954年校庆教学和研究工作展览会》，山东大学档案馆馆藏档案，卷宗号 WSKY-1954-003。

第二，《文史哲》抓住了时代的脉搏。《文史哲》第1期《编者的话》指出："我们的宗旨是刊登新文、史、哲方面的学习和研究文字，通过写作的实践，来提高我们的理论水平，并借以推进文、史、哲三方面的学习和研究。"《编者的话》由华岗起草，其主旨是借《文史哲》提高理论水平。客观地说，华岗创办刊物之旨趣与一般教师还是有差别的，除了借《文史哲》繁荣学术之意，还有对教师进行思想改造和将山东大学改造成社会主义新型大学的目的，这也是时代发展的要求。

第三，《文史哲》开辟了一系列新的研究领域。由于华岗鼓励学者进行争鸣，《文史哲》创办不久，就对中国古史分期、农民战争、亚细亚生产方式、土地制度、资本主义萌芽、《红楼梦》研究和鲁迅研究等问题在全国范围内开展了一系列的讨论，活跃了国内文、史、哲研究的气氛。《文史哲》推动了学术研究的发展，也获得了知识分子的认同。

六、风范长存

（一）富有批评精神的马克思主义者

新中国成立之后，马克思列宁主义、毛泽东思想成为中国的主流意识形态，而山东大学教师大多是从旧社会过来的，思想复杂。作为坚定的马克思主义者，华岗的马克思主义理论功底深厚。在担任校长期间，他就党的基本理论、重大历史问题和当时的社会时政及时地进行了研究并举行理论报告会。报告会的听众不仅有校内师生，还有当时青岛市的党政、科技、教育、文化界的知名人士及学者、专家。在对马克思列宁主义、毛泽东思想基本理论进行解读和宣传的同时，华岗的报告涉及人文社会科学和自然科学的诸多领域。例如，他在青岛市自然科学工作者第一次代表大会上宣读《论自然科学和社会科学的不可分割性》，又在1951年《山东大学学报》创刊号上发表科学论文《论中国自然科学的历史命运》。[①]

华岗一方面论证思想改造的必要性，另一方面强调思想改造的原则性，以防止出现偏差和过激行为。1951年7月18日，在山东大学学习党史动员大会上，华岗指出："实行批评与自我批评，坚持真理，修正错误，也是中国共产党革命力量的源泉之一，没有它，革命也不能胜利。"[②]据童第周回忆，华岗曾多次为他讲解《实践论》《矛盾论》，讲解唯物辩证法的基本观点，使其获益匪浅，最终成为唯物辩证法的信仰者。

对于某一理论的信奉者来说，能够保持批评精神是难能可贵的。华岗虽然是一个真诚的马克思主义者，但不是盲目的信仰者。新中国成立初期，无论对于各种政治活动，还是对于他本人的思想，华岗都非常清醒和理智，始终保持着一种批评的精神。事实上，这也是华岗一贯的做法。古念良回忆道："在重庆一起过小组生活，以至在香港时的闲谈中，我曾听他不止一次地表达过这样的观点：我们不论对出自何人的意见，都要独立思考，加以分析。我们信仰的真理，是科学共产主义，而不是个人迷信。"[③]

① 刘光裕：《华岗与〈文史哲〉》，《出版史料》2006年第4期。
② 华岗：《论学习中国共产党党史的意义和方法》，山东大学青岛校友会编：《华岗文集》，山东大学出版社1998年版，第426页。
③ 古念良：《不胜高山仰止之思》，《羊城晚报》1983年3月6日。

（二）懂政策、有能力的高校管理者

对于新中国成立初期的大学校长来说，三个问题必须解决好：一是尽快地把"资产阶级的大学"转变为"新民主主义的大学"或者"社会主义的大学"，引导知识分子尽快地适应时代变化；二是尽快尽好地为新中国培养德才兼备的建设人才；三是为社会主义建设提供科学技术的支持。在华岗的领导下，山东大学主要通过培养专门人才、举办工农速成中学和提倡科研为现实服务三种途径，积极响应国家号召，为社会主义建设提供人才和科技支持。

表面上看来，大学只是一个教学和科研机构，事务并不复杂，实则不然，因为它牵涉学生、教师、行政人员等方方面面，大学的管理工作实际上极为烦琐。华岗长期从事统战工作，有与知识分子打交道的丰富经验，在担任校长期间，尽管面对的是各种历史遗留问题和现实问题，但他处理起来游刃有余。

（三）博学通识的学者

华岗撰写出版了《中国大革命史（1925—1927）》《中国民族解放运动史》《社会发展史纲》《苏联外交史》《中国历史的翻案》《五四运动史》《太平天国革命战争史》《辩证唯物论大纲》《辩证唯物论和物理学》《美学论要》《规律论》《目前新文化运动的方向和任务》《鲁迅思想的逻辑发展》《政党论》《现代战争论初步》15部著作，另有《社会主义、现实主义在中国的萌芽和发展》《自然科学发展史》《科学的分类》《列宁表述"辩证法十六个要素"试释》4部著作未单独出版。此外，他还发表了160多篇论文。华岗一生的著述不仅数量庞大，而且涉猎范围甚广。对此，王学典评论道："无论今天如何估计华岗的学术成果，但都无法否定他是一个学跨文、史、哲而且均有造诣的博通型学者。"[1]美学家周来祥这样评价华岗："不仅在学术领域上横跨文、史、哲三大学科，而且在学术思想上、在理论体系和内在结构上，也把文、史、哲三大学科相互补充、相互渗透、相互推动而形成一个思想整体。"[2]

（四）深受师生爱戴信赖的好校长

章开沅曾说，大学校长责任重大，不仅其办学理念、谋划决策关系着学校的发展走向，而且其一言一行所体现的品格、作风，也悄然无声地对众多师生员工产生了影响。他还说，著名大学校长本身就是全校师生员工学习的榜样，他们的人格魅力、深厚学养、儒雅风貌，如春天的细雨一样润物无声。言传不如身教，乃是多数著名校长的准则。他们反对哗众取宠，恪守职业伦理，注重行为规范，这些都对学校优良传统的形成产生了深远的影响。[3]如果以此标准来衡量的话，华岗无愧于著名大学校长的称号。

华岗在山东大学赢得了全校师生的爱戴和信赖。从某种意义上讲，华岗在青岛龙口路40号的红瓦黄墙的德式洋楼的家，并不完全属于华岗和他的家人所有，它更像是一个办公场所，山东大学的师生经常出入小洋楼，华岗经常在那里与教授们谈心、谈学

---

[1] 王学典：《华岗与山东大学文史哲研究传统的形成》，《光明日报》2003年6月3日。

[2] 周来祥：《华岗关于文史哲大综合的思想》，《东岳论丛》2004年第1期。

[3] 章开沅：《总序》，梁吉生著：《允公允能　日新月异——南开大学校长张伯苓》，山东教育出版社2003年版，总序第3、5页。

术，与管理人员谈工作，与青年学生谈理想、谈学习。他家有个小院子，小院正中有一条用贝壳镶了边的鹅卵石小路，夹在百日红、紫荆、迎春和丁香之间，小路的鹅卵石和贝壳都是华岗在海边捡来的，华岗还喜欢养花养草。那时候，山东大学的师生，谁都可以走进华岗的家，只要他在家，一准会热情接待。①1952年元旦，山东大学百余名学生自发地在红布上签名，给华岗拜年。②

华岗不但获得了师生的爱戴，而且深受师生的信任。据孙思白回忆，20世纪50年代初期山东大学从纷繁的接管工作中建立起了新的秩序，教学改革与科研工作都呈现新的气象，全校师生的工作学习团结和谐，校长的威信很高，即使有什么纠葛，只要来一个"华校长说"，就不难迎刃而解。③至今山东大学许多老教授仍然回忆说："华校长主持山大工作，我们都有一种安全感和幸福感。"④

华岗是一位优秀的大学校长，具有崇高的理想和坚定的信念。他希望山大人所掌握的，是马克思主义的历史发展观和科学的辩证法，他期待科学研究从自然中来，到历史中去；他能够把握时势，富有强烈的社会责任感，重视制度建设，实行民主治校，将山东大学办成了有特色的培养祖国建设所需知识人才的摇篮；

---

① 刘海军：《束星北档案：一个天才物理学家的命运》，作家出版社2005年版，第65页。

② 谈滨若、华山青：《华岗年表》，刘培平主编：《战士·学者·校长——华岗同志百年诞辰纪念文集》，山东大学出版社2003年版，第447页。

③ 孙思白：《怀念你，华岗校长》，《山东大学报》1988年5月31日。

④ 赖谋新：《华岗同志轶事》，刘培平主编：《战士·学者·校长——华岗同志百年诞辰纪念文集》，山东大学出版社2003年版，第20—21页。

他尊重知识，尊重人才，主张学术自由；他具有越挫越奋的精神，廉洁自律，克己奉公。他奠定了山东大学的文化和山东大学的精神。

主要参考文献

1. 山东省政协文史资料委员会编：《悠悠岁月桃李情：山东大学九十年》，中国文史出版社1991年版。

2. 孙长俊主编：《山大逸事》，辽海出版社1999年版。

3. 刘培平主编：《战士·学者·校长——华岗同志百年诞辰纪念文集》，山东大学出版社2003年版。

4. 全国普通高校"两课"教育教学调研工作领导小组组编：《普通高校思想政治教育课程文献选编（1949—2003）》，中国人民大学出版社2003年版。

5.《山东大学两年来思想政治教学工作总结（1949年7月—1951年9月）》，《文史哲》1952年第1期。

6. 华岗：《华岗在课前和全体教师谈话》，《新山大》1952年第48期。

学无止境
气有浩然

山东大学校训

撰稿人：杨秀芹，教育学博士，中央民族大学教育学院教授，主要从事高等教育学和教育经济学研究。

陈　垣

CHEN YUAN

北京师范大学校长（1952—1971）

（图片由视觉中国提供）

陈垣（1880—1971），广东省新会县（今江门市新会区）人，中国现代杰出的历史学家、教育家。曾任北京大学、北平师范大学、辅仁大学的教授、导师。1926—1952年，任辅仁大学校长。1952—1971年，任北京师范大学校长。

在北京师范大学的校园里，坐落在教九楼前小花园的陈垣塑像昂然矗立，与位于教四楼前的先师孔子塑像遥相呼应。陈垣老校长曾带领北京师范大学走过19年的春秋。作为一位从旧社会走来的新中国大学校长，陈垣的一生可谓坎坷起伏、勤勉自励，他考过廪生，编辑出版过革命报刊，创办过学校，当过国会议员，做过教育部次长……然而，这些丰富的经历都比不过他在史学和教育上几十年如一日的投入，从18岁开始，他先后教过私塾、小学、中学、大学，做过46年的大学校长，是当之无愧的教育大家。

一、坎坷遭际：早期经历及其与教育的不解之缘

1880年11月12日，陈垣出生在广东省新会县石头乡一个中药商家庭。祖上经营陈皮生意，他父亲这一代，继承家族生意，依然从事药材贸易，这为陈垣提供了良好的物质生活条件。陈垣的父亲是小商人，母亲周氏也识不得几个字，所以在学业上他并没有家学。6岁时，进入私塾读书，开始学习四书、五经等传统儒家经典。13岁时，因偶然接触张之洞的《书目答问》，逐渐学会按照目录选购经史子集的图书，从此开始了一个史学家的"自学成才"之路。

（一）弃"旧"从"新"：科考失意下的选择

和当时传统读书人一样，陈垣也意欲走读书做官的道路，但私塾的老师死记硬背的教学方式让他对八股文提不起兴趣。带着这种矛盾的态度，1897年，17岁的陈垣到北京参加顺天乡试。考场上，他的信心十足，但最后却因文章不合八股规范而没能考中。这次失利对陈垣是一个很强的刺激，回去后他立志做好八股文，买回了十科的《直省闱墨》，认真体味。在这期间，因文章作得好，他被一家蒙馆请去教书，这是他从事教育工作的开始。1901年和1902年，陈垣连续两年参加科举考试，依然未中，他感到心灰意冷，从此不再参加科考。

此时，清政府处于风雨飘摇之中。身在广州的陈垣，受到康有为、梁启超发起的维新变法运动及孙中山领导的资产阶级民主革命思想的影响，便以极大的热情参加社会活动，宣传社会改良，如筹办农工商会①。1904年，他与友人合办了《时事画报》，以纸笔为武器宣传反清、反帝革命思想。大胆的言论、犀利的笔锋、轰动的效果，使陈垣成为广州地方官的"眼中钉"。为了躲避风头，他接受了朋友的建议，在家乡新会县的篁村小学担任小学教师，教授国文、算学、博物、舆地、体操和唱歌等课程。后来，他又兼任振德中学堂和义育学堂（相当于中学）的教师，讲授国文和历史课。

（二）弃"医"从"政"：从医学生到革命报人

近代以来，西方列强以武力打开中国国门，让盲目自大的中

---

① 刘梦溪主编，刘乃和编校：《中国现代学术经典——陈垣卷》，河北教育出版社1996年版，第893页。

国人开始正视西方的强大和中国的落后，而一大批爱国志士选择的救国道路就是科学，陈垣也不例外。1906年，他的父亲因膀胱结石痛苦不堪，中医治疗无效，后被西医治愈，这成为陈垣学习西医的直接诱因。1907年，他考入美国教会开办的博济医院南华医学堂（即博济医学堂）。可是，学堂的头目明目张胆地歧视中国人，竟然在课堂上说："你们中国佬是世界上最愚蠢落后的民族，身上穿着'马蹄袖'长袍，头上留着'猪尾巴'……难怪你们得到 the sick man of East Asia（东亚病夫）的美称了。"[1] 陈垣愤而退学，联合爱国人士集资创办了光华医学堂，并带领部分学生转入光华医学堂就读。1910年，陈垣毕业后留校任教。在习医从医期间，他陆续发表了一系列医学研究文章，志在振兴中华医学事业，其中医学史方面的文章流露出他对史学的浓厚兴趣。1911年，随着孙中山领导的资产阶级革命运动的高涨，为配合武昌起义，陈垣又与友人创办了《震旦日报》，并负责编辑其中的副刊《鸡鸣录》。借助报纸，他宣传全国各地响应武昌起义的情况和各地革命的发展形势，发出了支持革命的呼声，并提出了对时局的思考。

（三）弃"政"从"教"：从国会议员到中学校长

1912年，中华民国成立。1913年，陈垣以革命报人的身份当选为众议员，赴北京参加中华民国第一届国会。他抱着为国家的医学卫生事业竭尽全力的热忱来到北京，却发现国会"只不过是

---

① 欧济霖著：《国学大师陈垣》，岭南美术出版社2005年版，第42页。

政客、官僚、军阀们进行派系斗争的竞技场"[1]，他感到非常失望，此后几年，虽然还在政府任职[2]，但他把更多的精力放在了史学研究和教育上[3]。

20世纪20年代，陶行知、晏阳初等教育家认识到中国社会的弊病之后，发起了平民教育运动、乡村教育运动等教育实践活动，推动形成了"教育救国"的社会潮流。这对在北京待了八九年且已经有不少从教经验的陈垣来说，无疑是有影响的。1921年2月，为了收容因华北旱灾而流落街头的孤儿，陈垣和北京文化界、教育界的一些朋友合办了一所义学——北京孤儿工读园，他担任园长，负责教务工作。工读园实行半工半读制度，上午文化课，下午技能课，致力于让学生在德、智、体、劳等方面得到发展而成为有用的人才。同年9月，他又与朋友创办了一所平民中学，担任校长，兼教文史课程。作为北京孤儿工读园的后续学校，平民中学主要招收河北灾区的青年，还有部分本市小学生。这两所学校都不收取学费，而且给家境贫寒的学生发放补助，因而吸引了不少学生入学。[4]

---

① 孙邦华著：《身等国宝　志存辅仁——辅仁大学校长陈垣》，山东教育出版社2003年版，第31页。

② 1921年12月至1922年2月陈垣任教育部次长。

③ 1915年，文津阁《四库全书》从热河避暑山庄运到北京京师图书馆，陈垣开始了长达10年的《四库全书》研究。

④ 那志良当时是平民中学的一名毕业生，后来成为古籍版本目录学专家。他在回忆陈垣的文章中提到这所学校"以功课好、纪律严而闻名全市"，也提到了陈垣对他的帮助："快毕业的时候（估计在1923年或1924年），他找了我去，告诉我，晏阳初先生正打算发展平民教育，计划在河南或山东成立一个学院来推广，他准备保送我入那个学院，所需费用，他和好几位先生都愿意帮助。"参见纪念陈垣校长诞生110周年筹委会编：《纪念陈垣校长诞生110周年学术论文集》，北京师范大学出版社1990年版，第360页。

二、深耕教育：史学大师及其对教育的坚守

20世纪20—40年代，陈垣在史学上声名鹊起，他通过创造性的学术研究和教学成为一代史学大师。同时，陈垣还是中国近代著名教会大学辅仁大学的校长，在任时间达25年，为他日后担任北京师范大学校长奠定了基础。

陈垣是20世纪中国传统史学研究的顶尖人物之一[①]，他的一生著作等身，撰述的专著、论文达200多种，其治史之勤奋、严谨令人深为感佩。1917年，陈垣发表了第一篇学术论文《元也里可温教考》（被称为"古教四考"之首），随即赢得了广泛赞誉，这是当时不多见的科学论文。1918年，他在日本的一次学术会议上宣读了这篇论文，受到中外学者的称赞。1919年，他完成了"古教四考"之二《开封一赐乐业教考》。1920年，北洋政府拟影印文津阁本《四库全书》，陈垣负责清点调查工作。

早期的学术积累和成就为他在北京各大学担任教职奠定了基础。1922年春，陈垣辞去教育部次长职位，应蔡元培校长之邀，出任刚刚成立的北京大学国学门研究所导师。在国学门，他给同学们开设"史学名著选读""史学名著评论"两门基础课，同时特别注重档案资料的收集、整理工作。他经过多重斡旋，促成将内阁大库的全部档案调拨给北京大学，由明清史料整理会保存，并委派学生罗常培管理[②]。之后，他于1923年受聘至燕京大学，1926年到辅仁大学任教，1929年到北平师范大学（即后来的北京师范大学）任教兼历史系主任。从此他开始在北平师范大学为一年级

① 牛润珍著：《陈垣学术思想评传》，北京图书馆出版社1999年版，第31页。
② 刘乃和撰：《陈垣年谱》，北京师范大学出版社2002年版，第276页。

学生讲授文化基础课"国文"、历史专业基础课"中国史学名著评论"和"中国史学名著选读",为高年级学生讲授"宗教史"和"史源学实习"等选修课。①

20世纪30—40年代,反对帝国主义的侵略成为中华民族的核心诉求。在内外交困的背景下,陈垣以书斋作战场,纸笔作刀枪②,在史学研究上强调经世致用的"有意义之史学",8年间,撰写了《旧五代史辑本发覆》《释氏疑年录》《明季滇黔佛教考》《清初僧诤记》《南宋初河北新道教考》《中国佛教史籍概论》《通鉴胡注表微》7部专著和10余篇论文。在政治态度上,他多次拒绝日伪政府的威逼利诱,彰显了一名爱国教育家的铮铮铁骨。

1926年,陈垣开始担任辅仁大学校长。在广揽名师、重视国学教育、重视本科生科研能力培养、科研和教学并重、重视校园文化等方面发挥了对辅仁大学的精神引领作用。以广揽名师为例,陈垣受蔡元培办学思想的影响。在选聘标准上,不计较文凭和教学经历,更重视真才实学,如当时只有高中学历的启功就被他选聘为大一国文课的教师。在教师来源上,他一方面注重吸收从国外留学归来的学者,另一方面注意吸纳内迁大学留下的教授,此外还聘请了一些名教授担任兼职。以重视国学为例,20世纪30—40年代,辅仁大学是名副其实的国学研究重镇,除陈垣的宗教史、历史文献学研究,余嘉锡的目录学等也有很大的影响力。在陈垣的不懈努力下,辅仁大学在短时间内成了实力雄厚的著名高等学府之一。

---

① 孙邦华著:《身等国宝 志存辅仁——辅仁大学校长陈垣》,山东教育出版社2003年版,第96页。

② 陈智超:《抗日战争中的陈垣先生》,《文汇报》2012年8月27日。

1948年底，南京政府有计划地动员知名学者南下，多次邀请陈垣，但他选择留下来和北平人民一起迎接解放。1949年1月31日，解放军进入北平。短短的几个月，翻天覆地的社会变革使陈垣的思想发生了重大变化。他在3月14日的家信中说："余近日思想剧变，颇觉从前枉用心力。从前囿于环境，所有环境以外之书不观，所得消息，都是耳食，而非目击。直至新局面来临，得阅各种书报，始恍然觉悟前者之被蒙蔽。"① 从此，陈垣走向了"新生"，进入了"思想上革故鼎新"的阶段。他积极接受中央人民政府对辅仁大学的接管，支持收回被教会把持的教育权。他以71岁高龄参加了四川土地改革运动，还主动接受并呼吁教师要积极进行思想改造②。

三、服务人民：晚年"新生"及其北京师范大学校长生涯

新中国成立后，百废待兴，建设人才却极端缺乏。1950年1月17日，教育部第五次部务会议发布《关于改革北京师范大学的决定》，确定北京师范大学的任务"主要是培养新中国中等学校的师资，其次是培养和训练教育行政干部"③，为人才培养提供动力

---

① 张荣芳、曾庆瑛著：《陈垣》，金城出版社2008年版，第123页。1949年5月11日，陈垣在《人民日报》发表了《给胡适之一封公开信》，信中公开表明了自己同共产党合作、同国民党彻底决裂的态度。

② 1951年10月31日，在中国人民政治协商会议第一届全国委员会第三次会议上，陈垣做了《教师要努力实行自我教育和自我改造》的发言。发言后，毛泽东特地走到陈垣的座位旁致意，夸奖说："你今天发言，认识深刻，很有道理。"陈垣说："我是新中国成立后才学习你写的《新民主主义论》的，我问道太晚了，要努力赶上。"参见刘乃和等编著：《陈垣图传》，北京师范大学出版社2002年版，第106页。

③ 北京师范大学校史编写组编：《北京师范大学校史（1902—1982）》，北京师范大学出版社1982年版，第137页。

源。1952年，全国高等院校院系调整。根据规定，辅仁大学与北京师范大学合并，燕京大学教育系转入新的北京师范大学，陈垣担任北京师范大学的校长。当年9月，陈垣在开学典礼上致辞，他指出新的北京师范大学是新中国教育史上一件有意义的大事[1]，学习苏联先进经验、建立各种教学制度和编写教材等是当时急需进行的工作。

陈垣在励耘书屋阅读
《人民日报》

（图片由北京师范大学校史研究室提供）

陈
垣

CHEN YUAN

（一）加强政治理论学习，同时在苏联专家指导下开展教学改革

为更好地贯彻党的教育方针、政策，陈垣如饥似渴地学习政治理论，接触他的人无不为他"乐而好学，不知老之将至"的精神感动。刘乃和在回忆文章中写道："……他每月工资，除去一些生活必要开支外，全部都买了新书，从此励耘书屋的书桌、书架上，增添了大量马列主义理论书籍。由于老区（解放区）的书大部都是土纸印刷，纸很粗糙，色黄褐，字体小，有的书字迹透过背面，模糊不清，阅读吃力。但他不顾眼力差，拿着放大镜，一篇一篇，一本一本，认真阅读、学习。"[2]刘乃和的弟弟、辅仁大学中文系学生刘乃崇，也与陈垣过从甚密，他也记得"陈老急于想彻底认识新社会，因此经常和别人一起研讨，他向老朋友们谈，

---

[1] 刘乃和等编著：《陈垣图传》，北京师范大学出版社2002年版，第111页。

[2] 刘乃和：《学而不厌　诲人不倦——向陈垣老师学习》，《历史教学》1981年第3期。

也向学生们谈，特别是从解放区来的学生，他更是找得多，我也常常受到垂询"[1]。1953年开始担任北京师范大学党委书记的何锡麟曾与陈垣共事达10年之久，他对老先生的热情好学也记忆尤深："我记得，每当他开完全国人大常委会议回来，只要有毛泽东同志的重要讲话，他总要请他的秘书将讲话记录加以整理，用毛笔楷书抄写成直行大字，以便学习。"[2]除他本人重视政治学习外，北京师范大学也建立起了各级党组织和政治教育系。

此外，陈垣开始和北京师范大学党委一起带领全校师生向苏联学习，开展教学改革。1952—1957年，学校工作的两个重点都关涉教学：其一，全面向苏联学习，进行系统的教学改革，涉及教育制度、教学内容、教学方法、教学组织等多个方面；其二，以教学为工作重心，不断提高教学质量。[3]1953年3月17日，陈垣召集学校有关领导和苏联专家召开教学改革座谈会，在苏联专家普希金、崔可夫等人的帮助下，大家对高等师范教育的课程、教材、教学方法与教学实习等进行了深入的讨论。此外，他还深入教学第一线，参与师生的教育实习，总结教学方法的改进，为当年召开的第二次全国教育工作会议和第一次全国高等师范教育会议积累了材料和经验。[4]据《人民日报》报道，1959年，为提高青年教师的教学能力，北京师范大学中文系还经常举行观摩教学，中文系党总支书记、老教师都去听课，课后开评议会，以及帮助青年

① 刘乃崇：《不辜负陈援庵老师的教诲》，邱瑞中编：《刘乃和百年诞辰纪念专辑（1918—2018）》，广西师范大学出版社2018年版，第356页。
② 何锡麟：《从爱国志士到共产主义战士》，纪念陈垣校长诞生110周年筹委会编：《纪念陈垣校长诞生110周年学术论文集》，北京师范大学出版社1990年版，第329页。
③ 北京师范大学校史编写组编：《北京师范大学校史（1902—1982）》，北京师范大学出版社1982年版，第143、147页。
④ 刘乃和等编著：《陈垣图传》，北京师范大学出版社2002年版，第116页。

教师总结教学工作。① 这说明陈垣校长推动下的教学改革已经进入常规化。

（二）重视和推动高等师范教育

新中国成立之后，建设社会主义教育事业的需要对师范教育提出了强烈的要求。"我们需要大批优秀青年来做教师，因为我们要建立一支以千万计的工人阶级知识分子队伍，来为建设社会主义和实现共产主义服务。"② 作为师范大学领头羊，北京师范大学自然成为关注的重点。作为校长，陈垣对师范教育极为关心，他认为教育是社会主义建设中的百年大计，万万不容忽视，而师范教育是教育事业的中心环节，是基础的基础，不注意培养大批又红又专的教师，会使整个社会主义革命和建设受到难以弥补的影响。③

为了吸引更多的人投考师范、从事教师职业、为教育事业献身，1954—1959年，陈垣陆续发表了《青年们，欢迎你们来参加人民教师的队伍》《为培养祖国新生一代贡献自己的力量！——青年们，我以一个有半个世纪以上教龄的老教师身份，欢迎你们来报考师范！》《人民教师应当受到社会的重视和尊敬》《加强学习，更好地发挥教师的主导作用》《希望大批优秀青年投身到教育战线上来》《青年们，到教育战线上来！——给投考高等院校青年的信》《教师工作使我永远年青》等文章。④ 这些文章强调师范教育

①《抓紧教育战线上的根本大计——北京师范大学大力提高青年教师教学能力》，《人民日报》1959年5月22日。

②陈垣：《青年们，到教育战线上来！——给投考高等院校青年的信》，《光明日报》1959年5月20日。

③刘乃和：《学而不厌 诲人不倦——向陈垣老师学习》，《历史教学》1981年第3期。

④邓瑞全：《陈垣与北京师范大学》，《教学与教材研究》1999年第4期。

的意义，批驳社会上有关教师的不当言论，破除青年学子对教师职业的误解，鼓励他们树立通过教育报效祖国的雄心壮志，在广大青年学生和教师中引起很大反响。首先，他指出高等师范学校是建设事业中极重要的一个环节，是全部国家人才培养事业中最基本的事业，高等师范的任务主要是培养中学教师，中学教师无论今天或明天都是我们祖国建设事业中最重要的工作之一。他从个体发展、教师工作性质的角度做了论证：一方面，他认为"一个人灵魂的塑造，个性的发展，科学知识的掌握，道德品质的成长，离开了教师的教导和关怀都是不可想象的"[1]；另一方面，他认为教师工作并不枯燥乏味，"一生将永远和祖国最年轻的人在一起，一生生活在青年和孩子们中间，真是最大的幸福"[2]。其次，他主张提高人民教师的地位和待遇，在社会上形成重视师范、重视教师的新风尚。最后，他还现身说法，以自身经历鼓励青年选择人民教师工作。"记得我第一次教书，是在六十年以前，那时我才十九岁。那时中国的教育，还极不发达，我开始去教书，也谈不到有什么从事教育工作的志愿。……开始时教蒙馆，后来教过小学、中学、大学……我深深地爱上了这个工作。尤其是解放以后，教育工作更有了新的意义，更使我一天不愿离开教育工作岗位，一天不愿离开青年学生。我想，假如我现在还是青年，正在选择学习志愿的时候，我将会毫不犹疑地告诉我的老师：我仍要选择教师工作，作为我的终身事业。"[3]此外，他还多次接待外国教育代表团，介绍我国的高等师范教育

①② 陈垣：《为培养祖国新生一代贡献自己的力量！——青年们，我以一个有半个世纪以上教龄的老教师身份，欢迎你们来报考师范！》，《光明日报》1956年6月20日。

③ 陈垣：《教师工作使我永远年青》，《人民日报》1959年5月22日。

新中国著名大学校长评传 上卷

XINZHONGGUO ZHUMING DAXUE XIAOZHANG PINGZHUAN

事业，与对方交流经验、取长补短。1958—1961年，有记录的接待外国教育代表团的经历就达4次[①]。

（三）主张教学与科研相结合

还在担任辅仁大学校长之时，陈垣就摸索出一套独具特色的教育理念，即以教学会通研究、以研究促进教学[②]。担任北京师范大学校长期间，他继承此前的教育理念，依然主张高等院校要教学、科研齐头并进，并通过制订科研规划和定期举行科研讨论大会来提高全体师生的教学和学术水平。1956年6月2日，他主持召开了北京师范大学第一届科学讨论会，高等教育部、教育部、中国科学院、在京兄弟院校的同志和苏联专家前来参加讨论，有力地推动了学校的科研工作。1963年，针对一些教师想专搞科研或进修，不愿担任教学工作的情况，陈垣谈了自己的切身体会："我从19岁开始教书，几十年来，一直是一方面从事教书，一方面进行研究，我认为这二者是紧密结合的，又是相互促进的。只有在教学中才能不断提高自己的业务水平与实践能力，提出自己的研究题目；通过科研，又能进一步充实教学内容，提高教学质量。"[③]对这一点，他在辅仁大学时期的学生柴德赓记忆深刻："1942年，他为辅仁大学研究生开设'中国佛教史籍论'一课，真是以狮子搏象的力量来备课，从《大藏经》及有关史料中

① 1958年5月6日，接待缅甸教育代表团。1958年6月12日，接待朝鲜教育代表团。1958年10月3日，接待伊拉克文化代表团。1961年10月4日，接待以中日友好协会副会长三岛一为团长的日本民间教育代表团到北京师范大学参观访问。参见刘乃和等编著：《陈垣图传》，北京师范大学出版社2002年版，第133、135、154页。
② 陈才俊：《陈垣与北京辅仁大学之大学理念》，《高等教育研究》2013年第8期。
③ 陈垣：《值得学习的治学精神》，《师大教学》1963年第446期。

陈垣

CHEN YUAN

搜集资料，加以分析研究，写成论文底稿，再来讲授。"①

　　具体而言，在教学上，陈垣十分重视基础课，强调学生基本功的训练和实践、实习能力的培养，主张教学做合一，"研究一门科学，基础知识更是起码条件，不打好基础，就好像树没有根"②。辅仁大学时期，他就亲自为学生讲授大一国文课，从教材选编、授课方式、作业批改等方面全方位讲好一门课，同时还指导青年教师讲课。③执掌北京师范大学之后，虽然他因年事已高，无法登台授课，但依然贯彻这一理念。1953 年 5月 18 日，他亲临师大附中的教学实习评议会，并且在全校范围内组织对教学实习的经验总结和交流。④1955 年 12 月 1 日，他还和助手刘乃和一起听教改公开课的讲课录音，对教学问题进行具体的指导。⑤此外，在教学方法⑥、新课程的创设上，陈垣都有比较独特的见解。在科研上，他除延续此前的治学方法和观念之外，还提倡不同部门之间开展科研合作，提倡科研服务于社会。在 1955 年 6 月的中国科学院学部（数学化学、生物学

---

　　① 柴德赓：《我的老师——陈垣先生》，《文献》1980 年第 2 期。
　　② 陈垣：《谈谈我的一些读书经验——与北京师范大学历史系应届毕业生谈话纪要》，陈智超编：《励耘书屋问学记——史学家陈垣的治学》，生活·读书·新知三联书店 2006 年版，第 4 页。
　　③ 20 世纪 20—30 年代，各大学课程科目安排随意性较大，因人设课的现象很普遍，缺乏严格的教学计划。陈垣在学校教学管理中努力改变这种状况。他特别重视制订教学计划，讲求教学方法。他还把自己的教学经验毫无保留地传授给青年教师，要求青年教师不断提高教学水平。此时，青年教师计有余逊、柴德赓、牟润孙、许诗英、张鸿翔、刘厚滋、吴丰培、启功、周祖谟等。后来抗日战争全面爆发，中间许多位分散了。参见邓瑞全：《陈垣与北京师范大学》，《教学与教材研究》1999 年第 4 期；启功：《北京师范大学百年纪念私记》，《北京师范大学学报（人文社会科学版）》2002 年第 5 期。
　　④⑤ 刘乃和等编著：《陈垣图传》，北京师范大学出版社 2002 年版，第 117、121 页。
　　⑥ 启功总结了陈垣的 9 条"上课须知"。参见启功：《夫子循循然善诱人——陈垣先生诞辰百年纪念》，启功著：《浮光掠影看平生》，北京联合出版公司 2011 年版，第 15—16 页。

新中国著名大学校长评传　上卷

XINZHONGGUO ZHUMING DAXUE XIAOZHANG PINGZHUAN

地学、技术科学、哲学社会科学）成立大会上当选为哲学社会科学学部委员的陈垣做了现场发言，他在回顾了旧社会学术科研的艰难困苦情况后，特别强调了新中国科学研究加强联系合作、服务社会的重要性。①

（四）治学精神和历史教学

作为一位以研究元史、宗教史、历史文献学等为业的史学家，陈垣完全是自学成才的，其间付出的艰辛可想而知，而这也形成了他治学的第一个特点——勤奋刻苦、持之以恒。20世纪20—30年代，他十年如一日地赶往京师图书馆（今中国国家图书馆）阅读《四库全书》，对史料的熟悉程度让人望尘莫及。即便新中国成立之后，他的多位学生在回忆先师的文章中，都对他发愤读书的情景印象深刻："我们经常看到他在校长办公室中看书，终日手不释卷。直到六十九岁那年，他还说：'我明年七十岁了，更觉得所见太少，所知太少，这并非自馁，也非自卑。今年我又把'十三经'涉猎了一次。'"② "1960年他负责重印《册府元龟》，我到北京去，就看见他用放大镜在很仔细地校对。现在他又在点校新旧《五代史》了。陈先生常常说：'前人给我们留下了不少成绩，我们也一定要给后代留些东西'。"③甚至，在生命即将走到尽头的时候，他还在关心二十四史的点校工作。其二，他治史讲究寻根究底，实事求是，在搜集史料上强调"竭泽而渔"④。这一方面与他早年的医学训练有关，另一方面

① 刘乃和等编著：《陈垣图传》，北京师范大学出版社2002年版，第118页。
② 李瑚：《励耘书屋受业偶记》，陈智超：《励耘书屋问学记——史学家陈垣的治学》，生活·读书·新知三联书店2006年版，第234页。
③ 柴德赓：《陈垣先生的学识》，陈智超编：《励耘书屋问学记——史学家陈垣的治学》，生活·读书·新知三联书店2006年版，第90页。
④ 詹铭新：《学无止境　业精于勤——陈垣老人谈治学》，《光明日报》1961年5月20日。

也与他早年的史学研究方法偏重考据有关。新中国成立之后，虽然他著述不多，但他的学术研究承袭早年的学术精神，依然"将精密的历史考据，建立在坚实的文献学基础之上，并且致力于史学的基础性建设，以奉献于整个学界。其学术精神的实质，是实事求是的求真理念，研讨和论断之中杜绝'结论预设'性的牵强、穿凿和曲解"①。

此外，陈垣在历史教学上也有很多真知灼见。其中，他尤为关注的是学校普遍缺乏教材的情况。1954年，他在《科学通报》上发表《科学工作者应重视编写中小学教科书》一文。他认为："编好教科书是文化教育事业中的基础建设工作，中小学教科书质量的好坏，直接关系着整个新生一代的培养，也直接影响着我们国家所培养的各种专业人才的基础知识的质量。"②所以，应该重视中小学教科书的编写，他特别提到了历史教科书的编写问题。1956年，人民教育出版社新编的初三、高一、高二年级系列历史教科书出版，他积极撰写评介文章，并提出"教科书首先要符合教学原则，要深入浅出，要保证正确的科学性和思想性，而且内容须涉及全面，从古到今，从大到小，又须提纲挈领，说明问题"，认为这些新编的教科书"基本上是符合这些要求的"。③而作为一个教育家，他对高校教育史教材的编写也非常关注。1961年，北京师范大学教育系新编《中国古代教育史》大纲初稿完成，他亲自出面邀请中国科学院近代史研究所（今中国历史研究院近代史研究所）范文澜、北京大学翦伯赞、教育部

---

① 乔治忠、钟学艳：《坚守求真理念 致力新中国史学整体建设——陈垣1949年之后的学术建树》，《学习与探索》2011年第2期。

② 陈垣：《科学工作者应重视编写中小学教科书》，《科学通报》1954年第7期。

③ 陈垣：《新的中小学历史教科书》，《历史教学》1956年第7期。

林砺儒、中华书局金灿然、人民教育出版社邱汉生，以及本校教授白寿彝、毛礼锐、陈景磐等专家在北京师范大学就大纲初稿进行座谈。

（五）热心关心和帮助青年

陈垣一生从教70年，桃李满天下，而这些学生中不仅有及门弟子和青年教师，还有很多私淑弟子，有的甚至从未见过面。然而，陈垣对他们都一视同仁，有求必应，有问必答，非常热心。被戏称为"南书房四行走"之一的周祖谟在回忆老师的文章中曾说："凡是与先生接近过的人都感觉十分亲切。先生对待青年充满热情，所以青年们也喜欢跟先生接近。"[1]这种"得天下英才而育之"的博大胸襟也延续到了在北京师范大学担任校长时期。自20世纪50年代开始到"文化大革命"开始之前，陈垣花费了大量时间用于答复信函，指导后学。在每年纷至沓来的上百封来信中，除与学界朋友切磋论学，以及对中国科学院历史研究所第二所研究人员和北京师范大学师生进行指导的本职工作外，其余的大量信函来自素不相识的工、农、兵、学各界问学求教者。[2]来信求教范围极广，大到求问治学方法路径，小到请教一个冷僻字。陈垣来者不拒，在助手的帮助下，对绝大多数来信一一回复，他以大海一样的胸怀，如和煦春风，诲人不倦，泽被四方。[3]

---

[1] 周祖谟：《怀念一代宗师援庵先生》，纪念陈垣校长诞生110周年筹委会编：《纪念陈垣校长诞生110周年学术论文集》，北京师范大学出版社1990年版，第296页。

[2] 陈垣曾兼任中国科学院历史研究所第二所所长。当时中国科学院历史研究所分第一所、第二所，均研究古代史，以隋唐为界。1960年合并为中国科学院中国历史研究所，1977年更名为中国社会科学院历史研究所，2019年更名为中国历史研究院古代史研究所。

[3] 周少川：《陈垣晚年史学及学术思想的升华》，《史学史研究》2000年第4期。

20世纪50年代，刘家和是北京师范大学历史系的教师，他写过的一篇关于顾炎武的文章偶然被陈垣看到后，陈垣发现了其中的一处引用错误。为此，陈垣特意请刘乃和致信刘家和谈及这篇学术论文："你作的顾亭林的论文，陈校长看见了，很高兴，很夸奖你。但中间引用《日知录》卷十八'心学'条有'愚按心不待传也'一段，此段连前文，共590多字，至'故僭书其所见如此'，都是《日知录》引《黄氏日抄》卷五之文。中间为黄汝成《集释》隔断，遂易误为亭林之文（黄汝成就是如此误会）。不知此'愚按'的'愚'字，实是黄东发自称，非亭林也。嘱转告你，改正为幸。他又说，这就是古书不好读的一个例子。因古书引文不加引号，故有此弊。"[①]刘家和读了这封信，对陈校长能在学术研究与治校之余指导晚辈的习作并给予的鼓励，深为感动。

　　除对本校的教授和学生之外，在《陈垣来往书信集》中，我们还可以看到陈垣对素未谋面的包贲、杨廷福、梁家勉、谢仲墨等学者，给予学术上的指导。20世纪50年代，杨廷福想要研究玄奘，但迫于当时的形势，无法获取相关资料，于是就冒昧向素未谋面的陈垣写信求助，结果一周后就收到了陈垣寄来的《释氏疑年录》四册和热情洋溢、勉励备至的回信，从此两人展开了长达12年的"远程函授"。杨廷福对这段师生缘深为感佩，在回忆文章中说："十二年来，陈先生对我的通信指导，约计共有四十封左右长短不一的信函。这种雪中送炭的温煦，成了我在逆境不甘自暴自弃的精神支柱，更可宝贵的是师长的培育后学，不仅仅是解决疑

　　① 刘家和：《难忘的教诲》，纪念陈垣校长诞生110周年筹委会编：《纪念陈垣校长诞生110周年学术论文集》，北京师范大学出版社1990年版，第315页。

难，提供资料，而是毫无保留地教导了治学的方法，启迪搞科研的门径。"[1]

四、励耘一生：一代教育大家的深远影响

1971年6月21日，陈垣走完了他91年的人生路。他的书屋名为"励耘"，虽用的是他父亲的号，但却折射出了他作为一代教育大家辛勤耕耘的一生，正如刘乃和所说："他的一生是奉献的一生，是勤奋的一生，他把毕生精力和一生心血，都献给了祖国，培养出一批一批学生，多少知名学者经他精心培养，几代青年在他教导下长成。他撰写了大量文章和专著，给我们留下了宝贵遗产。……他是中华的好儿女，他的道德文章已在他的学生们身上体现出来，将会传之久远。"[2]这些学生除"陈门四学士"（余逊、柴德赓、启功、周祖谟）外，史念海、史树青、朱家溍、翁独健、赵光贤、单士元、陈述、台静农、牟润孙、冯成钧、蔡尚思、白寿彝、邓广铭、苏晋仁等大家都曾门下聆训，启功虽然没听过他的课，但耳提面命，受他的影响很大。这些人很多都成了各个领域的带头人，毫不夸张地说，20世纪50—60年代，一些全国知名大学的历史系主任都是他的学生。借助这些学生，他的教学方法、治学方法和精神得以传承。

作为北京师范大学校长，陈垣对高等师范教育的重视、对教学与科研理念的践行、对历史研究和教学的真知灼见都对后世产生了深远的影响。20世纪50—60年代，北京师范大学教学改革中

① 杨廷福：《缅怀新会陈先生对我的教导》，《读书》1981年第7期。
② 刘乃和著：《历史文献研究论丛》，广西师范大学出版社1998年版，第242页。

组织编写的大学教材，成为全国师范院校学习的样板，1953年学生教育实习的经验也通过第二次全国教育工作会议推广到全国，有力地推动了全国师范教育的发展。陈垣"以教学会通研究、以研究促进教学"的理念在北京师范大学得以推广，有力地扭转了20世纪50年代早期只以教学为中心的办学思路，明确了大学教学与科研双功能。此外，他还作为中国科学院历史研究所第二所

位于北京师范大学的陈垣塑像
（图片由视觉中国提供）

所长、中国科学院哲学社会科学学部委员和《历史研究》编委的身份，参与了新中国历史科学规划和古籍整理工作总体规划的具体指导以及史学研究事业的领导工作，直接影响了此后我国的历史学科教学和研究。励耘一生，这位从教70年之久的教育大家，理应被历史铭记，被后人永久传诵。

主要参考文献

1. 牛润珍著：《陈垣学术思想评传》，北京图书馆出版社1999年版。

2. 龚书铎主编：《励耘学术承习录——纪念陈垣先生诞辰120周年》，北京师范大学出版社2000年版。

3. 刘乃和撰：《陈垣年谱》，北京师范大学出版社2002年版。

4. 刘乃和等编著：《陈垣图传》，北京师范大学出版社2002

年版。

5. 孙邦华著:《身等国宝　志存辅仁——辅仁大学校长陈垣》,山东教育出版社2003年版。

6. 张荣芳著:《近代之世界学者:陈垣》,广东人民出版社2005年版。

7. 陈智超编:《励耘书屋问学记——史学家陈垣的治学》,生活·读书·新知三联书店2006年版。

学为人师
行为世范

北京师范大学校训

撰稿人：姜玉杰，北京师范大学教育学部博士生，主要从事中外教育史研究。

陈望道

CHEN WANGDAO

复旦大学校长（1952—1977）

（图片由复旦大学档案馆提供）

陈望道（1891—1977），浙江义乌人，中国现代著名语言学家、教育家、社会活动家。新中国复旦大学的第一任校长。

陈望道，原名参一，单名融，字任重，笔名佛突、雪帆、南山、张华、一介、焦风、晓风、龙贡公等。中共党员，民盟盟员。1915年赴日本留学，获日本中央大学法学士学位。1919年回国后，积极提倡新文化运动，任《新青年》编辑。1920年翻译出版了《共产党宣言》第一个中文全译本。他是中国共产党上海发起组成员，1922年出任中共上海地方委员会第一任书记。1919年起先后任浙江省立第一师范学校国文教员，上海大学教务长，安徽大学教授，广西大学中文科主任，复旦大学新闻系主任、文学院院长，复旦大学校务委员会副主任、主任、校长等职。曾任华东军政委员会文化部部长，第四届全国人大常委会委员，第三、四届全国政协常委，民盟中央副主席，上海市政协副主席。1952年加入中国作家协会。历任中国科学院哲学社会科学部委员、上海市哲学社会科学联合会主席、上海市语文学会会长，国务院科学规划委员会语言组副组长、《辞海》主编等。毕生从事进步语文运动和语文科学的教学和研究，建立了我国修辞学的科学体系，在文学、哲学、社会学、伦理学、逻辑学、新闻学、文艺理论、美学等领域造诣深厚，著有《修辞学发凡》《文法简论》《美学概论》等，译有《社会意识学大纲》《苏联文学理论》《实证美学之基础》等。

一、从翻译《共产党宣言》到新中国复旦大学首任校长

在中国知识分子向西方寻求科学和民主的艰辛历程中，最早用中文全文翻译、介绍《共产党宣言》的是陈望道。1920年8月

上海共产主义小组成立时，陈望道是七位发起人之一。几十年的风风雨雨，陈望道以其深湛的学问、坚定的信念，为中国的新文化和教育事业摇旗呐喊、披荆斩棘，做出了重大贡献。

（一）革新教育

1891年1月18日，陈望道出生在浙江义乌分水塘村的一个农民家庭。他先后就读于义乌绣湖书院、省立金华中学、浙江之江大学。早在1907年，17岁的陈望道即随长者在乡间办学。1919年5月从日本回国后，首先以教育革新家的姿态登上了反帝反封建的政治舞台。

五四运动爆发后，陈望道与进步师生一起积极提倡和投身于新文化运动和左翼文艺运动，反对旧道德、旧文学，提倡新道德、新文学。他认为，改革旧的教育制度是新文化运动中一项十分重要的课题。国语课是当时学校新旧思想文化斗争的重要领域。陈望道为推动国语教育改革开展了积极的努力和勇敢的斗争。浙江省立第一师范学校成为他倡导新文化的第一个舞台、第一个战场。在经亨颐校长的领导下，时称"四大金刚"的陈望道、刘大白、李次九、夏丏尊首倡学生自治、职员专任、改革国文教授及学科制等，并提出了反对尊孔读经的主张。他们从改革教材入手，从《新青年》《每周评论》《新潮》等杂志上选辑陈独秀、李大钊、鲁迅等人的文章作为新教材，并制订了《国文教材授法大纲》。陈望道还独编或参编了《国语法》《注音字母教育法》《新式标点的用法》等教学用书，实施了倡导白话文、反对文言文的国文教育改革。经过陈望道等人的努力，白话文运动在浙江省立第一师范学校轰轰烈烈，蔚然成风。陈望道还是我国最早在刊物上明确提倡使用新式标点符号和文字横排的学者之一。1919年11月，陈望道在《教育潮》第5期上发表了《新式标点用法》，1920年在《学艺》第1卷第4期上发表了《华文点标论第二·点标之类别》。①陈望道参与国语教育改革和对封建纲常礼教的猛烈抨击，遭到封建顽固势力的阻挠、攻击和迫害，学校甚至收到革职查办令，此令受到校长和全校师生的坚决抵制，此之谓"一师风潮"。

"一师风潮"后，陈望道被迫离开浙江省立第一师范学校。当年秋天，陈望道应聘到复旦大学国文部任教，主讲修辞学、文法、美学等课。1923—1927年，陈望道在中国共产党创办的上海大学任中文系主任、上海大学教授联合会主任、教务长、代理校务主任等职。后受党

青年陈望道
（图片由复旦大学档案馆提供）

的委派创办中华艺术大学，任校长兼中国文学系主任。1928年，任复旦大学中文系主任。1931年7月，为保护进步学生，遭到国民党政府的迫害，离开复旦大学。1933年7月，陈望道到安徽大学讲授"文艺理论"，不到半年又受迫害而辞职。1935年6月，陈望道到桂林，开始在广西省立师范专科学校任教；1936年6月该校并入广西大学后，陈望道任广西大学中文系主任。1937年6月回到上海，参加上海文化界救亡协会。1938年在中国共产党领导创办的上海社会科学讲习所工作。1940年秋，他为躲避汪伪汉奸的迫害，回到当时迁校重庆北碚的复旦大学中文系任教，

---

① 吴作为：《陈望道——中国新文化的拓荒者》，张志军、谢广田主编：《西子弦歌：百年杭师大的名人故事》，浙江工商大学出版社2013年版，第103页。

从1942年起任新闻系主任、代教务长等职。1949年10月，陈望道任复旦大学文学院院长，后任复旦大学校务委员会副主任委员、主任委员，复旦大学校长。"文化大革命"开始后，陈望道被剥夺了工作的权利，直到1972年，才重新出任复旦大学革命委员会主任职务。尽管患有多种疾病，他仍以饱满的革命热情积极工作。1973年，陈望道为复旦大学团委、学生会举办的书法展览会题写了笔力苍劲的四个大字"又红又专"，表达了他对青年一代的厚望。①

（二）传播真理

1915年1月，由于对数、理、化等现代科学产生了浓厚兴趣，陈望道怀着"科学救国""实业救国"的理想赴日本留学，先后在东洋大学修习文学、哲学，在早稻田大学、中央大学修习法律，1919年毕业于中央大学法科，取得法学学士学位。留日期间，他关心政治，与留日同学一起参加了反对袁世凯接受日本"二十一条"及反对洪宪帝制的运动。此间，陈望道结识了日本早期著名社会主义者河上肇，并通过阅读他翻译的马克思主义图书，思想发生了重大转变，渐渐由"科学救国"转为立志社会革命。俄国十月革命发生后，他又与河上肇及山川均等日本进步人士一起宣传十月革命，传播马克思主义。②

1919年底，陈望道回到故乡浙江义乌分水塘村。1920年4月下旬，应上海《星期评论》编辑部之约，陈望道在十分艰苦的工

---

① 吴作为：《陈望道——中国新文化的拓荒者》，张志军、谢广田主编：《西子弦歌：百年杭师大的名人故事》，浙江工商大学出版社2013年版，第104页。
②《中国现代教育家传》编委会编：《中国现代教育家传》第三卷，湖南教育出版社1986年版，第28页。

作条件下，凭其顽强的毅力，在分水塘村的一间柴屋里完成了《共产党宣言》的中文翻译工作。这是《共产党宣言》的第一个中文全译本，1920年4月作为《社会主义研究小丛书》的第一种由上海社会主义研究社正式出版。这本书的出版使中国人民第一次看到了国际共产主义运动纲领性文件的全貌，它是在国民党统治时期国内流传最广、影响最大的马克思主义经典著作，对于宣传马克思主义、推

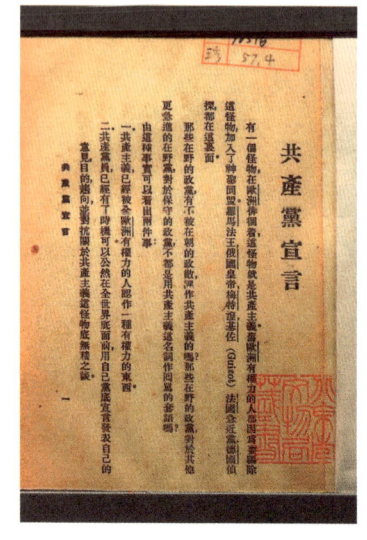

陈望道翻译的《共产党宣言》
（图片由视觉中国提供）

动无产阶级运动在中国的蓬勃发展，起到了非常重要的作用，同时也为中国共产党的创立奠定了基础。许许多多具有激进民主主义思想的革命青年，在它的影响下，逐步树立起对马克思主义的坚定信念，成为共产主义者。当年，毛泽东就是《共产党宣言》中文首译本众多拥趸中的一员。1936年7月，他对来延安采访的美国记者埃德加·斯诺袒露了自己思想成长的心路历程："有三本书特别深地铭刻在我的心中，建立起我对马克思主义的信仰。我一旦接受了马克思主义对历史的正确解释以后，我对马克思主义的信仰就没有动摇过。这三本书是：《共产党宣言》，陈望道译，这是用中文出版的第一本马克思主义的书；《阶级斗争》，考茨基著；《社会主义史》，柯卡普著。到了1920年夏天，在理论上，而且在某种程度的行动上，我已成为一个马克思主义者了，而且从此我也认为自己是一个马克思主义者了。"①在《关于农村调查》一

① ［美］埃德加·斯诺著，董乐山译：《西行漫记》，东方出版社2005年版，第147页。

文中，毛泽东又说："记得我在1920年，第一次看了考茨基著的《阶级斗争》，陈望道翻译的《共产党宣言》，和一个英国人作的《社会主义史》，我才知道人类自有史以来就有阶级斗争，阶级斗争是社会发展的原动力，初步地得到认识问题的方法论。"[1]在1949年7月召开的中华全国文学艺术工作者代表大会上，周恩来遇见前来参会的陈望道时，紧紧握住他的手，当着在场代表们的面，笑呵呵地说："陈望道先生，我们都是你教育出来的！"[2]

除此书之外，1919—1921年，陈望道还翻译了《空想的和科学的社会主义》《马克斯底唯物史观》等书，以及《唯物史观底解释》《个人主义与社会主义》《产业主义与私有财产》《资本主义的发展》《劳动运动通论》《劳农俄国底劳动联合》《劳工问题底由来》等许多介绍、研究马克思主义新思潮的文章，积极传播马克思主义真理。另外，他还与施存统合译了苏联的波格达诺夫的《社会意识学大纲》，这是又一部具有马克思主义哲学性质的著作。

1920年5月，陈望道应邀来到上海，与陈独秀、李汉俊、李达等人组织起马克思主义研究会，以《新青年》编辑部为中心，经常开座谈会，研讨中国社会的改造问题。在研讨过程中，他们都觉得有组织中国共产党的必要。8月，在上海法租界老渔阳里2号《新青年》编辑部，上海共产主义小组成立。这是中国第一个早期共产党组织，陈望道参与了中国共产党的创建工作，成为中国共产党上海发起组的成员之一。在中共一大召开前，先后参加中国共产党上海小组的有10余人。上海共产主义小组实际上担负

---

[1]《毛泽东农村调查文集》，人民出版社1982年版，第21—22页。
[2] 张姚俊：《千秋巨笔：陈望道首译〈共产党宣言〉》，《党员干部之友》2016年第7期。

了成立中国共产党的发起组乃至筹备组的任务。陈望道作为负责人之一，担任工会部长，经常深入工厂区宣传鼓动，在党的创建中发挥了积极的作用。1920年12月，陈独秀赴广东后，陈望道负责编辑《新青年》，并任《民国日报》的副刊《觉悟》和《妇女评论》《妇女刊物》《黎明周刊》等刊物的编辑，介绍十月革命后苏联的情况，倡导妇女解放，主张社会改革，发表了大量宣传马克思主义、提倡新文化、主张社会革命的文章及译作。1921年7月，中国共产党成立。11月，中共上海地方委员会成立，陈望道担任中共上海地方委员会第一任书记，至次年6月辞职。后又参加中国社会主义青年团的创建工作，并参与创办《劳动界》《共产党》等刊物，介绍共产党，宣传共产主义。在此期间，他参加激烈的阶级斗争和社会革命实践，在传播马克思主义、进行革命活动方面，为党做了大量的工作，做出了重要的贡献。

（三）投身于社会

陈望道从来不是一个只会埋头教书或只有理论没有行动的人。早在浙江省立第一师范学校时，他就因积极参与革命活动而遭到当局的迫害。1920年到上海后，他参加了上海的工人运动，组织了纺织、印刷、邮务等工会组织，亲自到沪西工厂区开办工人夜校和平民女校。在20世纪30年代的反文化"围剿"中，他团结在鲁迅先生的周围，与沈雁冰、胡愈之、叶圣陶等人发动了针对国民党"文言复兴运动"的"大众语运动"，积极倡导语文改革运动，提出白话文必须进一步接近活的口语，主张建立真正以群众语言为基础的"大众语"和"大众语文学"，强有力地打击了国民党的语文政策。

1934年9月，陈望道创办了《太白》半月刊杂志，与林语堂所创办的提倡半文不白的语录体的《论语》《人间世》相抗衡，用战斗的小品文去揭露和批判黑暗的现实，宣传大众语运动。取名太白意为提倡"白而又白""比白话还要白"的大众语。另外，"太白"又有"启明星"的意思，含有冲破黎明前的黑暗、迎接胜利曙光的寓意。《太白》的《掂斤簸两》栏目专登匕首式的杂感，几乎每期都有鲁迅的杂文。鲁迅曾表扬这个刊物说："杂文上也很难说话，现唯《太白》《读书生活》《新生》三种，尚可观，而被压迫也最甚。"[1]在国民党文化"围剿"的严重关头，陈望道敢于站出来组织新军配合主将作战，甚为难得。

　　1937年6月，陈望道回到上海，参加上海文化界救亡协会，从事抗日救国运动。1938年开始，他积极提倡拉丁文新文字运动，发起成立上海语文学会、上海语文教育学会等进步语文团体，热情支持上海新文字研究会等抗日和群众性文字改革组织，积极从事语文运动。1939年11月，陈望道负责举办了一次规模很大的中国语文展览会。这时，他和地下党建立了更密切的联系，支持和帮助进步学生，积极营救受国民党反动派迫害的进步青年。1945年抗战胜利后，陈望道随复旦大学回到上海，积极支持和配合中国共产党的地下工作，尽力保护革命师生。面对反动派的恐吓威胁，他从不屈服。在新中国成立前夕，他负责上海大学教授联谊会工作，团结和组织广大教授参加"反饥饿、反内战、反迫害"的民主革命运动，被列入国民党特务的黑名单。1947年2月，他又在上海发起成立中国语文学会。

---

　　[1] 包子衍：《陈望道与鲁迅先生的革命友谊》，上海鲁迅纪念馆编：《陈望道先生纪念集》，复旦大学出版社2006年版，第433页。

1949年9月，陈望道任中国人民政治协商会议特邀代表。1950年任华东军政委员会文化教育委员会副主任兼文化部部长、华东高等教育局局长，1953年任华东行政委员会委员。1951年，陈望道加入中国民主同盟。后历任全国人大第一至四届代表和第四届全国人大常委会委员，全国政协第一至四届代表和第三、四届常委，上海市政协副主席，民盟中央副主席，民盟上海市委主任委员等职。1957年重新加入中国共产党。

（四）建功学术

作为功底深厚的语文学家，陈望道是文学研究会的早期会员，参加过新南社、立达学会、上海语文学会等组织的工作及大江书铺的筹建工作，编写出版过大量语文学术研究专著。他毕生从事进步语文运动、语文教学和研究，呕心沥血、刻苦钻研，打破陈规、开辟新途，在语法学、修辞学方面贡献尤著，建立了我国修辞学的科学体系。

为建立起现代中国语文的科学体系，陈望道积极支持文字改革和推广普通话，坚决同语文工作中的教条主义、复古主义、崇外主义进行不懈斗争，为我国语言学的现代化、规范化、科学化做出了贡献。按照在浙江省立第一师范学校定下的倡导白话、反对文言的基调，1922年，陈望道撰著出版了《作文法讲义》，科学地说明了文章的构造、体制和美质。在当时的作文法著作中，这部著作独具特色。1938—1941年，陈望道在语文学术界发动了关于中国文法革新的讨论。他先后发表了《谈动词和形容词的分别》《文法的研究》等10余篇论文，提出了缔造中国文法体系的建设性意见：根据中国文法事实，借鉴外来新知，参照前人成说，以科学的方法、谨严的态度缔造中国文法体系①。他把讨论的文章编辑成《中国文法革新论丛》，并于1943年在重庆印行，为汉语文法学史贡献了一部有价值的史书。1955年10月，陈望道率领上海代表团参加了第一届全国文字改革会议。会议的中心是讨论修订《汉字简化方案（草案）》和决定大力推广普通话。会上决定以北京话为标准的普通话，陈望道敏锐地发现这个定义不妥，有逻辑错误。他说，"以北京话为标准的普通话"，普通话就等于是北京话，也就没有什么普通话了，给普通话下定义，结果却是取消了普通话。②中央听到他的意见后，由胡乔木召集一些老专家召开紧急会议，并根据陈望道的意见将普通话定义改为现在的"以北京语音为标准音，以北方话为基础方言"，后来，又加上了"以典范的现代白话文著作为语法规范"。陈望道在努力贯彻和实践党的语文政策，在简化汉字、推广普通话、制订和推广汉语拼音方案方面，做了许多有益的工作。

有感于自古以来我国许多文人在修辞上花了很大功夫，却没有一部系统的修辞著作，陈望道早在日本早稻田大学攻读时就已开始注意对修辞学进行研究。在20世纪20年代任教复旦大学期间，他开设了修辞学课程，编写并不断修订讲义，对修辞学进行了系统的研究，积10余年的勤求探讨之功，终于1932年写成了《修辞学发凡》一书。在该书出版时，好友刘大白特地为它作序，给予了极高的评价。该序指出：中国人在说话的时候，修了几百万年的辞，并且在作文的时候，也已经修了几千年的辞，可是竟并不曾知道所谓有系统的修辞学。直到1932年，陈望道的《修辞学发凡》出版，

① 陈望道著：《陈望道语言学论文集》，商务印书馆2009年版，第192页。
② 吴作为：《陈望道——中国新文化的拓荒者》，张志军、谢广田主编：《西子弦歌：百年杭师大的名人故事》，浙江工商大学出版社2013年版，第108页。

中国才有了第一部有系统的兼顾古话文、今话文的修辞学书。《修辞学发凡》出版后，茅盾第一个打电话向陈望道祝贺。该书创立了我国第一个科学的修辞学体系，开创了修辞研究的新境界，是我国第一部系统的、兼顾古今语文的修辞学专著，以体系严谨、阐述清楚、例证确切、观点鲜明而著称。这部著作在广泛收集材料的基础上，对汉语中古今各种修辞现象做了详尽的分析和总结，对修辞格式做了全面的概括和归纳，首先提出了"消极修辞"和"积极修辞"两大分野的说法，同时也对当时社会上流行的一些保守复古的偏见，如以为文言文可以修辞、白话文不能修辞等进行了批判，为我国修辞学的研究开拓了新的境界。日本早稻田大学客座教授郑子瑜在他的《中国修辞学的变迁》中这样评价《修辞学发凡》一书："真正不顾复古派的对抗，采用由东方传入的科学方法，彻底将中国的修辞学加以革新，把中国各种修辞现象做过归纳的工夫，写成一部有系统的兼顾古话文、今话文的修辞学专书的，却是中国有史以来最伟大的修辞学家陈望道。"①

1956年元旦，毛泽东在上海宴请陈望道等几位知名人士，陈望道和周谷城分坐在毛泽东左右。席上毛泽东对陈望道说："陈先生，我最近读了你的《修辞学发凡》，很好。听说你在研究文法，希望你研究下去。目前许多人写文章不讲文法，不讲修辞，也不讲逻辑。"②这给了陈望道以很大的鼓舞，他亲自主持筹建了复旦大学文法、修辞、逻辑研究室，从汉语的实际出发探索汉语文的组织规律，发表了《对于主语宾语问题讨论的两点意见》《怎样研

---

① 郑子瑜著：《郑子瑜学术论著自选集》，首都师范大学出版社1994年版，第308页。
② 吴作为：《陈望道——中国新文化的拓荒者》，张志军、谢广田主编：《西子弦歌：百年杭师大的名人故事》，浙江工商大学出版社2013年版，第108页。

究文法修辞》《漫谈〈马氏文通〉》等文章。1972年，他又发表了《论现代汉语中的单位和单位词》《汉语提带复合谓语的探讨》等论文，修订重印了《修辞学发凡》。1977年，86岁高龄的陈望道在病榻上完成了他最后一部著作《文法简论》。除修辞学外，陈望道还对文艺理论、社会意识学、伦理学、美学以及因明学^①等都做过深入的探讨，并出过专著。20世纪20年代，陈望道就开始研究美学和因明学，先后写出了《美学概论》和《因明学概略》。前者是我国第一部现代意义上的简明美学著作，而后一部书则把因明学与西方的逻辑学相互参照以说明其异同。陈望道著作颇丰，他的论著均已收入四卷本《陈望道文集》中，或依专题而分别收入《陈望道语文论集》《陈望道修辞论集》等中。

正如夏征农对陈望道的评价："新文化运动的老战士。从五四运动到他逝世，他一直站在新文化运动的战斗行列，对发展我国新文化做出了卓越的贡献。"^②陈望道用自己的实际行动，证明了他不愧是一位为中国新文化贡献了一生的拓荒者。

（五）出任新中国复旦大学首任校长

1949年5月，上海解放，复旦大学从此获得了新生。在这百废待兴的日子里，陈望道被委以重任。上海军事管制委员会主任陈毅、副主任粟裕签署命令："兹派陈望道为国立复旦大学校务委员会常务委员及副主任委员并兼文学院长，仰即知照到职视事为要。"① 自1920年9月到复旦大学任教，直至1977年10月29日逝世，陈望道在复旦大学工作了半个多世纪，他先后担任了中文系主任、新闻系主任、文学院代院长、校务委员会副主任委员兼文学院院长、校长等职。他毕生热情培养学生，陆续开设了修辞学、逻辑学、文法学、文艺理论、美学、新闻学等课程，为中国人民的革命和建设事业培养了大批优秀干部和人才，为复旦大学的转变、发展和壮大做出了突出的贡献，是一位杰出的校长。

1949年7月底，在陈望道赴京参加第一届中华全国文学艺术工作者代表大会后返回上海的途中，南京《新华日报》报道了陈望道被中国人民解放军上海军事管制委员会任命为复旦大学校务委员会副主任委员的消息，同时被任命的主任委员为张志让。由于张志让此时已在北京，且不久即被任命为中华人民共和国最高人民法院副院长，因而始终未能到校任职。于是陈望道便挑起重担，配合上海军事管制委员会代表李正文，带领全体校务委员会委员，着手对旧复旦的接管。② 校务委员会对旧复旦大学接管后做了两件大事：第一件，让在新中国成立前夕因受国民党特务迫害而离校的师生返校复职和复学；第二件，根据上海市的统一安排，在1950年进行第一次院系调整。之后，校务委员会又续聘和新聘了一大批学有专长的教授学者，以充实学校师资力量。接着又逐步调整了院、系两级的领导班子。为集中精力搞好校务委员会的领导工作，陈望道辞去了文学院院长、新闻系主任的兼任职务。

1949年底，为配合新中国成立之后的爱国主义思想教育运动，复旦大学校务委员会专设了政治学习委员会，组织全校师生开展

①② 陈振新：《陈望道与复旦大学的二十七年》，上海鲁迅纪念馆编：《陈望道先生纪念集》，复旦大学出版社2006年版，第230、230—231页。

了为期三周的新民主主义学习活动。学习结束时，校务委员会还特地发出了如下的文告："为把复旦大学办成真正的人民最高学府，特号召大家对本学期的学习、工作做一次广泛而深入的总结，务必得出结论，以为下学期进行改革的依据。"①此后，为了提高全校教职员的马克思列宁主义理论水平，又设立了马列主义研究会，要求该会直接向校务委员会负责，并暂定开设辩证唯物论、历史唯物论、社会发展史和政治经济学四门课程。为把复旦大学办成真正的人民最高学府，实现从旧大学向新大学的转变，在陈望道的领导下，校务委员会从1951年开始推行集体教学制度，建立了在系主任领导下的教学组织——学科教学研究组，并责成各系科制订教学计划和教学大纲，由系主任督促检查教学计划的执行。为了加强全校的图书管理，校务委员会还下设了图书委员会。复旦大学党组织于1951年宣布公开，从此，以陈望道为首的校务委员会在党组织的领导下带领全校师生投入到建立新复旦大学的各项工作中。

在陈望道受命接管复旦大学的日子里，他几乎主持了全部校务委员会的常委会议和全体委员会议，主管学校的一切行政事务。他亲自审阅所有的会议记录，修改和润色每篇文稿，并在自己用笔修改过的地方端端正正盖上他的红印章。他还十分重视文书档案的建设，于1949年11月9日的校务委员会记录上亲笔签署了下列意见："历次会议记录用十行纸复印三份，一呈高教处，一呈主任室，一存秘书处。"②由于陈望道对学校档案建设的重视，复旦大学文书档案室至今还完好保存了全部的文书档案。

---

①② 陈振新：《陈望道与复旦大学的二十七年》，上海鲁迅纪念馆编：《陈望道先生纪念集》，复旦大学出版社2006年版，第231、232页。

经过新中国成立初期的复校、接管、改造和院系调整以后，复旦大学顺利地完成了从旧学校向新学校的转变，成为一所文理综合大学。1952年10月，上级对调整后的复旦大学进行了组织机构和人事调整，校务委员会撤销，实行校长负责制，毛泽东亲自任命陈望道为复旦大学校长。就任新生后的复旦大学第一任校长以后，陈望道致力于把这所学校改造、建设成第一流的社会主义综合性大学。在任职25年的办学过程中，他紧密依靠党的领导，坚持独立自主的办学方针，注意充分发挥民主党派长期共存、互相监督的作用，严格执行党对知识分子的政策，充分调动广大知识分子的积极性，团结全体教职员工，努力贯彻党的教育方针。他重视学校科研工作的发展，一再号召教师不要当教书匠，而要从事创造性的科学研究，不应重复别人讲过的东西。他认为，一所学校不能只停留在办校务和教务的阶段，不发展科学研究势必滚入教条主义和学究主义的泥坑里去。他还特别重视优良学风的建树，提倡运用马克思列宁主义的立场、观点和方法指导学习和研究，讲究实际，办事、写文章都反对说空话、大话；强调研究中要理论联系实际，注重调查研究，不能亦步亦趋地重复别人的劳动。为了党和人民的教育事业，他倾注了全部的心血。

二、建设第一流的社会主义综合性大学

（一）合作治校：建立健全学校领导体制

作为中国共产党的发起人和党的早期成员之一，作为中国新民主主义革命、社会主义革命和建设的历史见证人、亲身参与者，陈望道对"没有共产党就没有新中国"这句话的全部历史含

义是十分理解的，他深深懂得，干革命需要共产党的领导，搞建设、办教育同样离不开共产党的领导。因此，在他主持复旦大学行政工作期间，始终同党组织保持亲密融洽的关系，自觉坚持党的领导，忠诚于国家的教育事业，从政治上保证了复旦大学不偏向、不离心，一直沿着正确的方向前进。尊重党的领导，依靠党组织的支持，这是他身上体现出来的一个很大的特点。遇事先同党组织商量，这对他已成为习惯。组织观念强，与他共事的党员干部对此都有深切体会。尊重党的领导，还表现在他能处处识大体、顾大局，从不固执己见。当时复旦大学实行党委领导下的校长分工负责制，有关办学方针、发展规划、专业设置等重大决策和干部任免、经费使用、人事管理等重大事项，他都提交党委集体讨论然后做出决定。复旦大学党委的负责同志也非常尊重这位老革命、老同志，注意发挥他的聪明才智，调动他的积极性。新中国成立以来，复旦大学能在教学和科研各方面取得较大的成就，不能不说是同他尊重和依靠党的领导、同他与学校党委领导的紧密合作分不开的。

与此同时，陈望道又非常重视学校行政领导人员的作用，强调校长既有职就必须有权。为此，自1952年起复旦大学就建立了由正副校长、正副教务长、政治辅导处主任和总务长组成的行政会议（以后改称校长办公会议），以及包括行政会议全体成员和研究部主任、图书馆馆长、各系主任等在内的校务委员会。这套富有成效的管理体制，从组织上保证了学校各项工作的顺利开展，在复旦大学以后的办学实践中得到了不断充实和完善。作为一校之长的陈望道，以极其严肃认真的态度履行自己的职责。他仔细审阅和润饰每篇文稿，重视学校文书档案的建设，注意充分调动委员们的积极性，努力掌握好每次会议。学校的许多体制能延续至今，是同他在当年积极提倡、努力建设分不开的。在主持学校行政工作期间，他自觉坚持党的领导，忠诚于祖国的教育事业。这就使学校在党委的领导下，沿着正确的方向发展，并取得了较大的成就。

（二）自主办校：坚持独立自主的办学方针

陈望道年轻时是一个敢说敢干、很有个性的人物。即使到了晚年，仍旧具有独立精神，不肯随波逐流，始终保持着学人的良知。在办学的过程中，陈望道坚持根据我国教育实际建立学校的教学制度。新中国诞生后，我们党为了迅速将接管过来的半殖民地半封建旧大学改造成为人民服务的、为建设社会主义服务的新型人民大学，一度采取了借鉴苏联办学经验的方针。但在如何借鉴的问题上存在着两种截然不同的态度：一种是教条主义，不顾中国的特点和国内的实际，一味照抄照搬；另一种是辩证的唯物主义，从我国国情和具体情况出发，坚持独立自主、实事求是和具体问题具体分析。后一种态度认为既要认真借鉴苏联的好的经验，又必须强调结合中国实际，根据自己的特点，吸收对我们有用的东西，要把自己的学校办成富有中国特色的社会主义大学。担任校长初期，陈望道在复旦大学坚持的正是这后一种办学方针。

20世纪50年代初期，在对待苏联顾问的态度上，陈望道向来是不卑不亢。他既尊重他们的意见，待之以礼，又不唯唯诺诺，唯命是从。在与苏联专家共事的多年时间里，他充分体现了一个爱国主义者、一个真正的科学家应有的风度和气节。在一次中国科学院学部委员会议上，某学者大谈苏联专家如何说、如何做，陈望道听得实在不耐烦了，说了一句"这里是我们中国！"使得其无话可说。在制订汉语拉丁化字母时，苏联专家提出要加进一些斯拉夫语的字母。中国专家心里不同意，但慑于政治压力，没有人敢顶撞。只有陈望道站出来反对，说斯拉夫语字母与拉丁字母体系不同，加进来不伦不类。他与苏联专家辩论了一个上午，连中饭也没有吃，终于将这一意见顶住了。当时，有的高校片面地借鉴苏联的办学经验。复旦大学也曾一度出现照搬、照抄苏联经验的情况。最典型的例子就是当时把苏联实行的"六节一贯制"作息制度也移植过来了，一个上午学生要连上六节课，上完第四节课之后，给每个学生发一个小面包，接着再上两节课。事实证明这种做法是不适合中国国情的。虽然这一制度后来很快被纠正和取消了，但是产生了不良的影响。事后陈望道气愤地指出："中国的午餐时间同苏联不一样，两国学生的健康素质也有差别，怎能不顾事实照搬别国的经验呢？"①

（三）人才强校：严格执行党对知识分子的政策

陈望道认为，要管理好学校就必须始终把人的因素放在第一位。大学是专家荟萃、学者云集的场所，只有尊重他们、爱护他们，才能充分调动其积极性、主动性，激发起能动性、创造性。陈望道在尊重知识、爱护人才方面称得上是个表率。新中国成立以后，陈望道在团结爱国民主人士和知识分子、努力改造世界观、自觉走社会主义道路方面，做了大量的工作。他在任期间善于团

---

① 复旦大学语言文学研究所编：《陈望道先生诞辰一百周年纪念文集》，学林出版社1992年版，第11页。

结和凝聚知识分子，热心关怀他们的工作，用心关照他们的生活。1952年院系调整后，华东地区11所大学的有关专业调整到复旦大学。与此同时，许多教授随之调到复旦大学，在这里汇聚了许多全国著名的专家学者以及社会上的爱国、民主人士。要建设好复旦大学，民主党派是一支不可忽视的力量。当时在校的民主党派组织就有六个之多，成员有百余人，他们绝大多数是热爱社会主义祖国的，并且多学有所长。对于院系调整，因学术固守或情感难舍，当时有少数教授持否定和反对态度，情绪不稳定，思想波动大，无法安心和专心投入工作。为保证学校工作的正常进行，陈望道针对这一实际问题，认真贯彻党对各民主党派长期共存、互相监督的方针政策，严格执行党的知识分子政策，千方百计地安抚他们的思想情绪，想方设法地激发他们的工作热情，激励他们在自我调适、自我教育中主动投身于社会主义新中国的建设洪流。

新中国成立以后，陈望道担负许多社会工作，其中很重要的部分就是民盟和政协的工作。他历任民盟中央副主席、民盟上海市委主任委员等职，并当选历届全国人大代表和第四届全国人大常委会委员，还当选历届全国政协委员和第三、四届全国政协常委。在民盟和政协的活动中，他肝胆相照，深受教师们的赞扬和尊敬。平时，他经常深入基层，在百忙中抽空到老教授家中去访问，同他们亲切谈心，做耐心细致的思想工作。他很善于做人的思想工作，做得对方心悦诚服，所以许多老教师都愿意同他谈心交心，交换意见。他十分爱才，只要谁有一技之长，就很尊重他，动员他出来多为社会主义建设出力。例如，为了动员外文系一位教授担任系主任，他一连三次登门造访。由于陈望道善于团结知识分子，热情关怀他们，许多教授的思想问题逐步得到解决，安心从事教学和科研工作，并取得了一批成果。事实证明，这些教授的到来壮大了复旦大学的师资队伍，也为后来复旦大学的发展奠定了良好的基础。

对于中青年知识分子，他更是珍爱有加、关怀备至，尽心尽力为他们创造各种生活和工作的条件，全心全意帮助他们争取培训和提高的机会，促使其健康成长、快速成才。一旦工作出色，就及时、大胆地提拔重用他们，让其发挥更大的作用。在人事安排上，常是不拘一格、知人善任，常见他破格提拔、优先录用一些中青年骨干教师和大有潜力的后起之秀，适时、妥当地把他们安排到重要工作岗位上，以便发挥更大的作用。他还认为教师职称评定制度应经常化，不应时搞时停，曾多次在校务会议上提到这一问题，并说："事实上我们有许多教师，该升没有升，该提的没有提。外宾来校参观访问时，若问起我校有多少位教授、讲师，我们将何以回答？"①

对待青年学生，他更是无微不至地关怀。为了防止学生患眼疾者增多，他多次在校务委员会上提出要改善学生宿舍、教室和阅览室的灯光照明，并一再强调要搞好学生的伙食和环境卫生，努力增强学生的体质。1958年，学校组织各专业学生下厂下乡勤工俭学，他又多次提醒有关方面要照顾学生的特点，不能强求同工人、农民一律对待。对待学生参加劳动，提出在思想上从严、劳动强度应适量等实事求是的要求。至于干部和学生的惩罚、处理等问题，他历来是十分慎重的，一再强调思想教育从严，但处

---

① 余立主编：《校长——教育家》，同济大学出版社1988年版，第316页。

理要十分慎重，必须提请校务委员会讨论才能做出决定。对待学生的分配也是如此，他强调必须"专业对口"，强调"用人力求得当"。总之，他关心学校的全体成员，把人的因素放在第一位，这是管理好学校的关键。陈望道还非常关心复旦大学教职工及家属的生活。他在弥留之际仍不忘记向有关领导反映，希望改造学校周围的环境设施，增加商业点，改善职工的生活，希望将复旦大学划归市区管理。

除1945年在重庆北碚募捐兴建复旦新闻馆之外，陈望道还在新中国成立初期的高等教育院系调整中挺身而出，保住了复旦大学最有声誉的新闻系。按照当时中央的调整方案，全国新闻院系只保留中国人民大学一家，复旦大学新闻系是要被调整出去的。但这个系早在抗战时期就是复旦大学最进步、最活跃的系，为了新闻系调整这件事，陈望道曾两次专门去北京找周总理。周总理向毛主席汇报了这件事，毛主席同意了陈望道的请求。于是，复旦大学新闻系得以继续发扬光大，才有了如今北有人大、南有复旦的新闻院系格局。

（四）科研兴校：推动学校科研工作的发展

陈望道在复旦大学长期从事教学工作，对科学研究也十分重视，对于教学和科研的关系有着清晰的认识。他清楚地认识到：搞好教学，提高教学质量，培养又红又专的人才，是学校的头等大事；但是，如果不同时重视科学研究，不把最新的科研成果转化为教学内容，教学就成了简单的传播和重述，教学水平就无法提高，培养高水平的人才也就成了一句空话。因此，陈望道在办学过程中十分重视发展学校的科学研究工作，极力倡导开展经常性的学术研究，并且强调学术研究中的科学态度。陈望道把高等学校办学划分为办校务、办教务和办学务三个阶段，强调如果一所大学只停留在处理校务的初级阶段和管理教务的基础阶段，不进一步向学术事务即科学研究的高级阶段发展，这所学校的教学质量和学术水平就无法相互促进，难以共同提高，甚至还会陷入学究主义和教条主义的泥坑里。

为此，在1959年1月的校务委员会会议上，陈望道一再号召：教师要努力摆脱教书匠的称呼，从事科学研究，进行创造性的劳动，不应重复别人讲过的东西[①]。同年，陈望道发表了《上海复旦大学的今昔》一文，正式提出综合性大学应负有教学和科学研究两项任务。[②] 他认为，综合性大学除对国家负有教学任务，要为国家大量地培养从事基础科学的研究工作和教学工作的专门人才之外，还有另一个重要任务，也就是对于国家负有发展基础科学以提高文化科学水平的责任。在陈望道的指示和推动下，复旦大学自1954年起就开始举办校庆节科学讨论会。通过一年一度的大型科学报告和讨论，全校师生一年来的科学研究成果得到了展示和检阅，从而推动了学术讨论的经常化。这种形式除"文化大革命"期间被迫停止外，每年都如期举行，参加的除文理科、技术科学外，还扩大到机关和管理部门。这一科学讨论会活跃了复旦大学校内的科研气氛，创造了良好的科研氛围。在1963年校庆科学讨论会的开幕式上，陈望道又号召大家要在过去工作的基础上努力提高科学研究的质量，指出："科学研究工作必须用马克思主义做

---

① 邓明以著：《陈望道传》，复旦大学出版社2005年版，第276页。
② 余立主编：《校长——教育家》，同济大学出版社1988年版，第314页。

指导，坚持为社会主义建设服务的方向。"①

　　陈望道在复旦大学任职期间，不仅积极提倡教师开展科学工作，还身体力行，带头从事学术研究活动。他从事了一辈子语言教学活动，也从事了一辈子语言学术研究实践。他的研究工作同时又结合语文改革的实际，为提高语言教学质量服务。他的《修辞学发凡》一书，曾得到毛泽东和海内外学者的高度评价。新中国成立初期，为了使自己的学术研究工作不致中断，陈望道曾说服组织放弃把他调往中央任职的打算，让他继续留在复旦大学工作。虽担任众多的领导职务，从事繁忙的社会活动，但他仍保持学者本色，继续坚持学术研究活动。1952年以后，他历任中国科学院哲学社会科学部委员、国务院科学规划委员会语言组副组长、上海市哲学社会科学联合会主席、上海语文学会会长等职，为革新语文学科研究，为繁荣和发展语言科学，为促进和实践语言改革运动不辞劳苦。1955年，在上海市委和校党委的支持下，他在复旦大学设立了语法、修辞、逻辑研究室（后来改为语言研究室），由他亲自主持工作，取得了一大批研究成果。

　　20世纪60年代初，针对当时我国一般语言学研究不注重汉语实际这一偏向，陈望道在语言学界提出了"语言学研究必须革命化"这一带有方向性的口号。这一口号提出后，曾得到有关领导同志的赞赏。为团结更多的语言

陈望道与教师讨论修辞学
（图片由复旦大学档案馆提供）

────────

　　① 余立主编：《校长——教育家》，同济大学出版社1988年版，第314页。

学界的同志就这一问题进行深入的探讨，他又不顾年迈与事务的繁忙，先后于1963年、1964年赴南京、杭州、北京等地讲学，多次出席全国性学术会议并做重要的发言。1957年秋，毛泽东到上海视察，把修订《辞海》的任务交给了上海学术界。主编舒新城逝世后，1961年春，陈望道开始接任《辞海》主编的任务。对于毛主席亲自下达的辞书修订任务，他是极其严肃认真的。在主持这一工作期间，他努力纠正"左"倾路线在辞书编纂工作中的干扰，改变了先前人海战术的编写方针，确定了分科主编的责任制度。经过全体编写人员四年多的辛勤劳动，《辞海（未定稿）》终于在1965年出版了。成书时，陈望道亲笔题写了书名。"文化大革命"开始后，设置在陈望道住宅楼下的研究室被下令撤销了。但就是在这样的境遇下，陈望道仍然坚持自己的学术研究，因为停止学术研究就等于剥夺他的生命。1971年，语言研究室的工作部分恢复以后，陈望道接连发表了《论现代汉语中的单位和单位词》《汉语提带复合谓语的探讨》，并修订了《修辞学发凡》一书。1975年以后，陈望道的健康状况越来越差，但仍坚持学术研究。86岁高龄的他在病榻上完成了《文法简论》一书的定稿工作，表现出一个共产党员生命不息、战斗不止的顽强的革命精神。

（五）学风立校：革命性和科学性相结合

陈望道在办学过程中十分关心学风问题，注意发扬革命传统，认为这对培养社会主义建设专门人才的重点大学来说，是至关重要和不容忽视的。为了能在复旦大学营造良好的学风，陈望道在许多重要场合都不厌其烦地、大张旗鼓地谈及学风问题，发表过许多精辟的论述和见解。比如1963年，在庆祝复旦大学建校五十八周年暨第九届科学讨论会的开幕式上，陈望道向全校师生做了关于学风问题的专题报告。他在报告中说："学风问题是一个综合性的问题。""这是一个需要长时期的思想上的启发和引导，以及行动上的实践才能实现的。""所谓思想的启发，就是要以马克思主义和毛泽东思想为指导；行动上的实践，是说要以正确的思想为指导，专心致志向科学技术做精益求精的、坚持不懈的努力，是要通过实践使好的思想成为力量。""理论与实践相统一，高度革命性和严格科学性相结合的学风归根到底是个红专统一的问题。"[①]他强调："学风问题是学校工作中十分广泛又十分复杂的问题之一……发扬新学风不是一朝一夕之事，也不是一人两人之事，首先要大家重视，大家来做长期的、坚持不懈的努力，这样才会逐步发展，最后成为一致奉行的风气。"[②]陈望道的这一报告是对有关学风问题的一次全面和科学的论述，在全校师生中引起了强烈的反响。在他的倡议下，复旦大学在全校范围内广泛动员、持续发动，开展了一场关于学风问题的大讨论，有力地促进了优良学风的建立和发扬。

在复旦大学任教期间，陈望道主张改革传统的以熟读和模仿为主的语文教学方法，注重运用新的立场、观点和方法进行教学和科学研究，反对那种"只可意会不可言传"的传统观念。在主持新闻系工作时，陈望道把"宣扬真理，改革社会"作为办系原则。在教学中，他特别强调要有科学与民主的精神，主张"好学力行""学行并重"，即理论学习必须和工作实践结合起来。陈望

① 余立主编：《校长——教育家》，同济大学出版社1988年版，第315页。
② 邓明以著：《陈望道传》，复旦大学出版社2005年版，第286页。

道认为，撰写新闻评论不仅要"有胆"，还要"有识"。而要做到"有识"，就必须接受哲学熏陶和逻辑学训练，培养自身宏大的视野、清晰的思维。为此，陈望道专门为学生开设逻辑学课程。他的学生倪海曙在《回忆望道先生》中说："先生讲课，不但概括性强，而且条理清楚。他说话跟他写文章一样，没有多余和重复的话，但是简练朴实的语文中，含蓄着极其丰富的思想，发人深省。听他一次课，总可以思索几天，很有味道。"① 陈望道给学生看文稿，极其认真负责，很像是医德高尚、医术高明的医生看病。他谈文章的优缺点、说修改的理由都一律称"商量"。他把陈师道《后山诗话》中所记欧阳修的那句"练习作文有三多：看多、做多、商量多"作为准则，从不轻易地给别人的文章下结论，也不草率地拿出自己的作品。他的文章写好后总要存放一些日子，反复细看、反复"商量"、反复修改才拿出来，慎重至极。②

陈望道不但带头倡议建立优良的学风，而且他还是积极的行动实践者，优良学风在其身上得到了很好的体现。马克思主义是陈望道终生追求的真理，也是他一生行动的指南。陈望道一贯用马克思列宁主义和毛泽东思想来指导自己的工作和学习。陈望道反对那种贴标签式的学习方式，认为运用马克思主义做指导，关键是看他是否真正运用了马克思主义的立场、观点和方法，而不是看他引用了多少的词句。陈望道治学严谨，作风朴素，对学术精益求精。在学术研究中，强调理论必须联系实际，注重调查研究，掌握第一手资料，认为只有掌握大量的第一手资料，才能引

---

① 陈光磊、李熙宗编：《陈望道论语文教育》，河南教育出版社1989年版，第269页。
② 吴作为：《陈望道——中国新文化的拓荒者》，张志军、谢广田主编：《西子弦歌——百年杭师大的名人故事》，浙江工商大学出版社2013年版，第103页。

出科学的结论。陈望道主张讲究实际，反对说空话和大话，办事是这样，写文章也是这样。他常说，评价一个人，关键在于看他做了些什么，不在于听他说了些什么，坚决反对写长而空的文章。陈望道富于创造革新的精神，积极提倡从事创造性研究，认为真正的科学研究必须是创造性的，绝不可简单地重复别人的劳动。

三、德高学富，功业长存

1977年10月29日凌晨4时，陈望道病情突然恶化，经多方医治无效，不幸逝世，享年86岁。1980年1月23日，中共上海市委组织部根据党中央的指示精神，在上海市革命公墓隆重举行了为陈望道同志骨灰盒覆盖党旗仪式。临终前，陈望道写下遗嘱，将全部藏书赠予复旦大学。

一位大学校长，不仅是某一学科的专家，而且是一位出色的组织管理的专家，还是一位精通教育理论、有自己的教育思想的教育家。[①]这在复旦大学校长陈望道身上体现得尤其鲜明，他不仅是思想战线上一位革命的战士，也是学术研究中卓越的先驱。最早研究、传播马克思列宁主义的是教育工作者，如陈望道；中国共产党的创始人中，有好几位是教师，如陈望道；很多老一辈革命家、文化战士都曾从事过教育工作，有些人同时就是杰出的教育家，如陈望道；很多职业革命家是从学校走上革命道路的，如陈望道；新中国成立之后，又有一批职业革命家成为教育家，如陈望道。

---

① 余立主编：《校长——教育家》，同济大学出版社1988年版，第1页。

陈望道的一生是革命者的一生，是人民教育家的一生，可以说是"著作遍海内，桃李满天下"。半个多世纪的求索与耕耘，他为党的革命事业建立了非凡的功勋，为人民的教育事业做出了卓越的贡献。他热爱共产党，坚持党的领导，以实际行动全心全

位于复旦大学的陈望道塑像
（图片由视觉中国提供）

意地为人民服务。在民主革命和人民解放事业的斗争中，他做出了积极的贡献。新中国成立之后，他坚持用马克思主义指导自己的工作和学习，主张讲究实际，反对说空话、大话。他治学严谨，作风朴实，强调理论联系实际，在治学精神和文风上都是后学者的表率。语言学家吕叔湘为纪念陈望道百岁诞辰，曾写下了"德高学富，功业长存"八个大字，正是对其一生最好的概括。

主要参考文献

1. 中共浙江省委党校党史教研室编：《五四运动在浙江》，浙江人民出版社1979年版。

2.《中国现代教育家传》编委会编：《中国现代教育家传》第三卷，湖南教育出版社1986年版。

3. 余立主编：《校长——教育家》，同济大学出版社1988年版。

4. 陈光磊、李熙宗编：《陈望道论语文教育》，河南教育出版社1989年版。

5. 陈望道著，池昌海主编：《陈望道全集》（共十卷），浙江大学出版社2010年版。

6. 陈望道：《党成立时期的一些情况》，中国人民政治协商会议上海市委员会文史资料工作委员会编：《文史资料选辑》1980年第三辑，上海人民出版社1980年版。

博学而笃志
切问而近思

复旦大学校训

撰稿人：李中伟，管理学博士，湖北大学党委教师工作部副部长、人事处副处长，主要从事教育管理和高等教育研究。

新中国著名大学校长评传　上卷

XINZHONGGUO ZHUMING DAXUE XIAOZHANG PINGZHUAN

陈鹤琴

CHEN HEQIN

南京师范学院（南京师范大学前身）
院长（1952—1958）

（图片由视觉中国提供）

陈鹤琴（1892—1982），浙江上虞（今绍兴市上虞区）人，中国著名儿童教育家、儿童心理学家，中国现代幼儿教育的奠基人和开拓者。先后担任南京高等师范学校教育科教授、东南大学教务部主任、中央大学师范学院院长、新中国成立后南京师范学院首任院长。

一、新教育的开拓者与中国现代幼教之父

（一）从勤奋刻苦的学子到推进新教育的老师

陈鹤琴于1892年3月5日出生在浙江上虞百官镇一个开杂货铺的小商人家庭，6岁丧父。由于家道中落，祖上留下的铺面和几亩薄田逐渐被卖掉，家里不得不靠母亲洗衣劳作维持生计。陈鹤琴七八岁就开始帮母亲干活，挑二三十斤的衣服担子来去池塘，并要踩洗衣服。陈家一直有"勤俭起家，忠厚传代"的祖训，他的母亲经常教育他："吃得苦中苦，方为人上人""做事应当有始有终，不要虎头蛇尾"。1899年春，7岁的陈鹤琴进入私塾读书，开始了学习生涯。他的开笔先生是当地颇有名望的王星泉，经其指导，陈鹤琴学习了《幼学琼林》《孟子》等。后来陈鹤琴换了三个私塾，所拜的先生只让学生死记硬背。陈鹤琴对自己童年的总结是："身体发育得健康，无任何疾病，情绪饱满；读了十多部书，认识了几千个字，但对书中的意思却茫然不知；养成了良好的品德，一要孝顺母亲，二要兄弟友爱，三要对人忠信，四要学会待人接物，五要对朋友真诚；要学会读书，更要学会做人。"[1]

---

[1] 柯小卫著：《陈鹤琴画传》，四川教育出版社2011年版，第6页。

1906年，在小姐夫的资助下，陈鹤琴进入杭州有名的教会学校蕙兰中学堂（后更名蕙兰中学，杭州二中前身之一）读书。临行前小姐夫叮嘱道："读得好，可以读上去；读得不好，就去学生意。"小姐夫的话以及二哥当年求学未成的失望表情始终激励着陈鹤琴。尽管他的英文、科学、算学、史地等科目的基础不好，都是零起点，但他格外用功，对自己要求严格，一年四季都天未明就起床。陈鹤琴回忆道："当我起身的时候，全校同学还在做他们的甜梦呢。"[1]为激励自己，陈鹤琴还将古训写成纸条并挂在宿舍墙上，如"卧薪尝胆""不耻下问""满招损，谦受益"等。除了勤奋，陈鹤琴还注重学习方法，自己摸索出英文拼写的规则，将词典中的单词记住，英文进步明显。这为以后游学西方打下了良好的基础。没过多久，陈鹤琴的成绩名列前茅。

　　1911年2月，陈鹤琴以优异成绩从蕙兰中学毕业，如愿考入上海的圣约翰大学。他继续勤学苦读。虽然学校全英文授课，但他插班学习不仅通过了两周的试读，还赶上了学习进度。同年6月，清华学堂招考，陈鹤琴顺利被录取，三年后成了第三批庚款留美学生。在清华学堂，陈鹤琴的人生理想和追求进一步得到提升，他回忆道："我的清华时代，好像万象更新的新年，好像朝气蓬勃的春天。我的希望，非常远大；我的前途，非常光明；我的精神，非常饱满；我的勇气，非常旺盛；我的自信，非常坚强；我的自期，非常宏远。那时做人真觉得有无穷愉快。"[2]清华学堂的良师益友、严谨求真的校风以及丰富的校园活动，都对陈鹤琴产生了深远的影响。

---

　　①②　陈鹤琴著：《陈鹤琴全集》第六卷，江苏教育出版社2008年版，第512、519页。

1914年8月，陈鹤琴和100多名庚款留学生从上海启程，远渡重洋赴美留学。10月，他进入约翰斯·霍普金斯大学二年级学习，成为第一个就读该校的清华学生，也是日后第一个获得该校学士学位的中国留学生。他在约翰斯·霍普金斯大学学习期间，给自己定下了一条原则："凡百事物都要知道一些，有一些事物要彻底知道。"约翰斯·霍普金斯大学的校训"真理使你自由"对陈鹤琴的影响很大，他广泛学习各种课程，参加各种实验和实践，用他的话说"什么知识我像海绵似的都要吸收"。他曾这样写道："我觉得一个游学生到国外游学，最重要的不是许许多多死知识，乃是研究的方法和研究的精神。……若得到研究的方法和研究的精神，你就可以回国后自己去研究学术，去获取知识，去探求真理。方法是秘诀，方法是钥匙，得到了秘诀，得到了钥匙，你就可以任意去开知识的宝藏了。"[1]1917年，25岁的陈鹤琴从约翰斯·霍普金斯大学毕业，并进入哥伦比亚大学师范学院专修教育。哥伦比亚大学师范学院是美国新教育的大本营，陈鹤琴深受诸多大师思想的影响。他学习的课程有教育哲学、教育心理学、中学教育组织机构、学校体制与教学、思维心理学、特殊儿童心理学等。1918年夏，陈鹤琴修满学分，获得教育社会学硕士学位及教育学教师的资格文凭。他本想继续攻读博士学位，但留学期限将至，延期申请又一直没有回音。这时，南京高等师范学校教务主任郭秉文邀请陈鹤琴回国任教，并承诺三年后再送他赴美继续完成学业。陈鹤琴思考再三，接受了邀请，决定回国。三年后，郭秉文和陈鹤琴几次联系留学事宜，但受时局的影响，都

---

① 陈鹤琴著：《陈鹤琴全集》第六卷，江苏教育出版社2008年版，第537页。

未能实现。二十多年后，陈鹤琴回顾自己的人生经历，感叹道：
"博士学位只好在梦中实现吧。……这是我的一桩终身大憾事。"①

　　1919年秋，27岁的陈鹤琴进入南京高等师范学校教育科，担任心理学、儿童教育学的教授，开启了投身教育的人生。当时的南京高等师范学校正处在新教育运动的氛围中，聚集了包括黄炎培、蒋梦麟、陶行知、郭秉文等一批教授学者，学校深受美国杜威教育学说的影响，逐步实施了男女同校、教育民主化和学生自治等措施，并提出"自动主义"，强调学生自学、自强、自治，学生自动为主，教师加以指导。陈鹤琴作为青年教授，被推选担任游艺委员会和制定校徽委员会主任。他大力倡导校园活动，组织举办各种竞赛、联谊会等，将校园之风带得生动活泼。1920年，陈鹤琴参加了由郭秉文、黄炎培、蒋梦麟、余日章等发起的新教育共进社，担任英文秘书。同年，东南大学在南京成立，1922年南京高等师范学校并入东南大学，陈鹤琴担任教务部主任，教授儿童教育和儿童心理学等课程。在教学的同时，陈鹤琴开展了研究工作，主要包括：第一，对当时社会上青年的婚姻问题开展调查；第二，对语体文（即白话文）应用字汇的研究；第三，开展教育测验研究。陈鹤琴和廖世承合著的《智力测验法》是中国最早的测验研究专著，由商务印书馆出版后多次重印。

（二）中国现代儿童教育之父

　　陈鹤琴回国后与俞雅琴完婚，1920年12月长子陈一鸣出生后，他即以长子为观察对象，连续808天对其生长发育进行观察和

------

① 陈鹤琴著：《陈鹤琴全集》第六卷，江苏教育出版社2008年版，第542页。

陈鹤琴

CHEN HEQIN

记录，并将结果分类记载。他把对儿子的观察资料整理编成《儿童研究纲要》，作为东南大学及江苏省立第一女子师范学校讲授儿童心理课程的讲稿。从研究方法上看，他是中国最早将观察实验方法运用到研究儿童身心发展规律的教育家；从研究价值上看，他的研究开中国儿童研究之先河。1925

《家庭教育》（陈鹤琴著）
（图片由视觉中国提供）

年，陈鹤琴的专著《儿童心理之研究》（上、下卷）由商务印书馆出版。这是他早期的研究成果之一，被称作"中国儿童心理学开拓性著作"。该书大量采用了欧美多名科学家的实验数据，用统计学、数学和心理测验等多学科的方式进行解释和说明，揭示儿童生长发育的特点和规律。同年，陈鹤琴的另一本著作《家庭教育》出版。该书用简洁的语言讲述了幼儿教育的101条原则。陶行知曾评价该书是"当今中国出版教育专著中最有价值之著作……愿与天下父母共读之"。这本书曾数十次重印，印数达到百万册之多，也是中国现代教育史上的经典之作。

　　1923年秋，陈鹤琴在位于南京鼓楼头条巷25号自己的住宅里，开办了一所家庭幼稚园，取名"南京市私立鼓楼幼稚园"。他亲任园长，聘请东南大学附中音乐教师甘梦丹女士为教师，美国女教师卢爱琳为指导员。新园建成后，作为东南大学教育科实验幼稚园，不仅得到了东南大学教育科的协助，还得到了中华教育改进社的支持。陈鹤琴主要从四个方面开展实验：一是课程与教材实验；二是教学法实验；三是儿童习惯的培养实验；四是设备与儿童玩具实验。1927年鼓楼幼稚园暂时中止，1932年重新开始，1937年全面抗战爆发后又告一段落，1945年抗战胜利后再次复园，1952年陈鹤琴主动将幼稚园交给人民政府后，更名"南京市鼓楼幼儿园"。这所幼稚园是第一所由中国人开办的、最早的幼教实验基地。

陈鹤琴是平民教育运动和生活教育运动的倡导者之一。应陶行知的邀请，陈鹤琴担任晓庄师范第二院（幼稚师范院）的院长兼指导员。在他的推动下，中国第一个乡村幼稚园——燕子矶中心幼稚园于1927年11月11日开学。该园的经费由陶行知等多方筹集，招收附近3—6岁儿童，不收取任何学杂费，实行"来者不拒"和"不来者送上门去"的免费教育。燕子矶中心幼稚园实行"师徒制"，承担培养晓庄幼稚园等其他园师资的工作。在此期间，陈鹤琴将鼓楼幼稚园、燕子矶中心幼稚园和晓庄幼稚园的实验结果进行比较和总结，与张宗麟合作完成了《幼稚园的课程》《幼稚园的读法》《幼稚园的设备》《幼稚园的故事》等著作，并创办了我国最早的幼稚教育研究刊物《幼稚教育》，还担任主编。

为了建立一个"专门研究幼稚教育的一种成绩交换机关"[①]，早在1926年，陈鹤琴就组织成立了幼稚教育研究会。这是我国最早的幼儿教育研究组织，1929年更名为中华儿童教育社，陈鹤琴担任主席。1937年全面抗战爆发后，中华儿童教育社撤到重庆，后因种种原因解散，但其做出的贡献在当时具有重要的意义。

---

① 郭亮著：《从拓荒奠基到幼教之父：儿童教育家陈鹤琴》，南京师范大学出版社2012年版，第59页。

1940年，陈鹤琴在江西泰和县文江村建立了江西省立南昌实验小学分校，后又创办了江西省立实验幼稚师范学校。1943年，江西省立幼稚师范学校改名为国立幼稚师范学校，增设幼稚师范专科。抗战胜利后，陈鹤琴回到上海继续办学。1945年11月，上海市政府委任他担任上海市立幼稚师范学校校长，兼办附小及幼稚园。不久，上海市立幼稚师范学校增设幼稚师范专科。1946年，原国立幼稚师范学校幼师专科部迁上海，改为国立幼稚师范专科学校。1947年，改名上海市立女子师范学校，分设幼稚师范和普通师范两科。同年，陈鹤琴创办上海儿童福利会并任理事长，随后，他又发起成立儿童互助会和中国新教育社。

二、就任南京师范学院首任院长

1949年，陈鹤琴出任中央大学师范学院院长，他将上海国立师专、上海市立幼专等学校组建成幼教系，建立了当时唯一的专门培养幼教师资的院系，还附设小学和幼儿园。不久后，中央大学更名为南京大学。1949年10月19日，陈鹤琴被任命为中央人民政府政务院文化教育委员会委员，同年11月，被推选为南京市第二届各界人民代表大会代表。1952年全国高等学校院系调整开始，陈鹤琴受命领导组建南京师范学院，其后被任命为南京师范学院首任院长，成为新中国成立后建立的第一批师范学院院长之一。

当时的南京师范学院幼教系是全国仅有的两所培育幼儿师资的系所之一，陈鹤琴担任学前教育小组组长和儿童心理小组组长，负责规划和指导教学的工作，并讲授"儿童心理学"和"教育史"

课程。他主张办学"一条龙"的方式，将教学、科研、生产、实习连为一体。南京师范学院先后成立了附属儿童玩具研究室、玩具工厂、幼儿园及附小，形成了完整的教学体制。陈鹤琴重视幼儿园在幼教体系中的重要作用，亲自勘察园址，参与园舍的设计。他经常到玩具研究室和玩具工厂，与技师和技工们讨论玩具的设计与制作，并提出口号"玩具——儿童的第一本书"。1956年南京师范学院举办了首届学术报告会，陈鹤琴带头做了《从一个儿童的图画发展过程，看儿童心理之发展》的报告。1957年3月，陈鹤琴出席全国政协二届三次会议，联合其他代表提出关于创办幼儿教师刊物《学前教育》的提案，还参与了《普及小学义务教育和提高小学教育质量的关键性问题》的联合发言。20世纪50年代，陈鹤琴因"活教育"思想多次受到批判。1958年12月，他被免去南京师范学院院长的职务。

1979年3月，第一次全国教育科学规划会议在北京召开，陈鹤琴向大会提交了书面发言，阐述了对幼儿教育和儿童教育的具体建议。同年6月，陈鹤琴出席全国政协五届二次会议，向大会提出关于恢复和发展幼教事业的提案，并挥毫题字"一切为儿童"。1982年12月30日，这位中国现代儿童教育巨擘与世长辞。

三、大学管理之道

陈鹤琴早在清华学堂读书时就立下了"人生以服务为目的"的目标。[①] 他义无反顾、全身心地投入教育事业，再苦再难，从

---

① 柯小卫著：《陈鹤琴传》，江苏教育出版社2008年版，第38页。

未放弃过。他说："无论遇到什么挫折，不论出于何种困难，我热爱祖国、热爱儿童、热爱教育事业的心永远不变。"[①]陈鹤琴出任南京师范学院首任院长之后，在学校管理上体现出以下三个方面的特点。

（一）注重教育行政学术化

陈鹤琴的教育行政学术化思想早在东南大学任教期间已形成。他把做官当作研究教育的一个途径和方式："我可以做研究，了解学生和他们的家庭，接触实际，实现我的志愿和理想，这比在教室里讲课要好。"[②]他的研究工作也从个人的实验发展到在管辖范围建立教育实验区，将多所学校和幼稚园整合在一起的实验和研究。

1952年出任南京师范学院院长后，陈鹤琴秉承教育行政学术化的思想，明确提出理论联系实际的教育改革思想。他说："各级领导（包括院处系科）必须改进组织领导，深入领导教学。"在他看来，一个学校办得好不好，首先与学校各级领导（包括院处系科）的工作作风关系至为密切。陈鹤琴认为，院处领导不能只顾行政事务而脱离教学工作，必须"深入领导教学、检查教学、研究教学，帮助系科总结教学经验，并且要在行政制度方面保证系科教学工作、教学研究工作的顺利进行"。陈鹤琴强调："从院领导到系科到教学组织，都要以领导教学为自己的首要任务，各按自己的职责、各按自己的计划办事，即使不能全盘地按工作职责

[①②] 柯小卫著：《陈鹤琴传》，江苏教育出版社2008年版，第447、133页。

做到，也要争取一步步的做到。"①

　　1954年6月初，南京师范学院组织全院教职员工学习《高等师范教育的方针任务》《中国人民大学学习苏联的经验及其工作的主要特点》《中国人民大学领导教学工作的具体经验》等文件后，经院务委员会开会讨论，出台了《关于进一步改进领导方法的决定》，明确了学校各项工作贯彻"一长负责制"的原则和学校"一切工作服务于教学"的思想。②同年10月，南京师范学院科学研究工作委员会成立，并通过了《科学研究工作委员会组织暂行办法》。③在1955年2月的开学典礼上，陈鹤琴发表讲话，阐明了三大中心工作的内容："（1）改进组织领导，深入领导教学；（2）认真改革教学内容，相应地改革教学方法，以提高教学质量；（3）大力进行共产主义道德品质教育。"④1956年7月，第二届院务会议通过了《1956—1957学年工作要点》，提出"坚决贯彻'双百'方针，积极开展科学研究"。同年11月，南京师范学院第一次科学讨论会筹备组成立，1957年设立科研科。这期间，南京师范学院开展各级各类的教育教学和研究工作，以学术化的态度保障全院各项工作的开展。

（二）注重物质建设和精神建设的结合

　　陈鹤琴从事学校管理工作，一贯非常重视学校的物质建设和精神建设相结合，以保障学生的身心发展。

　　①④ 陈鹤琴著：《陈鹤琴全集》第五卷，江苏教育出版社2008年版，第239、238页。
　　② 柯小卫著：《陈鹤琴传》，江苏教育出版社2008年版，第384页。
　　③ 南京师范大学校史编写组编：《南京师范大学志》，南京师范大学出版社1994年版，第108页。

物质建设包括校址的选择、校园环境的建设、校舍的布局等。陈鹤琴认为："学校里一切的设备，应如何布置与管理，以至一草一木，应如何种植，才能算适当、整齐、清洁，而使一个学校的环境很优美；儿童们作息其中，好像在一个乐园里。否则，布置失当，形成了一个很不良的环境，对于儿童，就有很不好的影响。"①

担任南京师范学院院长后，陈鹤琴很快投入校区的规划和建设中，并特聘清华大学建筑系主任梁思成教授进行规划与设计。陈鹤琴主张新建的教学楼要和金陵女子文理学院原有的教学楼和谐统一，保持特色，并重视校园美化，完善校园设施，修建草坪、操场、回廊等。"在整个校区建设过程中，陈鹤琴参与了地形勘探、设计与校舍布局、施工建造到设备购置等全过程。"②南京师范学院先后兴建了多所教学楼："1954年按原金陵女子文理学院校园建筑风格建造了南北对称的三层仿古大屋顶教学楼——数理馆（南大楼）、文史地馆（北大楼），1956年在学校仿古建筑群中轴线上建造了'T'形的中大楼，该楼两翼为平屋面式阶梯教室，中间为二层仿古宫殿式大屋顶教学楼。1959年在校园东角建造了7 293平方米的四层（局部五层）'L'形的新大楼，它是当时学校面积最大的教学楼。"③如今这里已成为南京市区内保存完好的风景名胜和文物保护单位。学校在1955年和1957年建成学生宿舍四栋，可供一千余名学生住宿。这些宿舍"皆为坡屋面，砖木结构，

---

① 陈鹤琴著：《陈鹤琴全集》第四卷，江苏教育出版社2008年版，第45页。
② 柯小卫著：《陈鹤琴传》，江苏教育出版社2008年版，第378页。
③ 南京师范大学校史编写组编：《南京师范大学志》，南京师范大学出版社1994年版，第439页。

青水青砖外墙，四层楼房"。①对于教职员工，学院从1952年到1959年共购入住房18处，并于1954年建成第一批教工宿舍，面积达1 572平方米。其后在1954年、1956年、1957年陆续建成了教工宿舍，共有建造面积5 579平方米。②同时，陈鹤琴还注重师生的生活和后勤保障。随着学校的发展，食堂不断扩建，1953年建成830平方米的饭厅，1957年建成820平方米的学生厨房，主管食堂的总务处处长是一位副教授。学生回忆道："南师食堂的伙食好在全市高校中是有名的……把伙食打理得价廉物美。"③平时陈鹤琴与学校其他领导及学生们都在食堂就餐，逢年过节，师生一起在食堂欢聚，吃夜宵，守岁，表演节目。1954—1957年，南京师范学院平整了南山、西山之间的场地，修建成一个标准田径场和六个篮球场，并于1957年建成一个简易的草棚风雨操场。④此外，南京师范学院的浴室、医院、保健所、疗养院、幼儿园、汽车房、水池泵房、水塔、中心配电房、花房等设施也得到扩建，全力为师生服务。

在精神建设方面，陈鹤琴在不同时期提出了不同的理想和追求，辅以各种方式来鼓舞师生的士气。在他担任上海工部局华人教育处处长时，他为工部局小学撰写了校歌，体现了他"做人"和"教人做人"的思想。⑤在执掌江西省立实验幼稚师范学校时期，陈鹤琴提出"做人，做中国人，做现代中国人"的培养目标，在此基础上对师范生又提出更为具体的教育目标及要求。⑥南京

①②④ 南京师范大学校史编写组编：《南京师范大学志》，南京师范大学出版社1994年版，第441、442、445页。
③⑤⑥ 柯小卫著：《陈鹤琴传》，江苏教育出版社2008年版，第378—379、151、243页。

师范学院建院后他更加重视精神建设。他领导成立了院工会，协助教职工的理论学习，如组织集中学习毛泽东的《实践论》，帮助教职工逐步形成辩证唯物论的思想，批判唯心论和形而上学等思想。院工会还根据南京教育工会的精神，重视改进对教职工的思想工作，表扬教学工作中的先进教师，推广他们的经验，大力开展业余文化和体育活动，关心群众生活，把思想教育寓于各项活动之中。[①]学生的精神建设工作主要由中国新民主主义青年团南京师范学院委员会承担。团组织以班级为单位组成支部，在院党总支的统一领导下，围绕党的中心任务，结合青年的特点开展工作。团员学生通过政治学习、问题讨论、开座谈会、深入基层体验工农生活、邀请革命前辈做报告等活动方式，开展思想政治教育和共产主义教育。1956年初，在党中央发出的"向科学进军"的号召下，团组织以"英勇地向科学进军，为争取做一个'三好'优秀生而努力"为中心工作，在全院团员青年中大力开展认真学习科学文化知识的教育，通过请老教授谈治学经验、请留苏学生谈学习体会等方式，宣传师范生向科学进军的重要意义和有效途径，并就此进行"三好"优秀生和优秀集体的评比工作，在全院掀起了学习科学文化知识的热潮。[②]同时，院学生会积极配合学生的思想政治工作，通过开忆苦思甜会等方式，对学生进行热爱社会主义新中国和全心全意为人民服务的思想教育。[③]

（三）注重管理规范化和人性化的结合

陈鹤琴很注重学校管理的规范化，以此来保证学校各项工作

---

①②③ 南京师范大学校史编写组编：《南京师范大学志》，南京师范大学出版社1994年版，第348、354—355、361页。

的开展和运行。无论在哪所学校任职，他均能从学校实际出发，建立起一整套科学合理的规章制度、行为规范、管理措施和组织机构，以保证学校各项工作的有效运转，保证教育教学活动的有序进行。[①] 陈鹤琴阐述了事务问题、校长问题、教员问题、各科问题等多方面的主张。如在事务问题方面，他写道："这种种零碎事务，有许多是校工做的；但决不可听凭校工随便去做，即使有具体的规定，如甲做何事，乙做何事，甲事应何时做，乙事应何时做；但这是不够的，还要事务员随时去训练他们，督促他们。"[②] 他认为：科学规范化的管理，关乎学校的每一个人；一个学校办得好不好，与这个学校的最高行政管理者校长直接有关。他曾写道："做校长的人虽不能说是要万能。但能力一定要强，才能胜任愉快。校长对于行政方面的事务，如经济的支配、设备的管理等，都应当精明强干。且对于各种功课，也应该相当熟练。……若完全是外行，则教员在教什么、教学法如何，全不了解，那么对于这个教员的好坏，又从何去批评呢？"[③] 可以说，这些规范和要求，既是对他人，也是陈鹤琴对自身的鞭策和警醒。

陈鹤琴出任南京师范学院院长后，十分重视管理制度的建设，在他的领导下，学院陆续出台了一系列规章制度，如《青年教师培养工作试行办法》《教师职务聘任制实施办法》《关于聘请兼职教授工作的几点规定》《优秀教学奖评选办法》《优秀教学、科研双优评选办法》《教师工作量计算办法》《教师高级职务岗位设置

① 陈虹：《科学化与人性化的完美结合——陈鹤琴学校教育管理思想述评》，《国家教师科研基金十二五阶段性成果集（江苏卷）》，2010年，第205页。
②③ 陈鹤琴著：《陈鹤琴全集》第四卷，江苏教育出版社2008年版，第46、46页。

办法》《教师履行职责考核办法》等。①这些管理制度使学校的工作逐步走向规范化和科学化。陈鹤琴还向华东行政委员会教育部提出在南京师范学院设置教育研究室的计划草案，其内容包括四个方面："有计划、有目的、有重点地进行研究工作；集中力量，有效地使用各方面担任理论指导和实际工作者的力量，使研究工作顺利进行；更好地总结各方面教学工作者的经验教训；在幼儿教育方面起组织作用，并在改进教学方面起推动作用，使新中国的幼儿教育在质量上得到进一步的提高。"②1952年，南京师范学院院务委员会会议通过《南京师范学院暂行规程（草案）》，确立学校领导体制为院长负责制，院务委员会主任由院长担任。1954年6月，在学习苏联高等教育经验的基础上，院领导机关通过《关于进一步改进领导方法的决定》，进一步明确学校各项工作贯彻"一长负责制"原则。1955年3月，全院召开行政工作会议，进一步明确了各行政部门的工作职责，划清了工作范围，建立了工作制度，并要求改进工作作风，发挥各行政机构的作用。1956年9月，中共江苏省委成立南京师范学院党委会，实行党委领导下的院务委员会责任制，系一级实行系党总支领导下的系主任负责制。学院工作中的重要问题都由党委决定，经院务委员会讨论通过，由院长、副院长分头组织实施。

在推动学校管理规范化的同时，陈鹤琴反对专制，强调要尊重和关怀师生，使管理富有人性化和温度。陈鹤琴对教师坚持高标准、严要求，但视其为亲人，支持教师的合理诉求，甚至不顾

① 南京师范大学校史编写组编：《南京师范大学志》，南京师范大学出版社1994年版，第376页。
② 柯小卫著：《陈鹤琴传》，江苏教育出版社2008年版，第382页。

个人安危保护他们。陈鹤琴经常找时间与教师谈话，了解他们的思想和生活情况。陈鹤琴对学生和蔼可亲、平易近人，注重对学生的平等，丝毫没有校长的架子。陈鹤琴提出不训斥、不责难、不体罚学生，考试成绩不在课堂上公布，不对学生成绩进行排名。他还时常与师生一起谈话，探讨学术和时事。陈鹤琴深深感到培养未来教师的重要性。1954年7月，在新生招生之际，他向全国高中毕业生写了一封信，题为《同学们，祖国号召你们投考高等师范院校》。信中，他用了多个"亲爱的同学们"，表达了对学生的深情呼唤。1957年，南京师范学院学生到郊区劳动，院长也来到了工地上，学生们发现："（他）卷起裤脚，挽起袖子，拿起铁锹，装运土石。……他吃住在工地上，与同学们一样早出工晚收工，每天中午与大家一起席地而坐，嚼馒头，吃咸菜，喝白开水。"[1]1958年，学生下农村去劳动，陈鹤琴当时虽受到猛烈的批判，但他仍心系学生，随学生上火车，在每节车厢为学生们微笑着表演节目。[2]学生回忆道："开学后不久有天下午，我坐在一百号大楼右侧的回廊边……结结巴巴地读着英语。……竟没发现有位过路的老人站在我身旁。……我才发现他是陈院长。……陈院长爱护学生、关心学生的情景，就像一股暖流似的，透过了我的心田。"[3]

四、深远的影响

纵观陈鹤琴的一生，正如他自己所总结："愿竭志尽忠为人民

①②③ 柯小卫著：《陈鹤琴传》，江苏教育出版社2008年版，第411、416、385页。

服务，为儿童尽瘁，以底于成。"[1]1988年11月20日，江泽民为陈鹤琴雕像墓碑落成题词："学习爱国老教育家陈鹤琴先生的献身精神和创新精神，深化教育改革，为培育四有新人、振兴中华的大业而奋斗！"[2]

（一）南京师范学院及其教育学科的开拓者

南京师范学院建院时，校产主要来自金陵女子文理学院。建院初期，校园面积约127 333平方米，教学和办公用房为9 448平方米，学生宿舍5 837平方米，教职工生活用房5 616平方米。实验室仅4个，面积238平方米，仪器700余件，图书馆藏书及资料11.7万余册，工作人员9名。在陈鹤琴的领导下，经过几年的建设，南京师范学院迅速发展。到1956年，教学和办公用房增加了8 519平方米，师生生活用房增加了1 211平方米，图书馆藏书翻了一番还多，达到25万余册。1958年重建物理系和数学系后，实验室增加到18个，面积为1 254平方米，实验技术人员20人，系资料室扩充到9个，理科各系还相继成立了教学法实验室，以加强教育理论、教学方法和基本技能的教学工作。此外，南京师范学院另建了保健所、琴房、解剖室、温室、洗衣房和浴室。学校的通信，从南京市电信局的几部电话，发展为学校自己购置的交换机和安装的校内分机。学校的固定资产总产值，从1953年的501万元增加到1958年的826万元。1952年，学校正式成立总务处，承担包括基本建设和财务在内的后勤管理任务。学校的师生数量不断增加，到1956年，教师数量从建院时的103人增加到240人，其中教授35人，副教授28人，在校学生由626人增加到2 015人。[①]

在陈鹤琴的推动下，南京师范学院建院伊始就成立了教育系，由东南大学教育系、金陵大学教育系等组建而成。南京大学师范学院幼儿教育系与金陵大学儿童福利系和托儿专修科、震旦大学托儿专修科、岭南大学社会福利系儿童福利组等合并组成南京师范学院幼儿教育系（1958年，幼儿教育系被并入教育系）。教育系主任是张士一，幼儿教育系主任是钱且华。它们聘请了一批著名的学者，包括陈鹤琴、高觉敷、孟宪承、曹刍、杜佐周、罗炳之、熊子容、沈子善、李美筠、包志立、张芗兰、龚启昌、高文源等。1952年以来，教育系和幼儿教育系培养了一大批合格的学校教育、幼儿教育及其他教育方面的专门人才。1956年，南京师范学院又开展高等师范函授教育，在省内开创了以函授教育培养中等学校在职教师的先例，在全省招收1 800名高师函授学员，较早创办成人高等教育。1958年，还举办了以帮助农业中学教师备课为主的农业中学师资训练函授班。两类合计招生2 930人，其中67%为普通中学教师。[②]这些都为南京师范学院教育学科的发展打下了深厚的基础。

（二）新中国学前教育思想体系的奠基人

陈鹤琴提出"活教育"思想并亲身实践，运用现代科学方法研究幼儿教育，是我国现代学前教育的奠基人，对新中国学前教育的理论建设和实践变革都产生了深远的影响。教育部2012年发

---

①② 南京师范大学校史编写组编：《南京师范大学志》，南京师范大学出版社1994年版，第35—36、185—186页。

布的《3—6岁儿童学习与发展指南》就蕴含了"活教育"的诸多思想。

第一，"活教育"的目的论。陈鹤琴提出的"做人，做中国人，做现代中国人"，充满了民族情怀和爱国精神，是学前教育的宗旨所在。对学前儿童进行"做人"的启蒙教育，是落实"立德树人"根本目的的具体措施，"以爱国主义奠定树人根基，以民族主义唤起责任意识，以理性主义培育爱国情怀，以生活教育养成适应能力"。[①]因此，《3—6岁儿童学习与发展指南》指出："幼儿社会领域的学习与发展过程是其社会性不断完善并奠定健全人格基础的过程。"幼教阶段开始奠定人生"三观"的基础，是正本清源，着眼长远。

第二，"活教育"的课程论。陈鹤琴认为"大自然，大社会，都是活教材"，他将儿童的所有科目看成系统的整体，提出"五指活动课程"以帮助儿童全面发展。当今学前教育将"五指活动课程"衍生为"五大领域课程"，即《3—6岁儿童学习与发展指南》中的"健康、语言、社会、科学、艺术"。这五大类课程作为一个整体，就像人的五根手指，不可分割也缺一不可，打破了以学科为中心的分类形式。《3—6岁儿童学习与发展指南》中指出："关注幼儿学习与发展的整体性""尊重幼儿发展的个体差异"。陈鹤琴提出的完整系统的课程，不仅保障儿童的全面发展，而且尊重儿童的个性化发展。

第三，"活教育"的方法论。陈鹤琴提出的"做中学，做中教，做中求进步"，强调儿童直接经验的获取及其遵照的循序渐

① 赵厚勰、白雪：《陈鹤琴"做中国人"幼教目的之特点与当代启示》，《教育文化论坛》2019年第3期。

进原则。陈鹤琴提倡的"游戏法教学"演变为当今的"课程游戏化"，他设计的教具和玩具到现在还适用，活泼的课堂和儿童身临其境的参与也是评价教学方式的指标。《3—6岁儿童学习与发展指南》对此也有重要反映，该书指出："理解幼儿的学习方式和特点。幼儿的学习是以直接经验为基础，在游戏和日常生活中进行的。要珍视游戏和生活的独特价值，创设丰富的教育环境，……最大限度地支持和满足幼儿通过直接感知、实际操作和亲身体验获取经验的需要，严禁'拔苗助长'式的超前教育和强化训练。"

主要参考文献

1. 卢乐山等主编：《中国学前教育百科全书》，沈阳出版社1994年版。

2. 唐淑编：《童心拓荒——现代儿童教育家陈鹤琴》，南京大学出版社2001年版。

3. 王盛、徐惠湘编著：《中国幼教之父——陈鹤琴》，南京师范大学出版社2003年版。

4. 陈鹤琴著：《陈鹤琴全集》（共六卷），江苏教育出版社2008年版。

5. 柯小卫著：《陈鹤琴传》，江苏教育出版社2008年版。

6. 陈虹编著：《陈鹤琴与活教育》，东北师范大学出版社2010年版。

7. 陈秀云编：《我所知道的陈鹤琴》，金城出版社2011年版。

8. 张凤琴著：《陈鹤琴》，北京师范大学出版社2012年版。

9. 陈鹤琴著：《我的半生》，上海三联书店2014年版。

正德厚生
笃学敏行

南京师范大学校训

撰稿人：汪睿，管理学博士，武汉科技大学副教授，主要从事教育管理学和跨文化交际研究。

孟宪承

MENG XIANCHENG

华东师范大学校长（1952—1966）

（图片由华东师范大学档案馆提供）

孟宪承（1894—1967），字伯洪，江苏省武进县（今常州市武进区）人。中国现代著名教育家，华东师范大学首任校长，毕生致力于教育理论研究和教育实践工作，为新中国教育事业的发展做出了重大的贡献。

一、生平与教育活动简介

孟宪承幼年丧父，家境贫寒。6岁入学，就读于常州府小学堂，1908年考入上海的南洋公学预科。彼时的孟宪承，虽处于青少年时期，但当时发生的辛亥革命、袁世凯称帝、张勋复辟、北洋军阀篡权等重大历史事件，使他深刻地认识到要挽救国家和民族、改造中国社会，必须培养人才，而要培养人才，必须依赖教育。因此孟宪承立志从事教育工作，为国家培养有用的人才。1912年，他考入教会大学圣约翰大学，并于1916年以优异的成绩毕业。毕业后，他执教于北京的清华学校。两年之后，考取公费留学，赴美国华盛顿大学专攻教育，向他早前立下的宏愿迈进了一大步。在华盛顿大学，他师从美国教育家杜威，在杜威直接指导下研习教育史和教育理论，于1920年获得硕士学位。翌年，他又转赴英国伦敦大学研究所深造，攻读哲学、心理学、教育学、教育史等，各科成绩均优秀。同年11月，迫于家庭的重担，他回国就业，受聘为南京高等师范学校暨东南大学教授，与陶行知、陈鹤琴、廖世承等共事。

圣约翰大学校长卜舫济赏识孟宪承的学识，于1923年9月聘请他回母校担任国文部的主任、教授。1925年5月，五卅惨案爆发，极富爱国热情的孟宪承目睹无辜的学生被枪杀，感到无限的痛心和愤怒。他不顾自己是在教会学校工作的身份和随时可能被解雇的危险，毅然于1925年6月1日以国文部主任的身份召开圣约翰大学华人教授会。在会上，他义愤填膺地慷慨陈词："假如作为一个学生，只知道自己是圣约翰的学生，而不知道是中华国民；看到同胞为外人屠杀，漠不关心，这对我们平日所讲的国民自觉教育，将无法自圆其说。今后我们也无颜以学问文章与学生相见于讲台！"他的发言得到了与会者的一致认可，大家一致表示要支持学生运动，举行罢课、示威、游行，以声援五卅惨案受害者及死难者家属。当天晚上，圣约翰大学校长卜舫济召开全校中外籍教授会，企图以教授会名义阻止学生参加反帝爱国运动。然而，事与愿违，在无记名投票表决中，支持票以绝对优势压倒反对票，力挺学生参加反帝爱国运动。6月3日，学生在操场上降半旗为死难者致哀，卜舫济却强迫学生降下中国国旗，激起了全校学生的反对。孟宪承看到卜舫济欺辱中国人太甚，激于义愤走出人群，与其面对面地讲理。在讲理无效的情况下，在民族自尊心和爱国热情的驱使下，他断然声明与圣约翰大学脱离关系，与卜舫济彻底决裂，显现出了"吾爱吾师，吾尤爱真理"的伟大气魄和高尚情操。之后，他率领爱国学生出走圣约翰大学，在上海办起了中国人自己的光华大学。光华大学就是华东师范大学的前身之一。

在光华大学任教一段时间后，孟宪承又先后到清华学校、中央大学、浙江大学任教任职。其间，他致力于民众教育的研究，提出了自己对民众教育的深邃见解，即"从生计娱乐出发，向科学艺术探求"；同时发表了大量的民众教育研究的文章和著作，如《成人补习教育问题》《民众需要的是什么教育》《成年补习教育研究发端——在江苏省立民众教育院演说辞》《怎样做民众教育的试验？》《民众学校的三难》等。1933年，他在杭州主持创建浙江省立民众教育实验学校，兼任校长，以"根据民众生活之需要，以实验民众教育之组织、工具及方法，指导学生研究和实习，以养成本省民众教育服务之人才"为宗旨，大力推进民众教育运动，实施自己有关民众教育的主张。这所学校的创建开了我国民众教育的先河，虽然在当时的条件下无法实现真正的民众教育，但孟宪承对民众教育的热忱却为人们所称颂，而且此次民众教育实践对孟宪承的一生都产生了深远的影响，他此后的教育教学实践都或多或少地带有民众教育的印记。

1933年9月，孟宪承被教育部聘为"部聘教授"。此后，他又先后在中央大学、北平师范大学、光华大学、浙江大学等院校任教。1942年9月，他应好友廖世承的邀请到位于湖南蓝田的国立师范学院任教，其间，由于战争不断向内地延伸，他克服重重困难随校迁徙山地，生活十分艰辛，但他不畏艰险，认真教学，深得学生爱戴。抗日战争胜利后，浙江大学在杭州复校，孟宪承被聘为该校教授，兼文学院院长。1949年5月杭州解放，孟宪承接受杭州市军事管制委员会的委派，担任浙江大学接管小组组员和校务委员会常务委员，参与主持浙江大学校务，使该校的教学和科研迅速转入正轨。此外，他还在浙江大学发起了新教育研究会，积极推动教职员工学习政治、研究社会主义教育理论，极大地提高了教职员工的思想觉悟和工作才能，在当时反响很大。

1951年9月，孟宪承被调到上海，任华东军政委员会委员兼教育部部长、华东行政区教育局局长。孟宪承到职之后，便投入华东师范大学的筹建工作中。1951年10月16日，华东师范大学成立暨开学典礼隆重举行。时任华东军政委员会教育部部长的孟宪承作为大会主席团主席主持大会。会上，在热烈的掌声中，他代表华东军政委员会教育部郑重宣布：华东师范大学正式成立！同时，他热情洋溢地指出："华东师范大学以培养国家的建设人才——人民教师为专门任务"，"做一个人民教师是光荣的！"至此，新中国成立之后新创办的第一所社会主义师范大学——华东师范大学诞生了。而它的使命是：根据新民主主义的教育方针，以理论与实际相一致的教育方法，培养具有马克思列宁主义、毛泽东思想理论基础，高等文化科学知识，教育专门知识和技能，全心全意为人民教育事业服务精神的中等学校师资。

要在华东地区创办一所独立设置的、学科齐全的、高水平的师范大学，必须要有强有力的学校领导班子。1951年11月30日，华东军政委员会教育部正式宣布：华东军政委员会电请中央人民政府教育部后，任命华东军政委员会教育部部长、全国著名教育家孟宪承为华东师范大学校长，调山东省教育厅副厅长、老解放区教育家孙陶林任第一副校长，光华大学原校长、教育家廖世承任第二副校长。孟宪承于1952年初被正式任命为校长。此后，孟宪承还被推选为第一至第三届全国人民代表大会代表，上海市第三、第四届政协会议副主席，并担任上海市教育学会会长，定为一级教授。

读万卷书，行万里路。风雨50余载，孟宪承在国外遍历美、英、法、德等国，在国内遍历江、浙、鄂、湘等地，积累了广博的见闻、丰富的阅历和渊博的学识。尤其是他多年在高校的教育教学经验，以及创办民众教育和治理浙江大学的经历，都为他主持华东师范大学校务奠定了基础。在其担任华东师范大学校长一职后，孟宪承更是感到为党的教育事业服务，重任在身，责无旁贷，对工作莫不全力以赴。在孟宪承的领导下，华东师范大学通过劳动建校、思想改造、院系调整，开始了正规的教学和管理工作，在各方面均获得了较大的发展。而孟宪承在治理学校期间，也不忘抓紧时间从事研究，写了不少关于教育史和教育理论的著作。但在"文化大革命"期间，他遭遇了三次抄家，有些文稿被焚毁、被抄走，已荡然无存。这造成了难以弥补的遗憾。孟宪承也在这场浩劫中，走完了生命的历程，于1967年7月19日在上海病逝，享年73岁。

二、办大学的基本主张

孟宪承一生主要在大学工作，多年的经历使他形成了自己的大学教育思想。他有关"大学的理想""大学的任务"的精辟见解，是贯穿其高等教育实践的核心理念。他对华东师范大学的治理，不仅坚持了这些理念，而且丰富和拓展了他的大学教育思想，尤其是举办师范大学的主张。

（一）倡导大学的理想：智慧的创获、品性的陶熔、民族和社会的发展

孟宪承认为，大学是最高的学府，这不仅因为在教育制度上，它达到了一个最高的阶段，而且因为在人类运用智慧于真善美的探求上，在以此探求所获来谋文化和社会的向上发展上，它代表

了人们最高的努力。①大学的理想实际上就是人们关于文化和社会的最高理想。这种理想是他的大学教育观，也是他对于大学是什么的整体思考，具体包括以下三个方面。

第一，智慧的创获。"创"即创造，"获"即获得。也就是说，大学不仅有保存和传递人类知识遗产的基本功能，而且更要努力于知识的增加，奋力于创造发明。用孟宪承的话来讲，就是"没有哪一国的大学，教师不竞于所谓'创造的学问'，学生不勉于所谓'独创的研究'"②。可见，"创造"可以说是大学的根本特征之一。智慧的"创"与"获"是互补共生、不可分割的。首先，"获得"才可言"创造"，"创造"又是更高层次的"获得"。其次，在孟宪承看来，大学的教师和学生在获得智慧的同时都负有创造智慧的责任和使命。这种认识无疑是客观的且具有前瞻性。今天，"创新意识""创新能力""创造力培养"已成为我们耳熟能详的词语，成为我们国家教育领域的热门话题。

第二，品性的陶熔。孟宪承认为，大学的师生被认为是社会上的优秀分子，反映着社会最美的道德理想，因此，师生应该在大学群体生活中，注重品性的锻炼。在此，我们不难发现，一方面，孟宪承十分重视对学生优良品性的培养。他引证剑桥教授巴克尔谈论大学教育的话，"'范成品性'，像'发展智慧'一样，贯彻着我们从小学以至大学的教育"③，因此，学生品性的陶熔毫无疑问也是大学教育的目的之一。这实际上回答了"大学要培养什么样的人的问题"，它充分体现了孟宪承的大学教育目的观，即学生进入大学不仅要学习知识、发展智慧，还要养成道德品性。我

①②③ 周谷平、赵卫平编：《孟宪承教育论著选》，人民教育出版社1996年版，第277、279、279—280页。

们今天讲的"德才兼备"就是这个道理。另一方面，他也提出了教师的品性陶熔问题。教师作为一个有着一定学术权威的群体，与学生一样，同样需要注重品性的锻炼。教师是学生的榜样，教师的品性和道德境界会给学生带来深远的影响。这也成为日后孟宪承重视大学自身的师资培养的根源之一。

第三，民族和社会的发展。孟宪承认为，现代人有意识地以文化来推进社会的发展，且世界各国都强调大学作为民族之魂的重要地位。因此，"晚近民族的竞争，社会机构的突变，更加把大学直接放在民族和社会需要的支配下"[1]。在这里，孟宪承明确指出，大学作为最高学府，不仅传承和创新知识，培育新生一代，更为重要的是大学与民族和社会的发展休戚相关，它要充分发扬民族精神，发挥其社会服务功能。五四运动便是大学与民族和社会的发展密切相关的一个实例。五四运动由北京大学的学生发起，各阶层广泛参与，是一次维护国家主权的爱国运动，它和同时期的新文化运动一起，使民众了解西方的民主和科学，摒弃封建思想。这对现代中国的政治、思想、文化领域产生了深远的影响。

（二）明确大学的任务：研究、教学、推广

为了实现大学的三大理想，孟宪承在此基础上提出了现代大学的具体任务。

第一，研究。孟宪承认为，大学既以智慧的创获为最高理想，当然就以研究为其最高任务。由此看来，智慧的创获，尤其是智

---

[1] 周谷平、赵卫平编：《孟宪承教育论著选》，人民教育出版社1996年版，第280页。

慧的创造，主要是借助研究来实现的。他还认识到，大学研究的任务最终要落在教师的肩上，所以应格外重视师资的培养，不仅让教师能胜任教学，而且让他们能开展科研。这一点极富远见。对于研究的重视，已成为当今世界各国高等学府的共同特点。"科研促教""科研兴校"的口号正显现了这一趋势。

第二，教学。教学是所有学校的共同任务，大学也不例外。教学对于学生的作用是传习智慧和陶冶品性。但孟宪承也指出，虽然教学对陶冶学生的品性有一定的帮助，但学生品性的培养，主要是在"学院的群体生活中进行"，学生的品节、礼貌、克己、爱公，也大多数"范成于他们的游戏、竞技、集会、社交等的组织和活动"①。也就是说，学生的良好品性乃是在集体的浸润和熏陶中，以及在人与人的交往中形成的。同时，孟宪承也强调教学和研究是相辅相成的，"学者殚精研究，锐意发明，既穷毕生之力于其所学，也要能够得人而传其所学。学术的传习，和研究不能截然分离"②。因此，没有教学的传递功能，研究也就失去了意义。

第三，推广。意即大学应推广知识于"宫墙"以外，即所谓的"大学到民间去"。这一观点显然与其"民众教育思想"一脉相承。孟宪承不愧是一位"悲天悯人"的教育家："推广"在为民众谋取教育福利、提高人口素质的同时，也必将促进社会的进步与发展。今天的国际竞争，其核心是人才的竞争，所以"推广"更显重要。在这种背景下，"高等教育大众化"的呼声日高。孟宪承关于大学的一番论述，似乎隐隐透出这样的启示：大学一方面具

---

①② 周谷平、赵卫平编：《孟宪承教育论著选》，人民教育出版社1996年版，第282、281页。

有不可比拟的纯洁性，处于优越的阶层；另一方面它也应当走向民众。

需要注意的是，孟宪承所提出来的大学的三大任务与三大理想是相匹配的。研究是为了智慧的创获（求真），是探求真理的科学研究；教学是为了品性的陶熔（求善），是训练心智的自由教育；推广是为了民族和社会的发展（求美），是普及科学知识的民众教育。^①而且，研究、教学和推广三大具体任务是一个有机的整体，充分体现了大学的三大基本功能，即知识传递功能、科学文化创新功能和服务社会功能，并使其关于大学的理想更加具体化、可操作化。

三、坚守师范阵地，办好师范教育

（一）坚持师范教育的师范性

孟宪承一直都十分重视师范教育，早在1926年就指出："现代国家，没有一个不把教育看作国家的命脉，没有一个不尽力从事师范的培养；为改进中等教育计，没有一个不在高等教育里，供给师范的训练。"^②同时，他还从不同的层次和意图出发对这种"师范的训练"的类型做出了划分。他说："从一个大学说，学生中有准备出去当中学教师的，便应叫他们于主科的学识技能以外，能了解中等教育的问题、教学法的原则、青年的心理等等，所以便应设一个教育学的讲座或教育系，来讲授这些课程。如果这大学

---

①贺晓舟：《对孟宪承大学教育观的思考——以其大学三理想为中心的考察》，《华东师范大学学报（教育科学版）》2009年第1期。

②周谷平、赵卫平编：《孟宪承教育论著选》，人民教育出版社1996年版，第84页。

的目的，于养成中学各科的教师外，还要训练办学或教育研究的专家，和学务指导和行政的人才，那便应扩大范围，而设立一个教育科。从一国或一地方的行政区域说，因为中等教育的急须改进，中学师资的急须养成，如果这区域已有公立的大学了，在适当的情形之下，也可以责成那大学开设一个教育科，也可以另用一宗经费，来开设一个独立的师范大学。"[1]从教育学讲座或教育系，到教育科，再到独立的师范大学，足见孟宪承对师范教育事业的重视和关心。而他在担任华东师范大学校长一职后，深感身兼重任，时刻以为国家培养人民教师为己任。

新中国成立初期，由于缺乏办社会主义高等教育的经验，各类高等学校开始全面学习苏联的教育经验。而高等师范教育作为高等教育发展的重中之重，其发展之道，一直备受关注。自1956年5月毛泽东提出在文学艺术和学术研究中实行"百花齐放，百家争鸣"的方针后，学术界对高等师范教育中存在的问题开始了"鸣放"。1956年8月11日，《人民日报》发表北京师范大学董渭川的《师范大学往哪里去》，以后又发表了翁世盛等人撰写的《高等师范教育的方向有没有问题》，这两篇文章针锋相对，其焦点在于：师范院校是否应向综合大学的方向发展。这对各类师范院校都产生了不小的影响，华东师范大学也不例外。

华东师范大学于1952年8月在孟宪承的领导下开始有计划地、有步骤地学习苏联的先进经验和先进科学。虽然在学习苏联经验的过程中取得了一定的成效，但也逐渐暴露出了一些问题。例如，结合中国的情况不够，全盘照搬，搞一刀切；教学管理不活；学

---

[1] 周谷平、赵卫平编：《孟宪承教育论著选》，人民教育出版社1996年版，第84—85页。

生学习负担过重等。面对这些问题，结合社会舆论，学校师生也开始思考师范大学应该怎么办、与综合大学是分设还是合办、学制与专业设置等问题。在此形势下，孟宪承在学校整风运动的小组座谈会上，提出了自己关于高等师范教育问题的看法：就培养中学师资的任务来说，高等师范学校与综合大学的一部分并没有绝对的区别。但为了师资的迫切需要，大学以外还不得不另设高等师范学校，今天的高等师范学校和大学在修业年限、专业设置、科学研究的条件等方面，还是有显著的、相对的区别。①这些意见的提出，虽然不代表学校行政的看法，但它在一定程度上回答了高等师范学校与综合大学有无区别、高等师范学校向综合大学看齐应该看哪里等问题，进一步厘清了高等师范教育的性质和发展方向。可见，在我国师范大学办学方向上，孟宪承主张保留独立的师范教育体制，以保证基础教育对中学师资的基本需求，在达到最基本的师范性要求的前提下，最大可能地追求专业性，保证师范大学的教学和学术水准，又由此保证中学师资的质量。②这一观点至今仍有很大的现实意义。

20世纪50年代，师范大学的培养目标问题再一次被推到了辩论的风口浪尖上。部分师生认为培养的"首先是工人、农民，其次才是教师"；部分师生主张师范大学培养出来的应是多面手，既是工人、农民、战士，又是教师；还有部分师生认为应培养懂多种学科的教师，文科毕业生既能教教育学、心理学，又能教政治、语文、历史。总之，整个辩论触及了学校的"师范性"问题，造

---

① 孟宪承：《关于高师教学问题》，《华东师范大学学报（教育科学版）》1987年第4期。

② 杜成宪、张爱勤：《孟宪承与现代中国教育》，《文汇报》2011年9月12日。

成了教育思想和教学方针的一时混乱。

1959年1月，校务委员会扩大会议通过了《华东师大教育改革方案》，改革的指导思想是贯彻中共中央、国务院在《关于教育工作的指示》中提出的"教育必须为无产阶级的政治服务，教育必须与生产劳动相结合"方针，把生产劳动列入正式课程，培养有社会主义觉悟、有文化的工农化教师。这一方案的出台，再次明确了师范学校的师范性。

但此后由于学生纷纷走出课堂，去农村，下工厂，严重影响了正常的教学秩序。直到1961年9月中共中央发布"高教六十条"，这一情况才得到改观。1962年，在孟宪承主持的第四届校务委员会第八次会议上通过了华东师范大学"试行'高教六十条'三年规划要点"，该规划要点在解决课程设置、生产劳动、教学质量等问题的同时，也明确指出了华东师范大学的培养目标是中等学校的师资、部分高校师资和科学研究人才。培养目标的明确，确定了社会主义学校的办学方向，有利于"大跃进"后学校工作的调整和充实。自此，华东师范大学便奠定了师范教育的根基。

（二）积极推行教学改革

教学是学校的天职。孟宪承就任校长后，便致力于教学改革。最初是学习苏联的经验，建立教研组或教学小组，制订教学大纲和教学计划，保障教学的目的性、计划性和思想性，使学校的教学工作走上了平稳发展的轨道，为教学质量的提高奠定了基础。在"大跃进"期间，则主要是克服学习苏联经验过程中的弊端，重点纠正学校教育脱离实际、脱离生产劳动的错误。但是当时由于反右派斗争扩大化的影响，出现了"开门办学""全民办学""突击扫盲""大炼钢铁"等群众运动，这些严重冲击了学校的教学工作。直至1962年贯彻实行"高教六十条"后，华东师范大学才又恢复了"以教学为主"的正常秩序。

综观孟宪承主持的华东师范大学的教学改革，有如下一些显著特点。

1. 重视基础课程

华东师范大学素有重视基础课程教学的传统，这一传统的形成要追溯到孟宪承。孟宪承认为，师范学校的课程，包括基本训练和专业训练两部分。其中，基本训练的课程包括国文、历史、地理、算学、物理学、化学、生物学、社会学、伦理学、体育和音乐等，专业训练的课程涉及教学法、教育心理学、教材研究、健康教育、教育测验与统计等。[1]而基本训练的科目是教师自己在教育上所不可缺少的，因为"教师自己先要是一个有教育的人"。[2]此外，孟宪承还从现实的角度谈到了师范生学习基础课程的两点必要性：一是"教师对于人类的文化，愈有丰富的了解和深切的体验，则于小学教材的运用，愈可以左右逢源"；二是"教师服务之后，要有不断的进修，也先要有普通学问的工具和门径"。[3]基于师范生学习基础课程的必要性和现实性，孟宪承在任期间十分重视基础课程的教学，主要表现在两个方面。

一方面，选派有经验的教师担任基础课的教学。建校初期，孟宪承就把基础课放在很重要的位置，要求各系安排老教师上教学第一线，担任一、二年级的基础课教学。以政教专修科为例，

---

① 胡琨：《孟宪承高等师范教育思想及当代启示》，《淮南师范学院学报》2012年第5期。

②③ 孟宪承编：《教育概论》，福建教育出版社2006年版，第126、126页。

哲学课程由冯契担任，联共（布）党史课程由刘佛年担任，政治经济学课程由陈彪如担任，逻辑学课程由徐怀启担任，教育学课程由曹孚担任，心理学课程由谢循初担任，阵容相当强大。此外，当时各系的老教师如数学系的程其襄、曹锡华、孙泽瀛、钱端壮，物理系的张开圻、姚启钧，化学系的唐宁康、朱榆良，生物系的郑勉、张宗汉，地理系的李春芬、严钦尚、周淑贞，中文系的徐中玉、钱谷融等均在教学的第一线。另据1961学年度第一学期统计，全校144门专业基础课，就有34名教授担任主讲。此后，随着"以教学为主"的正常秩序的建立，学校除了配备有经验的教师担任基础课教学，还选配业务基础好的青年教师担任辅导、实验和习题课的教学。

另一方面，不断提出要确保基础课的教学时间。1957年，孟宪承在谈到高等师范教学问题时，就曾提出增加专业课（包括基础课）在教学计划中的比重。同年，学校教学改革问题小组经多次研究讨论提出了教学改革的8项措施，其中就包括"精简课程，减轻学生负担，高年级增加专业课比重（占70%左右）"一项。1958年，由于受到"大跃进"影响，师生中掀起了"上山下乡"的热潮。此后，学校制定了很多措施来确保教学，尤其是基础课的教学。比如，颁发了《贯彻文科教材会议精神的几点意见》《试行"高教六十条"三年规划要点》以及《关于加强基础课程和学生基本技能训练的意见》等。这些措施使学校的教育学、心理学和教学法课程得到了加强，教育实习时间也增加到了5—6周。

2. 改进教学方法

孟宪承对教学方法也有自己独到的见解。他早在1924年就针对朱经农在《对于初中课程的讨论》一文中提出的初中国文教学存在的问题，指出教师不能引起学生的兴趣，不能启发学生的思想，是当时国文教学的两大弊病。他指出："向来国文课，只有教师的活动，没有学生的活动；只有教师的教授，没有学生的学习，这实是国文教学失败的总原因。"①他认为："现代教学的精神，根本上是要生徒活动，生徒自学。好的学问不能由教师代学，正如好的肴馔，不能由他人代吃。"②这一思想，突出了学生在教学中的主体地位和主动精神，凸显了以学习为中心的理念，对于解决当前教学中的"教、学脱节"问题仍具有现实指导意义。这种观念在几十年前提出，不能不说是一种远见卓识。

在《高等教育的新试验》一文中，孟宪承还提到了大学课程方法改革的艰难性。他说："从教育演进的历史上看，凡课程方法的新试验，都从低级学校做起。到现在，一大半教育革新的讨论，还集中于小学和中学。至于大学，则好像有一成不变的标准似的，没有人敢轻易去改弦更张。"③但与此同时，他也认为高等学校在理论上、实施上并不完善，还需改进。他直截了当地道出了当时大学教学方法上的问题及其出路。他说："在方法方面，大学里的教学，除实验科学以外，还是偏重讲演，而缺乏学生的自动研究和教师的个别指导"④，"教授的方法，应注重学习的指导。"⑤

正是在这种思想的主导下，孟宪承在华东师范大学建校初期，便着手对学校的教学方法进行了改革——引入课堂讨论、习题课，并加强野外参观与实习。

在文科教学中，在课堂讲授的基础上采用课堂讨论，以期调动学生学习的积极性和主动性。但需要说明的是，为了巩固和深

①②③④⑤周谷平、赵卫平编：《孟宪承教育论著选》，人民教育出版社1996年版，第41、41、136、136、137页。

化课程教学的效果，对课堂讨论也有相关的要求。首先，课堂教学还是以讲授为主，以讨论为辅；其次，讨论的题目不宜过大，需富有启发性；再次，学生要复习讲授内容，查阅参考书，独立思考写出发言提纲，做好发言准备；最后，教师要适时地将讨论引向深入，并在讨论结束时对问题进行归纳和总结。

在理科教学中，除继续加强实验、充实实验内容外，对于习题作业多的课程，采用习题课的方式。习题课一般由助教负责，习题课的内容主要是选择不同类型的典型习题，先由教师演示，然后教师引导学生分析题意，组织学生解题。

地理系、生物系则加强了野外参观和野外实习。例如，地理系普通自然教研组1954年暑期就进行了三次野外实习，结合水利部华东农林水利局委托的调查研究工作进行，时间为一个半月。这些实习加强了计划性和目的性，收到了较好的效果。

这些新的教学方式不仅在本科教学中施行，而且运用到了研究生教育和函授教育中。需要指出的是，学校的函授教育的教学方式更为灵活，以学生自学为主，采用了自学、集中面授、下站辅导、小组活动相结合的方式。其中，每门课程的讲授时数占全日制的1/3至1/2，教师需要指出教材的基本线索和重难点，以利于学生自学。

由此可见，孟宪承所实施的教学方法，具有一定的科学性，反映了一定的客观规律，具有参考价值。

3. 加强教育实习

孟宪承毕生重视教育实践，不徒托空言。留学美国期间，他在杜威的指导下研习教育理论和教育史。那时，对于不同的教育观点、教学方法，他不盲从附和，也不妄加非议，而是到实践中检验。他对老师杜威的实用主义学说十分重视，并与俞庆棠翻译了杜威的《思维与教学》，但他在自己一生的教学工作中，从不生搬硬套杜威的东西，而是强调："每个现代国家的教育制度，有它所依存的经济、政治，以至一般文化的条件。这在那些条件不同的别的国家，是无法囫囵地移用的。"[1] 此外，即便是在他十分推崇并倾力研究的民众教育上，他也不盲目断言，而是创办杭州民众教育实验学校，躬亲教务开展实验，让实验来说话。

在就任华东师范大学校长后，他格外重视教育实践。为了让学生能够做到理论联系实际，他加强了教育实习的力度，主要做了四个方面的工作。第一，建立实习基地。继华东师范大学附属中学之后，又设立华东师范大学附属小学和附属幼儿园作为教育实践基地，便于师范专业师生进行理论联系实际的研究与学习。第二，成立校教育实习委员会。该委员会由校长指定有关系主任、教研室主任、指导教师和附中领导人组成，全面负责学生教育实习的组织领导工作。第三，出台《教育实习应用章则（草案）》。它包括教育实习委员会组织条例、实习总队组织条例、教育见习与教育实习指导教师工作要项等，从制度上保证了学生实习工作有章可循。第四，开展实习动员，营造积极舆论。尤其在第一届教育实习开始之前，为了搞好实习，学校分别组织了实习指导教师和实习学生动员大会。孟宪承和第一副校长孙陶林从学校的培养目标出发，说明教育实习的重要意义，指出要通过实习检查我们的教育工作是否适合培养中等学校的师资的要求，并勉励教师到中学去研究教学中的实际问题。

---

① 周谷平、赵卫平编：《孟宪承教育论著选》，人民教育出版社1996年版，第309页。

在学校的高度重视和积极筹划下，学生的实习工作开展得有声有色。在第一次教育实习中，学校共有272名三年级学生赴华东师范大学附属中学和上海师范学校实习。在3周的教学实习期间，实习生通过听各种报告、观摩、施教、参加评议会及部分学生参与见习班主任工作，提高了专业思想，积累了不少实际经验。此后，学校针对实际情况逐步调整实习方案，以便更好地发挥实习的作用。比如，第三届教育实习针对学习苏联经验中面面俱到的倾向，切实贯彻"学少一些，学好一些"的原则，重在理论联系实际。第四届教育实习针对实习学生多、实习学校有限、教师指导有困难的现实情况，开始试行分批实习的办法。第六届教育实习接受苏联专家杰普莉茨卡娅的建议，开始在实习之前试行6周的"了解性实习"，以增强正式实习的针对性。这些举措均收到了一定的效果。

4. 革新考试形式

作为一校之长，孟宪承在教学上进行了一些改革，如改进教学方法、加强教育实习等，希望不断提高学校的教学质量。但教学质量提高与否，也需要运用适宜的考核方式加以检验。一直以来，孟宪承对考试持不肯定的态度，他认为考试存在很多弊端。在《教育概论》中，他指出："向来所用的考试法，却暴露着许多缺点。"一是不客观。"在考试的时候，题目的多少，答案的正误，分数的宽严，没有两个教师能够相同；同一教师，也没有两次考试能够一律。"二是不概括。"考试的题材，本身只是学习的一极小部分。""普通考试的少数题目，取样只限于很小的范围。"三是不准确。"批改成绩的分数，也没有一定的标准。有人调查：以一本算学考卷，请160位有经验的教师评阅，所定分数，有从28至

92分之差，平均数为69.9分。"四是不经济。"考试又是很费时费力的一椿工作，无论主试者和被试者，都要浪费很多时间和力气，而只得到那样不准确的结果。"[①]因此，孟宪承在教学改革中还对教学结果的测量方式——考试进行了改革。

自1952学年开始，学校强调试行苏联的先进考试方法，在各系一年级11个班级试行口试和四级记分方法。试行口试的科目有新民主主义论、教育学、普通心理学、中国通史、数学分析、解析几何、无机化学、自然地理等。四级记分制分为5分（优秀）、4分（良好）、3分（及格）、2分（不及格）四个等级。具体的步骤是：拟定复习提纲和试题，遵循章节前后搭配、问题大小搭配、理解与记忆搭配、教材难易搭配的原则配置考签，并拟定标准答案和评分办法。学生在抽取考签后，大约有一刻钟到半小时的时间准备。考试时，学生依次口头回答，如有计算题，则当场演算。教师也可不拘泥于考签，可以进行补充提问，以便了解学生掌握知识的程度和理解深度，最后当场评定学生成绩。

1954年，学校教务处发布的《考试与考查的暂行办法》和《贯彻教育部高等学校课程考试与考查规程的决定》规定：一年级大学生和研究生的业务课，原则上都采用口试，公共必修课要有1/3的学生采用口试；不论口试或笔试，均采用四级分制。这些意见在孟宪承批准后开始试行。到1955—1956学年第一学期，学校除个别科目外，一律采用口试。此后，学校一直贯彻新的考试制度，一方面检测学生所学知识的牢固程度，另一方面检查教学质量，总结教学经验，进一步改进教学。

---

① 周谷平、赵卫平编：《孟宪承教育论著选》，人民教育出版社1996年版，第269—270页。

1965年7月，毛泽东在看了一份题为《北京师范学院一个班学生生活过度紧张、健康状况下降》的材料后指出："学生负担太重，影响健康，学了也无用。建议从一切活动总量中，砍掉三分之一。"[1]学校响应此号召，对考试工作做出了进一步的调整。同年12月，学校发布了教务处制定的《关于考试工作的几点意见》，要求在考试中注意减轻学生的负担，规定考试科目以2门为限，并报校审批。考试方法采用开卷、半开卷或闭卷的方法。评分采用四级分制和百分制并用。

显然，孟宪承主持的考试改革，并没有完全像他所设想的那样来进行，而是或多或少地受到了一些外在因素的影响。而且，考试中大量采用口试，也并不是一件经济的事，甚至比书面考试还要费时费力。但孟宪承关于考试制度改革的勇气尤其是能深刻地反省考试本身，以期更好地为学生和教学服务的精神是可嘉的，而其做出的成绩也是值得肯定的。

（三）大力支持并开展科学研究

研究是大学的最高任务。基于这一理念，孟宪承在改革教学的同时也大力提倡并开展科学研究工作。其在任期间，学校的科研工作从旨在提高教学质量和编写教材，到注重与生产实践相结合，再到重在促进教学质量和学术水平的提高，逐步走上了科学的轨道，获得了较大的发展。

孟宪承在学校科研工作中的作用可以概括为以下四个主要的方面。

---

[1] 人民教育出版社编：《毛泽东同志论教育工作》，人民教育出版社2000年版，第262页。

1. 成立专门机构，加强对科研的管理和领导

建校初期，孟宪承便主持成立了研究部，田佩之任主任，负责学校的科研工作，号召教师以科学精神编写教材。1953年，学校响应高等教育部"开展科学研究工作"的号召，在该学年度的工作计划中规定："有条件的教师都要开始做科学研究工作，要围绕教学内容，拟定研究题目。"研究部也选择历史、地理、数学、中文等系作重点，围绕教学工作推进科学研究。1954年，学校在讨论了教育部柳湜副部长的《关于高等师范学校教学改革的报告提纲》后，在研究部设立科学研究科，各系、各教研组按周或按月定期举行读书报告会、专题报告会，研究苏联的教材和学说，开展调查研究。但在当时，学校的科研困难重重：科研的经费较少；教师普遍不重视科研，认为"不搞科研照样上讲台""科研是少数专家的事，与己无关"；等等。考虑到学校科研工作的重要性和艰难性，学校进一步加强了对科学研究的领导，成立了科学研究委员会，由孟宪承任主任委员、孙陶林和田佩之任副主任委员，全面负责学校的科研工作，包括制订学校的科研工作计划、安排科学研讨活动等。此后，专门机构的全面负责、学校领导的亲自主持，对于调动广大教师的科研积极性和确保科研工作的常规化、规范化起到了十分重要的作用。

需要指出的是，孟宪承也十分重视学生的科学研究，并着手建立管理学生科研的组织。1956年6月，学校响应周恩来总理发出的"向现代科学大进军"的号召，成立了华东师范大学学生科学协会。孟宪承出席了成立大会并致辞。他说，建立学生科学小组，开展科学研究，是组织同学向科学进军的一种重要形式。全校已有学生科学小组51个，参加的学生629人。他要求学生在科

研活动中培养实事求是、独立钻研和克服困难的精神，并希望科学协会多组织全校性科学活动，提高学生参与科学研究的积极性，把学校的科研工作推进一步。学生层面上科研组织的跟进，显示了学校对科研工作的重视，有利于从教师和学生两个层面整体推进学校的科研工作，也有助于实现大学所肩负的"科研"之最高任务。其后学校科研在发展过程中出现了师生结合的趋势，这与孟宪承早期重视学生的科学研究是不无关系的。

2. 开展科学研讨，交流研究成果和经验

为了破除科学研究中"留一手"现象和激发师生进行科学研究的积极性，学校有计划地组织了不同类型的学术研讨与交流活动。

一种较为典型的活动是组织课堂教学观摩与研讨活动。据《华东师范大学大事记（1951—1987）》记载，仅在1955年，华东师范大学就组织多次课堂教学观摩与研讨活动。其中，5月学校组织了部分教授和教师奔赴上海中学参加全市性中学生物课观摩教学，听该校生物教师顾巧英上"动物学"和"植物学"课。在这前后，学校教育、生物两系的领导和教师14人，实地调查，专题总结顾巧英的教学经验，出版了6篇经验总结文章和《顾巧英的动物课——课堂教学实录》《顾巧英的植物课——课堂教学实录》两本书。10月，学校为了提高教师的讲课水平，首次举行全校性观摩教学——观摩教育系副教授胡守棻的"教育学"课。孟宪承、教务长、研究部主任等校领导，苏联专家，各系教师及上海师范高等专科学校、江苏师范学院等兄弟院校部分教师参加听课，并进行集中评议。评议认为，观摩教学是研究和改进教学的一种好方式。

另一种较为典型的活动是举行科学讨论会，交流研究经验和心得。1956年1月，学校举行了第一次科学讨论会，为期3天。各系提交论文48篇，其中，研究教学法和联系中学实际的有29篇。参加讨论的有学校师生838人，有来自上海市各高校、科学研究机构、教育行政机关、中学及江浙两省高等师范院校代表175人。大会除集中报告外，还分系举行了27次报告和讨论。同年6月，学校还举行了第一次学生科学讨论会，会上进行了科学论文报告，提出专题论文67篇，也分系进行了报告和讨论。1957年3月，学校举行了第二次科学讨论会。各系提交论文69篇，学校教师、研究生、进修生以及兄弟院校、科研机构、部分中学教师等70多个单位的来宾共2 000多人参加了讨论会，盛况空前。

这些活动的开展，营造了浓厚的科研氛围，树立了学术活动的良好传统。师生通过研讨提高了科研意识。教师开始认识到，既要集中精力搞好教学，又要努力从事科学研究，两者相辅相成，不可偏废。学生的科研热情也日趋高涨，积极用实际行动向科学进军。

3. 建设研究机构，整合研究力量

学校自建立教研组后，便开始以教研组为单位开展以教学为中心的研究。但随着研究的深入，研究不再局限于教学和教材，孟宪承也开始思考并着手建立专门的研究机构，以便更好地集中优势力量开展研究。在他的倡导和努力下，学校建立了多种研究组织。

1957年，学校报请教育部、中国科学院批准成立了人口地理研究室和河口研究室，由胡焕庸和陈吉余分别担任主任。这是教育部第一次批准的全国18个研究室中的2个。它们的主要任务是研究海洋地质地貌、河口海岸等，有专职研究人员5人、兼职研究人员 15 人。这两个研究室的成立，为学校地学学科的发展注入了强大的动力，它们后来成为学校的重点学科和特色学科。

此后，学校陆续成立了教育科学、电子学、原子物理、固体物理和光学等研究室或专业实验室。鉴于高等师范院校的特点和任务，学校力求发展为全国教育科学的研究中心之一，因此，把教育科学研究室放在战略性的位置，由其负责对全校的教育科学研究进行全面规划，统一组织力量。

1960 年，学校经上海市委教育卫生工作部批准，以学校教育系部分教师为基础，吸收原上海教育出版社中小学教材编审组的同志，正式成立了华东师范大学教育科学研究所，由刘佛年担任所长，下设普通教育、教育理论、心理学、教育编译 4 个研究室，有专职研究人员 54 人、兼职人员 7 人。这是学校自建校以来成立的第一个研究所，在华东师范大学发展史上有重要的意义。

1964 年，根据周恩来的指示，教育部在一些高校设立了研究外国教育问题的专门机构。经教育部批准，华东师范大学设立了西欧北美教育研究室（后改名为"外国教育研究室"，由郑匡任主任），还设立了西欧北欧北美经济地理研究室（由著名地理学家李春芬任主任）。

研究所和研究室的成立，一方面整合了研究力量，优化了研究队伍，另一方面也促进了相关学科的建设和发展。至此，研究和教学相互促进，从整体上推进了学校的发展，也使学校在全国师范院校之中名列前茅。

4. 出版多种期刊，开辟研究成果发表园地

为鼓励教师开展科学研究，学校还创办了多种期刊，以便教师们交流学习心得和研究成果。1952 年《华东师大校刊》创刊号

正式出版，1953年《学习与研究》丛刊出版，1954年《华东师范大学学习研究丛刊》出版。1955年1月，学报编辑委员会成立，由副校长孙陶林负责分管，出版文、理两版学报。1955年11月，《华东师范大学学报》（季刊）由新知识出版社出版。

总之，在多项研究举措的共同促进下，学校的科学研究获得了前所未有的发展，科研成果也开始涌现。截至1965年，学校的科研项目达172项，其中承担国家十年（1956—1966）科技规划任务40项，上海市工农生产课题22项；学校有专职研究人员65人、兼职研究人员90人及指导学生毕业论文的教师150人，共305人。

（四）注重发挥大学的推广功能

孟宪承认为，虽然大学对于社会的主要贡献在于它的研究和教学，但"推广"也是大学的任务之一，他认为"推广"可以促使大学"憬悟到自己对民众应尽的责任"[1]。在借鉴国外的经验并考察国内的实际后，他提出了大学的六项推广服务：一是系统团体教学，有国外部、合作推广部、夜学校、体育部、聋哑部等；二是系统个别教学，有函授部、家庭自修部等；三是咨询指导，有咨询部、出版部、图书供给事业等；四是职业介绍；五是农业及家事改良；六是中小学校指导。[2]在他担任华东师范大学校长期间，为了让"大学到民间去"，主要采取了以下五种形式。

第一，举办函授教育。1956年全国职业教育会议后，学校接受中央人民政府教育部关于举办函授教育的指示，经孟宪承等校长研究决定，在校部成立函授部，在上海、南京、无锡、南通、

---

[1][2] 周谷平、赵卫平编：《孟宪承教育论著选》，人民教育出版社1996年版，第147、147页。

嘉兴、杭州、金华设立7个函授教学辅导站，以期多、快、好、省地培养中等学校师资，提高在职教师的业务水平。此举扩大了教育对象，使学校教育的受益者不再局限于全日制本科生，同时函授教育在采取校部集中讲授的同时，还实施了分散自学、下站辅导、小组活动等多种方式，可以说，无论是从教育对象的变化来看，还是从教育场所的变化来看，学校都在尽力推广知识。而华东师范大学在上海高校中是率先举办函授教育的，这也显示出校领导班子对其发展前景的洞察力。

第二，加强对各级各类学校的指导。主要有三个方面：一是指导课堂教学。1955年，学校组织部分教师观摩顾巧英的"动物学"课程和"植物学"课程，并经过实地考察总结出了先进的教学经验，对上海市中学的生物课教学起到了推动作用。二是指导各类学校办学。1958年，学校校务委员会讨论决定，抽调数学、物理、化学等系四年级的学生，协助上海市普陀区和嘉定县（今嘉定区）办学。仅在普陀区就与107个工厂挂钩联系，协助筹办了28个"大专"、42个"中专"、10个"专业学校"。此外，教育系的教师为普陀区小学教师开办红专学校，还在曹杨乡举行现场会议，推广小学办学经验。三是指导中小学教材革新。1959年，学校响应上海市委改革教材的号召，为编写"五五制"革新教材，联合其他学校教师在短时间内编出十年制中小学各科教学大纲和教科书等。

第三，开展为农服务研究。学校一直非常注重科研为农业生产服务，成立了农业科研小组，不断加大为农服务的力度。理科各系利用自身学科优势，参加工厂和农村技术革命，帮助农民办化肥厂、沼气发电厂以及与农民合作搞土洋结合的试验田等。文科如中文、政教、教育等系也经常以下乡教育实习、社会调查、支农等形式开展为农服务。仅在1960年，学校在为农服务方面就做了以下五个方面的工作：（1）生物系师生在马陆公社进行以粮棉为中心的大田丰产试验，取得了良好的效果；（2）数学系师生在七一公社和华漕农场大搞线性规划，普遍提高了劳动效率；（3）地理系师生与有关单位协作，进行农业气象研究，同时在南汇、松江等县进行土壤化学分析和以平整土地为中心的经济规划调查，写出了9篇论文，送上海市人民委员会和有关单位审定试点；（4）生物系师生进行叶蛋白和新型化肥"胡敏酸盐"的研究，取得了初步成果；（5）生物系师生受嘉定县委托，举办农业技术训练班，为农村培训技术干部。[1]

第四，开展规划预测研究，提供咨询指导。例如，1958年，受直属国务院领导的长江流域规划办公室委托，学校地理系大部分教师和学生共330人，赴长江三角洲进行自然地理和经济地理的综合调查。此次野外调查历时一个月，较好地完成了长江三角洲5万平方公里的普查任务，为生产单位提供了科学依据和必要的参考资料，其研究成果在同年于北京召开的全国地理学大会上获得了一致的好评。

第五，研发大量的应用性研究成果。在1965年的教育部直属高校科研生产展览会上，学校参展的项目有：提高黄鼠皮质量的研究、宝成铁路滑坡地貌研究、电生理实验室自制仪器设备、记录式红外分光光度计、核磁共振自旋回波宽谱线波谱仪、核四极谱仪、八毫米波段信号发生器与测试元件、圆柱阵传输线、毫米

---

①《华东师范大学大事记（1951—1987）》，华东师范大学出版社1991年版，第135页。

波导原件制造工艺等9项。虽然当时的应用研究成果反馈到生产实践中的不多，但其为生产实践服务的意向十分明确，在一定程度上奠定了此后学校科研为经济建设服务的基础。

总之，孟宪承在主持华东师范大学工作期间十分注重发挥大学的推广功能。在他的带领下，学校不仅开上海市函授教育之先河，逐步加强了对各级各类学校的指导，让更多的学校和在职教师受益，而且大力开展为农服务研究和规划预测研究，积极开发先进技术，研制各种与生产相关的仪器设备，为经济建设服务。这都体现出了学校所负有的为社会服务的功能，同时也彰显了孟宪承等老一辈教育家的强烈社会责任感和民族精神。

（五）大力建设高水平的师资队伍

孟宪承特别注重师资队伍的建设。他认为，一方面办好大学的根本在于提高教师的思想水平和学术水平，另一方面教师的培养也是教师自身发展的内在要求。他说："教师在教学的时候，常常会发现新的困难或问题，要求新的解答。他自己的学习在服务中是不断地进行着的。"[1]与此同时，他还认为，虽然教师服务以后的进修是出于自己发展的强烈的要求，并不待任何人的奖诱或督促，但是"行政方面的视导，如其是能够体认实际困难，指示具体方法的，那末，视导也就是教师进修的机会了"。[2]因此，孟宪承力图从学校和教师的实际出发，加强"视导"，有层次、有重点地培养师资，以此提高教师的思想觉悟、政治理论水平和专业水平。

①② 孟宪承编：《教育概论》，福建教育出版社2006年版，第127、128页。

1. 发挥老教师的作用，促进中青年教师成长

建校后，由于学校的发展迅速，人才培养的任务艰巨，学校的师资日益紧缺。于是，学校从历届毕业生或其他中等学校中选拔人才扩充师资队伍。师资队伍建立起来后，提高师资的质量就显得尤为迫切。面对庞大的中青年教师群体，学校较为注重发挥老教师的作用，让老教师用带徒弟的方式来负责培养新教师。一方面，为青年教师确定专业方向，配备指导教师；另一方面，为老教师配备助手。此后，在教研组和研究机构的实际工作中，通过老教师的传帮带，新教师成长得很快。尤其是在助教的培养上，学校发布了《加强助教培养工作的决定》，逐步形成了系统化的培养方案——由最初教什么、学什么的速成办法转入了系统培养，指导助教制订个人进修计划，明确专业方向、开课年限、进修内容和学习要求。截至1954年，经过培养的开课助教已达63名。

2. 举办短期研究班、训练班、函授班

考虑到青年教师的专业知识基础不够牢固的现状，学校还开展了灵活多样的在职培训，让教师们在学习中提高和发展。例如，1956年培养助教工作总结报告指出，今后培养助教的目标应与培养研究生的目标一致，各系、教研组设有研究班的专业，应要求助教学习研究班的课程。孟宪承在任华东师范大学校长期间，为了培养更多高质量的高校师资，更是不顾年迈体衰，亲自承担青年教师进修研究班的教学工作，年复一年，一直勤奋工作到最后一息。

3. 派遣教师到苏联和兄弟院校进修

为了培养学校紧缺的专业师资，提高教学和科学水平，学校还分期选派教师去苏联和其他兄弟院校进修。1953年，学校首次选派钱国祯、徐天芬、倪蕊琴3位教师去苏联学习。1961—1963

年，学校共向苏联派遣39名留学人员。此外，在各兄弟院校中进修的教师更是不计其数。

4. 成立红专学院，培养骨干教师

为加强骨干教师的培养，学校成立了红专学院。1952年，学校举办了马克思列宁主义夜校，组织教师学习政治理论。1960—1961年，举办政治学习班4期，参加者160人，主要学习毛泽东著作。此次举办政治学习班，对于坚定教师们的政治方向，对于坚持社会主义办学方向，都有着根本的战略意义。1961年5月，红专学院增办业务学习班，重点培养骨干教师和预备骨干教师，实行半脱产进修，参加进修的教师达59人。1963年初，又增设外语学习班，学习俄、英、日、法、拉丁语五门外语，参加学习的教师有213人。红专学院对于学校建立一支又红又专的师资队伍具有十分深远的意义。

5. 实行分级管理教师制度和教师工作量制度

在积极培养教师的同时，学校还加强了对教师的管理。第一，建立起了校系分级管理教师制度，即校系抓骨干教师培养，教研室抓后备骨干教师（包括优秀学生）和其他教师的培养。分层、分级管理有助于培养中青年教师骨干。事实也证明，此举措收到了较好的成效，此次重点培养的中青年骨干教师后来大多成了各学科方面的骨干或带头人。第二，试行了教师工作量制度，制订了《助教、新讲师考核办法》《青年教师业务进修考核办法》，为骨干教师编制了"教师进修手册"等。这使教师的教学、研究和进修逐步走向规范化，极大地激发了广大教师做好本职工作的热情。

需要指出的是，建校十多年来，在孟宪承的领导下，学校师资队伍建设的重心有一个较大的转变：由最初仅注重培养青年教师以应对学校师资的匮乏，到后期也注重中青年骨干教师培养，以及学校实行分级管理教师的制度。这体现了学校切合实际地培养教师、发展学校的务实精神，更为重要的是，它也是学校建立学术梯队的重要举措之一，为学校的可持续发展奠定了基础。截至1965年，学校903名教师中，教授、副教授、讲师、助教分别约占7.7%、4.4%、29.9%和58%。

综上所述，华东师范大学自1951年建立至1966年"文化大革命"前夕，在学校党委的领导下，在孟宪承等的主持下，认真贯彻党的教育方针，注意按照教育规律办学，坚守师范教育阵地，推行教学改革，开展科学研究，发挥大学的推广功能，关注师资培养，积累了丰富的办学经验，成了一所具有相当规模和影响的、新型的、学科齐全的社会主义师范大学。

孟宪承（右）与吕思勉交谈
（图片由华东师范大学档案馆提供）

四、永垂青史

孟宪承把自己的一生都奉献给了教育事业。"春蚕到死丝方尽，蜡炬成灰泪始干"，这是对他一生的最好写照。他毕生致力于教育理论的研究，并高度重视教育实践，是一位在中国教育界具有重要影响的著名教育家。孟宪承自幼便自强不息，孜孜以求，立志投身于教育，为国家培养人才。在学有所成之后，他一如既往地坚守并力图实现"教育救国"之宏愿。他胸怀民族大义，声援五卅运动，与卜舫济彻底决裂的爱国义举为世人所景仰；他关怀人民大众，开民众教育之先河的精神为世人所传颂；他立足实践，留下的充满真知灼见的教育思想为世人所研习；他辛勤耕耘，创办新中国第一所社会主义师范大学的功劳为世人所谨记。他的功绩永垂青史。

纵观孟宪承在华东师范大学采取的各项举措，不难发现，学校中采取的各项举措处处闪现着他的睿智光芒。如前所述，民众教育是孟宪承着力研究的领域之一，他不仅在理论上积极探索中国式的民众教育之路，而且身体力行，创办民众教育实验学校，投身于民众教育运动之中。长期对民众教育的思考与实践，促使孟宪承关于大学的教育思想更加成熟、日臻完善。他认为，大学的理想在于"智慧的创获""品性的陶熔"以及"民族和社会的发展"，大学的任务是研究、教学与推广。在担任校长期间，他也主要从教学、研究、推广三个方面对大学进行了深层次的建设和改造。在这里，需要特别说明的是，关于大学"推广"的任务，来源于其民众教育思想。在孟宪承看来，大学不应只是一个教学机构，还应是一个研究机构，更重要的是，大学还应适应平民主义的要求，推广知识于它的"宫墙"之外，服务于民众，推动社会进步。因此，在教学方面，孟宪承力主举办函授教育，希望通过扩大教育对象来实现大学的推广功能。在研究方面，他主张联系生产实践，研制应用性成果，开展为农服务研究、预测规划研究和咨询指导研究，以期更好地为社会服务。由此也奠定了华东师范大学开展应用、开发研究为经济建设服务的基础。在孟宪承的领导下，学校曾掀起了教学、研究和生产相结合的办学热潮。但此后受"大跃进"的影响，出现了生产实践冲击教学的态势。这可能也是孟宪承始料未及的。考虑到当时的社会背景和现实状况，这并不能归咎于他。总之，孟宪承关于大学"推广"功能的思想以及为此而做出的不懈努力是值得我们借鉴和学习的。高等教育发展的历史也表明，大学确实应该而且必须负有为社会服务的功能。但孟宪承能较早地从民众教育的视角来审视这一功能，让我们不得不赞叹他的远见卓识，钦佩他的社会责任感和担当。此外，孟宪承在任期间，还十分重视教师的培养，一方面坚守师范阵地，致力于为中等学校输送师资，另一方面也注重高校师资尤其是本校师资的培养，真正地体现了师范院校"培养教师"的实质和宗旨，不愧为新中国社会主义师范大学的一代名校长。

孟宪承的教育思想是在吸收古今中外教育思想的基础上，联系中国的实际加以批判和改造而得来的，孟宪承的治校方略是在坚持社会主义办学方向的前提下，对自己的教育思想加以运用和实践而形成的。在中国教育史上，能够做到学贯中西、古为今用、洋为中用，但又不脱离实践的教育家并不多见，而孟宪承便是其中突出的一位。他的教育思想和教育实践对于指导我们今天的教育工作仍具有重大的现实意义。

主要参考文献

1.《中国现代教育家传》编委会编：《中国现代教育家传》第八卷，湖南教育出版社1988年版。

2.《华东师范大学大事记（1951—1987）》，华东师范大学出版社1991年版。

3. 华东师范大学校史党史编委会编：《华东师范大学校史文

集》，华东师范大学出版社1993年版。

4. 周谷平、赵卫平编：《孟宪承教育论著选》，人民教育出版社1996年版。

5. 杨际贤、李正心主编：《二十世纪中华百位教育家思想精粹》，中国盲文出版社2001年版。

6. 袁运开、王铁仙主编：《华东师范大学校史（1951—2001)》，华东师范大学出版社2001年版。

7. 周谷平：《纪念著名教育家孟宪承教授逝世三十周年》，《华东师范大学学报（教育科学版）》1997年第3期。

8. 董远骞：《教育学大师孟宪承的教学和治学作风——纪念孟宪承老师诞生106周年》，《华东师范大学学报（教育科学版）》2000年第3期。

9. 金锵：《殚精研究，锐意发明——忆孟宪承教授的治学精神》，《华东师范大学学报（教育科学版）》2007年第4期。

10. 贺晓舟：《对孟宪承大学教育观的思考——以其大学三理想为中心的考察》，《华东师范大学学报（教育科学版）》2009年第1期。

11. 张爱勤：《孟宪承教育智慧的生命追寻》，《河北师范大学学报（教育科学版）》2009年第1期。

求实创造
为人师表

华东师范大学校训

撰稿人：向葵花，教育学博士，湖北大学教育学院副教授，主要从事教育基本理论和教学论研究。